经世者：

时代变革中的汤寿潜

JINGSHIZHE

SHIDAI BIANGE ZHONG DE
TANGSHOUQIAN

陆烨 著

人民出版社

责任编辑：刘志江
装帧设计：胡欣欣
责任校对：东　昌

图书在版编目（CIP）数据

经世者：时代变革中的汤寿潜 / 陆烨 著 . — 北京：人民出版社，2022.9
ISBN 978 - 7 - 01 - 024183 - 8

I. ①经…　　II. ①陆…　　III. ①汤寿潜（1857—1917）- 思想评论
　IV. ① K827=52

中国版本图书馆 CIP 数据核字（2021）第 248936 号

经 世 者

JINGSHIZHE

—— 时代变革中的汤寿潜

陆 烨 著

人 民 出 版 社 出版发行

（100706　北京市东城区隆福寺街 99 号）

北京九州迅驰传媒文化有限公司印刷　新华书店经销

2022 年 9 月第 1 版　2022 年 9 月北京第 1 次印刷
开本：710 毫米 ×1000 毫米 1/16　印张：25.25
字数：328 千字

ISBN 978 - 7 - 01 - 024183 - 8　定价：95.00 元

邮购地址 100706　北京市东城区隆福寺街 99 号
人民东方图书销售中心　电话（010）65250042　65289539

目录 CONTENTS

序　言

熊月之

汤寿潜是近代著名思想家与政治活动家，是有多方面建树的重要人物。古人所说的立德、立言、立行三方面，他都有所建树。张謇说他"立名于当时，可式于后人"，确为知人之论，并不过誉。

汤寿潜身处所谓"三千年未有之大变局"时代。中国所处的国际环境，国内状况，人们的生产方式、生活方式、交往方式、价值观念、伦理观念、审美情趣等，都发生了巨大的变化。这是一个价值多元的时代，也是一个价值淆乱的时代。中西文化广泛交流，激烈冲撞。对待古今中西文化，何为精华，何为糟粕，何者当取，何者当弃，何者取中有弃，何者弃中有取，都要具体分析，任何简单地肯定一切或否定一切的做法，都不可取。但是，此事笼统说易，具体做难，说的和做的统一起来更难，身在传统之中的人要做到这点则难上加难。

汤寿潜用自己的思想、实践，做出了一个将古今中西文化中优秀成分有机结合的典范。

他出于传统、熟悉传统而又不为传统所束缚。

汤寿潜的社会资本主要有两项，一是科举成功，考中进士，授翰林院庶吉士；二是时论警世，所著《危言》影响巨大。

《危言》内涵极丰，体系完备，酝酿、写作时间显然较长。作者视野极为宏阔，从国家大法，如迁都、尊相、议院、停捐，到国防外交，再到具体经济、教育门类，都一一论述。他指陈时弊，切中要害，援引典章，如数家珍，指中土症结，每多发聩之语；述外洋情事，全无隔靴之言。史料证明，汤寿潜在1888年已着手此书写作。书中所论，与科举考试属于不同的知识系统，互不兼容。那时，按照社会对于年轻学子的期待，尤其是汤寿潜那样的家族、家庭对于子弟前程的期待，首要是科举。但是，汤将那么多精力放在了《危言》的撰写方面。结果是，《危言》之完成，先于中进士。从国家命运、民族前途角度考虑，《危言》价值当然更高。这就是说，至少在1890年以前那一段时间里，汤是将国家前途、民族命运置于个人、家族的前途之上的。这是汤寿潜超乎寻常的地方。

当然，汤也没有将精力全部放在《危言》的写作上，而是兼顾了科举考试。所以，他在1888年中举，四年后中进士，做到了两者兼顾。这种兼顾，既体现了他充沛的精力，更体现了他过人的眼力。他考中进士时，36岁，比童年考取进士的张元济（25岁）、蔡元培（24岁）都大，科举名次（二甲第11名），也比张（二甲第24名）、蔡（二甲第34名）都要靠前，社会名气也比后两人更大。

汤寿潜著《危言》、点翰林以后，大名远扬，渐入佳境，不断被任命也不断有人推荐他担任各种职务。有些位子他接受了，但干不长久就辞职了（如青阳知县），有些位子一开始就没有接受。他所推却或辞去的官职，有的是时人百计营求的肥缺，如两淮盐运使、省财政议绅；有的是位尊望重的美差，如京师大学堂总教习、云南按察使、江西提学使；还有的是有权有职有名有利的要职，如交通总长。对这些职务，汤寿潜辞而不任的原因不尽相同，有的是为了孝养父母，有的是为了家乡事务，但他淡泊官位、不贪钱财的心态则是相通的。

汤寿潜没有将主要精力投放在仕途上，而是投放到教育方面，先后在金华丽正书院、南浔浔溪书院、上海龙门书院工作了较长时间，教书育人。这体现了他的救世眼光。这点，与蔡元培类似。

他批评传统、改造传统而不妄自菲薄。他对传统文化有诸多批评，包括科举制度、用人制度、经济制度等，但他从没有民族自卑情绪，其立身、处世原则，一依传统道德，仁义礼智信，温良恭俭让。他以民为本，而不是唯君主之命是从，所以，积极参与东南互保，参加立宪运动；能在清廷覆灭后，出任浙江都督，没有对清廷愚忠。在急速变动的时代中，他将忠于君的旧道德，创造性地转换为忠于民的新道德。他当官不像官，廉洁自守；孝顺父母，造福乡里；善待朋友，提携后进。

他努力了解西学、吸收西学，而又不为西学所迷醉。他给予通商口岸以很高的礼赞，也警惕通商口岸给中国带来的危害。他曾对西方议院制度赞不绝口，但也认识到这些制度自有弊端，并非十全十美。

他力主经世致用而又不为官位而奔竞，倡导功利而不被功利所吞没。他与时偕行，但又不随波逐流，而是自有定力，自有主张。他求真，积极学习包括来自西方的科学技术，兴教育，办铁路；向善，善待旗人，坚守信用；尚美，崇尚自己认可的美德。

汤寿潜在经营浙江铁路时，经手的金钱不计其数，但他两袖清风，甚至担任总理之职而不支薪水，律己之严近于苛刻。民国初年，北京政府以汤寿潜在修建浙路事业中贡献突出，且四年多不支薪水，特赠二十万银圆，这是个巨大的数目。汤的女婿马一浮做主收下了这笔款项。汤寿潜去世以后，他的儿子谨遵父训，将这笔钱悉数捐赠给浙江省教育会，后被用于建造浙江图书馆。汤寿潜生活俭朴，不尚奢华。时人记述，他做浙江铁路督办，任浙江省都督，后来转任交通部部长，一直是这么一副打扮："穿了一套土布短褂，戴了一顶箬帽，脚上一双蒲鞋，手上拿了一把纸伞，十足的庄稼人。"一次，他到某工地巡视工程，官仓里一位商人，以为这一土老儿手脚不干净，疑心他偷了他的银插子，冷语讽刺，刺刺不休。后来知道这一土老儿原来是省部级大官，"那位富绅吓昏了，长跪着不敢起来，汤氏一笑了之"。①

对于汤寿潜来说，国家命运比个人出路更为重要，百姓疾苦比皇权根基更为重要，基础教育比大学教育更为重要，精神生活、道德修养比物质生活、物质利益更为重要。这是他变易与坚守的根本和底线。

他是一个能够在古今中西文化激烈冲突的激流中，善于寻找自己安身立命支点的人。这个支点，就是能不断地注入新的营养、不断创新的中华优秀传统文化。套用胡适对于张元济的评价②，我们可以说，汤寿潜是旧传统哺育出来的新俊杰，也是掌握新知识的老绅士。从汤寿潜等人身上，可以看出中华文化的持续创新力与顽强生命力。

汤寿潜是个文化含量很大、可从多方面进行释读的重量级人物。学术界对于汤寿潜已经有了多方面、卓有成效的研究，但可以拓展与阐发的空间依然不小。陆烨博士的这部《经世者:时代变革中的汤寿潜》，在这方面做了可贵的努力。

其一，资料有新拓展。汤寿潜本人没有日记、信札汇编之类的文献行世，各级档案馆也没有汤氏档案集中收藏，除了二十世纪九十年代萧山政协文史委所编的《汤寿潜史料专辑》《汤寿潜研究》之外，汤寿潜研究缺乏较成规模的核心资料。陆烨在这方面下了很深的功夫，有不少创获。他在俞樾所辑《诂经精舍课艺》中，查到汤寿潜的《伯于阳解》一文。这是以往汤寿潜研究中很少述及或重视的资料，对于评价汤氏经

---

① 曹聚仁:《杭州初到》，载政协浙江省萧山市委员会文史工作委员会编:《汤寿潜史料专辑》，1993 年，第 202—203 页。

② 胡适在庆贺张元济七十寿辰时，称张元济是"富有新思想的老学者，也是实践新道德的老绅士"。

学成就，厘清汤寿潜与俞樾的师承关系，提供了可靠的佐证。他在上海图书馆所藏盛宣怀档案中，查到浙江铁路建设与保路运动中，汤寿潜、刘锦藻写给盛宣怀的驳斥英国商人的一些信函，对于研究汤寿潜与浙路问题，属于第一手资料。他在山东巡抚张曜年谱中，查到汤寿潜应邀入幕、策划治河以及与张曜交往的资料，对于了解汤寿潜在治河方面的卓识，具有重要价值。此外，《危言》内容被收录进经世文编的情况，汤寿潜对于1903年宁海教案的态度，诸如此类，对于理解汤氏生平事迹与思想特点，均有一定贡献。

其二，论述有新见地。本书集中研究汤寿潜的经世思想及其实践，作者除了仔细分析《危言》《三通考辑录》《宪法古义》等文本所蕴含的思想之外，特别注意将汤的经世思想，放在大变动的时代，放在汤寿潜所处各种具体环境中，进行实事求是的分析。作者认为，汤寿潜的经世思想，具有三个显著的特点，即处理好传统与近代的关系，处理好师法西方长技与反对西方列强侵略的关系，处理好建立事功与坚守道德的关系。作者的立论，建立在将汤的思想与同时代一批重要思想家(如魏源、冯桂芬、郑观应、邵作舟、康有为、梁启超等)相关思想的细致比较基础之上，资料坚实，分析允当。对于晚清三部"危言"，即郑观应《盛世危言》、邵作舟《邵氏危言》与汤寿潜《危言》，作者的比较分析，述其共性，析其个性，深中肯綮，很见功力。

其三，学术史梳理扎实规范。学术界对于近代经世思想、汤寿潜生平与思想，已有丰富的研究成果。作者对于这些成果做了系统而扎实的梳理，取其精粹，详其所略，征引规范，品评得当。这使得本书在汤寿潜研究方面，承传与创新，继往与开来，节点清晰，从而将汤寿潜研究推向了一个新的阶段。

陆烨是浙东人，汤寿潜为其乡先贤。这种同乡关系，使得研究者对于研究对象所处社会环境、历史文化，包括民情风俗，多一分亲近感，也多一分理解的便利。本书对于汤寿潜家世的梳理，对汤氏家乡环境特点、家族内部矛盾的分析，远比他书细致入微，入情入理，便得益于这种同乡优势。这也是本书特色之一。

　　总之，这是一部资料翔实、分析细致、富有新见的关于汤寿潜研究的佳作，也是关于汤寿潜那一代处于新旧交替时期士绅历史研究的佳作。汤寿潜研究本是起点很高、资料难觅的领域，好在陆烨天资聪颖，悟性既高，又肯下功夫，这才有此一很有分量的成果。

　　本书是陆烨在博士论文基础上修订而成的。做此论文，他历时多年，现在终于成书，忝为导师，我自然特别高兴。陆烨索序于我，我无可推托，但也不无难处，因为书之长短得失，我均有份。鉴于此，对于书的长处，为避卖瓜之嫌，我只能点到为止，不能多加阐述，但对于书的不足之处，敬请方家不吝指教！

2022 年 6 月 22 日

绪　论

一、选题依据

（一）研究缘起

中国经世思想具有悠久的传统，不同时期的经世思想都有鲜明的时代特色，一些特立独行的思想家的经世思想，又每每闪射出具有个人风格的独特光辉。汤寿潜生活在被称为"三千年未有之大变局"的转型时代，面临内忧外患、社会剧变、文化递嬗，其经世思想打上了深刻的近代烙印。汤寿潜在修身、为学、治世诸方面，自持甚坚，不同凡响，这使得他的经世思想颇具个人特点。

汤寿潜（1856—1917）在经世思想与经世实践两方面都有着重要的研究价值。在维新以前与维新时期，汤寿潜的《危言》《宪法古义》《理财百策》等著述，就已享誉学界和政界，被盛宣怀等人赞誉为"负经世有重名"。在20世纪初年的政治风潮中，汤寿潜将其经世理想付诸实践，领导了轰轰烈烈的浙江保路运动，在当时的中国成为反响巨大的焦点事件，对东南地区的经济社会发展产生了重大影响。辛亥年间，处在浙江政治风暴中心的他又被选举为浙江都督，并在民国初年担任中华民国临时政府首任交通总长。除了这些为世瞩目的事件外，汤寿潜还在浙江、江苏、上海等地长期推动实业、教育、新闻等事业，为东南地方以及中国的近代化作出了巨大贡献。

就汤寿潜个人来说，他是传统社会的士子出身，年轻时居于绍兴下属的萧山，深受浙江地方文化的影响，既有传统时代年轻人以科举功名为业的追求，也因家族的命运多舛，而以国家社会的振兴和地方黎民的生养为抱负。汤寿潜在年轻时期的游学历程中，既接受了浙东学术圈所带来的传统学术理念，也受到了东南社会正在勃兴的西学东渐影响。在为科举功名奋斗的同时，汤寿潜从其理想出发，结合所知晓的西学知识，针对当时中国的各种社会问题提出了独特的变革方法，陆续撰写了以《危言》为代表的一批经世著作。甲午战争之后，汤寿潜受到国家危亡的刺激，也借助维新风潮，开始身体力行地推动社会变革，积极参与教育、实业等地方建设事务，既感受到了其经世理想与现实的差异，也接触到了更广泛而真实的中国与世界，强化了他的民族意识和地方意识。浙江保路运动开始之后，汤寿潜作为主要领导者，以传统士大夫的经世担当精神，努力为国家和地方推动新式铁路的建设和工业化进程，抵制外来势力的侵入，留下了近代最为成功的铁路企业，也成为中国保路运动中的亮点。此外，汤寿潜也参与了预备立宪等政治运动，在辛亥革命的风暴中，汤寿潜为地方稳定而担任浙江都督，为民国的开创立下了功劳，并积极参与了民国初年的交通建设。

就汤寿潜的思想内涵而言，他虽然曾对西学救国孜孜以求，也竭力推动近代化事业的建设，但他身份底色仍然是传统士大夫，他所秉持的仍然是基于传统社会的经世思想。浙东传统文化中具有务实性、功利性的经世一面，使得出身于此的汤寿潜与静心书斋而潜心学术的士人不同，毕其一生于探索解决社会实际问题的方法。浙东学派所追求的包容性，则让汤寿潜努力从西学知识中寻找解决中国当前问题的办法。对于道德的重视，让汤寿潜在地方事务的现代化改革中始终坚持道义为先的理念。传统儒家文化中的担当精神，则让汤寿潜一次次在近代中国的风潮中站出来，成为多次重大事件中的核心人物。同时，这些经世思想的构成，让汤寿潜能以开放、包容、进取的心态，历经各种风云变幻而尽力追随时代的脚步，不致落伍。

汤寿潜的人生历程，也是近代中国这一代有经世理想的精英人物的缩影，诸如张謇、刘锦藻等。他们出生于已经开始裂变的晚清时期，在传统功名的搏击中脱颖而出，对日趋衰败的国家和社会又有着很大的不满和担忧，具有强烈的变革意识，也在不同文化的推动下进行思考。他们身处欧风美雨开始波及的东南社会前沿，对西方的政治社会开始有了模糊的认识，并在上海等口岸城市感受到了中国落后于西方的刺激，而将经世变革的希望寄托于推进国家的实业、教育等领域。甲午之后的局势给了他们走向政治舞台中心的机会，新媒体、新技术的出现给他们提供了施展空间。在不断涌现的社会矛盾和瞬息万变的时代里，他们在各种力量的作用下，努力调整自己的思想观念，力图适应这个时代，能够达到地方与国家的安定与发展。但是，他们毕竟是传统社会走出来的旧人物，其理想仍然是传统的经世之道，对时代的认识存在着相当的误差与错识，由此又成为那个时代的迷思者。当辛亥之后新的时代来临时，最终被更具有清晰现代思想的一代精英所取代。

（二）研究意义

经世思想是中国传统文化中的重要部分。所谓"经世"，根据张灏的观点，即"经纶天下"，也是儒家思想区别于中国传统中其他几类主要思想的方面，是对于社会道德精英群体而言的儒家天职理想。① 在先秦诸子典籍中，就有"经国家""经邦国"的论述。《庄子·齐物论》中

---

① 张灏著，苏鹏辉译，任锋校：《儒家经世理念的思想传统》，《政治思想史》2013 年第 3 期。

首见"经世"一词："春秋经世，先王之志向，圣人议而不辩。"冯天瑜、黄长义所著的《晚清经世实学》中论述，后世学者大多援儒入庄，以"经国济世"和"经世致用"来界定"经世"，使"经世"成为中国传统文化中的一个重要观念。秦汉之后，除"经世"一词外，还常见"经术"（经世之术）、"经济"（经世济民）等用语，皆"经世"之别称。① 张利文则认为，"经世致用"作为清代以后至清末民初时的社会普遍用词，其涵义与"经世"是一样的。②

根据张灏、冯天瑜、黄长义等学者的研究，儒家的"经世观念"包含了三层意蕴，笔者加以综合及补充后，认为应具备这三个特征：一、积极入世，直面社会人生的价值取向，与消极避世和逃世相对；二、以现实政治为人生本位，追求经邦治国、建功立业，以"治国平天下"为人生价值的实现路径和表现手段，与静心书斋、追逐利禄等其他人生追求取向相对，也即"治道"；三、注重经世之学的研讨与实践。经世之学包括"治体"（经世的指导思想和基本原则）和"治法"（各种具体的经国治人之法，也包含有官僚操作层面的"治术"），具有实践性特征的经世之学与空虚的玄谈空论相对。③ 在传统中国的各个时代，信奉经世之学的各个学派都对身处的时代提出了经世的方略。黄宗羲在《今水经·序》中评价先秦的经世学者："古者儒墨诸家，其所著书，大者以治天下，小者以为民用，盖未有空言无事实者也。"④ 以天下为己任的儒家，则更是将"入世"而至"经世"为主要目标。当然，在传统中国历

① 冯天瑜、黄长义：《晚清经世实学》，上海社会科学院出版社2002年版，第2页。
② 张利文：《"经世致用"与"通经致用"观念再议——以晚清湖南今古文经学论争为考察》，《湖南城市学院学报》2013年第6期。
③ 参见张灏著，苏鹏辉译，任锋校：《儒家经世理念的思想传统》，《政治思想史》2013年第3期；冯天瑜、黄长义：《晚清经世实学》，上海社会科学院出版社2002年版。
④ 黄宗羲：《今水经·序》，《黄宗羲全集》第二册，浙江古籍出版社1986年版，第505页。

史上，儒家的经世流派也纷繁复杂。至秦汉后，从孟子和荀子的思想差异而衍化出来的不同流派，各自侧重"内圣"和"外王"之学。前者追求以"正人心"来由内而外，由己而治天下，后者则追求建立以礼制为主的外在事功。汉代今文经学和古文经学占据主流，儒家学者以所依托的经典为标准，诠释五经而为政治服务，使"外王"之学长期占据主导。至两宋时期，侧重"内圣"的理学开始盛行，并逐渐占据主流地位，发展成为统治意识的程朱理学，在义理为先的学术理念下，理学家们在批判外王经世思想的同时，将"内圣"与"外王"分离开来，把前者推到至高无上的位置，重视个人修养的完善以致实现经世，认为"治天下国家，必本诸身。其身不正，而治天下国家者，无之"。从宋至明，理学都在探索内在"求圣"，将学术重心移至心性之学，而较少经世实务的研究。南宋浙东学界的吕祖谦、陈亮、叶适等坚持经世致用的旗帜，肯定"外王"事功，但并未占据主流。至明末清初，面对社会危机而产生的刺痛，东南地区的一批士大夫意识到空谈心性和义理的危害，力图改变空谈阔论的士林之风，积极追求"外王"层面的外在事功。徐光启等人力主"务实求用"的"实学"，黄宗羲、顾炎武等人则在学术上批评理学的空疏学风，追求言之有据和经史并重，达到"内圣"和"外王"统一的经世之道。在当时浙东地方经济文化的背景下，黄宗羲等人的经世之学在指导思想与方法上都有了很多创新，提出了"尊民""工商皆本"等诸多新的观点。至清代中后期社会危机重现，龚自珍、魏源等一批出于今文经学的学者士人再次引领经世思想回潮，其后各家流派的士人也纷纷投身于此，洋务运动、维新运动等蓬勃开展，而汤寿潜也是这一时期著名的经世人物之一。

张謇称汤寿潜"夙以时务致称，晚以铁路见贤"，大致勾勒出了汤寿潜一生的主要作为。汤寿潜年轻时，在读书游学阶段热心经世之学，撰写以《危言》为代表的经世著作，在社会上获得经世之名。获得功名后的汤寿潜关心地方建设和士民风气，尤其是在重大压力下挺身而出领导了轰轰烈烈的浙江保路运动并获得成功，使其名声传遍神州大地，获得民间"经验交通汤蛰老"①的赞誉，被日本学者支南珏一郎归于英雄人物。在这一切理论著述和实践行为的背后，是汤寿潜本身长期持有的经世思想所推动的。汤寿潜的思想出于浙东萧山地区传统经世致用的本土文化，又接受了浙东学派传承而来的经世学术理念，并深受俞樾等人的影响。在对晚清现实的不满之中，他又将西学思潮兼收入经世思想，并在实践中以经世精神来推动近代实业、教育与政治事业，以图最终达到为民造福的理想。汤寿潜一生参与的社会实践主要分三类：一是教育活动，汤寿潜获取功名之后不愿为官，在浙江金华丽正书院、南浔浔溪书院、上海龙门书院长期讲课，以自己对教育和人才的理念推进书院改革，在浙路建设中创办铁路学校等职业教育机构，后在家乡创办师范学校。二是实业建设，汤寿潜在晚清新政开始后，积极参与地方实业建设，将早期著述中的经济理想付诸实践，特别是主持了浙江铁路公司的建设，并领导了浙江保路运动，至辛亥革命后担任交通总长，又规划了中国铁路的蓝图。三是政治活动，汤寿潜自维新变法开始，始终走在时代前沿，参与了晚清历次重要的政治活动，在维新运动、东南互保中崭露头角，在立宪运动、辛亥革命等重大事件中逐渐走到政治舞台的中心，并以自己的政治理念推动着时局的发展。经历这些社会实践的同时，随着时代的变化、交友圈的扩大、认知的更新，汤寿潜的经世思想也在发生着深刻的变化，在某些思想层面对原来秉持的态度进行了修改，甚至改变。

　　汤寿潜所处的地域、时代，以及所接受的教育和自己的思考，使

---

① 朱文炳：《海上光复竹枝词》，载顾炳权：《上海洋场竹枝词》，上海书店出版社1996年版，第208页。

得他的经世思想与近代其他经世学者有诸多不同之处。与龚自珍、魏源、林则徐等晚清最初的经世派注重军事、外交相比，汤寿潜更偏于关注国家经济方面的革新与政治上的民主化，在经世方法上因为处于西学东渐不断深化的时代，而能比前一代人体现出更多与西学相关的务实内容。与冯桂芬、郑观应等同光时代的思想家相比，汤寿潜的经世视角更具操作性，更侧重如何变法，也更多地从民间角度进行思考，关注社会革新对于民间的利弊，尤其注重探讨新的技术、制度对百姓生计的意义。与当时和汤寿潜并称"张汤"的张謇等东南地区的近代化改革者相比，汤寿潜没有太多的实业建设实践，但是在思想理念上则更为系统、深沉，也更重视民众精神层面的变化。特别是看到因洋务运动及地方近代化而兴起的求富热潮之后，汤寿潜对于士子追求财富而失去社会责任感的问题深感忧虑，这是其远见所在。与孙中山等之后一代现代化的领导人物相比，汤寿潜等晚清士绅则代表了根植于中国传统的悠久经世观念。因此，汤寿潜的经世思想在近代思想史、区域社会史等领域都有着相当的研究价值。

　　晚清明确以"危言"命名自己著作的思想家凡三人，即《邵氏危言》作者邵作舟，《盛世危言》作者郑观应，还有一位便是本书研究的《危言》作者汤寿潜。三部"危言"及其作者，各具有特色。邵作舟（1851—1898），安徽绩溪人，出身于官宦家庭。父亲邵辅曾在陕西担任知州，死于战事。邵作舟以捐贡入国子监习举业，多次参加乡试，均报罢，30 岁以后一直在天津支应局、津海关道等处为幕僚，1887 年写成《危言》一书（正式出版是 1898 年，名称为《邵氏危言》）。邵作舟一生主要在读书、游幕中度过，没有什么耀眼的科举功名、显赫的政治地位与突出的经世实践，其历史贡献主要在思想方面。① 郑观应（1842—1921），广东香山

---

① 熊月之：《邵作舟思想探究》，《江淮文史》2016 年第 1 期。

人，17岁到上海当学徒，做买办，然后合伙经营公正轮船公司，参与创办太古轮船公司，参股于轮船招商局、开平矿务局、上海造纸公司、上海机器织布局等企业。他在上海学了英语，读了许多西书，在1894年完成《盛世危言》。他虽然捐了候补道虚衔，但科举正途出身的士人仍然将他视为一个商人而不是儒生。三位思想家中，论在传统士人居官场之地位，汤寿潜最高（进士，翰林，知县，还做过浙江都督、交通总长），邵作舟其次（贡生），略低于举人，郑观应最低。汤寿潜是跨清末与民初两个历史阶段都得到士林敬重的人。论年龄，汤寿潜最小，比邵作舟小五岁，比郑观应小十四岁，但是，三部"危言"著作，论正式出版，汤寿潜《危言》最早（1890年），由此亦可见其思想之敏锐。正是由于汤寿潜《危言》最早出版，所以后来出版的两部含有"危言"的著作，只好加上"盛世"或"邵氏"二字，以示区别。三部"危言"的内涵，可谓各具特色，各有千秋。总的说来，《邵氏危言》揭露专制官场弊端最为酣畅淋漓，在呼唤政治改革方面特有价值；《盛世危言》述工商事务最详，在设计经济改革方面最有参考价值；汤氏《危言》在揭露社会积弊方面，与冯桂芬的《校邠庐抗议》有异曲同工之妙，对社会改革最有参考意义。时人对三部"危言"曾有综合评论，认为"香山所作（指郑观应《盛世危言》）多货殖之谭，山阴新论（指汤寿潜《危言》）极才人之笔，而粹然儒术厥维此编（指《邵氏危言》）"。① 笔者认为这个评价确有道理。

本书主要探讨汤寿潜在人生不同时期经世思想的特点，梳理其经世思想的演变过程，并揭示其思想演变的影响因素。从社会文化史的角度，汤寿潜出身的晚清绍兴萧山地区，地方文化特别是家族长辈的影响，是其经世思想最初的源头。从思想史的角度，汤寿潜自游学时

---

① 抚时感事生为《邵氏危言》所作叙言，参见邵作舟：《邵氏危言》，朝华出版社2018年版，第6页。

期始，继承了浙东学派的经世传统以及俞樾的经世理念，加之对于西学的见解和实践体验，初步形成了自己的经世观念，并撰写了以《危言》为代表的一批著述，成为当时与冯桂芬、郑观应齐名的经世人才，也体现了浙东传统经世思想与西学的初步交融。从政治史的角度，汤寿潜积极参与维新变法、东南互保、浙路风潮、辛亥革命等重大事件中，受到中西矛盾、新旧矛盾、地方与中枢矛盾等冲击，他的经世思想开始在社会实践中进行修正。从教育史的角度，汤寿潜从年轻时期对中国教育的改革理念，到后来担任各地书院山长进行教育实践时的思想转变，反映其经世思想如何推动近代教育的转型，及其遇到的困境。从经济史的角度，汤寿潜在浙路公司等近代企业的建设中，以传统的经世之道来应对新型的近代企业，并通过士绅交友圈和士大夫精神来为企业筹资、办学、宣传，反映其经世思想面对近代实业时的调适与演变。

通过对汤寿潜经世思想演变及其成因的梳理和分析，可以使汤寿潜思想的研究能够有更深层次地发掘，揭示推动其一生所作所为的一些思想依据，同时也反映出近代东南地方士绅对救国救民之路的探讨历程及其各种影响因素，进而展示近代中国社会转型的多重面相。

二、研究概况

（一）研究综述

汤寿潜去世之后，其好友张謇就写了《汤蛰先先生家传》①一文，回顾了汤寿潜的一生事迹，赞扬其"立名于当时，可式于后人"。张謇与

---

① 参见张謇：《汤蛰先先生家传》，载政协浙江省萧山市委员会文史工作委员会编：《汤寿潜史料专辑》，1993 年，第 125—128 页。

汤寿潜相交多年，敬佩汤寿潜的人格魅力和名望，因此多着墨于此，而未深究其经世思想的内涵。日本学者支南珏一郎在 1935 年发表了《浙路风潮汤寿潜》一文，对汤寿潜在浙路风潮中领导浙江士民的保路运动进行了详细的叙述，赞扬了汤寿潜在风潮中保护中国利权的作为，强调了他在浙路总理岗位上的强大人格魅力，特别是汤寿潜辞去各种高官厚禄，而屈就铁路总理一职，认为其"不计目前之小利，欲大有造吾浙之群民万世之利"。支南珏一郎的文章聚焦于浙江保路运动时期，并未结合汤寿潜在浙路风潮以前的经世思想进行研究，对汤寿潜思想的演变过程尚未涉及。1939 年，赵丰田在《晚清五十年经济思想史》一书中，简单论述了汤寿潜《危言》中《铁路篇》的内容。[①] 1948 年，民国国史馆的宋慈抱在《国史馆馆刊》上发表《汤寿潜传》，简述汤氏一生事迹，并未深论汤寿潜的思想。

 1949 年以后，学术界对于康有为、梁启超等维新变法中的风云人物关注更多，而对地方上活动的汤寿潜等早期维新思想家关注较少。关志昌等台湾学者做了一些研究，包括对汤寿潜生平的梳理，以及汤氏在浙路公司中的贡献。改革开放以后，学界对于汤寿潜的研究进入新的历史阶段。1986 年宗志文、严如平编写《民国人物传》，内有《汤寿潜传》，简单叙述了汤寿潜的生平事迹。1991 年，萧山政协的陈志放编写了《布衣都督汤寿潜》一书，简略而全面地介绍了汤寿潜一生的活动和为国家作出的贡献。1993 年，政协浙江省萧山市委员会文史工作委员会整理出版《萧山文史资料选编·汤寿潜史料专辑》，收集了汤寿潜人生各个阶段的文献资料，成为研究汤寿潜的重要基础资料，也掀起了汤寿潜研究的热潮。1994 年 10 月，萧山市召开汤寿潜国际学术研讨会，在这次会上诸多学者对汤寿潜在政治、经济、教育、法律等领域的思想进行了

---

① 赵丰田：《晚清五十年经济思想史》，哈佛燕京学社 1939 年版，第 160—161 页。

交流，并在会后出版了《汤寿潜研究》①。自这次国际会议之后，学术界对汤寿潜研究的热度不减，多种学科的研究者对汤寿潜的思想进行了深入挖掘。

（二）研究重点

汤寿潜是中国近代历史上诸多重大事件的参与者，维新变法、东南互保、立宪运动、浙路风潮、辛亥革命这些具有非常意义的事件中，他或参与，或处在中心点，在年轻时期又有颇多的著作传世。正如张謇所总结"夙以时务致称，晚以铁路见贤"，学界对汤寿潜研究的偏重主要有二，一方面是集中研究其铁路建设中的思想与实践，一方面是对其以《危言》为代表的早期著述及思想进行分析。

关于汤寿潜铁路建设的研究，成果颇多。其中，郑云山在《汤寿潜与近代中国的"铁路兴国论"》一文中，论述了汤寿潜在浙江铁路建设中制定公司章程、创办铁路学堂、成立浙江兴业银行的表现，赞扬了他廉洁奉公、不畏艰险、捍卫主权的爱国精神，认为主持浙江铁路的建设是"汤寿潜一生最具深远意义的大事，也是中国铁路史上熠熠生辉的篇章"②，肯定了汤寿潜在中国铁路史上的地位。周章森的《汤寿潜与沪杭甬铁路》一文，叙述了汤寿潜为浙江铁路争取自主商办的主要历程，指出了浙路风潮是辛亥之前成效最为显著的保路爱国运动之一，具有极高的历史功绩，而汤寿潜在保路运动中所作出的贡献，永远为后人所景仰。③朱馥生在《孙中山〈实业计划〉的铁道部分与汤寿潜〈东南铁道大计划〉

---

① 政协萧山市委员会文史工作委员会编：《汤寿潜研究》，团结出版社1995年版。

② 郑云山：《汤寿潜与近代"铁路兴国论"》，载政协萧山市委员会文史工作委员会编：《汤寿潜研究》，团结出版社1995年版，第43—58页。

③ 周章森：《汤寿潜与沪杭甬铁路》，载政协萧山市委员会文史工作委员会编：《汤寿潜研究》，团结出版社1995年版，第97—107页。

的比较》一文中，将汤寿潜的《东南铁道大计划》与孙中山的《实业计划》的铁道建设部分进行比较，从两者的铁道建设指导思想、理论和实践等方面分析，指出汤寿潜与孙中山在政治立场上有所不同，但是在追求国家富强的目标上殊途同归，汤寿潜的"民营商办"思想，对于当前的经济建设仍有着借鉴意义。① 杨菁在《从浙路商办看汤寿潜晚年的经济思想》一文中，认为汤寿潜既能坚持自力更生的原则，又能根据现实，在前人经世致用思想基础上，提出了合理利用外资的办法，但也因为经验和知识结构的不足，给后人留下了教训。② 这方面的研究，还有来新夏等的《论汤寿潜的历史功绩》③、王方星的《论汤寿潜的铁路经营管理观——以浙路公司为中心》④ 等文章。这些研究剖析了汤寿潜在铁路建设中体现的思想，但往往存在研究时段的局限性，对汤寿潜早年的相关思想脉络也仅限于对《危言》的解读，对汤寿潜经世思想的演变过程，以及如何通过经世治法来组织铁路公司的问题缺乏总体把握。

关于汤寿潜早期维新思想的研究，也是学界关注点之一。叶世昌在《从〈危言〉看汤寿潜的市场经济思想》文中，认为汤寿潜推崇企业商办，认识到招商自办铁路可以为国家节省经费，赞扬其以铁路商办来推动发展经济的思想。⑤ 姚顺在《汤寿潜早期维新思想研究——以〈危言〉〈理财百策〉为中心》一文中，从汤寿潜的传统实学、西学以及个人生活经历等方面，分析了他早期维新思想形成的原因，并对河工、漕政、盐政

① 朱馥生：《孙中山〈实业计划〉的铁道部分与汤寿潜〈东南铁道大计划〉的比较》，《民国档案》1995 年第 1 期。

② 杨菁：《从浙路商办看汤寿潜晚年的经济思想》，载政协萧山市委员会文史工作委员会编：《汤寿潜研究》，团结出版社 1995 年版，第 80—89 页。

③ 来新夏、焦静宜：《论汤寿潜的历史功绩》，载政协萧山市委员会文史工作委员会编：《汤寿潜研究》，团结出版社 1995 年版，第 108—114 页。

④ 王方星：《论汤寿潜的铁路经营管理观——以浙路公司为中心》，载卢敦基主编：《浙江历史文化研究》第四卷，浙江大学出版社 2012 年版。

⑤ 叶世昌：《从〈危言〉看汤寿潜的市场经济思想》，《复旦学报》1995 年第 1 期。

等方面的思想进行了探讨。^①郑扬勇在《论绅士特色的改良主义者汤寿潜》一文中，认为汤寿潜是一位具有士绅特色的改良主义者，其改良主义以儒家思想为指导，其行动也深受儒家的价值观和职责意识。^②徐斌在《在守成基础上开新——汤寿潜学术与人生之旅》一文中，认为汤寿潜的《危言》的思想源自其深厚的国学根基，也融汇了新学，汇成挽救中国危亡的改良之策。陈同在《在西学与中学之间——汤寿潜思想述论》一文中，通过对汤寿潜心路历程的分析，认为《危言》中的诸多主张直接或间接来自于西方的经验，汲取西学的同时，汤寿潜也很注重中国的国情实际，试图在中学与西学之间寻求平衡之道。^③熊月之在《中国近代民主思想史》中，专门介绍了汤寿潜的民权思想，认为其在《危言》中提出"尊相权""开议院"等主张，实际是试图在中国实施君主立宪制度，以限制帝王的权力。此外，田琳琳^④、邵勇^⑤等根据《宪法古义》《危言》等著作研究了汤寿潜的早期宪政思想，竺柏松根据《三通考辑要》研究了汤寿潜的史学思想^⑥。这些研究揭示了汤寿潜在早期论述中的各类实学思想，但是其与同时期经世人士思想之比较仍然较为薄弱。

汤寿潜在辛亥革命中的作为，也有相关研究。章开沅在《论汤寿潜现象——对辛亥革命的反思之一》一文中，指出汤寿潜登上浙江督军的位置，其背后有着非常合理的逻辑，这是与汤寿潜本身具有的社会威

---

① 姚顺：《汤寿潜早期维新思想研究——以〈危言〉〈理财百策〉为中心》，硕士学位论文，湖南师范大学，2008年。

② 郑扬勇：《论绅士特色的改良主义者汤寿潜》，载政协萧山市委员会文史工作委员会编：《汤寿潜研究》，团结出版社1995年版，第43—58页。

③ 陈同：《在西学与中学之间——汤寿潜思想述论》，《史林》1995年第5期。

④ 田琳琳：《浅论汤寿潜的宪政思想》，《理论界》2004年第3期。

⑤ 邵勇：《从〈危言〉看汤寿潜的早期宪政思想》，《浙江工业大学学报》2007年第1期。

⑥ 竺柏松：《作为历史学家的汤寿潜及其〈三通考辑要〉》，《近代史研究》1995年第9期。

望、东南社会的特点和当地士绅的网络有关。① 陶水木在《辛亥革命时期汤寿潜几个问题的探讨》一文中，从汤寿潜在南京临时政府建立过程中的表现入手进行研究，包括倡议成立各省都督府代表联合会、确定总统人选和建都地址等事情，论述汤寿潜在尽快结束混乱、迅速实现国家统一方面做出的巨大贡献。② 这些研究为后继学者提供了研究方向上的启示以及资料方面的整理。

也有一些学者关注到汤寿潜所处的乡土环境对他思想的影响。熊月之在《汤寿潜与浙江人文传统》一文中，注意到汤寿潜身上具有强烈的经世意识、浓郁的乡土情结和严格的道德主义三个特点，这些特点影响到他的立身、治学、行事、思想，而这一切与浙江的人文传统密不可分，汤寿潜已成为一个将古今中西文化中优秀成分有机结合的典范。③ 孙祥伟在《东南精英群体的代表人物——汤寿潜研究（1890—1917）》一文中，将汤寿潜的个人经历与思想放在近代中国东南地区精英群体中去分析，提出以汤寿潜为代表的一批东南文化精英均可视为文化保守主义，他们既注重对传统文化的挖掘与整理，又未完全隔绝自己和西方文化的关系，而且都有忧国忧民之心，十分关心国家的前途和命运，但他们也有自己难以克服的民族自恋的文化情结。④

这些研究已经涉及汤寿潜思想与实践的各个方面，也不乏深度。但是在四个方面仍有拓展空间。一是对汤寿潜在某一领域进行探索的想法深入研究较多，但是这些想法背后所蕴含的经世思想的研究仍然不足。

① 章开沅：《论汤寿潜现象——对辛亥革命的反思之一》，《浙江社会科学》2001 年第 1 期。
② 陶水木：《辛亥革命时期汤寿潜几个问题的探讨》，《民国档案》2005 年第 1 期。
③ 熊月之：《汤寿潜与浙江人文传统》，《同济大学学报（人文社会科学版）》1994 年第 12 期。
④ 孙祥伟：《东南精英群体的代表人物——汤寿潜研究（1890—1917）》，博士学位论文，上海大学历史系，2010 年。

二是对汤寿潜在政治事件中的活动、重要的著述研究较多，对汤寿潜家庭家风、教育背景、乡土环境等给其思想带来的影响因素的研究较少。三是对汤寿潜参与的重大历史事件的研究较多，对于其在东南地方进行的一系列建设活动研究较少。而这些并不被全国瞩目的事情，在汤寿潜一生的思想变迁中却有着重要的影响。四是将汤寿潜在教育、实业、外交、立宪等方面的思想过度强调现代性，而忽视其身上传统经世思想的根本影响。事实上汤寿潜一生撰写众多著述，挺身参与或主持了不少重大历史事件，其背后的动因是他一生所秉持的基于浙东社会传统的经世理想。而汤寿潜在各个领域的思想变化，与其本身的经世思想的变化息息相关。

三、研究思路

本人在掌握丰富的历史资料的基础上，对汤寿潜的家族、活动、著述、言论进行详细分析，总结出他不同人生阶段的经世思想特点与演变过程，并将其放在每个时代背景下进行考察，揭示出影响其思想的因素。同时，在研究中注意汤寿潜所处的交友圈层，重视与其他同类人物的比较，力求更明晰地发掘出汤寿潜之于他人思想的细微差别。

本书主要分以下五个部分：

第一部分，重点论述汤寿潜的家族文化传统与游学生涯对他的思想影响。以汤寿潜本人的回忆为主，结合萧山当地的文化历史以及近代社会裂变对大汤坞产生的影响，揭示汤寿潜本身经世思想的文化渊源和汤家所传承的经世意识。以游学杭州时期的教育背景为主，结合浙东学派的学术脉络和俞樾的教育理念，分析汤寿潜经世思想初步形成的影响因素和特点。以游历时期的经历和实践为主，结合之后著述中的言论，分析汤寿潜走向经世之学的转变原因。

第二部分，重点论述汤寿潜早期的著述，以《三通考辑要》《宪法古义》《危言》《理财百策》等著作为主进行学术梳理。关注汤寿潜早期的经世理念及其阐述方式、形成原因，揭示《三通考辑要》以传统史学经世的特点，《宪法古义》以史学引证及附会西学理念的特点，《危言》《理财百策》强调现实问题解决方案的特点。同时与黄宗羲、魏源、冯桂芬、郑观应等人的思想相比较，揭示汤寿潜经世理想与浙东经世传统、近代西学思想之间的联系，以及与洋务时期、维新时期思想家们的差异。

第三部分，重点论述汤寿潜的教育与选材思想。梳理其早期的教育改革思想，至考取功名之后在浙江、上海等地参与书院讲学，以及在晚清新政后创办师范学校、职业学校时教育思想的发展。以丽正书院、龙门书院等地的教育实践为主进行详细考察，结合汤寿潜自己的言论和他人的评价，分析汤寿潜从书斋治学到社会实践过程中教育思想的演变过程。同时注重甲午战败、地方工商业兴起等时代环境对汤寿潜教育思想的影响，探究其对社会转型期人才培养所进行的思考。

第四部分，重点论述汤寿潜的经济思想与实践。梳理其早期著述中的经济改革设想，以及对商业、民众与国家三者之间关系的探讨，包括其"税商"与"任商"思想、政府的责任理念、对外开放观念等。清廷新政之后，汤寿潜为抵制列强侵略，积极参与到实业建设的实践中，在浙路风暴中维护国家利权，组织并发展浙路公司，领导了浙江保路运动。分析汤寿潜在浙江保路运动中的抉择成因，探究其在清末中西冲突、官民冲突背景下思想的转变。梳理汤寿潜以传统士人的手段和形象来推动建设近代企业的办法，揭示其经世思想面对的现代化挑战及其调适特点。这部分内容较多，分两章进行论述。

第五部分，重点论述汤寿潜的政治思想。梳理其早期著述中的政治改革思想，与后期立宪运动、辛亥革命等运动中的政治理念。通过分析汤寿潜《危言》中的言路设想、维新变法时期的宣传主张、《宪法古义》

中的议院构想，以及因保路而推动的立宪运动目标，探究汤寿潜兴民权理念的来源与变迁，并揭示其政治改革激进心态的原因。通过分析汤寿潜《危言》中对中外冲突的认识、庚子时期对东南互保的推动、世纪初对地方教案的安抚，以及辛亥革命后担任都督的原因和实施措施，探究汤寿潜追求稳定的政治心态缘由，并揭示影响因素。同时根据汤寿潜各个时段"激进"与"保守"之间的偏重，揭示其对中国政治文化"新"与"旧"之间的矛盾心态。

在写作的过程中，笔者在全面收集汤寿潜研究的相关史料基础上，特别注意使用新近发现与出版的文献资料，以修正研究者的历史错讹之处，并力求有所创新。例如汤寿潜对浙东经世思想的继承、汤寿潜与俞樾以及诂经精舍的关系、对章太炎等人之于《三通考辑要》评价的看法、《宪法古义》所依据的西书资料、保路浙绅群体内部派系与汤寿潜的关系、保路运动对汤寿潜立宪思想的影响等方面，笔者都提出了一些新的观点。

囿于水平有限，本书在论述和探讨方面存在很多不足之处。例如在浙路风潮、立宪运动等社会活动中，依据其言行如何更好地提炼汤寿潜的思想及其变化；汤寿潜与张謇等实业家的经世思想差异在何处；汤寿潜的经世思想在晚清东南士绅中是否具有代表性；等等。这些都是需要今后努力改进的。

四、资料来源

笔者关于汤寿潜研究的资料主要由文献档案、报纸杂志、笔记文集三个部分组成。

汤寿潜的档案资料，主要集中于中国历史第一档案馆、浙江省档案馆、上海市档案馆、上海图书馆和中国台北"故宫博物院"五个地方。浙江省档案馆馆藏汤寿潜档案全宗、1993 年政协萧山市委员会文史工作委员会编著的《萧山文史资料选编·汤寿潜史料专辑》，至今仍是汤寿潜研究的重要资料。当代学者汪林茂所编的《中国近代思想家文库·汤寿潜卷》，则去粗取精地重新梳理了汤寿潜的相关文献。上海图书馆馆藏的《盛宣怀档案》中的相关档案、中国台北"故宫博物院"馆藏的"清代宫中档奏折及军机处档折件资料库"中的相关档案，以及杭州师范大学浙江民国史研究中心出版的《辛亥革命杭州史料辑刊》《嵊州市档案馆藏浙军都督汤寿潜函卷》，也都具有重要价值。其中，上海图书馆馆藏的《盛宣怀档案》中，有不少与汤寿潜学堂建设、浙路建设、立宪运动研究的相关内容，迄今尚未公之于众。

报纸杂志方面，包括当时的一般性报纸《申报》《新闻报》《字林西报》《学部官报》《盛京时报》《万国公报》等，也包括在因为政治运动而兴起的《经世报》《大同报》《预备立宪公报》《民呼、民吁、民立报》《越报》等，以及《东方杂志》《浙江潮》等杂志。

笔记、文集、文编方面，主要根据与汤寿潜相关的同乡、同僚、好友以及与之在学术和事业上有联系者的著述，包括《张謇全集》《张元济日记》《郑孝胥日记》《汪穰卿师友手札》《忘山庐日记》《惜阴堂藏札》《夏曾佑集》《宋恕集》《郑观应集》等，以及相关的多部经世文编、诂经精舍的课艺集。在俞樾所编的《诂经精舍课艺五集·卷五》中，笔者整理出了汤寿潜的文章《伯于阳解》，这是学界目前研究汤寿潜罕有涉及的，也是很少见的汤寿潜经学方面的著述。

第 一 章

家 族 与 家 乡

　　在汤寿潜去世二十年后，他的同乡兼好友蔡元培这样回忆："吾乡有硕望，曰汤蛰先先生。先生之父曰石泉先生，耆德君子也。元培年差于蛰先先生，而辱交最久，知其志行多本之庭训，信乎教化之原，自家而国，其加民及远，往往默成而冥应，不必期之一身一时，而未有不臻其效者也。"① 在蔡元培看来，汤寿潜"志行多本之庭训，信乎教化之原"，他的家族传统、家庭环境，特别是他的父辈的家训与家风②，对他日后的思想产生了非常重要的影响。家族对中国人有着独特的意义，而家训与家风是中国传统家庭教育的重要文化载体。汤寿潜后来在外就学、参加地方活动时，也曾经饱含深情地写下了大量

---

① 蔡元培：《汤沛恩传》，《蔡元培全集》第八卷，浙江教育出版社1997年版，第464页。

② 据当代学者研究，中国传统的家训概念可分为广义和狭义两种。狭义的家训包括家训和家规，家训即指一个家庭或家族内部长辈对晚辈的训示、教诫，侧重于强调家庭成员的伦理道德、人伦关系，通过规范家族成员的思想行为，使其符合社会要求与家族发展的需要。家规则是家训的具体化，是对家族成员言行举止的约束和规范。家风是一个家庭或家族的处世和行事所表现出来的整体风格，涉及家族成员的精神面貌、道德品质、审美格调和整体气质，其包含了家族的价值理念、生活方式、生活习惯及文化氛围等内容。参见叶舟：《诗礼传家：江南家风家训的变迁》，上海人民出版社、上海书店出版社2021年版，第5页。

回忆家族父辈的文章，字里行间透露着天乐乡汤氏一族浸润在他骨子里的家族传统观念。以此而言，汤寿潜经世思想的源头也是"自家而国"。

汤寿潜的家乡，在绍兴下属的萧山。从经济文化地理而言，地处浙东①与江南②之间。年轻时期的汤寿潜，除短暂去山东游历以外，其主要生活与活动的空间范围，都在浙东与江南两大区域。浙东自宋代以来，市镇经济迅速发展，商业贸易日益兴盛，以绍兴居首。绍兴天乐乡的汤氏家族自南宋迁来此地以后，既有耕读家风，也有崇商精神，父辈一代对后辈提倡经济务实的教育方向，给予幼小的汤寿潜最初的经世意识。在工商业发达的浙东，自南宋以来诞生了尚实学，重经世的学术风气，并影响了后世浙江学界。汤寿潜年轻时游学杭州，接触到浙江第一流的学术圈，并痴迷于浙东"史学经世"的学术方法之中。同时，汤寿潜也如绍兴前辈们一样，曾游历山东进入幕府，使其经世之学得到了初步的实践锻炼。

江南是中国经济与文化发达的地区，晚清江南的中心正从苏杭逐渐向开埠后的上海转移。汤寿潜在游历过程中多次到过上海，看到了这座城市中正在兴起的近代市政、教育、新闻等诸多新鲜事物，引发了对西学的极大兴趣。这些见闻，为汤寿潜继承自浙东的经世思想增添了新的内容。

---

① 浙江的地理环境常以钱塘江为界，唐代置浙江东道、浙江西道，宋代置浙东、浙西两路，明清时期的行政区域上已有较明确的划分，清乾隆《浙江通志》称："省会曰杭州，次嘉兴，次湖州，凡三府，在大江之右，是为浙西；次宁波、次绍兴、台州、金华、衢州、严州、温州、处州，凡八府，皆大江之左，是为浙东。"

② 江南是一个涵盖较广的地理和文化概念，据当代学者李伯重研究，主要包括同属太湖水系的明清苏、松、太、常、杭、嘉、湖、宁、镇八府一州，与长江三角洲地区大致相若。参见李伯重：《简论"江南地区"的界定》，《中国社会经济史研究》1991年第1期。

第一节　萧山城外的困顿之家

　　晚清萧山县城中，有著名七大姓：王、单、汤、丁、何、蔡、陆，每姓都有颇为显赫的历史，汤姓为其一。据《萧山汤氏宗谱》记载：汤氏第一世为汤鹏举，祖籍河南汤阴，宋参知政事，南宋时南渡至杭州。二世祖汤兆，由杭州辗转迁至诸暨泰南乡。而后，第十五世汤皤由诸暨入赘萧山道源桥顾家，成为萧山汤姓始祖。汤皤五子分为五派，即县城墙里派、西兴关里派、二都塘湾派、白露塘派和南京上元派。汤寿潜这一支属白露塘派，后来定居于绍兴府天乐乡（今杭州萧山区进化镇大汤坞村），汤氏家族在萧山有相当不错的发展。留在县城城墙附近的那一支，后来出了清嘉道咸年间重臣汤金钊。汤金钊为嘉庆四年进士，"以公廉强直，屡蒙任使"，历任吏部、礼部和工部尚书，积极支持林则徐禁烟。[①] 汤金钊次子汤修，潜心宋儒之学，官至内阁中书，曾向阁臣祁寯藻条陈理财之策，"谓宜伸赏罚，肃纲纪，皆切中时弊"，得到朝臣的重视。[②] 西兴关里的那一支，则在第二十六世汤述智（1713—1783）时，再迁萧山成家弄（今江寺菜场一带），开启了家族长达二百多年的光耀历史。第三十世的汤鼎熺、汤鼎煊兄弟二人，在1873年同时中举，称盛一时。次年，汤鼎煊又中进士。稍后，其堂兄弟汤懋功在1875年中举，汤鼎熺长子汤在宽和幼子汤在容分别在1897年和1903年中举。三十年间，一门父子兄弟叔侄出了四举人一进士，成为当地科举佳话。

　　汤氏子弟在乡里也颇有贡献，据《萧山县志稿》记载，汤鼎熺"天

---

①　南开大学地方文献研究室、杭州市萧山区人民政府地方志办公室整理：《萧山县志稿》，南开大学出版社2010年版，第658页。

②　南开大学地方文献研究室、杭州市萧山区人民政府地方志办公室整理：《萧山县志稿》，南开大学出版社2010年版，第671页。

才俊拔，有经世成物之志"，晚年执教萧山笔花书院十多年，"从学者踵接"。太平天国战乱之后，他担起光复萧山县城的重责，勉力处理善后事务。① 汤鼎煊中了进士之后，为官政声颇著，担任江西高安、丰城等县知县，治理有方，倡立义渡、慷慨捐钱以缓解民间困窘，致使地方平和安宁。居于江寺菜场的汤氏（为与城墙附近的"西门汤氏"相区别，自称"东门汤氏"），因其缉和里巷，造福地方，很受当地百姓赞誉，称其为"东门汤"。

相比之下，迁到白露塘的汤寿潜这一支，则没有"东门汤"这样显赫的仕途成就。根据后来汤寿潜参加科举时的会试朱卷里的记载，这一支的始祖汤鹏举，谥肃敏，宋参知政事，绍兴年间由河南汤阴迁杭省白马庙附近。二世祖汤兆，由杭偕兄婺州岐王府郡马亿公迁居东阳后，同迁诸暨泰南乡。九世祖汤祖贵时，由诸暨初迁山阴县天乐乡，后家族几经辗转，终长期居于此地。汤寿潜的父亲汤沛恩，谱名师濂，是一名监生，候选科中书。汤寿潜这一支家族，基本保持耕读家风，即所谓"家世力农，而以行谊著称"② 也并不排斥其他行业，在汤寿潜的父亲汤沛恩这一代，兄弟三人职业就有不同，"伯治垄亩，叔主贾鬻，先生独以经书教乡里"。而且汤家对长辈极为尊敬，汤沛恩"笃学勤诲，孝友肫至，幼侍母疾，尝刲臂和药，及居丧，哀毁有过礼"，这是一个对于长辈和祖训非常重视的家族。

萧山地处浙东宁绍平原的西北部，地形以平原为主，水网密集，钱塘江自西北至东北环绕萧山陆岸，与浦阳江、永兴河、西小江等贯通。在水势平稳之地农业发达，又因交通方便而利于经商。居于浙东与浙西

---

① 南开大学地方文献研究室、杭州市萧山区人民政府地方志办公室整理：《萧山县志稿》，南开大学出版社 2010 年版，第 679 页。

② 蔡元培：《汤沛恩传》，《蔡元培全集》第八卷，浙江教育出版社 1997 年版，第464 页。

之间的萧山，其民风传统也与两边各有相融。一是具有浙西以及江南的耕读之风，《绍兴府志》称"民以耕读为事，士以节气相高"，对于读书教育非常重视，"下至蓬户，耻不以诗书训其子。自商贾鲜不通章句"。[①]二是也具有浙东的经商之风，宋元时期萧山的商品经济就有了很大的发展，元时赵子渐的《萧山赋》就描述萧山之民"均大小之兴贩，资富贫之可给"[②]。清代萧山的纸业、酒业、锡箔等都较为发达，也使得当地百姓在商品经济下具有务实灵活的精神。甲午战后，清廷允许民间开设工厂，萧山绅商陈光颖、金玉兰等即在县官支持下开办了合义和机器缲丝厂、通惠公机器纺纱厂等近代企业，均具有千人左右规模，购买西方机器，产品不仅行销浙、沪、川、广等地，还远销欧洲。[③]

汤家各支的家风都有明显的地域文化的体现，无论名声显赫的"东门汤"还是天乐乡的汤家，都有耕读和经商并重的传统。只不过"东门汤"在科场成功更多且更早，有着仕途辉煌的家族历史，因此对后代选择"学而优则仕"的发展道路影响也更大。天乐乡的汤氏家族，虽然一直试图在科举功名上有所成就，但是在汤寿潜以前的长辈中，几乎未出现过高中科举之人，更遑论在朝成为高官的例子，无法在功名地位上与"东门汤""西门汤"相比。汤沛恩在科举不顺的情况下，也曾有过短暂的官场幕僚经历，同治时因同姓官任职陕西，被聘进入武功、周至等地的县幕，也成为广大绍兴师爷群体中的一员。但是汤沛恩性格耿直，并不适合封建官场，为当地众多入狱者而不平，认为"民之罹刑网，由上之失教，非其罪业"，因此引起官场嫉恨，很快就辞职回乡教书。回乡

---

① 萧良幹等修，张元忭等纂：万历《绍兴府志·卷一二·风俗志》，《中国方志丛书》本，第947页。

② 南开大学地方文献研究室、杭州市萧山区人民政府地方志办公室整理：《萧山县志稿》，南开大学出版社2010年版，第21页。

③ 南开大学地方文献研究室、杭州市萧山区人民政府地方志办公室整理：《萧山县志稿》，南开大学出版社2010年版，第36页。

之时，"尽散所赆于道，及抵家，襁被仅完"。①

大汤坞村所在的地理位置，因毗邻的浦阳江水灾不断，素有"小黄河"之称，地方也是比较贫瘠的。据传当时有描述天乐乡的民谣："天赋吾乡乐，虚名实堪羞；荒田无出产，野岸不通舟。旱潦年年有，科差叠叠愁；世情多恋土，空白几人头。"②不付出艰辛的劳作，汤氏家族在天乐乡很难获得温饱的保证。除了天灾，还有战乱也让这片土地更加饥贫交困。《汤沛恩传》中就记载了天乐乡遭太平天国战乱时，从事教书职业的汤沛恩一家的窘迫："遭咸丰洪杨之乱，李秀成入浙，乡井为墟，携生徒聚讲丛祠，躬自执爨，恒苦乏米，有从子尚少，依以受业，每饭必先令从子得饱，己则以水调釜中焦粒咽之。"③此时的汤寿潜尚为幼童，但一切都能够看在眼中，饥饿与困顿也能感知。

汤寿潜6岁时跟随同族汤仰山先生就读村塾，对其家境生平亦非常熟悉。汤仰山是淳朴的读书人，但是科举时运不佳，长期困于童试。汤仰山长期坚持科举之途，以致家境贫困，只能以私塾课读为生，晚年也为人指点风水营葬。这样清贫厚道的读书人却屡遭官府迫害，因为天乐乡距县城远，也未出有功名之人，与官府关系疏离，常遭官吏"叫嚣隳突，罔所顾忌"。汤仰山在一次遇到官民纠纷时路见不平而仗义出手相助，致使自认与官吏结怨，当"役以兴大讼"之际，惊忧致疾而亡。

汤寿潜从小感受到父亲的困苦，幼时又见证了汤仰山一生的遭遇，执着于科举的家族前辈常常陷入生活拮据，也不能获得一定的社会地位，因此对于传统时代的科举制度有着比较强烈的反感情绪。汤寿潜认

---

① 蔡元培：《汤沛恩传》，《蔡元培全集》第八卷，浙江教育出版社1997年版，第464页。
② 陈志放：《布衣都督汤寿潜》，萧山市文联、萧山市文化馆编，1991年，第3页。
③ 蔡元培：《汤沛恩传》，《蔡元培全集》第八卷，浙江教育出版社1997年版，第464页。

为汤家在天乐乡也算是"一乡之壮族"，而汤仰山虽然科举未有所突破，但也是本族二百余年来第三位生员，也算难能可贵，但是这样的读书人既"不如力田者之足以自赡"，官吏也不以其为生员而尊重，而且读书人如此，寻常百姓的苦难更为深重。汤仰山和父亲这些读书人的贫苦遭遇，让汤寿潜发出"科举果何益于人哉"的感叹。① 对科举的不满，使得汤寿潜变得更为务实，更看重能够经世济民的学问，同时也希望国家能够转向务实的人才导向。

由于长期仕途不顺，加之地方贫瘠，祸乱不断，在天乐乡的汤氏家族虽然注重诗书教育，不乏坚持追求功名的读书人，但也有很多人开始从事经商和手工业，以获得生计上的保障，而慢慢形成了经商置业的传统。这些与汤寿潜较为亲近的亲戚和族人，其经营经历和人生感悟，对年轻时期的汤寿潜产生了重大影响。

汤宗和，字鉴甫，是汤寿潜的族祖，但年纪只长汤寿潜三岁。汤宗和与汤寿潜同在山阴县就学，关系非常亲密，"同砚席游处者盖十余年"。据汤寿潜的回忆，汤宗和相比自己更加稳重，"寿潜不德，更忧患而不省，开口辄揶揄人，鉴甫微笑不一答"。② 不过两人在一些观点上的看法非常一致，汤寿潜三十岁血气方刚，反感传统的时文之毒，造成中国虚病，经常与汤宗和讨论天下治平，两人都认为当今中国亟待以发展实业来救国救民，"欲矫虚病求人足自食，非急兴实业不可，非唯治生然，治国亦由之"③。汤宗和还积极投身商海，天乐乡造纸业发达，他与族人在省城杭州经营纸业，不过后来由于鬻纸事务为族人所累，经营

① 汤寿潜：《县学生业师仰山先生传》，参见政协浙江省萧山市委员会文史工作委员会编：《汤寿潜史料专辑》，1993年，第470页。
② 汤寿潜：《县学生鉴甫族祖传》，参见政协浙江省萧山市委员会文史工作委员会编：《汤寿潜史料专辑》，1993年，第471页。
③ 汤寿潜：《县学生鉴甫族祖传》，参见政协浙江省萧山市委员会文史工作委员会编：《汤寿潜史料专辑》，1993年，第471页。

陷入困境，"如转巨石于泥淖中，愈转愈陷"。年轻时的汤寿潜南来北往游历之时，有机会就去看望汤宗和。汤宗和因汤寿潜以读书人之雅，并未与其明言所受商业损失之巨，唯叹息实业兴办的不易，后年仅45岁即郁郁而终。在汤寿潜眼中，既慨叹汤宗和为人诚信忠厚，被鬶纸业同行称为"鲁大夫"，以致在商海中不适应，同时也为自己作为重义而清贫的书生，未能给予大力资助而感到内疚。①

汤师尹，字韶村，汤寿潜的叔父。汤师尹是国学生，但是从小体弱多病，又兼家里贫困，因此亦经常从事纸业来贴补家用。按汤寿潜的回忆，汤师尹从事的是制作冥钱纸币的手工行业，非常辛苦：纸以新竹为材，去其皮，煮于火者七日夜，烂焉入臼，杵之成糜，储水于槽，倾竹糜予水，缉竹丝为簾，两手左右挟簾，淘水中取糜，如其簾一淘为一纸。日有程，冬日短，起止必以鸡鸣始，中程往往霜晨雪夜。富人重裘尚缩手，业纸者淘水如故。槽侧置沸汤，手僵冻不克堪，则入沸汤以解，旋解旋淘，故无不龟手者，叔父晚岁言及犹余痛也。②

汤师尹不仅勤于手工业，还有领先于天乐乡同行们的经商想法。因为手艺精湛，"削竹如箸，琢石圆如弹丸，必精"，制作一些深受儿童喜爱的玩具，颇能赚钱。咸同之际，浙东因太平天国战乱导致市集破败，于是汤师尹过钱塘江往峡石、屠甸寺一带经商。虽然屡遇盗贼，不过汤师尹心思机敏，屡次能以计得逃脱。当时汤寿潜仅是五六岁的儿童，每次叔父经商归来，常能得到叔父带来的鱼肉餐食。等到战乱平息，汤师尹与人同开商肆于临浦东市，因为影响到了西市的生意，遭当地劣绅勾结官府压迫。而汤师尹生性强直，不愿屈服，遭到对方诸多刁难，导致

① 汤寿潜：《县学生鉴甫族祖传》，参见政协浙江省萧山市委员会文史工作委员会编：《汤寿潜史料专辑》，1993年，第471页。
② 汤寿潜：《貤赠奉直大夫五品衔安徽青阳县知县国学生叔父韶村府君传》，参见政协浙江省萧山市委员会文史工作委员会编：《汤寿潜史料专辑》，1993年，第472页。

商业破产。汤师尹虽然既踣复起，但不久因心力交瘁而逝。在汤寿潜看来，颇具商业头脑的汤师尹的悲剧原因，在于商业环境的恶劣，"蝗蠹在室，虎狼在门，内外机阱"，官府不帮助商民的生计，反而与恶霸联合盘剥欺压。而自己以士子的高傲，"雅不欲近有司"，则无力阻止官绅勾结压迫商人的罪恶行径，"不足以拒横逆"。①

在汤寿潜的家族中，也不乏凭借奋斗成功摆脱贫困者，这些长辈的思想观念给予了正以读书人自居的青年汤寿潜更大的触动。汤益三，字利往，汤寿潜的曾祖。汤益三幼时在读书上颇有天赋，"洎束发读书，诵读即惊其长老"。同时，汤益三自幼就很有主见，"顾性孤冷，沉默寡言，笑自童时，已不似热闹场中人"。在所学既成之后，汤益三婉拒了别人参加科举考试的劝告，认为"吾不能以肮脏骨向冬烂先生手中、目中讨生活也"。汤益三眼中，读书只是自娱自乐的事情，读书人并没有高人一等的资格。汤益三担任私塾教师之时，既教导孩童句读，"亦令为有用之学"，自己到田间耕锄，令童孥载稼器跟从学习。由于汤益三的辛勤劳作，家里能够保持着较为富足的状态。对于讽刺他劳作的言论，汤益三认为自己对于耕作乐此不疲，而凭借口舌博取富贵之人则应该感到羞耻，由此他对子孙辈的教育，也重在黜虚务实和自力更生。此家风熏陶之下，汤益三的子孙辈都能做到勤俭守业自立，"尤朴素无浮华之气"。②

汤寿潜年轻时，很以自己是追求功名的读书人自傲，而轻视劳动者，"自负轶气，谓青紫可芥拾，求田间舍，非吾事也，动辄以农丈人惟无足轻重，哈视之"。汤寿潜这种思想遭到了父亲的严厉批评，其父认

① 汤寿潜：《貤赠奉直大夫五品衔安徽青阳县知县国学生叔父韶村府君传》，参见政协浙江省萧山市委员会文史工作委员会编：《汤寿潜史料专辑》，1993年，第473页。
② 汤寿潜：《利往公家传》，参见政协浙江省萧山市委员会文史工作委员会编：《汤寿潜史料专辑》，1993年，第455—456页。

为,"经济者,以经术济世务",年轻的汤寿潜大谈经济,却"学不务乎根底",是学问没有与实践相联系,而鄙视老农老圃为迂且琐,应该知悉耕读之中也大有人才。汤益三则是父辈拿来教育汤寿潜的最好例子,汤益三在读书上的才华足以让自视颇高的汤寿潜服气,而汤益三倡导的自力更生、经济务实的家风,则让汤寿潜更感到钦佩,认为"巢父忘世以自乐,沮溺避世以为高,皆不免于山林枯槁之所为",而汤益三如同汉末的庞德公一样,虽其于白云深处而仍能留心时事,并让子孙能够自立流长,才是更值得赞许的。[1]父辈们算不上大学问家,但是他们对汤寿潜学习必须联系实践的谆谆教诲却沿袭了浙东士人学习练习实际、反对空谈的风气。南宋浙东学派学者陈亮提倡"以读书经济为事",认为知识的获得取决于实践,反对脱离实际的闭门读书和空疏的高谈阔论。由此可见,在乡间生活的汤寿潜已经时时受到浙东传统的务实文化的影响,既包含了积极入世的人生态度,也开始考虑经世之学的探索与实践。

汤廷庆,汤寿潜的远方族叔,则是让汤寿潜看到了商业成功者如何救济世人的心肠。汤廷庆幼禀父母教,很有学问,这与汤寿潜非常相似,汤寿潜幼时也被称为"聪敏颖悟",因此对这位族叔非常钦佩。弱冠之年的汤廷庆认为读书迂腐,毅然弃儒而从商。汤廷庆在从商方面也很有本事,"利恒倍然",让家里殷实富足。然而汤廷庆精于从商却不囿于市心,保持着济人渡世之心。天乐乡又遭灾荒,汤廷庆"开仓减价粜,遇无力平粜者,复散粥俵米,存活颇众";当遭遇太平天国战乱,"公复为发棠,其温恤一如前";赈水灾时,"复捡族人平昔抵产文券数十纸,壁还之,欢声动里"。[2]在汤寿潜眼中,相比那些满口道德的士大夫遇

---

[1] 汤寿潜:《利往公家传》,参见政协浙江省萧山市委员会文史工作委员会编:《汤寿潜史料专辑》,1993年,第456页。

[2] 汤寿潜:《太学生廷庆公家传》,参见政协浙江省萧山市委员会文史工作委员会编:《汤寿潜史料专辑》,1993年,第454页。

到穷人，"如秦越人之视肥瘠，间有谊通记亲，曲陈苦状，而析其一粒，便须如蝍毛张，比剜其肉更楚"。汤廷庆"身不出行省，业不过商贩"，按传统社会的标准来看，是既无见识又无地位之人，但是却能做到"存心利物，润及乡党"，此为大义，无怪乎长期保持着好口碑。这一点汤沛恩也时时教育子侄辈，"仁者不居惠，虽少犹施，若以薄而废之，犹之吝也"①，为乡里救济造福，比考取功名而自认为帝王师的虚名更为值得骄傲。

从大汤坞的汤寿潜家族传承来看，大致有四个特点：一是汤氏家族虽然注重读书，出了不少有学问的士人，但并不鄙视勤苦耕作之人。相反，汤家一直对务实劳作之人相当欣赏，推崇自力更生，而很鄙视游手好闲、沽名钓誉之辈。二是汤氏家族有崇尚商业的家风，并不以这个传统社会四行之末的职业为耻，认识到经商有利于家庭殷实富足，也能够有实力接济乡里。三是汤氏家族对故乡有热爱之情，关心社会，重视慈善事业，且注重代表桑梓请命，乐于造福乡里。四是对贪官、庸官扰乱百姓生路切齿痛恨，厌恶官场腐败，但又寄希望能有权威之人站出来为百姓主持公道。

汤寿潜在这样的家庭环境中成长，自幼又得到长辈的颇多关怀，对他们抱有深厚的感情，也比较信服他们的言论，因而其身上带有浓厚的家族之风，而家族境遇带给他以后的人生志向一些非常重要的影响。一是汤寿潜与功名显赫的"东门汤"后辈之不同在于，因家族处于社会底层，经历和见识过太多底层百姓的艰苦困顿，始终很重视民间疾苦，坚持以民为本，在其后来的著述和言论中，非常强调从民间的角度来看问题。二是反感不务实际的清朝科举人才选拔取向，后来对于无法直接对

---

① 蔡元培：《汤沛恩传》，《蔡元培全集》第八卷，浙江教育出版社1997年版，第465页。

国计民生有影响的学术和思想都比较排斥，以此影响到汤寿潜在得到功名之后，对于无法真正为民做事的官职并不感兴趣。三是重视能给百姓带来实利的事务，青少年时的汤寿潜虽然是读书士子，但在周围环境影响下较能接受经商之风，也深切感受到了商业对民生的好处，以及商业经营的不易。后来汤寿潜走出大汤坞村，看到外面的世界，特别是上海、杭州等地开始勃兴的近代实业气象之后，则找到了传统的"力田"和"经商"之外更好的道路，转而积极支持实业，认为："国家不以实业导诱天下，长令士类营营于科举而槁饿黄馘，且不为县役所正视，其功令似亦可以速变矣。"①

这种人生追求，与儒家的经世理念有着诸多的契合之处。面对晚清社会的困窘，汤寿潜并没有逃避现实或自足于书斋，而是保持着积极入世的态度。青年时期的汤寿潜虽然注重获得功名，但也极为关心百姓的生计问题，有追求经邦治国的理想，坚持为天下兴利除害，造福乡里。

由于几代人勤劳经营，并关心乡里，汤氏家族在当地颇有声望，这在天乐乡保坝废坝的纠纷中表现得非常明显。天乐乡在山阴县西部，分为上、中、下三部，汤家所在的大汤坞村在中天乐。天乐乡的东、南、北三面环山，唯独西面襟浦阳江，中天乐就在浦阳江畔。初时浦阳江向北二百多里注入麻溪，汇钱塘江后入海。因为浦阳江与麻溪的襟带关系，山阴、萧山、会稽三县成为水利命运共同体。但是，当钱塘江潮水涨起，浦阳江江水不仅无法正常倾泻而下，反而被钱塘江江潮倒灌。倒灌的潮水、无处可泄的江水和内山水四处横溢，导致天乐乡以及三县地区都饱受水灾之苦。

天灾导致了贫困。据后来的《茅山闸记》记载，"天乐无收成者数

---

① 汤寿潜：《县学生业师仰山先生传》，参见政协浙江省萧山市委员会文史工作委员会编：《汤寿潜史料专辑》，1993 年，第 470 页。

十年，由下乡遂波及山、会、萧三县，人一日不食则饥，无收成至数十年之久"。面对这样的困境，为救三县之民，明天顺年间的绍兴知府彭谊修筑了麻溪坝，"潦则闭之，旱则江水、潮水先经坝，坝一启，吸外水以灌坝内"①。麻溪坝的修筑，将天乐乡一分为二，坝内的各个村庄自然得到了保护，但是这种"所弃者小，所全者大"的方法，使坝外包括中天乐在内的十八个村庄则被牺牲成了重灾区，"令中乡十余里一隅专其害，坝以内真天乐矣，以外不地狱耶？"虽然后来官府为减缓坝外灾情又修筑了茅山闸，但是坝内平安、坝外受灾的情况未能改变，每当淫雨之时，"溪水内涨，外与潮抵，也不得出，田庐浸焉"。②因此汤寿潜评价为："一坝之隔，诵者民父，诟者民贼，沦吾乡于釜底者已三百年，鼓谊之肉其足食耶？"③当水灾之际，坝外百姓自然希望能够以乡情让坝内开闸放水，以减轻坝外水势，坝内之人则绝不相让，倚赖官府庇护，并聚众护闸。遇到坝内坝外的纠纷，官府也不做细致调查，轻率地指责坝外十八乡为"悍乡"，而汤家因为人丁繁多，在水利纠纷等事情中皆成为领袖，被称为"悍族"。

　　领导坝外村民参与水利纠纷的汤家人物，主要是汤寿潜的"世父"即伯父汤师兰。汤师兰自幼不肯下人，也不愿在私塾受塾师的束缚，很早就放弃了读书。不过，汤师兰天生具有领袖气质，刚果善断，在私塾中他人有争执时，常常找他解决。汤师兰很早就随父务农，在农事最难的莳秧上颇有心得："新秧纤细若针，左手握秧盈把，以三指分出四五针，右手以三指随取随莳，约五科为一行，一行实五行也。自东至西

---

① 张宗海等修，杨士龙等纂：《萧山县志稿·卷三》，国家图书馆出版社 2005 年版，第 278 页。
② 张宗海等修，杨士龙等纂：《萧山县志稿·卷三》，国家图书馆出版社 2005 年版，第 281 页。
③ 汤寿潜：《貤赠奉直大夫五品衔安徽青阳县知县国学生世父造甫府君传》，参见政协浙江省萧山市委员会文史工作委员会编：《汤寿潜史料专辑》，1993 年，第 475 页。

讫，别起为行。横若画霖，直若引绳。心手相应，妙有分寸。日可竟二三亩，陇畔过者，见世父所莳田必叹为工速。"①

在时局稳定之后，汤师兰开始雇人耕田，自己仅在每日黎明"即兴肩一泥锹出，周行田问，遇渗漏辄塞之，归则家家晨炊甫竟也"。他的这一做法，得到了乡里的群起效仿。务农有术，为人善断，汤师兰遂成为当地人纠纷的裁断人，"数十里间，尺布之讼，千糇之失，无论识与不识，不之县官，而之世父，侃侃而诱，靡不涣释以去"。②因此，在天乐乡水利纠纷中，汤师兰自然被推为坝外村民的领袖。然而这样一位有能力调解民间纠纷的人，却对官民冲突无能为力。汤师兰虽然在乡里具有崇高的威望，但是遇到蛮横无理的晚清官府，也感到畏惧万分，"谓望见其影辄怖"。汤师兰之弟汤师尹经常被市绅欺负，有时甚至祸及整个家族，汤师兰愤于投报无门，只能对汤师尹感叹："与其仰首哀鸣于官，无宁剜吾肉以饲市中虎也。"③汤寿潜感叹："官之怖人而不足为人信乃如是耶！"然而汤师兰正由于"畏官甚"，因此更希望子弟能够高中科举为官，期望以好官的权威来压制横行乡里的恶霸官绅。汤寿潜回忆，他每次应院试、乡试，汤师兰往往"负箧躬送之"。可惜汤寿潜尚未得中科举，汤师兰就因病去世了，尚不及见到子弟一日做官。汤寿潜与这些长辈感情甚深，在其后来短暂的在外为官途中，常感叹"亲老不欲就养辞，曾不克塞世父地下之望，盖可悲也！"④

---

① 汤寿潜：《貤赠奉直大夫五品衔安徽青阳县知县国学生世父造甫府君传》，载政协浙江省萧山市委员会文史工作委员会编：《汤寿潜史料专辑》，1993 年，第 474 页。

② 汤寿潜：《貤赠奉直大夫五品衔安徽青阳县知县国学生世父造甫府君传》，载政协浙江省萧山市委员会文史工作委员会编：《汤寿潜史料专辑》，1993 年，第 474 页。

③ 汤寿潜：《貤赠奉直大夫五品衔安徽青阳县知县国学生世父造甫府君传》，载政协浙江省萧山市委员会文史工作委员会编：《汤寿潜史料专辑》，1993 年，第 474 页。

④ 汤寿潜：《貤赠奉直大夫五品衔安徽青阳县知县国学生世父造甫府君传》，载政协浙江省萧山市委员会文史工作委员会编：《汤寿潜史料专辑》，1993 年，第 474 页。

汤寿潜由此对官场不无恶感，认为只是借助权力以势压人的权威，"吾不知官之有何乐，衮衮者方不惮坏廉耻、掷性命以搏之，夫岂不以官之足人畏哉"。汤寿潜自小在家乡的见闻，增强了他对官吏以势压人的愤恨，"寻常见役人缨帽莅吾乡，男妇聚观，往往煮黍烹伏雌相延款，惴惴惧不当，乡之人类然。寿潜曾为诸侯上客，通籍宁家，地保特来存问，手长三四尺之竹烟具，筑地有声，商淡大睌，耀其官之威福，谁谓吾乡悍者"。① 同时，汤寿潜也认为，治理地方需要权威，而官府的以势压人并不如地方士绅的威望有效。汤师兰只是乡间一老者，正因为处事公正，"可以数十年稀讼"，而汤师兰去世之后，天乐乡"斗讼蜂起"，倒是真成为了官府口中的"悍乡"了，因此乡里人对汤师兰思慕怀念不已。在汤寿潜看来，对地方社会的治理，横行暴虐的官府不如正直处事的士绅。士绅生长于斯，对地方百姓充满感情，理解疾苦，而官府只知联合恶霸欺压，百姓对这些士绅敬重而钦佩，对地方官府是表面畏惧而内心愤恨，由此更推崇民间权威的出现，则可以使"地方诚不难于自治也"。

这种权威意识，其本质是具有名望的士绅，在国家和社会危难之际不顾个人荣辱地挺身而出，与经世精神相通。日后汤寿潜在中国政坛上多次挺身而出，成为凝聚民心之权威人物，也与家族的这种观念有关。据蔡元培记载，汤寿潜在辛亥革命时期之所以能够接受烫手的浙江都督一职，也是其父庭训的结果："辛亥鼎革，浙人争拥蛰先为都督，蛰先疑不可。时满汉猜嫉久，杭州故有驻防，几酿大衅，非蛰先莫能解。先生（汤沛恩）闻之曰：损己名而可以救人者，则为之，弗居而已矣。蛰先卒纾浙难，而避位远蹈，盖先生之为教，其大者如此。"② 诚如张灏所

---

① 汤寿潜：《赀赠奉直大夫五品衔安徽青阳县知县国学生世父造甫府君传》，载政协浙江省萧山市委员会文史工作委员会编：《汤寿潜史料专辑》，1993 年，第 475 页。

② 蔡元培：《汤沛恩传》，《蔡元培全集》第八卷，浙江教育出版社 1997 年版，第 465 页。

言，经世作为儒家的天职理想，其表现形式经常转化为入仕为官或领袖地方社会的观念。①汤寿潜幼时所接触的长辈形象和父辈教导，使其更偏于厌恶前者而接受后者，具有强烈的地方士绅的经世担当意识。

天乐乡的水患之事，成为汤寿潜心中永久的一个故乡情结，让汤寿潜开始思考经世思想中的"治法"问题，意识到为民造福并不是一件容易的事，必须对水利这样的社会问题进行艰苦的探索。因此，汤寿潜此后读书，不仅攻读科举考试之书，也认真阅读刘宗周的《麻溪坝水利图议》等实学书籍，为故乡的水患治理苦思对策。他由此在年轻时期就以治河之高见闻名乡里，后得到张曜的邀请去山东治河。汤寿潜晚年归隐乡里，1911年8月代表地方向浙江省议会提出"废麻溪坝案"，最终以改坝为桥的方式，解决了故乡数百年来的水患和纠纷。

在科举会试朱卷中，汤寿潜列举了人生中的老师群体。对其关系亲密及影响深厚的受业师，除了汤仰山先生外，还有从兄汤子霖、会稽增生沈宗炼、会稽庠生葛尚宾、萧山增生瞿绥章、萧山增生王圭璘、杭州府学教授陆贡珍、乌程举人施补华。问业师则有族人萧山举人汤懋功、家伯萧山廪贡生汤纪尚等。②这些人功名等级并不算高，但是大多都是绍兴及萧山本地人士，他们与后来汤寿潜游历杭州、上海等地所遇到的学术和思想名家相比，虽然很难提供给汤寿潜完整的学术思想体系，但是他们的言行中则带有深厚的江南及浙东文化的特点，这给予青少年时代的汤寿潜以深刻的印象，使汤寿潜初步具有了积极入世、直面社会人生的价值取向。当然，"重商""经济""民生""为民请命"这些概念，在当时学识并不丰厚的汤寿潜的脑海中，可能还仅仅是一些碎片化的东

---

① 张灏著，苏鹏辉译，任锋校:《儒家经世理念的思想传统》，《政治思想史》2013年第3期。

② 汤寿潜:《会试朱卷》，载政协浙江省萧山市委员会文史工作委员会编:《汤寿潜史料专辑》，1993年，第204页。

西，但却成了汤寿潜终生思索的命题，在其后的学术研究和社会活动中，可以明显地看到它们影响着汤寿潜的思想旨趣和人生选择。

第二节　游学与学脉

汤寿潜在 18 岁的时候，离开山阴大汤坞乡，来到杭州游学，开始了十多年的在外学习生涯。马一浮在后来的《绍兴汤先生墓志铭》中这样论述汤寿潜的学术道路：

"父沛恩，并有高行，遂启先生，克明克类，髫年颖异，弱冠有闻，秉心塞渊，植仪劲固，渐濡经术，综据典章，用能疏通知远，达于政事。"①

可见，汤寿潜的学术启蒙起于乡里父辈，游学时期真正得到发展，经术、典章方面趋于成熟，达到"疏通知远，达于政事"的境界。

汤寿潜自六岁始跟随汤仰山先生读书，十八岁离家。他日后回忆早年读书内容："二三月即尽读《大学》、《中庸》，旋授《论语》。"② 可见，汤寿潜确实聪颖过人。聪明的人容易骄傲，汤寿潜与汤仰山先生有过一次对话。汤寿潜自认为"某今年甫六岁，亦已读《大学》竟矣，视孔子何如？"这种罕见的自负，让汤仰山一时语塞，次日谓汤寿潜："昨乃为六岁儿窘，虽强词夺理，其志则非常人也。"③ 这与张謇在《汤蛰先先生家传》一文中所述的"早岁颖异，以文学见称，闳敏有器识"，互相映照。在汤寿潜会试朱卷的评语中，考官称赞："五艺均见根底，不仅以

---

① 马一浮：《绍兴汤先生墓志铭》，参见政协浙江省萧山市委员会文史工作委员会编：《汤寿潜史料专辑》，1993 年，第 204 页。
② 汤寿潜：《县学生业师仰山先生传》，参见政协浙江省萧山市委员会文史工作委员会编：《汤寿潜史料专辑》，1993 年，第 470 页。
③ 汤寿潜：《县学生业师仰山先生传》，参见政协浙江省萧山市委员会文史工作委员会编：《汤寿潜史料专辑》，1993 年，第 470 页。

古藻见长，春秋摹体纯熟，议论酷似东莱，后段尤具卓识。礼，抚时慨事，所见独深，非有心世道者不能为，亦不敢为。"① 将汤寿潜比拟为宋代浙东理学名家、浙东学派的开创者吕祖谦，这是极高的评价。

到省城杭州游学之后，汤寿潜遇到了诸多学者名师。根据其在会试朱卷中的介绍，除了一些官员外，主要是杭州府学教授陆贡珍、诂经精舍掌教俞樾、敷文书院掌教周学濬、紫阳书院掌教许景澄这四位。四人当中，从汤寿潜日后的著述、文章、书信等处所涉及的亲疏程度来看，汤寿潜接触最多，且对他学术上产生重要影响的，应是俞樾。关于汤寿潜与俞樾的关系，史学界有多种说法，一说汤寿潜为俞樾门下弟子②，一说汤寿潜并非俞门弟子，但经常前往诂经精舍拜谒俞樾。③ 汤寿潜会试朱卷上，俞樾被列在受知师一列，而非受业师。汤寿潜在光绪三十三年（1907 年）吊唁俞樾的信中，则论及"及先师之门，可三十年"，似是在汤寿潜游历杭州四年后才与俞樾见面。笔者在光绪九年（1883 年）俞樾所编《诂经精舍课艺五集》中，发现汤寿潜的文章《伯于阳解》被收录其中。光绪十一年（1885 年）俞樾所编《诂经精舍第六集》中，发现汤寿潜的文章《祭表貉则为位解》、《渝平输平解》收入其中。以此而言，汤寿潜应该曾经是诂经精舍的学生。笔者推断，汤寿潜在最初游学杭州时，应为追随受业师萧山同乡陆贡珍学习，后来进入诂经精舍学

① 汤寿潜：《会试朱卷》，参见政协浙江省萧山市委员会文史工作委员会编：《汤寿潜史料专辑》，1993 年，第 427 页。

② 罗雄飞在《论俞樾在晚清学术史上的地位》（《苏州大学学报（哲学社会科学版）》2007 年第 1 期）中，提到"从政治角度看，相当多的弟子如章太炎、汤寿潜等，最终都走到了他的反面"，将汤寿潜看作是出自俞樾门下的弟子。

③ 汪林茂认为汤寿潜并非俞樾的门生，只是在杭州游学时期"常诣俞樾任教的诂经精舍拜谒问学，得俞师誉赏"。参见汪林茂编：《中国近代思想家文库·汤寿潜卷》，中国人民大学出版社 2015 年版，第 592 页。姚顺在其硕士学位论文中也认为汤寿潜不是俞樾的入门弟子，详见姚顺：《汤寿潜早期维新思想研究——以〈危言〉〈理财百策〉为中心》，硕士学位论文，湖南师范大学历史文化学院，2008 年。

习，并得到俞樾的赏识，但可能并不是俞樾直接收纳的弟子，这也是与诂经精舍的开放式教育模式有关。诂经精舍的学额限制很严，但是学制的限制没有明确的规定，有在书院学习十余年者，有时间短暂者，也有多次进入书院就学者。① 由此推断，汤寿潜可能属于不是长期固定在诂经精舍学习的学生，故将俞樾列为受知师一类。

进入诂经精舍学习以及求学于俞樾，让从大汤坞村走出来的汤寿潜，进入当时第一流的学术教育机构，也由此进入浙东学术圈和学术脉络之中。自南宋开始，浙东地区的学术名家辈出，按黄宗羲等人在《宋元学案》中的梳理，浙东学者可分为以吕祖谦为代表的"金华学派"（也称"婺学"）、以陈亮为代表的"永康学派"、以叶适为代表的"永嘉学派"，此外还有金华本地的唐仲友等人。这些各有所长的学者，以其独特的学术风格，开创了后世浙东的学术和思想传统。

吕祖谦是开浙东学派先河之人物，与当时的朱熹、陆九渊齐名，在学术上以理学思想为宗，但主张博综各家之说，在史学、文学方面均有建树。当代学者总结吕祖谦为学有三大特点：力求明理躬行，学以致用；治经以求实理，祛除"无用之文"；肯定人欲，重视功利。② 吕祖谦认为儒家所推崇的六经具备治理社会的用处③，学者治经的同时也需通晓世务，学术探讨与经世实践应相促进。吕祖谦在《历代制度详说》中，分选举、学校、官制、赋役等十五类，通过对历代制度得失的分析与总结，寻求有利于国计民生的改革途径。吕祖谦认为治经以训诂为先，但

---

① 根据罗雄飞的研究，吴昌硕就是前后三次进入诂经精舍学习，但是每次时间都不长。参见罗雄飞：《俞樾的经学思想与经学研究风格》，电子科技大学出版社2014年版，第85页。

② 蔡方鹿：《论吕祖谦的经世致用思想》，《中共宁波市委党校学报》2014年第3期。

③ 吕祖谦提出："六经所载者，尧舜禹汤文武备之法；用六经者，当有尧舜禹汤文武未用之效。"参见蔡方鹿：《论吕祖谦的经世致用思想》，《中共宁波市委党校学报》2014年第3期。

更强调以"求实理"的态度来理解经，而不必费力于词章等"无用之文"上，提出"讲实理，育实材，而求实用"的观点。吕祖谦追求实学与事功的主张，使其重视对史学的探究，著有《观史类编》《六朝十论》等史学著作，在史籍中寻求安邦济世之策。吕祖谦与当时朱熹所推崇的"存天理、灭人欲"观念有所不同，承认"人欲"的合理性，认为"天理常在人欲中，未尝须臾离也"。正因吕祖谦主张对各家学术兼收并蓄，与当时的陈亮、叶适、陈傅良等学者交往甚多，促进了浙东学术特色的形成。①

与吕祖谦相比，陈亮、叶适等人则在事功方面进行了深入探索。面对南宋内有财政危机、外有战争威胁的局面，他们在坚持抗金斗争之外，将事功主义与义利观结合起来，形成了独特的救国改革思想。叶适肯定了人的物质利益以及对物质利益追求的合理性，认为满足人的物质利益是为富国利民的基础，并不违反道义。② 在此基础上，叶适提出了对国家经济改革的设想：一方面削减财政开支，减轻百姓负担，反对与民争利的敛财行为；另一方面鼓励工商业发展，减少政府垄断，以促进生产的发展。③ 陈亮以实事实功来评价历史和时政，将儒家伦理观倾向于社会效果和政治功效。在此基础上，陈亮提出了"厚本劝农""农商相籍"④ 等思想，主张国家保护合法土地收入，反对政府压制商业，惩治贪腐而保护富民，达到藏富于民的效果。

南宋浙东学者群体的学术风格与经世思想，与当时占据中国学术主

① 陈开勇：《唐仲友与东莱学派》，《浙江社会科学》2014 年第 10 期。
② 叶适提出："既无功利，则道义者乃无用之虚语尔。"参见叶适：《习学记言序目·卷二十三·汉书三》，中华书局 1977 年版，第 324 页。
③ 叶适：《水心别集·卷二·财计上》，《叶适集》，中华书局 2010 年版，第 657—660 页。
④ 参见陈亮：《陈亮集·卷十八·明帝》《陈亮集·卷十三·问汉豪民商贾之积蓄》，中华书局 1987 年版，第 202、153 页。

流的程朱理学相比颇有不同。这主要表现在：学术风格较为开明，不偏
重一种取向，主张调和各家，不仅重视经学，也重视史学，重视对历史
兴亡和制度沿革兴废的研究；学术理念上讲求实利功效、义利合一，在
经济上批判了"农本商末""重义轻利"等传统观念，坚持实学的研究；
在学术认知和教学方法，强调人的实践作用，主张联系实际，学以致
用，反对脱离实际的闭门读书。这类根植于浙东经济社会环境的独特思
想，被后世学者称为具有"事功伦理"的"功利主义儒家"。① 而这种事
功主义的思想中，无论是推崇商业，还是反对垄断，其落脚点都在"为
民"之上。因此，浙东学派提倡的"经世致用"，同时也是"经世济民"。

　　明清之际，南宋事功之学再度被浙东学界所重视，提出"浙东学派"
名称的黄宗羲成为其领军人物。黄宗羲与顾炎武、王夫之等人痛惜于明
朝的衰亡，认为学者热衷于玄谈心性而误国："明人讲学，袭语录糟粕，
不以六经为根柢，束书而从事于游谈，更滋流弊。"② 黄宗羲虽出自理学
大家刘宗周门下，却由理学的研究转向经学和史学并重的方向。梁启超
在《清代学术概论》中指出，黄宗羲等人在学术宗旨上的追求："清初
之儒，皆讲'致用'，所谓'经世之务'是也。"③ 根据现代学者的研究，
黄宗羲的经世之学包含着"不以孔子的是非为是非""肯定人的个体利
益与权利""重视理性思维和自然科学"等，这是在浙东地区明末商品
经济发展之后，对于思想界的重大影响。④ 黄宗羲及其弟子反对偏离经
书空谈心性的取向，重视言之有据，其所变革的是一种"通经致用"的
理路。同时黄宗羲从经世的角度坚持"经史并重"，认为"学者必先穷经，

① 参见［美］田浩：《功利主义儒家——陈亮对朱熹的挑战》，姜长苏译，江苏人民出
　版社 1997 年版。
② 赵尔巽等撰：《清史稿》卷二百六十七。
③ 梁启超著，朱维铮校订：《清代学术概论》，中华书局 2016 年版，第 26 页。
④ 参见潘起造：《浙东学派的经世之学和浙江区域文化中的务实精神》，《中共浙江省
　委党校学报》2005 年第 4 期。

经术所以经世，不为迂儒，必兼读史"①。在此基础上，他提出了"经世应务"的学术主张，认为"学必原本于经术，而后不为蹈虚，必证明于史籍，而后足以应务"②，恢复了南宋学者学道与事功统一的传统。

　　黄宗羲赋予浙东学术思想以新的内涵和特质，在经学方面并不再只偏重于宋学坚持的义理，同样重视汉学的考据以及史学的修养，并通过讲学、著述、家学等方式，与其弟子将浙东学派发扬光大。③当时浙东的宁波府与管辖山阴县的绍兴府，是其讲学的重点区域，也是其弟子分布的区域。黄宗羲之后，浙东学派的继承者主要为宁波的全祖望，以及绍兴邵廷采的私淑弟子邵晋涵和章学诚。邵晋涵的学术贯通经史，尤以史见长，提倡遵循"文质因时，纪载从实"的治史传统。章学诚则更热衷史学，提出"六经皆史"的观点，一生治史始终不离"经世致用"的原则。④

　　至清代中期，黄宗羲一脉渐趋衰落，乾嘉年间在浙江为官的阮元成为浙东学派的振兴者，其标志之一就是在杭州建立了诂经精舍。阮元在诂经精舍聘请了当时东南地区的著名学者洪震煊、孙星衍等讲学，将乾嘉学派的学术思想引入浙江，同时又与浙东黄宗羲一脉的学者邵晋涵、章学诚等相交甚深。阮元在学术上虽然偏向汉学训诂，但也推崇融会汉、宋之学，为诂经精舍定下了学术基调。诚如廖寿丰所言，阮元创办诂经精舍的宗旨，是为了矫正明季空疏之风，以提倡经义诂训使学风复

---

① 赵尔巽等撰：《清史稿》卷二百六十七。

② 全祖望著、朱铸禹汇校集注：《全祖望集汇校集注》（中），上海古籍出版社 2000 年版，第 1059 页。

③ 按黄嗣艾的研究，清初"浙东学派"除了领袖黄宗羲以外，其骨干还有黄宗炎、黄百家、万斯同、万言、李邺嗣、郑梁、董允瑫、邵廷采等人。参见黄嗣艾：《南雷学案》，中正书局 1947 年版。

④ 章学诚提出学术必为经世的思想，认为"文章经世之业，立言亦有补于世，否则古人称述已厌其多，岂容更益简编，撑床叠架为哉"。参见仓修良编：《文史通义新编新注·外篇三·与史余村》，浙江古籍出版社 1993 年版，第 686 页。

振。① 自咸丰朝之后，浙东学派呈现出学脉传承的多元化趋向，主要有定海黄式三家族、瑞安学者群体②、德清俞樾师徒、绍兴学者群体③，其中俞樾是浙东学术网络的中心人物。俞樾与其父俞鸿渐早年受阮元弟子端木国瑚的学脉传承，与乾嘉学术的关系颇深。1868 年，俞樾赴诂经精舍任主讲，以后成为主要执掌者，至 1899 年卸任山长，长达三十余年，对诂经精舍的学术发展具有重大的影响。汤寿潜在诂经精舍游学，就在这段时期内，故而颇受影响。笔者认为，俞樾对学生的影响主要在以下四个方面。

一是继承了清初以来浙东学派兼容并包的学术取向。俞樾长期专注经学，以汉学考据为主，看重"言之有据"的重要性，尊崇阮元并醉心于朴学研究，在执掌诂经精舍期间完成了《古书疑义举例》《春秋名字解诂补议》等著作。同时，俞樾务求通博，虽以汉学考据为主，但不排斥宋学义理，强调和汉宋之学，认为"汉儒于义理，亦有精胜之处，宋儒于训诂，未必一无所取"。在汉学体系中，俞樾着力点虽然以古文经学为主，但对今文经学也采取兼容并包态度，训释《春秋》经传以《公羊传》为主。俞樾对于诸子学、史学、文学词章等也有旁及。根据记载，诂经精舍课试方法与其他书院差异较大："问以十三经三史疑义，旁及小学、天部、地理、算法、词章，各听搜讨书传条对，以观其识，不用扃试糊名之法"④。从俞樾培养的弟子来看，这种教育方法卓有成效，适合不同旨趣、个性的学生的自主发展。清末民初各个学术流派中，均有

---

① 廖寿丰：《诂经精舍课艺七集·序》，载俞樾辑：《诂经精舍课艺七集》，光绪二十一年（1895 年）刻本。

② 晚清瑞安的浙东学者群体，主要包括以孙衣言、孙锵鸣与孙诒让为代表的孙氏学术家族，以黄体芳、黄绍箕与黄绍第为代表的黄氏学术家族，有"东瓯三杰"之称的陈虬、宋恕与陈黻宸。

③ 晚清绍兴的浙东学者群体，主要包括宗稷辰、李慈铭和平步青等人。

④ 张鋆：《诂经精舍志初稿》，《文澜学报》1936 年第二卷第一期，第 34—35 页。

俞樾弟子的身影，著名者如理学的朱一新，今文经学的崔适，古文经学的章太炎、黄以周，文学界的施补华、王诒寿，以及推崇社会实践的经世派的汤寿潜、宋恕、陆润庠等。

二是俞樾继承浙东学派的经世务实传统，推崇"通经致用"的学术理念。正如缪荃孙后来所评："训诂主汉学，义理主宋学，教弟子以通经致用，蔚为东南大师。"①俞樾虽醉心于朴学，但是对国计民生也非常关心，提倡经世致用，而其"致用"之道的依据则落于"通经"，强调"士不通经，不足致用"。俞樾在诂经精舍教学时，所提倡的学风"论学则务实行而扫空谈，治经则守师法而耻臆说"。在此理念下，俞樾支持书院开设经济之学，以为国家培养能够安邦定国的人才，使年轻士子能够"知上之所求不徒在八股试贴，而孜孜讲求于其大者远者"②。诂经精舍虽然没有专设经济之学，但俞樾为学生出题时重视经世内容，以训练其经世能力。

三是淡薄科举目的，坚持学术为书院之本。俞樾执掌诂经精舍期间，继承了阮元的办学传统，将诂经精舍定位为钻研学术之所："讲求古言古制，由训诂而名物、而义理，以通圣人之遗经。"俞樾特别强调诂经精舍与那些以预备科举为目标的书院之间的区别："其以应举文诗课士者，则有敷文、崇文、紫阳三书院在。至诂经精舍则专课经义，即旁及词章，亦专收古体，不涉时趋。"③在张謇看来，诂经精舍的这种气质也颇与众不同，"与省城敷文、崇文、紫阳三书院之专肄举子业者异趋"。当然，俞樾并不反对学生参加科举，在课艺选题中也不乏针对科

---

① 缪荃孙:《艺风堂文续集·卷二·清诰授奉直大夫诰封资政大夫重宴鹿鸣翰林院编修俞先生行状》，第7页。参见"近代中国史料丛刊"第九十五辑，台湾文海出版社影印本。

② 宋巧燕:《清末书院教育家俞樾》,《教育与考试》2009年第1期。

③ 俞樾辑:《诂经精舍课艺五集·序》，光绪九年（1883年）刻本。

举的题目。诂经精舍因其极高的学术水平，故其学生在科举试场上的表现也非常出色。

四是将经世的要旨定于"尊本重教"，即注重传统道德的维护和风俗教化的坚持。俞樾认为学术的兴替关乎风俗道德，而风俗道德则直接影响社会的兴衰，振兴社会则基于倡导道德，学者应处处以维护风俗教化为己任。① 俞樾对于其所关注的国计民生的问题，往往会从儒家典籍中寻找根据，这也是他"通经致用"理念的表现。

在杭州游学的十余年，是汤寿潜学术上开始形成自己道路的重要时期，也是其个人思想发展形成的关键时期。汤寿潜游学期间，在学术上涉猎颇广，继承了浙东学界调和各派的传统，在其众多文章的落款，也常以"浙东汤寿潜"自称。汤寿潜赴杭州游学，本意应是为了科举功名。然而在游学期间，他对经世之学却越来越为入迷，显然也受到了俞樾的影响。特别是在游学的最后几年，尚未考中功名的汤寿潜，在学术上却逐渐形成鲜明的态度取向，概括而言可分为四个方面：对经学，轻典籍而重方法；对史学，重经制且偏实务；对实学，专心经济并深入思考；对西学，越来越感兴趣并孜孜以求。

在以古文经学的训诂考据为主的诂经精舍，汤寿潜开始走出幼时的"四书"系统，读《说文贯》《尔雅小辨》等朴学之书，后来汤寿潜的会试朱卷上，考官评价为"古音古节经术湛深"②。对于俞樾所推崇的以公羊学为治经之"主义"的理念，汤寿潜也继承颇深。汤寿潜在《诂经精舍课艺五集》中的《伯于阳解》一文，即是以公羊学阐释经义的典范。汤寿潜对春秋鲁昭公时期齐燕之间的征伐与人质事件进

---

① 罗雄飞：《俞樾"通经致用"思想析论》，《首都师范大学学报（社会科学版）》2007年第3期。

② 汤寿潜：《会试朱卷》，参见政协浙江省萧山市委员会文史工作委员会编：《汤寿潜史料专辑》，1993年，第427页。

行了详细的考证，认为《公羊传》的解释更近古义而更为可信，《左传》则多诬说之处。① 会试朱卷中，考官也评价为："补述《公羊》，头头是道，緒章绘句，妙得神似，何休其学海乎？"② 对于汤寿潜经学的整体评价，则是"通体互勘，独饶精义，次熟于仿古"。显然正是在俞樾指导下，在诂经精舍学习过程中，汤寿潜进步很大，提高了自己在以考据为主流的晚清科举考试中的竞争力，得以在科举中高中而获得功名。

就对经学的整体态度而言，相比俞樾对训诂考据的热衷，汤寿潜并未沉迷于其中，更偏于为了科举功名而学。从笔者所搜集的相关著述和文章来看，汤寿潜专门研究经学的文章仅为《伯于阳解》等廖廖几篇，与费尽心力撰写的大量史学、实学著述相对比，可以看出其对经学研究的态度较为淡薄。在经学领域中，相比古文经学，汤寿潜对于今文经学则相对更有兴趣。在《伯于阳解》一文中，汤寿潜这种亲《公羊传》而远《左传》的态度就非常明显。而科举考官认为其论述公羊学"头头是道""妙得神似"，可谓准确。

汤寿潜对经学的整体淡薄态度，以及近今文、疏古文的治经取向，主要原因在于其自幼受到父辈经济务实的思想影响，长期存在"以经义济世务"的观念，并希冀社会能够发生变革。当看到训诂考据并不能直接"经世"之时，他的兴趣自然下降。在其会试朱卷中，考官显然也发现他的这一思想偏向，多次说其"非有心世道者不能为，亦不敢为"③，

---

① 汤寿潜：《伯于阳解》，参见俞樾辑：《诂经精舍课艺五集·卷五》，光绪九年（1883年）刻本。

② 汤寿潜：《会试朱卷》，参见政协浙江省萧山市委员会文史工作委员会编：《汤寿潜史料专辑》，1993年，第438页。

③ 汤寿潜：《会试朱卷》，参见政协浙江省萧山市委员会文史工作委员会编：《汤寿潜史料专辑》，1993年，第427页。

"读及想见小范先忧之抱"①。汤寿潜这种希冀改变社会黑暗现状的心态，与晚清嘉道以来今文经学复兴时提出的社会变革思维非常契合。今文经学自清代中期由庄存与、刘逢禄等引导复兴后，因其所追求对儒家经典解释中微言大义的阐发，使治学者可以不拘泥于经学文字内容，灵活解释，发挥治学者自己的感受与想法，打通古代经学著作与当今现实之间的关系，更具有经世致用的品格和通经致用的风气。在晚清社会危机中，一部分对社会关切的今文经学学者以政治历史意识沟通经学学说，阐述对现实的不满态度和改革态度，为当时经世之学的发扬光大起到了导向作用。其中以龚自珍、魏源二人为主要开拓者。龚自珍凭借《公羊传》将经学直接用以对时事的评论，以今文经学本身的疑古和批判的传统而"讥切时政"，提出以托古改制进行社会变革的要求。魏源则推崇今文经学"以经术为治术"的经世之道，追求"贯经术、政事、文章于一"的理想，积极寻求重振王纲的救世方法，针对社会实际问题提出了一系列漕运、水利、盐政等与国计民生相关的改革措施。诚如梁启超所论，在晚清政治衰败，而举国士人仍然沉醉于太平之时，彼辈（龚自珍、魏源）不胜其忧危，恒相与指天画地，规天下大计。龚、魏之外，还有姚莹、陶澍、林则徐、黄爵滋、包世臣等直接或间接受到今文经学的影响，注重经世之学，强调变革之风。

晚清今文经学派所提倡的经世之风，非常契合汤寿潜长期以来所坚持的想法：既对衰败黑暗的社会现实不满，又积极入世追求变革。在诂经精舍的学习，使汤寿潜学会以《公羊传》治经，接触到那些提倡改革的今文经学学者的思想，并对魏源、陶澍等学者的著述颇感兴

---

① 汤寿潜：《会试朱卷》，参见政协浙江省萧山市委员会文史工作委员会编：《汤寿潜史料专辑》，1993 年，第 438 页。

趣。汤寿潜赞成魏源对不问世事的考据学者、空谈义理的理学学者的批评，赞成魏源对于社会变革的倡导。但与今文学者追求经术与经世合一的理想不同，汤寿潜并不热衷于对今文经学典籍本身进行深入研究和阐释，也没有尝试从经学角度来寻找对社会变革的支持。对这些提倡改革的今文学者钦佩的同时，汤寿潜更关注其对于社会实务的见解，例如魏源在陶澍幕府和担任知县时所著的关于漕运、盐政、水利等具体实学著作，尤其对魏源提出的一些新颖的改革措施非常感兴趣，在后来的《理财百策》、《危言》、会试朱卷中屡屡提及。从汤寿潜的学术取舍看出，他赞同并积极响应晚清正逐渐兴起的经世之学风潮，但并不囿于从学术的角度追求变革的合理性，而是直面现实的社会危机，试图直接从实学的角度来解决当前的社会问题，在其意识中更多体现了浙东学派"功到成处，便是有德，事到济处，便是有理"的事功主义理念。

汤寿潜对经学典籍研究的兴趣淡薄，但是在诂经精舍的长年学习，以及俞樾等经学名师的指导，使他考据方面的学术训练得到了很好的锻炼。相对于理学以及心性之学而言，诂经精舍所重视考据之学追求实事求是，反对学术陷于空疏之谈，在培养了汤寿潜求学务实求真的同时，也使其对中国社会的传统与现实有了更真实的了解。在遇到从未见识过的西学知识，并需要结合中国社会现实进行思考的时候，汤寿潜会用考据的方法，引证中国历史上的相关内容来为国人讲解，后来撰写的《宪法古义》就是这方面的典型。

游学期间的汤寿潜对史学产生了极大的兴趣。其中缘由，既有受到诂经精舍注重史学的教育观念的影响，得到浙东学派精研史学的经世理念传承，也是汤寿潜长期以来对社会现状的不满而对改革的期望。浙东学术的精髓在于史学，这是为历代学者所公认的，梁启超评价为："浙东学风，自梨洲、季野、谢山以至章实斋，卓然自成一系，而其贡献最大者实在史学。"①汤寿潜沉迷史学，则更有其抱负，他后来在《诫子书》中说，自己在游历时"留心经制，推之世务，慨然有革易时弊之志"②。说明其史学探索，具有很强的经世目的性。在经世的学问上，汤寿潜倾向于以史学为根本，后来在《三通考辑要》的"自序"中提出"学""政""艺"三者结合的经世理念。其中能够推动政治变革的学问，则是"宪古证今，咸务实用"的历史掌故之学。在科举会试朱卷上，考官们对汤寿潜史学上的评价颇高，对以史经世的理念也给予了很高的赞誉。翁同龢给予评语："茹古涵今，经策渊懿。"李端棻给予评语："熔经铸史，经策通明。"③汤寿潜在史学内容选择上，遵循了浙东学派吕祖谦、叶适、章学诚等人注重对典章制度沿革兴废的研究传统，坚持博览并摘抄杜佑的《通典》、郑樵的《通志》、马端临的《文献通考》等文献。自游历杭州的第九年开始，汤寿潜开始构思《三通考辑要》的提纲，"三通考"就是指马端临的《文献通考》、嵇璜和刘墉等编修的《续文献通考》以及《清朝文献通考》，汤寿潜对这三部巨著中于国计民生相关者，进行了深入研究并分类辑要。这种长期细致的史学训练，对于科举考试也颇有帮助，在会试朱卷关于历代田制的答题中，考官给予评语："于古今田制税则，实能洞其症结，贯其源流，假题发挥，觉马端临《田赋考》、恽大云《因革论》，有斯翔实，无斯瑰玮。"④可见，参加会试时的汤寿潜针对具体的现实问题，能通过梳理历代制度沿革，探析其问题的根本症结，以史经世的能力达到了一个较高的水平。

① 梁启超：《中国近三百年学术史》，江苏人民出版社2015年版，第94页。
② 汤寿潜：《诫子书》，参见汪林茂编：《中国近代思想家文库·汤寿潜卷》，中国人民大学出版社2015年版，第587页。
③ 汤寿潜：《会试朱卷》，参见政协浙江省萧山市委员会文史工作委员会编：《汤寿潜史料专辑》，1993年，第427页。
④ 汤寿潜：《会试朱卷》，参见政协浙江省萧山市委员会文史工作委员会编：《汤寿潜史料专辑》，1993年，第432页。

为功名而苦读之外，汤寿潜以自己的兴趣而撰写《三通考辑要》颇不容易。作为并不富裕的农村年轻学子，无力买到"三通"的书籍，在偏僻的天乐乡时甚至想借而不得。在其自序中对书籍的得来不易有过描述："寿潜寠人也，兔园之册，儿笘之录，亦未具备，无论《通考》等巨帙，穷乡又无可商借。既冠，游学省门，始向坊肆赁读。"凭借省府大城的文化资源而借到史学书籍后，汤寿潜开始夜以继日地抄录，"赓续抄撮，穷日继夜，灯昏目眵，墨痕如鸦如豭，濡满襟袖间，时或酷暑流金，几案炙手，或历寒砭骨，雪花如掌落户牖，檐牙冰柱盈尺，乐此不稍辍，阅数稘，始尽厓略"，著作完成后感叹"目光从此损耗矣"。[1] 虽然辛苦如斯，但是因为志趣在此，因此达到"乐此不稍辍"的境界，可见汤寿潜对于史学经世的执迷。不可否认，游学期间史学上的苦读，以及基于史料而进行的思考，既培养了汤寿潜言而有据的求实学风，也让尚在书斋的他对社会问题的源流和症结有着合乎实际的洞察力。

在杭州的游学生涯，以及俞樾诂经精舍的教学影响，使汤寿潜受到了高水平的学术教育，不仅为多年后的科举成功奠定了基础，也带给其学问研究的基本倾向：对史学的重视、对经济的兴趣、对道德的看重。特别是俞樾在教学上推崇经济之学的教育、在经世思想中对于风俗道德的尊崇，对汤寿潜以后的思考和行事都有很大的导向。日本学者支南珏一郎在讲述浙路风潮中的汤寿潜时，开篇第一句就是赞扬汤寿潜"以道德、经济著于时"[2]，成为时人对汤寿潜经典式的评价，也可见俞樾对汤寿潜影响之深。然而汤寿潜自幼的经历和经世意识，使其学术旨趣上与俞樾有着很大的差异。从学术的历史传承而言，正如汤寿潜在《诫子书》中称自己年轻时"言近功利"的概括，其学术理想远绍南宋浙东的事功

---

① 汤寿潜：《三通考辑要·自序》，通雅堂光绪二十五年（1899年），第5页。

② ［日］支南珏一郎：《浙路风潮汤寿潜》，参见政协浙江省萧山市委员会文史工作委员会编：《汤寿潜史料专辑》，1993年，第129页。

主义，继承了清初黄宗羲的"经世应务"观念，在晚清与瑞安陈虬、宋恕等人的经世思想接近。维新时期，汤寿潜与号为"蛰庐"的陈虬被合称为"浙东二蛰"，亦是证明。

第三节　游历与西学

尽管在学术上取得了长足的进步，但是汤寿潜的功名之途并不顺利，曾一度对科举考试非常厌恶，更时常想起家乡长辈对"腐儒"的批判："五百年时文之毒，天下遂成虚病。"[①] 为了缓解家境困难，也为了能够寻求经世的实践，汤寿潜在 31 岁时如很多绍兴前辈一样，来到了时任山东巡抚的浙江钱塘人张曜幕府，当了一名师爷。此时山东地方政府正愁于治理黄河水患，巡抚张曜急于寻求治河能人，"有言河务者，虽布衣末僚，皆延致咨询，唯恐失之"。而汤寿潜能够入幕，也跟他年轻时就潜心经世之学、努力钻研治河的名望有关。按张曜年谱的记载，张曜很早就知汤寿潜有精于水利之名："汤自幼天赋才识……少长，即奔走南北考察水利，于治河积有高渊见地与主张，公于此早有所悉，莅鲁后即思延请。汤闻之乐而从之。"[②] 可见汤寿潜在游学期间，也并未只埋头于书斋治学，而是有奔走各地考察水利的实践，并因发表过相当的治河见解而被广为传播。

当时有其他幕僚提出以分流三分入南河的办法治理黄河水患。汤寿潜经调查后认为分流后会出现"费用三难"和"筑坝三难"，并不可取，同时根据自己对故乡治河往事的思考，加上从故纸史籍中的资料寻找，匆匆写下"探源之策三、救急之策三、持久之策三"进呈张曜，这"治黄九策"得到采纳，并运用到治河实践中。这使得初来乍到的汤

---

① 汤寿潜：《县学生鉴甫族祖传》，参见政协浙江省萧山市委员会文史工作委员会编：《汤寿潜史料专辑》，1993 年，第 471 页。

② 张怀恭、张铭：《清勤果公张曜年谱》，浙江古籍出版社 2009 年版，第 77 页。

寿潜很快得到张曜的赏识，"入公幕下未久即显示其奇材，深得公之喜爱"。① 这次成功的牛刀小试，显示出汤寿潜经世实践上的一些特点：先有对社会问题的长期知识积累和思索，面对具体问题进行认真务实的实地调查，结合历史和现实进行对策思考，敢于提出与众不同的尝试和见解。此后，汤寿潜根据这次治河的经历与启示，加之对中国历史上治河经验的总结，写下多篇治河对策，详细分析了因地制宜的办法，颇得张曜的赞许，多能在实际的治河过程中收到成效。而邻近的河南省巡抚倪文蔚也慕名前来取经，吸收了汤寿潜治黄方案中的部分想法。一年后张曜觉得汤寿潜具有经世之才的潜力，久居幕下将失其势，"实应进学深造，可成大业"②，因此与其依依惜别。

汤寿潜在治河中的积极尝试，可谓实践了吕祖谦"力行亦所以致其知"的理念，也是以史学经世的一次实践锻炼，而取得的成功则让其信心倍增。在此之后，汤寿潜始终在琢磨治水之道，每逢国家遭遇水灾，都十分牵挂，他在后来编著的《危言》中提到，"光绪十六年夏六月，闻直隶五大河同时并溢，为数十年未有之灾。伏念宵旰焦劳于上，生民荡析于下，辄为彷徨累叹，往往夜半闻风雨声，寝而复起，绕室行者再，家人窃窥之，问以何事致此！则亦不能以自解也"③。这与坚持"不涉时趋"的俞樾，显然不同。汤寿潜在平时旅途中也注重搜集治河的信息，"近三四年，南北奔走，稍稍窥见河之情态，每尖宿时，必觅老民与河兵，与上下其议论，或为所厌苦，亦不遽舍令去"④。以此由他人之见、历史经验和自己的经历与思考汇合而成的治河思想，后来整合进了《危言》的《分河》《东河》《北河》等篇中，可见其为经世之道而付出的努力。

---

① 张怀恭、张铭：《清勤果公张曜年谱》，浙江古籍出版社 2009 年版，第 77 页。

② 张怀恭、张铭：《清勤果公张曜年谱》，浙江古籍出版社 2009 年版，第 92 页。

③ 汤寿潜：《危言·卷四·北河》，光绪二十一年（1895 年）石印本，第 27 页。

④ 汤寿潜：《危言·卷四·北河》，光绪二十一年（1895 年）石印本，第 27 页。

　　在游学和游历的过程中，走出闭塞的大汤坞乡的汤寿潜开始接触到当时正在东南地区兴起的西学知识。就对西学的态度而言，思想观念较为保守的俞樾是比较淡漠的。根据当代学者的研究，俞樾虽然吸收了今文经学里的"改制"思想，认识到社会变革的必要性，且对晚清洋务运动持理解态度，但是因站在维护传统道德的立场上，对于变革并不积极主动。俞樾认为洋务、新政等运动带来西方器物的同时，也要警惕其对中国传统道德和生活方式的冲击。因此他坚持"隐居放言，谨守包咸不言世务之义"，强调自己"于一切洋务、陆军、海军，皆非所知，亦非所欲言"。同时，俞樾坚持中国传统文化足以经世的理念，认为西学已在"吾儒包孕之中"，因此只要"经济并通，即于体用兼备"，而不需要对于西学太过看重。[①] 这使得俞樾与郭嵩焘、冯桂芬等同一代学者的经世理念有较大的分歧。

　　与俞樾对西学的消极态度不同，年轻的汤寿潜对新接触的西学很快产生了兴趣。在会试朱卷中，汤寿潜极力赞扬了明末徐光启的经世之才："《农政全书》，徐光启撰，囊括农书，成六十卷，本末咸包，常变毕备，条贯古今，汇归于一，非经世才，未易为也。"[②] 徐光启是明清之际上海士大夫的代表人物之一，对外来文化持开放包容态度，能够理性地吸收西学知识，《农政全书》就包括了欧洲的水利技术与工具。徐光启的实学思想，根据当代学者的研究，其根本特点是为重证据、讲逻辑，正是西学之所长。[③] 汤寿潜对徐光启的推崇，也体现其经世意识中的开放态度，若发现对解决中国实际问题有帮助的外来学问时，也就很感兴趣。

---

① 罗雄飞：《试论俞樾学术思想的几点局限》，《首都师范大学学报（社会科学版）》2005 年第 4 期。

② 汤寿潜：《会试朱卷》，参见政协浙江省萧山市委员会文史工作委员会编：《汤寿潜史料专辑》，1993 年，第 453 页。

③ 熊月之：《西学东渐与晚清社会》，中国人民大学出版社 2011 年版，第 65 页。

在外游历期间，汤寿潜对上海这个口岸城市产生了浓厚的兴趣。在
《危言》一书中，汤寿潜提到在科举失败之后，内心苦闷，自幕府生涯
结束，不愿意有所交游，"以亲老谢不往，多往来上海"。对上海如此心
向往之，除了排解苦闷避见他人之外，汤寿潜发现了这个中国口岸城市
的神奇，"谓地为'华离馆'辖，中原才子，将镜求海国情状，此齐语
之庄岳也"①。"求海国情状"既表明了此时汤寿潜对于西学的注意，也
体现了上海在其心中的地位。

19 世纪中后期的上海，逐渐成为受西学影响最深的城市。欧美的传
教士、租界政府、商人等群体正纷纷在上海办学校，建市政、设医院、
出版报刊书籍，将其建设为西学传播中心。正因科举失败而对八股愤恨
不已，同时又想在暮气沉沉的晚清社会看到新希望的汤寿潜，自此对上
海及其所承载的西学充满了向往，并以期在中国传统经验之外，能够找
到更新的经世之道。从后来汤寿潜的记述和回忆来看，在杭游学与外游
历时期，汤寿潜既多次到过上海，见识了很多奇闻，也直接或间接从上
海购买了很多书籍，并对以下三个方面的印象尤为深刻。一是上海的西
书新报和教育机构。诸暨士绅吴忠怀曾在上海邂逅汤寿潜，在《危言》
的"跋"中，这样回忆那段时期汤寿潜对西学书籍的渴求："蛰仙自悔横
议，重自缄秘。忧愤之气，不可一世，西书新报，糅错左右图史间，赓
续时有所增芟。"②而见识了上海的广方言馆之后，汤寿潜开始反思传统
教育机构的不足："书院之不足以储才矣！"除此之外，汤寿潜应该还到
过格致书院等新式教育机构，翻阅过这些地方所收藏的一些西书文献。③
二是上海的商业繁荣。游学之时，汤寿潜遇到了一生的好友、后来鼎力

---

① 吴忠怀：《危言·卷四·跋》，光绪二十一年（1895 年）石印本，第 38 页。

② 吴忠怀：《危言·卷四·跋》，光绪二十一年（1895 年）石印本，第 38 页。

③ 在《危言》的《铁路》篇中，汤寿潜提到"上海格致书院所藏一同治初年英人铁路图"。
   参见汤寿潜：《危言·卷四·铁路》，光绪二十一年（1895 年）石印本，第 5 页。

支持其保路事业的南浔刘锦藻，在为其父刘墉写的《刘贯经家传》中，汤寿潜发现以刘家为代表的湖州丝商对于上海的重视，"自泰西诸国互市上海，湖丝出口益夥，颐岁，可十万包"，而且刘墉本人也经常前往，"岁必三四至上海"。① 因此汤寿潜后来在《理财百策》一书中感叹："天下诚不尽如上海之繁盛。"② 汤寿潜还注意到了上海商业与传统行业不同的组织结构："现在上海如糖如绸等业，已有分设商董，如法包征者"③。三是上海的市政建设。汤寿潜在上海租界见识到了近代化的城市基础设施建设，后来在《危言》的《京路》篇中，就呼吁内地城市学习："如仿泰西之制，就沟置水管，内外城各引自来水，遍布于国中，饮甘漱芳，和气沨濩，有愿饮者，计口输訾，民必称便。"④ 此外，汤寿潜也关注到书信局、电报局等近代化的新式市政设施，并引起对中国传统驿站等机构落后于世的反思，在后来的著述中经常以上海为例呼吁改革。

上海对于近代中国而言，是现代文明的窗口，汤寿潜在这里看到了经济繁荣、市政完备、生活便利的社会状况，这对从大汤坞乡出来、注重民生问题的汤寿潜具有非常强的吸引力。在上海接触到了新的思想观念、新的生产生活方式，更引起汤寿潜的深刻反思，进而转为推崇之至。后来汤寿潜经常前往上海，从最初的游历和购买西学书籍，到科举之后从事的实业、传媒、教育等事业，以及在此建立各种政治、经济、乡里团体，并依托上海与东南各地的士绅建立了交友圈，进而获得了更多的思想推动力。汤寿潜与上海接触后的所感所想，也使他离考据、义理等经学更加疏离，而开始尝试将西学引入到传统中国的经世思想中去。

---

① 汤寿潜：《刘贯经家传》，参见政协浙江省萧山市委员会文史工作委员会编：《汤寿潜史料专辑》，1993 年，第 459 页。

② 汤寿潜：《理财百策·漕项》，参见政协浙江省萧山市委员会文史工作委员会编：《汤寿潜史料专辑》，1993 年，第 419 页。

③ 汤寿潜：《危言·卷二·包厘》，光绪二十一年（1895 年）石印本，第 4 页。

④ 汤寿潜：《危言·卷四·京路》，光绪二十一年（1895 年）石印本，第 10 页。

小 结

　　从汤寿潜青年时期的表现与言论可以看出，他与当时或追求个人功名、或静心书斋的其他士子具有很不一样的经世观念。其原因既有自幼家庭乡土文化的滋养，也有年轻时浙东学术界给予的传承，以及游历实践中自己的思想转变。从汤家所传承的观念而言，既有江南文化开放包容的心态，更有浙东经世思想的印记。浙东自宋明以来一直存在着追求实利功效、推崇"经世致用"的实学主张，给予了汤寿潜最初的经世意识，其中包括希望百姓安定富足的社会关怀、"切于民用"而不是尊卑地位的经济观念、"崇实黜虚"的务实作风、为民请命的责任担当等思想，使汤寿潜自幼就具备了"民生为本""工商皆本"的意识，并认识到社会责任感和经世实践能力的重要性。家庭乡土文化给予了汤寿潜经济入世的观念，以学问和权威以安民济世的价值追求路径，以及初浅的经世实践经验。汤氏家族的众多长辈，虽有对晚清暴戾官府、黑暗世道的不满，但并没有出现消极避世的氛围，都以积极乐观的态度改善家族的生计条件，并参与到地方社会的民生事务中。这带给当时年轻的汤寿潜以积极入世、直面社会人生的价值取向，使其具备了经世思想的第一个特征。也正是在这种价值取向之下，汤寿潜初步树立其经世抱负。也正是在这种抱负推动下，谨记长辈学问与实践相联系的教诲，汤寿潜开始追求经邦治国、建立功业的人生价值实现路径，这在之后杭州游学时的学术探索，甚至后来参与地方建设、浙路运动等事件上都体现得非常明显，表现出与追逐个人利禄的士子不同，也与静心书斋、苦研经学的俞樾所不同的人生追求，也即经世思想的第二个特征。同时，汤寿潜对自幼所见的天乐乡水患始终

萦绕脑海，也使其重视治水知识和方法的学习，开始注重经世之学的
探讨与实践，也即经世思想的第三个特征。

杭州游学期间，汤寿潜在准备科举的同时，也融入到浙东传统经世
之学的体系中。浙东学派悠久的经世传统，给予具有朦胧的经世意识的
汤寿潜更完整的经世学术体系，继承了开放兼收的学术风格、经史并重
的治学理路、讲求实利功效的学术理念。在俞樾等当时第一流的学者指
导下，汤寿潜博览群书，吸收各派学术的养分，开始将自己的经世意识
融合到学术表达中去。正规的儒学教育强化了汤寿潜积极入世的人生价
值，虽坐于书斋，却对国家大事时刻关心留意。诂经精舍的教育培养使
汤寿潜初步学会了以学术为治术的经世路径，而俞樾当时淡泊科举名利、
注重经济教育、重视社会道德的思想也带给汤寿潜长久的影响。汤寿潜
在学习、游历的过程中，也在长期的经世意识影响下，对自己的人生追
求道路有了选择。在学术上，汤寿潜迅速改变了学习方向，正如他在为
邵之棠的《清代经世文统编》所作"序言"中所述"锐于学而善变，《说文》
《尔雅》均有所纂述，忽斥不复道"，从朴学考据转向今文经学的变革追
求，从对经学的学习转向对史学特别是经制沿革的研究，并用了二十余
年的时间编纂完成《三通考辑要》，以期能够以史学"拯时"。"拯时"之
宗旨，则将汤寿潜的史学视野会聚于能够直接影响安邦济世的实学，更
为疏离"义理"和"辞章"，与郑樵等人的主张相通。浙东传统史学的熏陶，
开始让汤寿潜真正确立起经世之学的"治体"，成为其指导思想和基本原
则，后来面对新的问题和事务，或是以史学结合时务与实学论述改革方
案，或是以史学比附①外来制度厘清其内涵，或是面对西学而努力从史学

---

① "比附"是中国传统文化中的一种重要思维模式，按照若干种事物、现象在外在形
状、某些方面的特征以及属性等的相同或相似，通过联想建立起不同事物、现象之
间的关联关系。参见冉启斌：《比附：中国传统文化的重要思维模式》，《国际比较文
学（中英文）》2020 年第 3 期。近代中国人面对未曾见识过的西学知识时，常用比

角度以中化西。正如竺柏松所言，史学实在是汤寿潜立身行事之根本。①

在外游历的幕府生涯中，汤寿潜接触到了社会实践，并将长久以来对治河的设想付诸实践。张謇撰写的《汤蛰先先生家传》中，评价汤寿潜这段经历为"君于是益习闻国政之得失，喟然论列时弊，损益所宜"②。可见在外游历的实践，让汤寿潜从书本中走出来，更清楚地看到了社会的实际需求，也更为注重在"治术"层面的探讨。从学术关注的角度而言，他开始对实学与实际问题的结合越来越重视，并尝试将经学、史学等研究方法运用到实学探索中去。在外接触到西学的奇遇，让汤寿潜有了超出中国传统经世经验的眼光。对上海城市的观察和向往，则更让汤寿潜有了将西学引入经世之学的想法，这也是后来一系列著作产生的源头。《危言》《理财百策》《宪法古义》这些汤寿潜早期的经世著作，其着眼点就是融合古今、糅合中西，探讨促使社会变革的经世"治术"。

尽管后来汤寿潜科举高中，摆脱了传统中国读书人一生为了功名而皓首穷经的命运，但是以经世之责自许的他早在获得功名之前，对个人地位利禄以及对科举所倚重的考据之学逐渐失去兴趣，因此会一再出现辞官之举。在后来的《危言》中，他倾诉了自己的志向已经确立为具有实践意义的"医国"，对于考据等学问，则持激烈的批评和厌恶态度，"不愿寝馈帖括，栉比律楷"③。以此而言，汤寿潜经世思想的"治道"也已明晰表达，其理想就是通过"小试吾道"来治国，"出使绝域"使天下得以大同，也即走以政治为人生本位，追求经邦治国，以"治国平天下"为人生价值实现路径的经世之路。

附手法进行阐述。汤寿潜撰写于 1901 年的《宪法古义》，即采用了比附手法。

① 竺柏松：《作为历史学家的汤寿潜及其〈三通考辑要〉》，《近代史研究》1995 年第 5 期。

② 张謇：《汤蛰先先生家传》，参见政协浙江省萧山市委员会文史工作委员会编：《汤寿潜史料专辑》，1993 年，第 126 页。

③ 汤寿潜：《危言·自序》，光绪十六年（1890 年）刻本，第 1 页。

第二章

经世与时务：前期著述与思想

　　游学后期至世纪之交，是汤寿潜人生的转折点，经历了考中科举、参加地方事务、逐渐走向政治舞台中心的过程。在这段时间里，汤寿潜最为引人瞩目的是撰写了一批以救国救世为主旨的经世著作，也即张謇称之为"夙以时务著称"的时期。这批著述以《危言》《理财百策》《宪法古义》为代表，也包括其历时二十多年完成的《三通考辑要》，还有《婺学治事文编》《治事文编》《治事文编初编》《质学丛书》《昌言》等。这些著述是汤寿潜在游学后期开始，经过长期的学术训练和对社会的思考而形成的，也是其早期经世思想的集中反映。

　　晚清中国的时局，既给汤寿潜带来了新的思考指向，也给汤寿潜提供了以文章著作而闻名的舞台。汤寿潜在游学初始，中国尚处在所谓"同光中兴"的余脉中，太平天国战乱带来的社会矛盾开始日趋严重，但是国内局势尚属安定，而经过三十年洋务运动所积累的成果，也带给中国以新的希望。此时汤寿潜作为在杭州苦读的学子，心态较为平和。在为科举考试准备之余，力求以史为鉴，通过经史为主的传统经世之学来解决社会矛盾，历时多年钻研历代经制之学，潜心撰写《三通考辑要》，走的是浙东史学经世的道路。

　　19世纪中期始，中国面临严重的内外危机。一方面是列强环伺下的边疆主权危机。19世纪60年代末浩罕国入侵新疆，1874年日本侵犯台湾，1879年日本吞并琉球，1884年中法战争爆发，1894年甲午战争爆发，中国失去属国，领土也被蚕食。边疆危机与军事失败，使汤寿潜等年轻学子愤慨不已，其在《危言》"自序"中提到："十年以来，琉球县矣，越裳裂矣，缅甸墟矣，老挝、暹罗危于累卵，朝鲜八道蟊贼内讧，倭嗾之，俄觑之。"汤寿潜形容当时的感受是"书生孱弱，不克荷戈，义愤所激，裂眥痛心"[①]。另一方面，浩大的军费和赔款，使中国陷入严重的财政危机。清政府为应对危机，推行厘金等办法，而这些措施往往成为弊政，将负担转嫁给百姓，引起更严重的社会问题。故此，汤寿潜认为外患源于国力衰弱，而国力衰弱则在于内政的弊病，应"将攘其外，先安其内，弊者剔之，衰者捄之，痼者破之，幪者发之"[②]，尽早加大力度改革朝政，以拯救国家。

晚清中国的内外危机，类似于南宋时期的困境，相同的时代映照下，经世思潮重新涌起。在维新变法前后，各学术流派的学者积极著书立说，倡导融入西学的内政改革。除了引发维新变法的康、梁之外，早期如王韬、冯桂芬等人，后继者有郑观应、邵作舟、马建忠、宋育仁、陈炽、何启等人。崇尚事功主义的浙东学界，陈虬、宋恕等与汤寿潜亦应时而起。陈虬的《经世博议》《救时要议》，宋恕的《六斋卑议》，均深得朝野称赞。

汤寿潜在山东幕府回来后不久，于1890年完成《危言》四卷四十篇。《危言》提出的改革见解，让汤寿潜在晚清政界和学界名声鹊起，被以熟悉"利病"而闻名。针对甲午之后财政危机，在丽正书院任上的汤寿潜开始撰写《理财百策》，并在1896年5月即成稿。就《危言》《理财

---

① 汤寿潜：《危言·自序》，光绪十六年（1890年）刻本，第1页。

② 汤寿潜：《危言·自序》，光绪十六年（1890年）刻本，第1页。

百策》的内容选择而言，汤寿潜已完成从以传统掌故"拯时"到以"略古详今""荤述西事"来救国的转变。维新变法时期，汤寿潜虽未进入政治中心，但受改革风潮鼓舞，在浙江地方积极参与创办《经世报》等宣传活动。在维新变法失败之后，汤寿潜一度心情受挫，但也开始了思考西方现代政治制度与中国结合的问题。在庚子事变后的新政期间，他撰写成《宪法古义》一书，向国人解释立宪制度与中国传统的关系。

从当时汤寿潜的众多著述来看，不论是作为浸润浙东学术思想的年轻士子，还是作为取得功名后仍保持救国济民情怀的地方士人，其始终对中国所面临的问题进行深入思考，并紧跟时代的步伐进行探讨，力图以切合实际的经世之说进行回应。与以倭仁为首的守旧派批评洋务，以张之洞为首的洋务派批评维新，以康、梁为首的维新派抨击新政不同，汤寿潜始终对晚清不断涌现的新变革浪潮持欢迎态度，并积极投身其中进行宣传和思索，以撰述的形式提出变革见解，体现出与时俱进的经世精神。

同时，汤寿潜从学子而得中科举、获得功名，并因经世著述而在东南地方名声大振，得到官绅青睐。他虽然取得功名，但是对做官兴趣不大，被受职安徽青阳县知县三个多月后，即辞职罢官，之后进入地方教育领域，长期在各地书院担任山长之务。在庚子事变之前，他虽然颇有名气，但是除教育、办报外甚少参与其他地方性事务。作为缺少经世实践的地方活动家，汤寿潜敢于对东南地区以及全国的教育、实业、政治等方面发表自己的改革见解，这与其真正参与具体实践后所发生的思想改变后有着较大的差异，故这一时期可以称之为汤寿潜早期的经世思想阶段。

汤寿潜早期的著述，不仅关注的问题各有不同，叙述和撰写的风格也不尽相同。《三通考辑要》以传统经世史学方法编成，《危言》《理财百策》则偏向于晚清经世致用风潮兴起后冯桂芬等人所提倡的实学经世体裁,《宪法古义》是汤寿潜新颖地用"中学"史料解释尚未见识的"西学"的尝试。从体例和风格而言,汤寿潜不仅有对前人的继承,也有自己的创新之处。同时这些著作均为向世人传播思想之书,也反映其始终在寻找更合适、更新颖的叙述方式,更好地向读者阐释变革方略的努力。

第一节　传统史学经世:《三通考辑要》的"拯时"和"应俗"

《三通考辑要》是汤寿潜最早开始撰写的著作,也是耗时最长的著作。从汤寿潜 1874 年杭州游学开始,博览三通文献,并随之刻苦摘抄,1882 年开始构思并编纂提纲,至 1898 年成稿。1899 年 10 月,《三通考辑要》的通雅堂版由上海图书集成局铅印出版,至此已历时 25 年之久。这部学术水平极高的经世著述,给汤寿潜带来了极大的名声。《三通考辑要》作为经世致用之书,也符合当时科举改革的需要,成为市场上的畅销书。当时《申报》的广告这样报道《三通考辑要》的出版消息:"山阴汤蛰先生有《三通考缉要》,通雅堂主人购付本局铸印,俞曲园先生序,为宏通之才,从此出矣!袁爽秋京堂序为提要,钩元良工心苦一时,通人咸推有用之。"①

《三通考辑要》构思之初,汤寿潜还是为科举功名而努力的年轻士子,在杭州诂经精舍主要接受的仍是中国的传统教育。因诂经精舍的传统和俞樾本人的导向,对史学的教育也颇为重视。此时的汤寿潜,正开始"留心经制,推之世务",本着对社会变革的理想,对以史学经世更为感兴趣。汤寿潜为《三通考辑要》所作的自序完成于 1898 年仲秋,正是维新变法最为高潮之时。在自序中,汤寿潜分几个层次叙述了自己

---

① 《〈三通考辑要〉出书》,《申报》1900 年 6 月 29 日。

耗费多时编纂《三通考辑要》的原因，也即此书的主旨。

首先是为了选取有经世价值的内容。汤寿潜认为，"三通考"本身是具有经世特点、言之有据的实学著作，"凡事实撰著，都包括于'三通考'中。学者读'三通考'，如尽读《通典》、《通志》矣"。同时，"三通考"又是包含了他当时认为史学典籍中最具经世价值的经制学问，是涵盖了历代至清朝的所有"邦计、官仪、典礼、刑律"等经制的"有用之书"。①"三通"本是包罗万象的史学著作，在经制之学外也涉及诸多，例如郑樵的《通志》就包含了六书、七音、昆虫草本等知识，而"三通考"对此也辑录很多。汤寿潜以"辑要"的方式择取了自认为"有用"之内容，具有明显的务实致用倾向的衡量标准，使之成为一部完整的、具有明确指向性的经世著作。

经过汤寿潜的选择与辑要，《三通考辑要》共七十六卷三十册，分田赋、钱币、户口、职役、正榷、市糴、土贡、国用、选举、学校、职官、郊社、宗庙、王礼、乐、兵、刑考、经籍、帝系、封建、象纬、物异、舆地、四裔二十四个部分。《续文献通考》《清文献通考》又增加了群庙、群祀两部分。以吕祖谦的《历代制度详说》作对比，其中田赋、钱币、职役、选举、学校、职官、兵、刑等置于前列的问题，均为共同关心的内容，可见汤寿潜对浙东经世思想的继承。晚清太平天国战乱之后，田赋问题极为严重，带给百姓沉重的负担，也成为朝野上下关注的热点问题。汤寿潜将其放在第一位进行研究，体现了在"序言"中所提倡的"上之所求，下之所习，宪古证今，咸务实用"的思想，即士人的学术并非为了学术本身，而是根据现实的社会需求，学以致用，向古时寻求解决今日问题的经验，继承了章学诚提倡的"切合当时人事"的浙东史学特点。

---

① 汤寿潜：《三通考辑要·自序》，通雅堂光绪二十五年（1899年），第5页。

其次是"三通考"内容浩繁，需要提要钩元来方便读者。汤寿潜提到"三通考"共 866 卷，不仅"携之囊重"，而且所费不赀，"非十数万泉不能致"。① 即使有财力者买到，也不方便阅读。这种困境，让当时资财不多的游学士子汤寿潜感同身受。因此他在艰苦条件下，还能够"乐此不稍辍"地赓续抄撮，是为了"竭来南北用赖，馁贫有志无书寒士类"，包含着对有志于经世之人的期许，体现了其所坚持的士人责任感。在袁昶为汤寿潜所作的"序"中，对其这一初衷颇为赞许，"掌故海尔浩博无涯岸，读之者若寻究一事，猝难得起要领，于此有能以记事、提要、纂言、钩元之法为之，岂特贵与之功臣哉"②。袁昶认为，能够做到这些，非"熟精儒先义理之学、贯穿历代会要会要之编者"不能任之，而汤寿潜既有"太史内行"的史学积淀，更有"饥寒困顿不稍辍"的刻苦。

最重要的是以"学""政""艺"三者合一的追求，来实现"拯时"的理想。汤寿潜在自序中明确提出了"拯时"的经世理想，并将拯救时弊的希望落在提高国人的经世才能上面。而提高经世才能的办法是学习历史经验，"上之所求，下之所习"，向传统文化中的经世之道学习，通过"宪古证今，咸务实用"的实用主义史学研究，而获得治理社会的能力。汤寿潜史学经世的理想是朝野上下都能通过历史学习而具备经世能力，达到"人人能《春秋》决狱，《尚书》治河"的水平。以《春秋》《尚书》指导现今的社会治理，可见汤寿潜对中国传统经世文化仍具有相当的自信。这一点与冯桂芬等东南士绅的观念相似，冯桂芬在《校邠庐抗议》的"自序"中认为应该向古之圣人学习"分田制禄之法""不铸刑书之法""守在四夷之法""梓匠名官、仓庾世氏之法"。③ 当然冯、汤等人都不是食古不化之人，在晚清的环境下深刻地感受到时代的变迁，特

① 汤寿潜：《三通考辑要·自序》，通雅堂光绪二十五年（1899 年），第 5 页。
② 袁昶：《三通考辑要·序》，通雅堂光绪二十五年（1899 年），第 2 页。
③ 冯桂芬：《校邠庐抗议（上卷）·自序》，光绪十年（1884 年）豫章刻本，第 4 页。

别是西学事物的大量涌入。面对刚进入洋务运动的中国，冯桂芬认识到
古法不能完全解决现实的需要，又提出如何看待古法的问题，认为古法
"有易复，有难复，有复之而善，有复之而不善"，应该根据时代背景和
现实情况区别对待。汤寿潜在目睹了洋务运动三十多年之后，则尝试将
古法、西法进行融合，来形成当今的经世观念。汤寿潜首先批评了中国
学子盲目崇拜西方技术的现状，"徒震眩于彼之艺学"，认为这是本末倒
置的问题，必须学习到技术背后所蕴含的东西。因此提出"有学始有政，
有政始有艺，政之不存，艺将焉附"。①西洋技术、声光电化，这些在洋
务运动中被推崇的器物层面的东西，统被汤寿潜称之为最底层的"艺"。
"艺"需要依附于"政"，也即政府的政治体制，而"政"则源自士子所
研习之学问，彼此呈递进关系。最根本之学问，则主要应是中国丰富充
足的传统经世知识。例如外国人为了经世，也向中国历史讨教，"彼东
西国法科尚知斠求我国掌故"。在汤寿潜眼中，中国传统的史学（或掌
故学）本身就是近代政治改革所追求之政制、法制的学术基础。

　　汤寿潜这一认识，既是自己对于经世之道的理解，也是晚清西学东
渐冲击下的反映。汤寿潜对浙东经世传统的一贯尊崇，特别是痴迷于史
学中的经制之学后，更将其视之为解决当前问题的圭臬。从杭州游学，
至考中功名，以及在金华丽正书院授课之时，汤寿潜一直提倡经世之学
的普及，并试图构建起士子从为学到致仕为政，再到治国致用的完整知
识构架，并将新接触到的西学也涵盖进去。当西学大量传入之时，晚清
中国人就面临如何在经世之学的框架内看待西学的问题。西方来华传教
士极力宣扬西方文化的根本，认为解决中国危机的关键，不仅在于中国
人学习西方的技术，更在于需要学习基督教本身的宗教原理。例如德国
传教士花之安在《自西徂东》中就表示"中国欲求西国之美好者，须知

---

① 汤寿潜：《三通考辑要·自序》，通雅堂光绪二十五年（1899 年），第 5 页。

其从根本而出，其理于何而得乎，非从耶稣道理，何以致此乎"①，他所谓的"根本"，就是"耶稣教之国"的本源。基于近代西方在种种条约后对中国的心理优势，花之安对洋务运动大量学习西方技艺的中国人，也试图将其引向西方"学"和"教"的方向，提出"世人乃疑西人尚技艺，而不尚学问，亦岂知西人之学，有较中国更精深者哉"②。对于西方人引导中国构建以基督教文化为源的经世之道，中国士人也各自作出回应，试图在学习西方和保持中国传统之间寻求联系。维新变法时期，提倡政治改革的谭嗣同在《仁学》一书中秉持"学""政""教"的递进结构，重视"教"的重要作用，且对于西方的"教"持开放态度，认为中西之教有相通之处。注重洋务实业的张之洞在《劝学篇》中则注重用"艺"来概括西学中具体的科学领域，而与偏于体制方面的"政"进行区别："学校、地理、度支、赋税、武备、律例、劝工、通商、西政也；算、绘、矿、医、声、光、化、电，西艺也。"③对于经世救国的重要性而言，张之洞认为"艺"的地位在"政"之下，学习西方的"政"是尤为急迫的，"大抵救时之计、谋国之方，政尤急于艺。然讲西政者，亦宜略考西艺之功用，始知西政之用意"④。对于"教"之层面，张之洞则坚持了中国传统为根本，提出了著名的"中体西用"思想。

汤寿潜在《三通考辑要》中提出的"艺""政""学"合一的思想，在晚清的经世思想中具有自己的特点。对于"艺"，汤寿潜不同于其他人所认知的"西艺"源于"西政"的想法，而是认为"西艺"也附于"中政"，其理由就是东西洋各国法科建设，也是从中国的历史掌故中获取知识。当然，此序言是汤寿潜在历经二十多年的《三通考辑要》已接近

① ［德］花之安：《自西徂东》，上海书店出版社 2002 年版，第 2 页。
② ［德］花之安：《自西徂东》，上海书店出版社 2002 年版，第 2 页。
③ 张之洞：《劝学篇·外篇·设学》，光绪二十四年（1898 年）船山书院刻本，第 7 页。
④ 张之洞：《劝学篇·外篇·设学》，光绪二十四年（1898 年）船山书院刻本，第 7 页。

完成之时而写，相比刚动笔之时对史学经世的单纯意识，此时已经感受到西学对于中国的冲击，因而对西学与中学的关系进行了阐述。在此之前的《危言》之《中学》篇中，也强调了信奉“西学中源说”的倾向。在《危言》之《教民》篇中，对西方基督教保持了既开放又限制的态度，汤寿潜认为害怕、仇视基督教是短视行为，“其识则浅也”，西方宗教不足以撼动中国儒学的地位，“老佛、回回既不足攘斥吾教，天主、耶苏岂遂足攘斥吾教也哉？”① 汤寿潜认为西方宗教应该限制，是因为它们在中国引起了教案等各种社会问题：“中国旧有白莲、无为等教，以同财同色诱人，种种作恶，本其惯技，教士兼收并蓄，唯恐有不入教之人，从未有不得入教之人。礼中国之所谴，聚中国之所驱，以传教而薮逋逃，以习教而犯不韪，是直教士授之刃以杀人，而复甘为之抵偿，恐亦失天主、耶苏之初旨矣，亦何怪吾民之普天共愤，欲剚刃于教士之腹，以一报之哉？”② 汤寿潜并未在文化的高度对于西学冲击中国之“教”而担心，其眼光始终是从制度和技术的角度，来解决社会层面的问题。对于教民问题，汤寿潜认为中国今后注重经世，在“政”的层面上进行改革，通过整军经武就可以将泰西传教士逐出中国而还社会太平，同样是以制度的改革为先。

《三通考辑要》强调了中国利于经世的传统制度具有强劲的生命力，不仅能够挽救晚清的危机，甚至能够涵盖西学技艺。因此中西方的“艺”，都必须依附于中国传统的“政”，且更应该复兴以传统经世思想为主的“学”。在维新变法之前，撰写《三通考辑要》汤寿潜的西学知识是不全面的，主要凭从上海获得的一些西书来汲取，对其了解并不深刻，以致有断章取义而牵强附会的表现，过度强调中国传统制度的包

① 汤寿潜：《危言·卷三·教民》，光绪二十一年（1895年）石印本，第24页。

② 汤寿潜：《危言·卷三·教民》，光绪二十一年（1895年）石印本，第25页。

容性和适应性。这一想法在汤寿潜早期非常明显，至庚子之后才稍有改观，在撰写《宪法古义》之时，汤寿潜至少承认在西方的制度上，确有其源于自身而与中国不同的地方。

《三通考辑要》典型地反映出汤寿潜对浙东经世史学的继承。汤寿潜所推崇的史学家，以章学诚、汪中为最。当其在 1906 年向国史院总纂缪荃孙介绍他的得意女婿马一浮时，就首先自豪地赞许他史学上的水平，"是汪容甫、章实斋一流"。汤寿潜在对史学关注的同时，也认同和遵循了章学诚所提倡的史学经世的很多原则和思想。章学诚一生未曾有过高层官员生涯，担任过不少官员的幕僚，并长期周游全国各地，对于社会黑暗和民生疾苦有着深刻的感受，提倡政治变革和澄清吏治，这与汤寿潜年轻时期的境遇和想法颇为相似。

章学诚极为痛恨清中期以考据训诂为主的科举制度，也不认可宋学的疏解义理，提出以史学替代经学经世的思想："学者但诵先圣遗言，而不达时王之制度，是以文为鞶帨绦绣之玩，而学位斗奇射覆之资，不复计其实用也。故道隐而难知，士大夫之学问文章，未必足备国家之用也。"① 章学诚在史学中，将制度沿革的史料视为治世变革最为重要的历史经验，提出"法显而易守，书吏所存之掌故，实国家之制度所存，亦即尧、舜以来，因革损益之实迹也"，并将探求经制的史学研究放在经世学术的首位："无志于学则已，君子苟有志于学，则必求当代典章，以切于人伦日用；必求官司掌故，而通于经术精微；则学为实事，而文非空言，所谓有体必有用也。"② 追求经制史学以探讨当代典章，以"有体"之掌故来为现实社会服务，提供有用之学，与汤寿潜当时以"政"推动社会变革，以"学"促进体制的思想颇为契合。若往上溯，则与南

---

① 章学诚撰，叶瑛校注：《文史通义校注》，中华书局 2014 年版，第 216 页。
② 章学诚撰，叶瑛校注：《文史通义校注》，中华书局 2014 年版，第 216 页。

宋浙东重视经制而言事功的陈傅良、唐仲友等一脉相承。所不同的是，章学诚处于清中期皇权稳固的时代，因此在论述以史学促进制度变革的观点时，不得不以"道"之改变为前提，来论证制度变革的必然性，提出："道者，非圣人智力之所能为，皆其事势自然，渐形渐著，不得已而出之，故曰'天'也。"①在晚清改革思潮兴起背景下的汤寿潜，则不需要寻求这方面的论据支持，而直接从制度层面的历史经验入手，以大量史学掌故的汇集，以古鉴今以寻求治弊之道。对制度改革的关心，是浙东史学的特点，以田赋问题为例，晚清经世学者冯桂芬曾长期探讨这个问题，但是其提供的解决方案偏于提高丈量手段、呼吁政府减免等"术"之方面，而汤寿潜则专注于学习古代田赋制度沿革，试图从"政"之角度进行改革。同样注重学术经世的袁昶在为《三通考辑要》所作的序言中，称赞了汤寿潜将"三通""浩博无涯岸"的"掌故海"细疏钩沉、按类划分，以利于在浩如烟海的历史掌故中，分门别类地寻找现今所需的经世之道。且指出汤寿潜此书对当今变法所起的贡献，认为商鞅变法、熙丰变法等历史上著名改革的成败得失之细节，夏商至周、汉唐至清制度的调整变革情况，都可以从中获得历史参照。刘锦藻更是认为，"蜇先非谓未辑者之非要，谓所辑则无一非要之要者也"②。

章学诚在史学经世的同时，提出了严谨考证的要求，也为汤寿潜所继承。章学诚年轻求学之时，曾为座师秦芝轩校编《续通典》。其在《上朱先生》篇中，就讲述了这种史学考证工作的难度："第此等歌曲乐府，史志不详，兼之源流派别，学诚亦不甚解，就杜氏原本所分，亦多与前史不合，不识宋元至明，究以翻阅何书为主，有何书可以参订？"但是经过艰难的考证训练，章学诚认为这是史学研究中不可缺少的环节，在

---

① 章学诚撰，叶瑛校注：《文史通义校注》，中华书局 2014 年版，第 112 页。
② 刘锦藻：《三通考辑要·序》，通雅堂光绪二十五年（1899 年），第 4 页。

《答沈枫樨论学》一文中指出："考索之家，亦不易易，大而《礼》辨郊社，细若《雅》注虫鱼，是亦专门之业，不可忽也。"章学诚认为精于考订与谙于掌故一样，是史学经世的两大前提，缺一不可，除以史学"拯时"外，汤寿潜撰写《三通考辑要》的重要目的就是为经世文献考证纠错。在自序中，汤寿潜也严厉批评了历代文献通考考证不严谨的问题，"康熙初，郎星叶大伟、吴农祥、宋维祺为正续文献通考纂，瑕颣百出，正纂如王礼考，谥法之目，讹作山陵之目，縆见续纂，如帝系考，道统之文繫十九卷而目繫二十卷，封建考中其二十卷中氏族之目反不列入。大致尚尔不检，去取乘迋，抑何待言？"①汤寿潜也认为，不首先做好考订工作，史学经世无从谈起。其描述自己在游学期间艰难撰写此书，大半精力即用在考订内容之上，"去取、增损、彙有、更定、旁行、斜上，目光从此损耗矣"②。根据汤寿潜在"自序"中的介绍，《三通考辑要》的考证工作大致分为五种：一为内容补遗，"如帝系考，道统之文繫十九卷而目繫二十卷，封建考中其二十卷中氏族之目反不列入"；二为纠正颠倒顺序，"姑以首卷言之，如田赋考匠人为沟洫考，按语而后可行贡法，倒作而后贡法可行"；三为纠正错误字句，"遂人辨其野之土条，三'莱'字均误作'菜'字，鲁宣公初税亩讹作哀公，汉武元狩元年遣谒者劝种宿麥讹作三年"；四为详解，"后周计口定亩、隋之永业露田亦田赋大沿革，而应详不详"；五为厘清源流，"海盐胡震甲、震亨、昆季有通考抄为渔猎，计专抄论说，都凡源流付之，盖阙则又郤下矣"。经过二十年的努力，汤寿潜对自己辛苦考证的结果有着相当的自信，认为基本做到了史学的要求，"不敢谓较诸本翔实，而源流论说并加诠，贯首位年月务令符契，盖编辑亦若是，其不易也"。③刘锦藻在序中，对汤寿

① 汤寿潜：《三通考辑要·自序》，通雅堂光绪二十五年（1899年），第5页。
② 汤寿潜：《三通考辑要·自序》，通雅堂光绪二十五年（1899年），第5页。
③ 汤寿潜：《三通考辑要·自序》，通雅堂光绪二十五年（1899年），第5页。

潜史学经世的实证精神提出很高的赞许，追溯往前而继承了南宋浙东经世学家的实证精神。永嘉学派的陈傅良所著《永嘉先生八面锋》为史学经世的典范，将认真考证的精神渗入其对历代制度的研究之中，与之相比其他"有议论而无源流"的私家著述，都显得"与虞氏兔园册子等耳"，正因其切实有据的学术品格和足以经世的学术价值，皇帝令士人人持一册，"固治乱之镜、损益之券编为辑要，讲读俱便"。刘锦藻认为，今日朝廷提倡经世正学，也应该列"三考"为专科，令《三通考辑要》人手一册学习。①

《三通考辑要》问世之后，晚清、民国、当代的学界对其褒贬不一，也体现了对汤寿潜这一经世路数的不同看法。褒者以为汤寿潜作序的俞樾、袁昶、陈遹声、刘锦藻等人为代表。后来的学者吕思勉、章士钊等则对汤寿潜的写作动机颇有怀疑，对此书的质量有所批评。至20世纪80年代，竺柏松等学者又开始对此书有较高的评价。

褒奖者中，俞、袁、陈、刘四人对《三通考辑要》的赞扬各有偏重。俞樾侧重从《三通考辑要》继承浙东史学传统，并从史学经世的角度择取"三通考"之精要方面进行表扬。成书之时，汤寿潜已得功名并离开了诂经精舍，俞樾没有在第一时间看到此书，但汤寿潜在游学期间长期研读"三通"的景象，则是俞樾看在眼里的，汤寿潜在治史过程中显然也与俞樾有过多次交谈。俞樾在为此书所作"序"中，回忆汤寿潜读史时的思路："汤蛰仙庶常读而深思之，曰马氏通考踵杜、郑而成书，杜、郑之书通考得而包之，推之九通无不皆然。是故读一通可包三通，读三通可包九通，吾但取之三通考，事半而功倍矣，前人亦颇有见及此者。"②俞樾对于汤寿潜钻研深思史学的志向非常支持，并推崇其将史学

---

① 刘锦藻：《三通考辑要·序》，通雅堂光绪二十五年（1899年），第4页。
② 俞樾：《三通考辑要·序》，通雅堂光绪二十五年（1899年），第1页。

巨著以自己的经世标准而"制取精蕴"的做法，夸赞其书之"精审"的
特点。俞樾认为此书的价值有二：一是汤寿潜继承了浙东学派自吕祖谦
以来，对史籍择取精华的传统，是"九通之浩无津涯"中的"精骑"之作；
二是对于教育方面有着积极的意义，将来的"宏通之士"必将因精读此
书而出。①

袁昶，浙西桐庐人，1876 年中进士，历任户部主事，总理衙门章
京等职。曾就读于上海龙门书院，受著名学者刘熙载经世教育理念颇
深，曾经在《毗邪台山散人日记》中提出："凡学者于职方氏之西北地形、
太常之律吕、司天台之历算皆须考核，以及屯田、水利、军制、马政、
地丁、保甲、漕粮、旗务皆以实理精意相辅而讲明之，为亟所为藏器于
身，以待天下之动是也。"②袁昶也是经世实学的积极倡导者，对于汤寿
潜的《三通考辑要》评价，袁昶也是从其对晚清政治改革所作贡献的角
度出发。首先评价汤寿潜选择"三通考"的眼光，认为《文献通考》是
与《资治通鉴》可比肩的史学著述，而马端临与司马光"理乱兴衰"的
史学目的不一样，重视典章经制，"因事见义，将以审为治明分数之官，
万事之经也"，曾国藩等能臣干吏都以此作为经世参考书。其次，汤寿
潜在会通此等"掌故之海"的基础上，择取具有改革借鉴作用的历史材
料，说明改革所带来的损益意义，在"通天下之志、成天下之务、决天
下之疑"的治法上提供历史经验，是为"良工心苦者"。③

陈遹声，浙江诸暨人，1886 年进士，也曾师从俞樾。陈遹声曾任
松江知府。在为官任上，经世务实，解决了平息盐枭、疏通河道、创办
书院、封禁赌窟等社会问题。后任官川东，在与英国商人、官员的煤矿

① 俞樾：《三通考辑要·序》，通雅堂光绪二十五年（1899 年），第 1 页。
② 马延炜：《论袁昶的图书分类思想——以其"永慕堂藏书目"为中心》，《湖南人文
科技学院学报》2016 年第 1 期。
③ 汤寿潜：《三通考辑要·自序》，通雅堂光绪二十五年（1899 年），第 5 页。

纠纷中，维护了地方百姓的利益。① 作为追求实政、经验丰富的基层地方官员，陈遹声认为晚清兴利除弊所亟须的学问是经济，"夫至坏于训诂，坏于词章，坏于性命，天下喁喁，归望经济之儒矣，而今日之天下，则又坏于经济"②。陈遹声具有近代学术分科的眼光，提出天下有训诂之儒，有词章之儒，有性命之儒，也有经济之儒，而汤寿潜就是当今天下所期望的经济之儒，其至赞誉"东南言经济者首推汤子"③，认为汤寿潜的经世探索走在了时代的前列。其次，陈遹声认为汤寿潜对于经济问题的研究并未失于空谈，而是从历史治理之道上寻求办法，并努力将学术与现实政略治理联系起来，能做到"以实学励实心，以实心行实政"，具有很高程度的实践性的，让他这样的地方官员能够信服。陈遹声还认为汤寿潜以《三通考辑要》传承古今典章制度，体现了其以天下为己任的儒家实干精神："今见此书，参古今之宜，穷经权之妙，非圣人之旨不书，非祖宗之典不录，益信汤子固儒者也，固思纂朝章、阐王道、肩学统而揎狂澜者也，诚与彼嚣嚣者决殊矣。"④ 陈遹声甚至在序言中鼓励汤寿潜，应坚持自己引领时代的学术探索，不必理会陋儒、"嚣嚣者"的无端攻击。

刘锦藻，字澄如，南浔巨商刘镛仲子，光绪十四年（1888 年）戊子举人，光绪二十年（1894 年）甲午进士，编著了《清朝续文献通考》《新政附考》《坚抱庵集》《陆放翁年谱》等著作，在近代以文献学家而著称。刘锦藻的志向与汤寿潜颇为相似，对晚清的治法不满，更反对只空谈批评制度之弊的清谈风气，认为士子应"深维不善用法之弊"，深入钻研制度的利弊之道，才是经世正道。因此刘锦藻也力图以编纂"通

---

① 赵尔巽等撰：《清史稿》，卷四百五十二。
② 陈遹声：《三通考辑要·序》，通雅堂光绪二十五年（1899 年），第 3 页。
③ 陈遹声：《三通考辑要·序》，通雅堂光绪二十五年（1899 年），第 3 页。
④ 陈遹声：《三通考辑要·序》，通雅堂光绪二十五年（1899 年），第 3 页。

考"之途为国借鉴，也认为"三通考"最具以史为鉴的意义，"求宪要，莫要于是书矣"。从一个文献编纂者的角度，刘锦藻认为"三通考"不仅篇幅浩大且价格昂贵，即使能够买到，也无法卒读，"至要之书反阁束以餍蟫蠹"。因同样秉持学、政一体的观念，刘锦藻认为首先具有经世之学问才能做到经世之政略，"天下之虚病宜补益，信不学而政未有能既其实者也"，因此"三通考"是不可绕开的经世典籍，他也有志于同样的辑要与整理，"溝眘輒嗜此书，拟就皇朝通考，缪加赓续，先即三考，摘抄简本以熟体例"，但历时很久都没有完成。当得知汤寿潜已经完成此编著，并请之讲席而读之后，刘锦藻非常钦佩，顿觉"适如吾意之所欲为，妄有献替"，而且认为汤寿潜选辑之处非常精当，在朝廷提倡正学之时，就应"人人持一册而读"。①

从褒扬者的看法而言，《三通考辑要》具有内容经世、选择精当、辑录精练、成书适时、引领潮流的优点。批评者，则侧重于其体裁与动机方面。吕思勉认为"《三通考辑要》亦不成体裁，类乎陋儒抄撮之作"，并介绍了当时社会上有人怀疑汤寿潜的写作动机是为替父偿债和谋利。不过吕思勉认为汤寿潜写作动机是为偿债的可能性不大，而印行出版此书为了谋利的可能性很大。②章士钊则认为汤寿潜撰写《三通考辑要》是为谋得名声的"应俗之学"，因为成书之时正当晚清维新与新政开经济特科之时，"则不胫而走天下也"，不如章太炎"其文艰深、骤难通晓"的《訄书》在学术上更为纯粹。笔者以为，吕、章二人对《三通考辑要》的批评既有独到之处，也有误解之意。

首先，汤寿潜为撰写《三通考辑要》付出二十多年心血，在"饥寒困顿不稍辍"的艰苦环境下撰写，且作为老师的俞樾也将其"常读而深

---

① 刘锦藻：《三通考辑要·序》，通雅堂光绪二十五年（1899年），第4页。
② 李永圻编：《吕思勉先生编年事辑》，上海书店出版社1992年版，第25页。

思之"的刻苦思索看在眼里，可以佐证自序所言不虚，确为学术上的追求。如以谋利而论，则如此费时费力之久，应不似急于偿债之目的。如以谋名而论，为经济特科而作"应俗之学"，则二十多年前作为书院学子的汤寿潜，更无法预料到晚清政治风云骤变，后来会开设经济特科之事。而吕思勉认为其印行有谋利之可能，大体上忽略了汤寿潜本身"拯时"的初心，此书就是给广大民众士绅提供经世经验的，与后来的《宪法古义》一样，作者希望能够流传开来，因此出版刊行是必然的。其次，吕思勉批评此书"类乎陋儒抄撮之作"，说明两个方面的问题：一是最初怀着"拯时"急切之心而动笔的汤寿潜，作为二十多岁血气方刚的年轻学子，在史学方面确实功底不够，在史料整理、分析方面有着较大的不足；二是汤寿潜对经世的认识较为直接务实，具有浙东事功学派的作风，《三通考辑要》在史料的选择与摘抄上偏重于面向直接的社会问题寻找历史经验，而吕思勉作为近代史学大家，从最初同样热衷于"旧日经济之学"到后来专心以治史为毕生事业[1]，以对史籍的系统整理、理论的系统梳理、中国文化的系统总结而闻名，故而对此种不追求完整、系统、凝练，只针对具体现实问题而进行资料整合的著作，自然认为是"陋儒"的"抄撮之作"。

章士钊批评此书为"应俗之学"，认为不如章太炎，则反映了汤、章二人史学经世的不同特点。章太炎在世纪之交作《訄书》，受西方进化论的影响，提出语言文字进化观念为依据，从乾嘉考据经说中，发现"文明进化"的历史，试图从文化层面进行对国人的改造，其史学志在

---

① 吕思勉在《我的学习历史的经过》一文中，回忆了近代学科未细分之前，自己年轻时亦喜欢研究现实问题的"经济之学"，对《经世文编》一类的书籍，苦于掌故源流不甚明白，18岁时得到《三通考辑要》，"读过一二卷，大喜，因又求得《通考》原本和《辑要》对读，以《辑要》为未足，乃舍《辑要》而读原本。后来又把《通典》和《通考》对读，并读过《通志》的二十略。此于我的史学，亦极有关系"。参见李永圻编：《吕思勉先生编年事辑》，上海书店出版社1992年版，第25—26页。

发明新理以为世用,对章学诚"六经皆史"的观点并不认同。① 因此章太炎之《訄书》以"学术""种族""政法""风教"分类次,尤其以"学术"为先,自然具有"其文艰深"特征的学术纯粹性。汤寿潜则极为推崇章学诚史学经世的思路,且秉持直接面向现实问题的"拯时"学术选择,极力在制度史料中寻找能解决当今现实难题的依据,故此与陈遹声一样将与民生直接相关的经济问题看作重中之重,章士钊认为"应俗之学"倒是恰如其分。在为邵之棠的《清代经世文统编》作序时,汤寿潜也表达了这一理念,赞成把经济民生内容放在第一位的重要性,而且强调注重这类学术的实效性,"第经济者,经义以治事,特实见施行",与"鸿博之科"有着较大差别,赞扬了邵之棠将经济八科单独成篇的做法。②

应该看到,相比于文化与教育领域的吕思勉、章士钊对《三通考辑要》的批评,浙江学者对汤寿潜史学经世的思想褒扬较多,包括在朝为官欲有作为的袁昶、陈遹声,也包括地方士绅学者俞樾、刘锦藻,甚至有学者将汤寿潜与编著《中国古代史》的近代著名历史学家夏曾佑并称为"浙江双璧"③,也说明其这种经世理念背后显著的浙江地方特色,并非为学术而学术,而是直接面对社会问题,具有事功主义色彩。

《三通考辑要》的编纂,带给了汤寿潜很好地洞察中国社会问题的益处。魏源编纂的《皇朝经世文编》取自清代的文献,面对的是清代的社会现实,而"三通"则上承中古时代的中国,论述当时具体的社会问题,包括土地问题等始终困扰历代改革者的中国基本问题,让熟

---

① 参见张徐芳:《〈訄书〉与章太炎的文体探索——六朝"精辨"文的新系列》,《古典文献研究》2007 年第 1 期;张勇:《"中国通史"计划与〈訄书〉重订——章太炎经史观述论之一》,《北大史学》2014 年第 1 期。

② 汤寿潜:《清代经世文统编·序》,邵之棠辑:《清代经世文统编》,上海宝善斋 1901 年石印本。

③ 参见竺柏松:《作为历史学家的汤寿潜及其〈三通考辑要〉》,《近代史研究》1995 年第 5 期。

读其中的汤寿潜能够在更为广阔的历史视野中把握中国的问题，对中国的改革能够做到通盘的了解，这在晚清思想者中是不多见的。晚清时期，大量西学涌入中国，洋务、维新士人动辄以西洋名词套新概念鼓吹变革，或以现代名教为招牌论述问题，实际是并不深入了解国情的半吊子学问。汤寿潜经过编纂《三通考辑要》的史学训练，对中国社会的实际问题并无隔膜，在寻求变革的方法上，也比其他人更具体、更丰富和更多向，这直接影响到他后来撰写《危言》《理财百策》等著作时的取舍。

第二节　史学附会与西学认知:《宪法古义》的　"以中释西"

《宪法古义》一书，学界一般认为汤寿潜撰于晚清新政开始的1901年，但也有学者认为汤寿潜并未写成此书。耿云志在《西方民主在近代中国》一书中提到，汤寿潜在1901年拟写《宪法古义》一书，根据其目录包括"近代立宪国家宪法的一切基本内容"，但是"惜其书并未写成"。① 但是汤寿潜在1905年致军机大臣瞿鸿禨的信中曾提到已经完成了这本著作："辛丑八月，两宫回銮，成有《宪法古义》三卷，无关宏恉，亦不能一无附会。"而且解释了署名未用真名，而用化名的原因："姑备亲贵中或以宪法为异族之制，横生阻力，可执是间执其口。恐好议论人者，谓以是干进，故但以贡之丈席，而不欲署名姓于其末也。"1906年汤寿潜再次致信瞿鸿禨时，仍提到因为有人以私利阻挠朝廷立宪，"潜《宪法古义》正为此曹设，惜流行尚未遍也"。②1910年4月，汤寿潜

---

① 耿云志等：《西方民主在近代中国》，中国青年出版社2003年版，第96页。
② 邵勇：《汤寿潜宪政思想论析——以〈宪法古义〉为中心的解读》，《中北大学学报（社会科学版）》2011年第4期。

游历广东时，地方官绅举办了"请开国会演说"，其提到"触于刺激，二十年前，有议院之言；十余年前，有宪法古义之言；亦不幸言中"①，从"有宪法古义之言"的说法来看，此书应该已经成书。当代学者都樾认为，1905 年通州翰墨林编译印书局出版的、作者署名为"日衔石生"的《宪法古义》，即为汤寿潜所著的同名著作②，其他学者如竺柏松、邵勇、刘练军、汪林茂等也持此议。③ 笔者于上海图书馆找到 1905 年商务印书馆出版的、作者署名"衔石生"的《宪法古义》，以及同年、同名由上海点石斋书局出版的《宪法古义》，与《汤寿潜史料专辑》（也收录于浙江档案馆馆藏"汤寿潜个人全宗"）之序言与目录相比较，倾向于此书确为汤寿潜所著。

《宪法古义》同样体现了汤寿潜史学经世中"应时"的特点。1901年 1 月，在庚子之变中清政府颁布新政诏书，决心自强变法，并表示开始准备向器物之外的体制方面进行改革，认识到"至近之学西法者，语言文字、制造器械而已。此西艺之皮毛，而非西政之本源也。居上宽，临下简，言必信，行必果，我往圣之遗训，即西人富强之始基"。按汤寿潜给瞿鸿禨的信上说，他在 8 月份慈禧太后开始回京之时已经完成此书。当然，追求立宪是汤寿潜一直以来的理想，《宪法古义》所阐述的限制君权、开设议院等内容，在汤寿潜于 1890 年完成的《危言》一书中就已闪现，也是中国近代早期维新思想家长期所

① 《汤蛰仙学使游历粤省演说词》，《时报》1910 年 4 月 25 日。

② 都樾：《汤寿潜佚著〈宪法古义〉考证》，《江苏教育学院学报（社会科学版）》2007年第 2 期。

③ 参见竺柏松：《作为历史学家的汤寿潜及其〈三通考辑要〉》，《近代史研究》1995 年第 9 期；刘练军：《附会的立宪认知：汤寿潜〈宪法古义〉评述》，百年共和与中国宪政发展——纪念辛亥革命 100 周年学术研讨会论文集；邵勇：《汤寿潜宪政思想论析——以〈宪法古义〉为中心的解读》，《中北大学学报（社会科学版）》2011 年第 4 期；汪林茂编：《中国近代思想家文库·汤寿潜卷》，中国人民大学出版社 2015 年版，第 96 页。

持有的思想①。在维新变法之时，清廷并未采取君主立宪，汤寿潜就已深为失望，"戊戌变法亦三四月，曾无一字言立宪"②。庚子之变后，朝廷有政治体制改革意向，汤寿潜深受鼓舞，在后来信中这样描述当时的心情："以五千年相沿相袭之政体，不待人民之请求，一跃而有立宪之希望。"③ 能立即完成这部阐释宪法本意的著作，汤寿潜"应时"的经世目的性非常明确，始终在关注中国政局的变化，并适时提出救国对策。都樾认为，汤寿潜的《宪法古义》一书早于王鸿年的《宪法法理要义》，是迄今所知中国编撰、出版时间最早的一部宪法学著作。④ 刘练军认为，《宪法古义》中的"宪法"堪称是我国最早的由立宪派汤寿潜个人草创的近代君主立宪主义宪法。⑤

汤寿潜此书的目的，是以古证今，来向民众阐释宪法的意义，"使中国人民知宪法为沉渊之珠，汲而取之"⑥。君主立宪作为一种海外的政治体制，晚清的中国人因少见而难以理解的。从鸦片战争以来，林则徐、魏源、徐继畬、梁廷枏等官员士大夫通过"夷情"以及流传至中国的少数西方书籍，稍对立宪有所了解。后张德彝、郭嵩焘、薛福成、李凤苞等人出使西方，考察了英国立宪政治的权力运作，比之林、魏等人的认识

---

① 郑观应在 1874 年完成的《易言》一书中就有借鉴西方议会政治中公众议政方式的设想，认为朝廷应该"上效三代之遗风，下仿泰西之良法，体察民情，博采众议，务使上下无扞格之虞，臣民泯异同之见"。后黄遵宪、邵作舟、宋恕、陈炽、陈虬等也有相似的论述。

② 汤寿潜：《宪法古义·叙》，上海点石斋书局光绪三十一年(1905 年) 石印本，第 2 页。

③ 汤寿潜：《汤寿潜致瞿鸿禨》，载《近代史资料》编辑部编：《近代史资料》总 109 号《瞿鸿禨朋僚书牍选》(下)，中国社会科学出版社 2005 年版，第 56 页。

④ 都樾：《汤寿潜佚著〈宪法古义〉考证》，《江苏教育学院学报（社会科学版）》2007 年第 2 期。

⑤ 刘练军：《附会的立宪认知：汤寿潜〈宪法古义〉评述》，载王磊主编：《百年共和与中国宪政发展——纪念辛亥革命 100 周年学术研讨会论文集》，法律出版社 2012 年版，第 80—94 页。

⑥ 汤寿潜：《宪法古义·叙》，上海点石斋书局光绪三十一年(1905 年) 石印本，第 2 页。

要准确得多。但是从他们的记述来看，大多为对这一制度某些方面的碎片化认识，并未对其整体进行考察，且在郭嵩焘因言获罪之后，外交人员大多谨言慎行。至维新变法之前，早期的维新思想家们开始对立宪、议院等方面有了较为详细的研究，在郑观应、王韬、宋恕、陈虬以及汤寿潜等人的著述中都提到了应该如何将议院的模式嫁接入中国传统体制的问题，但是对立宪体制本身并没有完整的阐述，对宪法及其含义的认识、对各方权利的理解都缺乏解释。随着庚子中国战败陷入危局，清廷准备立宪体制改革的趋向越来越明显的时候，怀抱"拯时"志向而积极"应时"的学者如汤寿潜、王鸿年等都纷纷准备这方面的研究和宣传。

当时清廷对政体改革已经明确表态，但在庚子之后的时代背景下，汤寿潜作为宪法领域的先驱者，在撰写《宪法古义》时面临着诸多的问题，也使汤寿潜采取了以史学方法解读西方宪法的手段，"胪举东西国宪法所许之权利，一一证以中国古书"[1]。汤寿潜在清末新政之前，主要的西学知识来源是传入中国的西学书籍以及上海等地租界的见闻，与有过游学经历的学者也没有太多的交往，对于作为国家根本性法律的宪法更是从未目睹过其架构和运作的。而且汤寿潜的学术道路来自传统时代的书院，对西学教育没有亲身接触，更不如王鸿年在日本东京帝国大学法科接受过完整而系统的近代法律学教育。这方面的缺陷，汤寿潜后来在广东游历时也提到："寿潜时文出身，足不及东西洋，所见时事皮毛，不过得之转译言。"[2] 如果说《三通考辑要》是针对中国社会传统的治理难题，可以参考历代制度沿革和历史经验来寻求出路，《危言》是针对晚清当代的现实社会问题，可以在传统经世之道基础上，参考新出现的西学制度和技术来寻求方案，《宪法古义》则是要面对一个尚未亲眼见

---

[1]　汤寿潜：《宪法古义·叙》，上海点石斋书局光绪三十一年（1905年）石印本，第2页。

[2]　汤寿潜：《在广东演说国会》，载汪林茂编：《中国近代思想家文库·汤寿潜卷》，中国人民大学出版社2015年版，第165页。

识过的制度，并要介绍其制度背后的政治理念，解释其对改变现今政治困境的益处。故而汤寿潜对于西方宪法的探索，只能采取通过西学书籍的阅读，加之以其习惯的史学方法进行比较来加强理解。

从汤寿潜的自序来看，其撰写此书的目的是使"中国人民"汲而取之，较深刻地理解宪法的内涵。从其与瞿鸿禨的信函来看，更希望此书能够流行甚广。由此而言，所谓的"中国人民"之概念，既包括在朝主政的大臣要员，也包括了在野的广大士绅民众。既然是对社会大众具有启蒙意义的指导书，就需要用中国官绅最为熟悉的方式对宪法进行解读，就是以中国士子皆熟悉的经史典籍中的相似点，寻找中西会通之处，对立宪制度进行"附会"，因此汤寿潜在信中说"亦不能一无附会"也就可以理解了。

在近代中国士绅提出向西方学习政治体制之时，遇到了很大的阻力。郭嵩焘在十九世纪七十年代的《使西纪程》里记载西方国家"政教修明""法度严明"等语，即被国内的顽固派、清流派斥责为"诚不知是何肺肝，而为之刻者又何心也"。翰林院编修何金寿指责郭嵩焘"摇惑天下人心"，甚至认为"有二心于英国"。这些对倡言改革者的攻击与中伤，汤寿潜自然也看在眼里。即使在庚子事变后顽固派元气大伤的前提下，汤寿潜也注意到中国士大夫们仍然"视立宪若毒螫，谈则色变"。而且曾在地方积极参加维新变法的汤寿潜，对戊戌政变中，满蒙亲贵仇视改革的态度仍然历历在目，因此在倡言立宪之时，不得不万分小心。在与瞿鸿禨的书信中，他提到了两方面的压力：一是高层掌权者从华夷之分角度的压制，"亲贵中或以宪法为异族之制，横生阻力"；二是朝中清流派从个人私利角度的抨击，"恐好议论人者，谓以是干进"。[1] 汤寿

---

[1] 汤寿潜：《汤寿潜致瞿鸿禨》，载近代史资料编辑部编：《近代史资料》总 109 号《瞿鸿禨朋僚书牍选》（下），第 56 页。

潜向来反感以求利禄的个人钻营，极为看重自己的名声，以化名署名是为此，选择中国传统历史资源来解释立宪也是为此，可既不用授人口实，又能更为顺利地让朝野上下接受其思想，这也是晚清秉持"西学中源"之人的一般思路。

汤寿潜在 1890 年出版的《危言》一书中，已经提及他对开设议院来挽救晚清政治危机的设想。在经历了甲午战争、维新变法、庚子之变后，有自己对中国应如何立宪的一套想法，他撰写《宪法古义》之时，并非单纯凭借传统文化以向国人介绍和解释西方立宪制度，同时也以此提出自己对中国立宪制度的构想。《宪法古义》一书很早就进入学界视野，也有不少学者对其进行研究，但是多为依据其序言和目录而论，当代学者刘练军、邵勇等对此书内容有过较深入的研究。邵勇对汤寿潜以此书所要阐述的宪法思想和表达方式进行分析，认为这是西政东渐过程中的重要一环，是中西文化相互碰撞、会通的化生之物。[①] 刘练军初步梳理了《宪法古义》的主要框架，认为此书是一部通篇对古代经典文献断章取义的附会释义，对中国立宪运动也有着负面影响。[②] 然而对《宪法古义》具体的论述中如何以中释西，以及汤寿潜如何以此来勾勒出自己的立宪理想等问题的研究仍然有所欠缺。

从此书的论述方法而言，汤寿潜采用了史学和经学相结合论事的方式，根据西方立宪制度的记述，从中国历史典籍中寻找依据，以考据学的手法，以"中学"释"西学"，同时注重中西文化的融会贯通，以此来架构自己所设想的晚清立宪模式。《宪法古义》全书以立宪制度下的各方组成为标准，分"元首之权利""议院之权利""国民之权利"三卷。

① 邵勇：《汤寿潜宪政思想论析——以〈宪法古义〉为中心的解读》，《中北大学学报（社会科学版）》2011 年第 4 期。

② 刘练军：《附会的立宪认知：汤寿潜〈宪法古义〉评述》，载王磊主编：《百年共和与中国宪政发展——纪念辛亥革命 100 周年学术研讨会论文集》，法律出版社 2012 年版。

汤寿潜在书中，并未明确提及他的西学立宪知识来自哪些西学著作，但其目录之安排，与 1889 年出版的日本伊藤博文所著《日本帝国宪法义解》一书非常相似。① 与《危言》之《议院》篇中将泰西视为一个模糊的对象，而仅以议员人数不一为差别不同，汤寿潜在《宪法古义》中提及外国立宪案例，以日本、英国、法国、普鲁士等国为主，尤以刚崛起的日本和世界强国英国为多。在自序中，汤寿潜秉持事功主义，特别赞叹日本借用西方付出"无量数生灵之血"后获得的"数十条"宪法经验，能够在本国行之有效，认为此案例应该让中国视立宪为"异制"的反对者服气。② 从此书对君主、议院二者权力分配的设想而言，汤寿潜较多引用日本立宪制度的资料，在思想上也更偏于日本的立宪模式。③ 在论述议院、国民二者权利关系时，汤寿潜则较多征引英国立宪的资料。另外，在新政前后，张謇等的东南精英们也在搜集与立宪相关的西学书籍，1904 年时将《宪法古义》与通州翰墨林编译印书局编译出版的《日本议会史》《英国国会史》一起，作为宣传立宪的典籍进行社会推广。笔者判断，汤寿潜对于日本立宪制度的描述，主要依据伊藤博文的《日本帝国宪法义解》及由其主持制定的《大日本帝国宪法》，工藤武重的《日本议会史》④；汤寿潜对于英国立宪制度的描述，主要依据比几斯渴

---

① 伊藤博文于 1889 年主持并颁布了《大日本帝国宪法》，并于同年撰写《日本帝国宪法义解》一书，以作为理解明治宪法的依据。《日本帝国宪法义解》分为"天皇""臣民之权利义务""帝国议会""国务大臣及枢密顾问""司法""会计""补则"七章，《宪法古义》之三卷与其前三章内容相近。

② 汤寿潜：《宪法古义·叙》，上海点石斋书局光绪三十一年（1905 年）石印本，第 2 页。

③ 当代学者刘练军认为："关于君主权限之规定，汤寿潜《宪法古义》堪称处处与《明治宪法》暗合雷同。参见刘练军：《附会的立宪认知：汤寿潜〈宪法古义〉评述》，载王磊主编：《百年共和与中国宪政发展——纪念辛亥革命 100 周年学术研讨会论文集》，法律出版社 2012 年版，第 80—94 页。

④ 《日本议会史》，日本工藤武重著，由晚清浙江蚕学馆官派生、毕业于日本法政大学的汪有龄翻译，翰墨林书局 1904 年出版。

脱的《英国国会史》①；对于西方立宪制度背后的思想，汤寿潜也略有涉及，主要依据法国卢梭的《民约论》②。

《宪法古义》将东西洋的立宪制度以条目的形式分句列出，随后以"谨案"开头，通过中国古籍考据解释，并梳理其中学源流的写作范式。汤寿潜所选择的中学典籍也很有针对性，与其立宪思想相契合。《宪法古义》的序言中开门见山地提出，中国自古就有立宪制度。汤寿潜认为，《周官》即为"中国公布法律之始"，其立宪思想就已经流露出来，而达到较为成熟程度的是《墨子》。古时的这些立宪思想，与现今西方立宪思想是相通的，其主旨就是"限君财而达民隐"，限制君主的权力，而让百姓伸张。从全书而言，汤寿潜批判的是中国的君主专制主义，强调需要宪法来限制君权对百姓的压制，引用《墨子》所述："出国家、施百姓者为宪，则宪为一国君民所共遵，而非压服臣民之苛法。"后来中国为何不再有立宪思想，是因为秦代开始的专制制度压制了这一思想，"其时封建之法将敝，专制之势已成，诸老先太息于君与民之间，若城堑然，思有以沟而通之。理想所寄，而不能发皇其说，以专树立宪之帜"，而使后来的中国人以为中国古人不知宪法、没有立宪思想。③以秦制之后的君主专制制度为抨击对象，使汤寿潜将中国的立宪源流设定为先秦时期的诸家思想。在为西方立宪条目寻找中学依据时，他以先秦诸

① 《英国国会史》，英国比儿斯渴脱著，日本学者镰田节堂译，翰墨林书局1905年出版。

② 《民约论》，又译为《社会契约论》，是法国启蒙思想家卢梭的代表作。《民约论》早期由日本学者中江笃介翻译并注释为汉译本，于1882年在日本出版。学界认为中国最早可能是黄遵宪在日本所接触的中江笃介的汉译本，后由上海同文书局于1898年刻印出版，以后又由上海译书局出版，引起晚清学界的高度重视。中国人自己翻译的《民约论》，始于留日学生杨廷栋于1900年12月6—15日在《译书汇编》上翻译连载。按汤寿潜在1901年8月即以完成《宪法古义》的情形而言，其所翻阅的《民约论》应是上海同文书局1898年的版本。

③ 汤寿潜：《宪法古义·叙》，上海点石斋书局光绪三十一年（1905年）石印本，第1页。

家典籍字句为主，以秦朝之后中国专制制度薄弱时期的典籍字句为辅。笔者将《宪法古义》中汤寿潜主要阐述的思想，列举如下：

宪法这一概念，汤寿潜认为始于《尚书》之"时宪""成宪"，以及《左传》之"宪，法也"的说法。但是中国的立宪体制，始自《周官》，也同于《周礼》。东周时君权开始兴盛，但也出现了立宪治国的典范，即是管仲治理的齐国，以《管子》之《立政》篇所言"布宪于国"只能体现其立宪主张，与君主专制的秦制相对，也即今天西方人所言的"以法制国"。①

汤寿潜认为中国古代的君权也是有限制的。西方宪法中规定君位继承，遵循民主选举、男女均可的原则。中国古代的君位继承虽然尊奉嫡长子继承制，但也曾经有继承不由君主独断的时候，例如《周礼·小司寇》记载，必须"询万民""询立君"，尧舜之传位也是传贤而非血亲相传。西方宪法规定，君主只是作为国家象征，而不是真正具有实际权力，"神圣不可侵犯，犯者如犯其国"。汤寿潜认为，中国古代的君权也不是无限制的，而是"以天制君"的模式，《春秋》《尚书》之《太誓》，《墨子》之《天志》中都有此记载。《春秋》提到"以元统天，以天统君"，"元"即"黎元"亦即百姓，也就是"君当受民间之监制"的意思。而《墨子》之《天志》所谓"民至所善，即天之所善；民之所恶，即天之所恶"。②即使到了两汉，经师通过灾异五行之说来儆戒君主，也可算一种以天约束君的做法。只不过到了后来，君主用天来愚弄百姓，才导致君权的无可限制。对比西方宪法规定"君主无责任"的原则，汤寿潜认为中国古代确有君主应该负责一说，特别是《明夷待访录》强调了君主之责。但是古代君主也有不负责任的一面，例如商鞅将"天下位"与君主本人分

① 汤寿潜：《宪法古义·叙》，上海点石斋书局光绪三十一年（1905 年）石印本，第 1 页。
② 汤寿潜：《宪法古义·卷一》，上海点石斋书局光绪三十一年（1905 年）石印本，第 1 页。

开，后来的制度中也有相关的大臣代君主任其责。而先秦时更为明显，孔子称"舜禹不与，称舜无为"，足可以证明君主事权最轻，事权轻，则威力和责任都轻。而《周礼》中关于"国君过市，则刑人赦"的规定，反映了君主虽然在法律之外，但是因"过市即赦人"的礼制，让君主也无法随意逍遥法外。①

西方宪法中规定君主有召集议会，以及开会、闭会、停会和解散的权力。汤寿潜认为《尚书》之《商书》和《周礼》之《小司寇》中记载的先秦天子召集诸侯万民来朝的权力，正是与西方宪法相似，而且天子询群臣之"国危、国迁、立君"这些国家大事，正是与西方议会讨论国事一样。汤寿潜甚至认为中国古代君主与群臣的面议形式都与西方议会相似，"其位王南向，自三公及州长百姓，北面群臣，西面群史，东南朝士"，"州长众庶屏其后，群臣群吏者，即上议院也；众庶者，即下议院也"。② 至于国君通过议会召集国民的行为，则有春秋时的国君召国人问询的记录，即古时之议会，中国与西方不同的只是开会有固定地点但无固定时间。而《周礼》中记载，如果国有重大事件发生，君主不视朝，则相当于君主停会、闭会的权力。秦朝专制之后，"悉罢诸生之议"，宋朝因太学生论事，"议设解散之条"，这些虽然是专制的无道暴政，但是也相当于证明朝廷具有解散议会的权力。③ 西方宪法中关于君主的宣战、外交的权力规定，汤寿潜也以先秦典籍来比附，认为春秋时期就有君主对外的实权，《春秋》《左传》中都有记载一国君主任命大臣对别国宣战、结盟、出使他国的记载，清朝初与外藩的敕令中也证明赋予君主相同的权力。西方宪法赋予君主统帅海陆军的权力，则《周礼》《春秋》等典籍里就有天子出征之礼，汉代以后的一些著名皇帝如魏太武帝、隋

---

① 汤寿潜:《宪法古义·卷一》，上海点石斋书局光绪三十一年(1905年) 石印本，第2页。
② 汤寿潜:《宪法古义·卷一》，上海点石斋书局光绪三十一年(1905年) 石印本，第3页。
③ 汤寿潜:《宪法古义·卷一》，上海点石斋书局光绪三十一年(1905年) 石印本，第3页。

炀帝、唐太宗、明太祖等也经常亲自领兵征战，这与普鲁士宪法以国王为军队元帅是一样的。[①] 其他如宪法中的赏爵之权、恩赦之权，也一一以先秦典籍比附。以《左传》中之"惟器与名不可以假人"，比附西方爵赏之制；以《礼记·王制》中天子赏赐爵比附西方君主颁发勋章；以《周礼》中"国君过市，则刑人赦"的礼制，及《北周书》中周闵帝即位下诏赦天下的举动，来比附立宪制度下的宪法大赦。[②]

从汤寿潜对西方立宪制度的比附而言，可以看到他对这一制度理解上的一些特点。汤寿潜提出了以秦汉为分界线的时代划分，之前是中国人具有立宪精神和宪法意识的时期，尤以管仲以宪法治齐为标志，两汉以后帝制加强，专制之势已成，导致立宪的丧失，"君权之盛，遂一放不可复制"[③]，也由此间接批评了当时清朝君权过盛的问题。在此前提下，汤寿潜多以先秦封建时代天子与群臣、国民之间对于各类国家大事共商共议的事例，来证明当时中国也具有立宪制度限制君权的特征，而对于宪法赋予君主的召集议会、国家外交、军队统帅之权，汤寿潜除了先秦典籍中的个别事例，也加入了两汉至明清帝制时期皇权执掌的案例。现代学者刘练军认为，"《宪法古义》通篇生搬硬套，堪称近代中国全盘附会的宪法释义著作"，其比附之法，是以中国古代君主"恣意的、临时的""率性所为"来参照作为常设机构，"不依君主制喜好而存废的"的西方议会，是颇为牵强的，存在汤寿潜为附会而作出的"故意的不得要领之句"的可能。[④] 笔者认为，汤寿潜的比附之法确实存在着严重的牵强附会的问题，多以先秦孤立、临时的君、臣、民之间的行为与案

---

① 汤寿潜：《宪法古义·卷一》，上海点石斋书局光绪三十一年（1905 年）石印本，第 5 页。
② 汤寿潜：《宪法古义·卷一》，上海点石斋书局光绪三十一年（1905 年）石印本，第 6 页。
③ 汤寿潜：《宪法古义·叙》，上海点石斋书局光绪三十一年（1905 年）石印本，第 2 页。
④ 刘练军：《附会的立宪认知：汤寿潜〈宪法古义〉评述》，载王磊主编：《百年共和与中国宪政发展——纪念辛亥革命 100 周年学术研讨会论文集》，法律出版社 2012 年版。

例，来比附西方立宪这一制度性的事务，特别是将群臣对君主的劝诫，这类尚未证实效果及意义的案例，看成是可以限制君权的准则，这在学术上确有其不严谨之处。但论汤寿潜故意以不得要领之句来比附，则显得过于苛求。汤寿潜穷二十余年之心力，编纂以经制为主题的《三通考辑要》，可见其对制度的认识是清晰的。然而汤寿潜对西学的认知毕竟有限，很难想象出西方立宪体制究竟如何组织和运作，又以"拯时"的急迫心情向中国士绅民众宣传立宪，故而只能从中国的历史中寻找相近的依据，以比附的方式内化为国人能理解的模式。

事实上，尽管汤寿潜自撰写《危言》起就推崇"西学中源说"，坚持中国古代存在立宪制度，但是也意识到了中西方政治体制和文化确实存在不同之处，在《宪法古义》的自叙中提到："中国以礼为立国之本，故制礼以繁而尊；西人以利为立国之本，故立法以公而平"①。汤寿潜认为先秦时期以"限君财而达民隐"为宗旨的制度是存在的，但通过中国独特的礼制文化而形成，强调其表现形式与西方立宪制度也是有差别的。汤寿潜还进一步论及先秦的立宪至后来消亡的原因，认为中国主要是以礼而不是以法来约束君主，导致君主利用了法的不平等漏洞，肆无忌惮地攫取了过度权力，"悉挟其名分以临民"，随后将权力变为有典章制度所规定的"权利"，成为有制度保障的专制帝制。②

由此看出，汤寿潜的比附之法，也不完全是牵强附会和舆论造势，而是在东西方不同的制度特色下，寻找中国立宪的历史依据和改革方向。在一些具体的制度细节，汤寿潜也承认中国的政治原则与西方有着较大差别。例如在"君主无责任"一条，汤寿潜也认为中国古代与西方不同，君主是需要负责任的，帝制时代君主负有最大的责任，即使在先

---

① 汤寿潜:《宪法古义·叙》，上海点石斋书局光绪三十一年（1905年）石印本，第1页。
② 汤寿潜:《宪法古义·叙》，上海点石斋书局光绪三十一年（1905年）石印本，第1—2页。

秦时期，君主事权最轻，但也不是如西方那样完全无责任。

汤寿潜对西方议院权力的论述，也依据君主立宪体制分为立法、行政、司法三部分。《周礼·小司寇》中，有"以三刺断庶民狱讼之中，一询群臣，二询群吏，三询万民"的记载，汤寿潜认为商周时期的国家大事的决定，需要"博访群情，庶民咸与"，这是"民操立法权之证"。①到了秦汉帝制时代之后，立法权已被官府攫取，但是仍然与行政权分立。两汉时期遇有大事，大臣们会议于丞相府，天子亲临决断。唐时的中书门下省，即是立法权所在地，尚书省即是行政权所在地，虽然此时立法权已不操纵在民，但是也已分权，"未尝以一人之命令为法律"。此源流直到明代分设六部，将立法权与行政权归于中枢，并禁止庶人议政之后，才失去了限制君权的条件。②关于议院的监财权，汤寿潜认为古代国用皆有定制，《周官》记载"均节财用"，且有太宰等官员会计一年赋入之数，以及预算明年用出之数的规定，公之于民，这就相当于立宪制度的预决算，"即默许人民以监财权"。③

对西方议员身份的比附，汤寿潜认为周代设置的议官，秦汉开始设置的谏议大夫，均相当于中枢机构的议院。汉代大量碑刻所记载的各地郡县的议民、议史、议曹等地方议政之吏，相当于西方的地方议员。汉代《蔡湛碑阴》中所记载的议民与贱民之间的区别，恰好印证了西方公民中有议政权者与无议政权者的区别。④至于中国古代的"议员"是否能代表全国人作为有效力的代议士，汤寿潜以先秦《尚书》《孟子》等典籍中的民本思想来附会，认为中国古代"民为贵"的思维，即代表了

---

① 汤寿潜：《宪法古义·卷二》，上海点石斋书局光绪三十一年(1905年) 石印本，第1页。
② 汤寿潜：《宪法古义·卷二》，上海点石斋书局光绪三十一年(1905年) 石印本，第1页。
③ 汤寿潜：《宪法古义·卷二》，上海点石斋书局光绪三十一年（1905 年）石印本，第1—2页。
④ 汤寿潜：《宪法古义·卷二》，上海点石斋书局光绪三十一年(1905年) 石印本，第2页。

民为国家主体，容易将百姓引入议者的范围之中，"谋及庶人"。中国古籍的言论中，庶民也都有议论国事的权利，并各自选举出议员为代表，特别是《墨子》中多次提到的立法以多数之人所定者为法，不应以少数之人所定者为法的原则，为君者则当依人民多数之意以兴利除弊。这与西方各国立法"必合于举国人民所欲出"，"全国之生命财产，皆系于议院，皆汇于议院"的情形相同。①

对西方议院的比附，汤寿潜认为英、美、法三种议院模式在中国历史上可能都出现过。英国的贵族议院制度，汤寿潜认为先秦的分封制度就是典型，天子、诸侯各分其子弟以采邑，皆以贵族参政。两汉之后的帝制时代则通过九品中正制遴选，晋室南渡之后则有王、谢等大家族参与其中，至唐后科第盛而门荫衰，则此类贵族议院制度才衰落下去。美国的联邦院制，则相当于中国先秦的邦国制，大小诸侯国就是联邦各州，美国、德国等联邦国家的议院，由各邦政府送议员到中央，"足证春秋各邦互议政事，有联邦政体之规"②。法国的元老院制度，汤寿潜承认中国古代是没有可以比附的，《诗经》里有"元老"一词，但也与法国的"元老院"之义不同，法国的元老院是由民选的上院，而非世袭，明代的会推制度可能与其类似，但是明代没有明确规定院制，常陷入讦持之弊。③

君主制度是古代中西皆有的，汤寿潜尚能找到与立宪制下君主权力的相似点，议院、议员制度本是中国古代所没有的，在比附中则显得更为牵强。中国古代民本思想设想的仁政爱民模式，与西方近代经过改革和革命之后的民主思想之间，有着本质的区别。况且汤寿潜所引证的多为中国古代思想家的言论，仅为一种政治理想，与《周礼》相比都存在

---

① 汤寿潜：《宪法古义·卷二》，上海点石斋书局光绪三十一年(1905年) 石印本，第3页。
② 汤寿潜：《宪法古义·卷二》，上海点石斋书局光绪三十一年(1905年) 石印本，第4页。
③ 汤寿潜：《宪法古义·卷二》，上海点石斋书局光绪三十一年(1905年) 石印本，第4页。

着理想与现实制度之间的差距，更何况与西方通过法律而建立起来的一整套具有操作性的实际制度。在对议院的描述中，汤寿潜也不得不承认有些议院制度，及其背后的政治理念，确实是中国自古所没有的，而且正因为缺乏这种政治理念，导致中国产生严重的政治问题。

对英、美、法三种议会制度的评价中，汤寿潜也在思考中国能否实行议院制度的现实问题。对于英国贵族议院制度，汤寿潜显然认为贵族政治的时代已经过去了，"科举盛而门荫衰"，已不适合当今中国，而且借孔子之口批评其"世卿等贵族于平民"，也批评了魏晋时期士族子弟"动矜阀阅"、傲视平民的阶层割裂的缺点。[①] 对于美国的联邦院制，汤寿潜并无太多评价，但是强调了先秦邦国体制的大小邦国之间"兼霸之壤"与"为仳诸侯"之间的不平等，显然并不中意。[②] 对于法国的元老院制，尽管汤寿潜承认中国自古所无，却有着众多赞扬之处。元老虽然任职上院，但是任由民选，且满有年限，这样一是避免了贵族世袭制的垄断；二是从政经验丰富的元老，可以防止下院"新进之嚣杂而持其平"，压制激进势力，三是明确院制，阻遏了"讦持之弊"。[③] 以此看出，汤寿潜后来在立宪运动中所主张的以士绅耆老为议员，既积极推动政治改革，又反对革命激进的思想，此时已露雏形。

汤寿潜的理解中，西方议院的主要职责，在于上议院独掌高等司法权，上下议院共掌立法权。在中国古代，秦汉时期的御史大夫，后来的中丞，都承担"分督百僚"的责任，此即高等司法。西方也有以上院直接为高等法院，就像中国的御史、司隶、校尉等职位。西方的制度中，行政部门如果被下议院所弹劾，就需要普通法院之上的高等法院审判，

---

① 汤寿潜：《宪法古义·卷二》，上海点石斋书局光绪三十一年(1905年) 石印本，第3页。

② 汤寿潜：《宪法古义·卷二》，上海点石斋书局光绪三十一年（1905 年）石印本，第3—4页。

③ 汤寿潜：《宪法古义·卷二》，上海点石斋书局光绪三十一年(1905 年) 石印本，第4页。

权威与权力都高出行政部门的上议院自然最为合适,这也与中国的御史台相似。上议院议员的资格,西方宪法中规定为财产、年龄、门第。这与《尚书》中所述"谋及卿士,谋及庶人"的差别类似,即以卿士组成上议院,以庶民组成下议院。《周礼》中所述周天子召询的三公和群臣群吏就相当于上议院。帝制时代的中书省也与立法机关类似,而且六朝之后中书省之权力渐尊,与西方的上议院相似,西方国事虽然由下议院主持,但是也由上议院来决断。①

西方的行政机构,汤寿潜认为与立法部门是对立的,以君主为首长,分置大臣以辅佐。《周礼》中设置的以布治、布教、布礼、布政、布刑为职责的冢宰、司徒、宗伯、司马、司寇等行政职位,分别对应于西方立宪体制下的总理大臣、民部、文部、陆海军省、司法省。就如中国帝制时代从东汉的尚书到明代的内阁首辅一样,西方由首相来实际统领这些行政官员,英国以户部大臣兼任首相,与中国的冢宰一样,法国以司法卿兼任首相,与孔子以司寇摄相类似。西方立宪制规定行政大臣与议员不能兼任,但是可以参议,"可验其政,见之得失"。汤寿潜认为中国就有这种政治传统,《尚书·周官》记载"三公论道经邦"、东汉以三公总理庶务等,至清代以内阁学士兼任军机大臣,也即行政大臣参列议席之意。而美国不允许行政官入议院,这属于政治上防范过度了。②

立宪制度中的大臣任责主义,在西方理论里叙述:"大臣任责之主义,将欲裁君主以法律,而又恐伤君主之尊严,故不能不以大臣任其肩。"汤寿潜理解为,"君与民不可相胜也。君权无限,恐胜其民而有侧目重足之苦,故以大臣为君主之代表。君主有过,责之大臣。有所责,

---

① 汤寿潜:《宪法古义·卷二》,上海点石斋书局光绪三十一年(1905年)石印本,第4—5页。

② 汤寿潜:《宪法古义·卷二》,上海点石斋书局光绪三十一年(1905年)石印本,第6页。

斯有所限，盖设君以为民也"①。立宪体制的理念，强调法律对任责者的约束，与保持君主尊严之间的权衡。汤寿潜的立宪理念，则强调权力的制衡，恐君权过大而压制民权，阻碍了民间社会经济的发展。而大臣作为君主的代表，则可以代君主受责。汤寿潜以《周礼·文王世子》中的故事为例，以伯禽代成王受过，证实中国古代也是为在"以礼法范成王"与"虑伤国君之尊严"之间寻求平衡，才创造了这一制度，后世以太师、太傅、太保、少师、少傅、少保等为天子受过以及任责，正是这一制度的延续。②从西方立宪制度的本质而言，是由首相负责国事、尊奉虚君的近代民主理念，同时以法律的形式固定下来。汤寿潜对其的附会，则着重强调了"代君主受过"与"限制君权压制民权"两方面。汤寿潜在上仍然坚持了中国君主对行政负责的传统，不希望君权被虚置，在下则希望减轻君权对地方社会的压制，使被压抑的民权释放以解决民生问题，从其思想本质而言，是与西方立宪制度相悖的。

对于立宪体制下的法院制度，是汤寿潜在议院部分最为赞赏的。汤寿潜认为，在国家体制内法院必须要获得独立的地位，而这种司法独立性也是中国先秦政治的优良传统，例如《尚书·立政》中就言明"庶言、庶狱、庶慎，文王罔敢知"，《左传》中记载"赵宣子为法受恶，法不为权相屈"，这就是君主也不敢干涉司法权的证据。③当然，这种以执政者的自律和司法者的坚持为前提的历史典故来比附，与司法独立的制度本质相去甚远，反映的是汤寿潜对现代独立法制精神的不理解，更为推崇中国传统政治中君主之仁政道德与不畏权势的士大夫精神。对法官的任命，汤寿潜的理解中也有这个问题，认为西方体制中"国王选任，而非

---

① 汤寿潜：《宪法古义·卷二》，上海点石斋书局光绪三十一年（1905年）石印本，第6页。
② 汤寿潜：《宪法古义·卷二》，上海点石斋书局光绪三十一年（1905年）石印本，第6—7页。
③ 汤寿潜：《宪法古义·卷二》，上海点石斋书局光绪三十一年（1905年）石印本，第7页。

国王之属官"的宗旨，就类似于《康诰》《吕刑》中君主对于法官的重
视，西方君主任命法官也显示了君主"重法官，正以重民命"的仁政思
想。① 对于法官的权力与地位，汤寿潜仍然以《康诰》中"非汝封刑人
杀人，无或刑人杀人；非汝封劓刵人，无或劓刵人"来解释中国传统对
法官的重视，用其比附立宪制度下法官的大权。②《康诰》是周成王分
封康叔时的训词，康叔所获得的是殷商旧地的卫国国君之位，集行政、
司法、军事等大权于一身，并不能简单等同于专业性的法官，汤寿潜说
其代表"古代法官权力甚尊"，显然是非常牵强的。康叔所获得的司法
权力来源，也是周成王授予，而并非国家法律所赋予，汤寿潜以此比附
"国王选任，而非国王之属官"的近代法官职务，更是以"选任"之一
点来概其面，说明其对西方立宪体制下的权力来源认识较为模糊。

　　在《宪法古义》的第三卷中，汤寿潜仍然以先秦典籍为主，比附于
西方体制，阐述了宪法赋予国民有"言论自由""出版自由""集会自
由""迁徙自由""尊信自由""产业自由""家宅自由""本身自主""书
函秘密权""赴诉权""鸣愿权""服官权""参政权"等个人权利。

　　撰写《宪法古义》时期的汤寿潜，仍然秉持了以史经世的浙东传统，
也显示其对中国传统经世之学能够解决当代问题，充满了信心。对于
西学采取以中学比附的办法，既有利于立宪活动的政治思考，也有在
中学的框架中消解西学，以利于中国人学习的想法。在西学东渐时代，
将西学书籍译为中文，并向中国社会传播的方式，自明末以来的传教
士就已经开始。至清末，中国士大夫们也开始翻译西学中的科技、历
史、地理等著作，并试图以中国知识进行解释。但是将中国历史上实
际并不存在的立宪制度，进行中学的比附，则是《宪法古义》独创的，

---

① 汤寿潜：《宪法古义·卷二》，上海点石斋书局光绪三十一年（1905年）石印本，第7—
　　8页。
② 汤寿潜：《宪法古义·卷二》，上海点石斋书局光绪三十一年（1905年）石印本，第8页。

可能也是唯一的。其后有海外教育背景的王鸿年所著的《宪法法义要理》，则完全是以西学的知识框架来解释宪法问题了。这也使得诞生于中国法学知识分科前夜的《宪法古义》，在中国宪法学史上具有一定的独特性。

汤寿潜将西方宪法的本质，指向了中国传统，这也与其在《危言》一书中提出的"西学中源说"一脉相承。同时也反映了汤寿潜在庚子事变之后，力主中国立宪改革的急迫心情，认为外国人尚且知道搜集中国的历史掌故，中国人更应该有文化上的自信来进行政治改革。与庚子事变后，将中国与西方以"文明"与"野蛮"来划分，以求为中国的改革寻求理由之人不同，汤寿潜虽然对晚清政府在事变中的决策深感失望，但仍然坚持中国传统文化本身的优越性，并希望在此基础上来说服朝野推进政治改革。从《宪法古义》的比附应用来看，汤寿潜对中国传统文化显然是有选择的，以先秦的政治史料为主，批判了秦汉至于明清特别是宋以后的君主专制时代，也即"秦制"或"秦政"的时代。从学术思潮而言，汤寿潜继承了明末黄宗羲对专制帝制的否定，也沿袭了维新派对"秦政"的激烈批判①。

第三节 《危言》：书生本色的为国与为民

《危言》是汤寿潜的代表作，也是他在学界、政界名声鹊起的凭借。

《危言》始撰于汤寿潜游幕归来的 1887 年，继续于求学时期，完成于 1890 年。

汤寿潜自游幕归来，经历了社会实践，并初步接触了西学之后，开

---

① 例如谭嗣同在《仁学》一书中即指出："二千年来之政，秦政也，皆大盗也。"参见《谭嗣同全集》下册，中华书局 1981 年版，第 278 页。

始从"纯学术"的研究走向经世致用之学，《危言》就是其学术转向的一个标志。清代中期后的科举以考据为盛，晚清本以经学为毕生追求的士子，当投身经世之学时，其学术路径也不尽相同。从今文经学入手，以《公羊传》倡导改革，以经术为本源治术，援经议政，魏源等人即走此道；从考据再回到宋学义理，以训诂求义理，阮元就秉持这种理念；将经世之学融入义理之内，提倡"以礼经世"，曾国藩即深信此道；不在学术层次过多深究，而是走直接研究现实问题的实学道路，汤寿潜选择的就是这一路径。汤寿潜所秉持的经世之道，在方法上也偏于浙东学派传统的事功理念。

汤寿潜在游学后期，在研习的学术上越来越亲近史学，因此长时间用心编纂《三通考辑要》。《三通考辑要》的宗旨，在于总结传统制度的经验来解决现实问题，但是缺乏对当今世务直接的解决对策。1887年左右，对于汤寿潜的学术生涯而言，有着重要的节点意义。首先是在经过长达十年的对以"三通"为标志的史书的摘抄、梳理与总结，对于中国传统经世思想的探索已臻成熟，特别是关于经济方面的资料已经有着丰富的储备，这使得汤寿潜具有以史为鉴地提出应对当今问题对策的能力，这也是浙东传统学术所提倡的。其次是经历过较长时期的在外游历，既走出书斋而接触了中国更多的社会现实问题，又在张曜幕府有了实际的社会治理锻炼，更在游历途中接触了很多西学的内容，这些经历使敏于时务的汤寿潜已经有了更多自己的思考和见解。特别是如何引用新出现的西学，结合中国实际来解决社会问题，应是汤寿潜进行过深入思考的。汤寿潜后来描述这段时间的想法："慨然有革易时弊之志。尝私有论列，归于强本节用。"① 显然，胸中已有成型的经世论述，并具备

---

① 汤寿潜：《诫子书》，载汪林茂编：《中国近代思想家文库·汤寿潜卷》，中国人民大学出版社 2015 年版，第 587 页。

独到的观点，且极具改革理想的愿望，使汤寿潜开始着手撰写具有自己风格的经世专著。当时的时代背景也给汤寿潜以振奋，1887年清廷终于暂时放下顽固保守的心态，5月拟定《出洋游历章程》，鼓励官员出国游历，学习"各国语言文字、天文算学、化学、重学、光学及一切测量之学、格致之学"等西学。7月24日光绪皇帝钦定派遣12名游历使分赴欧洲、美洲和亚洲二十多个国家考察。这次广度、深度和规模都史无前例的考察具有相当的目的性，清廷经过考试选拔出具备"制器、通算、测地、知兵"等知识的考察人才，并对欧美国家的政治制度、经济管理、工矿企业、铁路航运、财政贸易、陆海军制、学校教育、文化艺术等各方面都进行了调查①，显示了清廷对学习世界、借鉴西方、推动改革的决心。这一开放性的举措既给政坛带来务实经世的导向，也给具有改革愿望、热心于实学探索的广大士子以很大希望。尚未取得功名的汤寿潜，在《危言》的自序中也遐想自己成为出使绝域之人，完成一部具有改革借鉴意义的经世著作，阐述自己对变革的见解，自然成为最佳的应时选择。

笔者目前所见的《危言》版本，有光绪十六年（1890年）上海初刻本、光绪二十一年（1895年）石印本、光绪二十二年（1896年）上海图书集成印书局本、光绪二十三年（1897年）武昌质学会刻本、光绪二十四年（1898年）振兴新学书局自强斋时务丛书刻本、光绪二十四年（1898年）上海三鱼书屋石印本、1933年上海图书集成印书局本。另据汪林茂的介绍，还有光绪十九年（1893年）未刊抄本。②因光绪二十一年（1895年）石印本内容较全，故本书中引用的《危言》

---

① 王晓秋：《晚清中国人走向世界的一次盛举——1887年海外游历使初探》，《北京大学学报（哲学社会科学版）》2001年第3期。

② 参见汪林茂编：《中国近代思想家文库·汤寿潜卷》，中国人民大学出版社2015年版，第3页。

正文以这一版本为主。因光绪二十一年（1895 年）石印本无汤寿潜之
自序，故引用他的序言，以光绪十六年（1890 年）上海初刻本为主。《危
言》全书凡五十卷，以今日之学科别类而言，大致可分为五个部分：第
一部分包括《亲藩》《尊相》《部臣》《议院》《中学》《考试》《书院》《停
捐》《鬻爵》《保举》《冗员》《限士》《世俸》计 13 篇，属于政治体制方
面；第二部分包括《包厘》《盐捐》《小轮》《开矿》《洋税》《钱粮》《国
债》《官号》《商局》《口岸》《鱼课》《节流》《华工》《洋匠》《邮政》《铁
路》《京路》计 17 篇，属于财政工商部分；第三部分包括《兵制》《海军》
《筹遏》《保朝》《防俄》《夷势》计 6 篇，属于国防与外交方面；第四部
分包括《教民》《僧道》《盗工》《罚锾》《返朴》计 5 篇，属于社会生活
方面；第五部分包括《内旗》《水田》《水利》《卫屯》《分河》《东河》《北
河》计 7 篇，属于农水工程方面。

　　在《危言》"序言"中，汤寿潜揭明此书的缘由："吾欲为策士，一
制之立，必探其朔；一令之敉，必彻其终；一乱之根芽，必洞其症结。
良医医病，见垣一方，遍医遍愈，遍以医国，不愿破碎骸骹，帜汉笮
宋，酿成世变，以附经生。"①与悉心梳理"三通考"之时所不同的是，
这时的汤寿潜对自己的定位已经改变，已不仅仅是传承经制史学的学
子，而是能直接为朝廷上层提供谋略、对策的"策士"，这就决定了《危
言》一书具有极强的浙东事功主义的基调。与经制史学的制度沿革梳理
不同，竺柏松在《作为历史学家的汤寿潜及其〈三通考辑要〉》一文中，
将《危言》《理财百策》等著作看成汤寿潜史学研究的延续，是"掌故"
与"时务"的结合②，颇合汤寿潜提出的对制度既要"探其朔""彻其终"，
更要探究对此制度在当今产生严重问题的症结之处。但也应该看到在此

---

① 汤寿潜：《危言·序》，光绪十六年（1890 年）刻本，第 1 页。
② 竺柏松：《作为历史学家的汤寿潜及其〈三通考辑要〉》，《近代史研究》1995 年第 9 期。

史学基础之上，汤寿潜更强调能够针对症结而"医国"，即针对现在的难题而能提出合乎实际的解决之道，这就已经突破了"以史为鉴"的层面。

如何"医国"的问题上，汤寿潜批判了晚清的两种学术思潮。一是"破碎骩骳"，即汤寿潜非常反对的曲意迎合上意、专撰时文以为个人功名利禄阶梯的倾向。二是"帜汉筌宋"，即打着汉宋经学旗帜，在考据、义理中寻求治世之道，或者仅偏重于探讨"内王"之路，而不是直接寻求解决问题的办法。汤寿潜认为，这两种道路不仅不能解决社会危机，反而往往因药不对症而酿成更大的灾难。汤寿潜所感受到的"世变"，在晚清学界均有人提及。例如冯桂芬在其《校邠庐抗议》的"自序"中言，"欲挟空言以争之，而势恒不胜，迨乎经历世变，始知三代圣人之法未尝有此弊"①。晚清时局动荡，受到西方文化冲击，当时的维新思想家们普遍以中国面临"世变"为前提论述改革的必要性，汤寿潜则强调不合理的治世之道更有可能"酿成世变"。从这一点来看，当时的汤寿潜对于走哪种经世道路就已经有了明确的态度，而其从"医国"衍化出来的明确的改革要求，也使他被当代学者戚其章归于早期维新思想家一类。②

汤寿潜在自序中，阐述其"医国"之道的着眼点有二：一是为了抑制酷吏豪强对百姓的压迫和剥削，二是为了拯救边疆被侵略的民族危机。这两点体现了汤寿潜经世思想的独特之处。汤寿潜认为中国面临着

---

① 冯桂芬：《校邠庐抗议（上卷）·自序》，光绪十年（1884年）豫章刻本，第3页。
② 戚其章认为，中国近代在维新思想发展有三个阶段：第一个时期是1875年到1885年，以郭嵩焘和王韬为主要代表；第二个时期是从1885年至1890年，以薛福成、马建忠、郑观应为主要代表；第三个时期是从1890年到1895年，除了薛福成、郑观应的维新思想在此时期还有所发展外，汤寿潜、陈虬、陈炽、何启和胡礼垣为主要代表。参见戚其章：《中国近代早期维新思想发展论——兼论汤寿潜的早期维新思想》，《中州学刊》1995年第2期。

"琉球县矣，越裳裂矣，缅甸墟矣，老挝、暹罗危如累卵，朝鲜八道蟊贼内讧，倭嗾之，俄觇之"的危亡局面，作为一介书生有担起攘外安内的责任，因此求证古今中外的救国之道。挽救国家危亡的理想，是晚清经世思潮的巨大推动力，林则徐、魏源等人激于鸦片战争的失败，曾国藩、胡林翼、冯桂芬等人激于太平天国战乱中认识到的中西差距。汤寿潜这一代思考者对于国家危亡的感受，则是来自于 19 世纪六七十年代开始的一系列中国边疆危机。汤寿潜在《危言》的《筹遏》篇中回忆对边疆危机的急切心理，特别是中法战争后中国屏藩的纷纷丢失："呜呼！自同治季年日本寇台湾、光绪五年县琉球，而我隐忍不与校，彼此蚕食起视南洋之受……北门之莞，法已掌之；左缅右越，辅车又去，曾不转瞬为法臣仆。"① 汤寿潜对于"国"的概念，已经从国家领土和边境的角度出发，强调国土实体的主权，已是较为近代化的国家观念，也是与其长期接触西学书籍有关，突破了一些传统的思想，与魏源那一代思想者将"国家"与"忠君"更紧密联系起来有着较大的差异。在汤寿潜早期的著述中，"尊君""忠君"等内容也是比较少的。

汤寿潜置于挽救边疆危机之前的首要理想，是能让百姓不受酷吏豪强之苦。这与其他经世学者的着眼点有很大的不同，也是《危言》在近代中国经世思想史上的闪光点之一。"以百姓为先"的观念，在经世思想的治体层面更接近于浙东学派"民本"思想一脉，因此书中也有大量引用黄宗羲《明夷待访录》的内容。汤寿潜认为，通过尝试他的经世之道，可以"掊击豪强，拔去奸胥蠹役之牙爪，为百里之士之农，亭醨毒脊，无使虎冠吏喋喋，谓吾民无良，不愿饱食仓粟，旅进旅退，以作大官"②。汤寿潜自幼对官员胥吏为害百姓不浅、治理地方无能的印象非常深刻，

① 汤寿潜：《危言·卷三·筹遏》，光绪二十一年（1895 年）石印本，第 11 页。
② 汤寿潜：《危言·序》，光绪十六年（1890 年）刻本，第 1 页。

也将其看作经世最迫切需要解决的问题。而且汤寿潜认为，解决外患的前提，是先解决国家内部治理的各种问题，"盱衡世变，钩拒时事，将攘其外，先安其内，弊者剔之，衰者捄之，痼者破之，懞者发之"，以此而言，国家内部治理合理，国民生活得到保障，才是国家对外强大的基础。

国家对内治理的重视，其他维新思想家也往往提到。冯桂芬在《校邠庐抗议》也提到了清朝官场的腐败和体制的落后，导致了"文臣不知兵""武士不晓事""科目不得人""则例猥琐""案牍繁多"等问题，给朝廷治国带来危害，这是他认为经世之人所需要为朝廷来矫正的。① 郑观应在《盛世危言》的"序言"中强调清政府在追求国家富强道路上的错误，认为朝廷"只知选购船炮，不重艺学，不兴商务，尚未知富强之本"，因此提出兴学校、广书院、造铁路、保商务等经世之策。邵作舟在《邵氏危言》的《忧内》篇提到了民生疾苦的问题："臣愚私计万世之后，至可忧者，陛下之民也。寇平以来，吏治惰偷，日以益甚，贿谒公行，教术荡尽，盗贼充斥，姑息欺蒙，民积痛无所诉。"② 然而邵作舟将百姓视为"陛下之民"，认为"吏专以聚敛为事，厘税烦苛，度支益耗"，导致"陛下之国本固已动摇"③，其角度仍然是出自为君主治天下而言，首先的目标是为君分忧。从这些学者的自我定位可以看出，冯桂芬、郑观应、邵作舟均是将自己定位在能臣官员的位置，从朝廷的角度为国家提出治国良方。冯桂芬在"序言"中表示自己"官无言责，怀欲陈之而未有路"④，追崇圣人治国之道。郑观应常与"达人、哲士游"，认为其"安内攘外之道"对国家深有帮助。邵作舟则被视作"久参戎幕"的官员僚

---

① 熊月之编：《中国近代思想家文库·冯桂芬卷》，中国人民大学出版社2014年版，第255—256页。
② 邵作舟：《清末民初文献丛刊·邵氏危言·忧内》，朝华出版社2018年版，第27页。
③ 邵作舟：《清末民初文献丛刊·邵氏危言》，朝华出版社2018年版，第27—28页。
④ 熊月之编：《中国近代思想家文库·冯桂芬卷》，中国人民大学出版社2014年版，第256页。

属。与冯、郑、邵三人为国考虑相比,撰写《危言》时的汤寿潜则将自己定位为一介地方书生,更鲜明地从地方百姓的角度考虑,反对政府官吏对百姓的欺压,希图以其经世之道首先为民造福。

在经世思想的"治法"上,在年轻的汤寿潜看来,官吏豪强欺压、国家边疆危机这些传统中国的问题,因其时代不同,而出现了新的变化,但也有出现新的解决办法的可能。正因为西学的出现,特别是上海等地的示范,使得西方新颖的科学技术、实业模式、政治机构等可以引为借鉴,更好地来应对各类新旧问题。因此《危言》全篇都在强调时代性,以此来作为中国变革的论据。

《危言》的第一篇《迁鼎》,讨论了新的形势下中国应该迁都何处。定都选址,是中国历代学者都热衷于讨论的问题。对于元明之后中国定都于北京,明末以来就遭到士人诸多批评。黄宗羲在《明夷待访录》中指出了定都北京的三大害处:一,交通和讯息不便,遇到中原灾乱则"孤悬绝北,音尘不贯",帝王无法南下;二,易受到北方边境外敌威胁,"上下精神敝于寇至,日以失天下为事,而礼乐政教犹足观乎";三,南方漕运支援北京,耗费大量人力物力,"江南之民命竭于输挽,大府之金钱靡于河道,皆郡燕之为害也"。对于定都西安的提议,黄宗羲认为关中经济人才衰落已久,也无法如秦汉时那样承担起首都的使命,"烟火聚落,十无二三,生聚教训,故非一日之所能移也"。[1]清朝自鸦片战争被列强从大沽口登陆而攻入北京之后,迁都的问题也热议不断。咸丰朝就有人提出迁都西安,但是遭到众多大臣的反对,袁甲三在奏折中明确表示,燕京为天下根本,控制一统全局,不可轻议迁徙,而且迁都西安,表明了朝廷"狃于苟安",是"因循积弱之谋",将大失天

---

[1] 黄宗羲:《明夷待访录·置相》,《黄宗羲全集》第一册,浙江古籍出版社1985年版,第21页。

下人心。官文在奏折中表示国家财政无法承担迁都的经济成本，迁至西安需要花费数以千万计，费时以数年计，更重要的是无法承担迁都后的政治风险，一旦迁都，"则京城不啻让与夷人"。①

汤寿潜根据西方列强对于北京的逼侵危局，特别指出世界已经进入了铁路时代和海洋时代，"（俄人）近且营铁路于锡伯利亚……建瓴之势成，肩背之地寒矣"，"又自海禁大开，泰西轮舶，飙驰霆击，天津实当其冲，向所谓一面制敌者，今且转而受敌"，②这两者都对北京造成了空前的新威胁。汤寿潜提出的迁都方案，恰恰也是争议颇多的定都关中。汤寿潜认为，前人的议论中，定都关中存在地气衰歇、经济衰落、东北空虚、人心动荡的问题，但并不是不能克服。汤寿潜提出"卑宫室、罢漕运、造铁路、祛积习"四途，认为关中王气依然存在，做到东北行政升级、加强练兵可以保证安全。至于最为重要的费用问题，汤寿潜认为在节省首都宫殿规模的同时，可以凭借如今西学背景下新式的交通工具达到。例如继承乾隆朝乔光烈的设想，将粮食从榆林、延绥等地顺流运到潼关，然后可以凭借现代化的小轮船溯渭河运到西安。江南的钱粮则以轮船运到武汉，然后国家铺筑铁路线，"如筋络之贯于人身"，以通达西安。轮船、火车等新式交通工具的出现，在财政上达到了节约建都成本的目的，黄宗羲当年的担忧已可以免除。③

不少学者在研究《危言》的《迁鼎》篇时，注重汤寿潜迁都设想背后的爱国主义精神。④笔者认为，汤寿潜提出迁都设想的另一重要原因，

---

① 李寅：《咸丰末年的迁都之争》，《紫禁城》1992 年第 5 期。
② 汤寿潜：《危言·卷一·迁鼎》，光绪二十一年（1895 年）石印本，第 1 页。
③ 汤寿潜：《危言·卷一·迁鼎》，光绪二十一年（1895 年）石印本，第 3 页。
④ 周育民认为："汤寿潜从反侵略战略的角度来考虑建都地点的问题，他的见解无疑是很深刻的"。参见周育民：《试论汤寿潜的〈危言〉》，《上海师范大学学报（哲学社会科学版）》1984 年第 7 期。

则是希冀国人认识到世事变迁，并以此带动整个中国思想的变革，以迎接一个新的时代。汤寿潜在此篇中提到，中国要由弱变强，就不能墨守成规，迁都在精神上是为了让全国"耳目一新，志气一振"，而在士民士气的提振下，才可以开展破旧立新的改革："在上革浮靡之供亿，求弼亮之左右，删苛细之科条，与民更始；在下则磨厉其廉耻，浚瀹其性灵，毋情见势绌而尚以西法为忌讳，毋玩物丧志而尚以帖括为专门，破除常格，可富可强。"① 对于袁甲三提出迁都大失人心的观点，汤寿潜则用外国新的反例来否定，认为迁都同样能够振奋人心，例如俄国原来定都莫斯科，沙皇彼得却力主迁都于涅瓦河口的圣彼得堡，成为后来俄国强大的开始。

《危言》的《迁鼎》篇体现了汤寿潜当时经世思想的一些特点：第一，强调变革的时代性与整体性。汤寿潜强调世界大势的发展，中国已落后于世界，必须进行革新来适应这个时代，而且必须是在各个领域进行大刀阔斧的革新。自北京迁至西安，既是因为列强新型的火车和战舰已经更容易地逼近北京，也是因为铁路和轮船的出现，可以实现以各地物资供应西安的目的。从汤寿潜的改革目标而言是整体性的，分为朝野两面：朝廷以革新制度为主，主要是革除过度冗费、选拔合格人才，去除不合理法规；士民以改变观念为主，主要是重塑道德观念、更换学术方向，破除旧有思维。

第二，呼吁将西学成为变革的重要工具。西方传来的以实业为基础的新技术和新文化，让前人顾虑的很多问题不复存在，让很多新的政治、经济、社会方面的设想具有了实现的可能。在汤寿潜眼中，西学既是富国强兵的一部分，也是改革中国内政的利器。因此，汤寿潜在开篇大声疾呼："毋情见势绌而尚以西法为忌讳，毋玩物丧志而尚以帖括为专

---

① 汤寿潜：《危言·卷一·迁鼎》，光绪二十一年（1895 年）石印本，第 4 页。

门。"① 汤寿潜这种"以西学致富强而救国"的迫切心态，与其老师俞樾的持重保守就形成了鲜明的对比。

第三，显示出书生理想的激进与大胆。以迁都问题为例，可以看到当时尚为书生的汤寿潜确有其过于理想化的一面。汤寿潜对迁都的意义认识不足，过于看重迁都带来的振奋士气的作用，郑观应在其《盛世危言》的《建都》篇中也谈及迁都之论，认为虽然定都北京容易遭受外国从海陆两路的军事攻击，但是迁都只是下策，关键是中国应该做到"内修政事，外固封圻"，同时"秣马厉兵"，通过加强内政和军事建设来抵御外敌才是根本之道。汤寿潜希冀以迁都而推动全面改革，显然是较为幼稚的。汤寿潜对迁都带来的问题缺乏认识，清廷高层与地方大吏在鸦片战争后曾经思考过迁都西安时，所提出的众多反对意见是有据可依的。

与这些有着丰富从政经验的官员较为周全的考虑相比，当时血气方刚的他想法过于简单，对于改革所引起的动荡和矛盾并没有合乎实际的估量。例如对迁都的成本耗费，并未有具体的测算，他却想当然地认为"成大事者不惜重费，往者尝掷一千三百万以葳郑工矣。宗祏至计，未容司农遂仰屋也，是财力不必疑，疑东省之空虚也"②。由此可以看出，出身民间、官场生涯不长的汤寿潜，对于朝廷高层的执政与治理是缺乏经验的。

同时，汤寿潜对西学及其技术抱有不切实际的依赖。与汤寿潜极为信任铁路的建造和运输能力不同，郑观应在《建都》篇中，就对以铁路贯通西安提出过质疑："山河四塞，海外诸国舟楫不通，即陆路之铁路、火车亦未能遽到"③。郑观应久在广州、上海等通商口岸，较为熟悉

---

① 汤寿潜：《危言·卷一·迁鼎》，光绪二十一年（1895年）石印本，第4页。

② 汤寿潜：《危言·卷一·迁鼎》，光绪二十一年（1895年）石印本，第2页。

③ 郑观应著，王贻梁评注：《盛世危言》，中州古籍出版社1998年版，第212页。

铁路、火车等现代机械交通工具，这与汤寿潜多从西学书籍上获得的知识不同。对于迁都与改革的关系，汤寿潜举俄、日两国迁都的例子，反驳对迁都重要性的质疑，提出"何以二国毅然行之，视去古都为传舍？"事实上俄、日两国的迁都也是在解决了众多实际问题之后才实现的，而且这两国的改革也不仅仅是迁都一事可以推动的。可见汤寿潜对于西学的了解并不算深入，但对西方强大的结果却心向往之，在改革设想上常常显得大胆激进，在论述上常常陷于牵强和缺乏逻辑。

十九世纪末的中国，正值维新变法运动的勃兴，以力求革新图存为主旨的《危言》一书刊印之后，更是受到朝野士绅的瞩目。军机大臣、帝师翁同龢是汤寿潜科举的主考官，也是当时朝中能够接近皇帝的重臣，1895 年初正值中国甲午战败，翁同龢的日记里常常出现"愤闷难言""郁郁不能食"的苦闷之情，而当天看到《危言》，却颇为惊喜，于当年 3 月 8 日特招汤寿潜长谈，当日的日记中写道"汤生寿潜所著《危言》二卷，论时事极有识，今日招之来长谈，明日行矣"。长谈之后，翁同龢评价汤寿潜："此人必为好官。"[①] 翁氏并向光绪帝进呈了《危言》。即使后来与汤寿潜政见相左的盛宣怀，在回忆当时的社会舆论时，也很是赞许："其负经世有重名，颇心折焉。"[②] 以当时的维新著述来说，冯桂芬早期著述的《校邠庐抗议》是为先导，汤寿潜的《危言》于 1890 年出版，随后是郑观应的《盛世危言》于 1894 年出版。这三部著作成为当时维新派人士宣扬维新思想最好的文化资源。当时朝廷重臣、帝师孙家鼐向光绪帝上奏："为变法自强宜通筹全局，分别轻重缓急谋定后动敬陈管见仰祈圣裁事，窃臣近日恭读诏书，力求振作海内，臣庶莫不欢欣鼓舞。管治安顾今日时势，譬如人患痿痹而又虚弱，医病者必审其周身

---

① 翁同龢著，陈义杰整理：《翁同龢日记》，中华书局 1989 年版，第 2784 页。

② 盛重颐：《盛宫保行述》，参见政协浙江省萧山市委员会文史工作委员会编：《汤寿潜史料专辑》，1993 年，第 292 页。

脉络，何者宜攻何者宜补，次第施治，自能日起有功，若急求愈病，药饵杂投，未去而元气伤，非医之良者也。臣昔侍从书斋，曾以原任詹事府中允冯桂芬《校邠庐抗议》书进呈，又以安徽青阳县知县汤寿潜《危言》进呈，又以候选道郑观应《盛世危言》进呈，其书皆主变法，臣亦欲皇上留心阅看，猜择施行。岁月蹉跎，延至今日，事变愈急，补救益难，然即今为之，犹愈于不为也。"①此外，据当时在京的温州学子刘绍宽记载，维新变法的主导者康有为可能也向光绪帝进呈了《危言》。②在地方上，东南地方士绅也对《危言》推崇备至。浙江钱塘士绅孙宝瑄看此书后惊喜异常："读汤蛰仙大令所撰《危言》一书，专论时务，洋洋洒洒，数千万言。其分目曰迁鼎、尊相、议院、中学、考试、书院、部臣、停捐、保举、冗员、限仕、世俸、包厘、盐捐、小轮、开矿、洋税、钱粮、邮政、铁路、兵制、海军、筹边、保朝、防俄、夷势、教民、僧道、盗工、罚锾、京路、内旗、水田、水利、卫屯、分河、堵口、东河、北河、变法，凡四十门。皆洞悉中外利弊，当兴当革，牛毛茧丝，剖晰无遗。而文笔则如长江大河，浩渺无际。令读者爽心豁目，开拓心胸，足以辟中朝士大夫数百年之蒙蔽，惜不令当局者见耳。"③无论是有着长期行政经验的中枢朝臣，还是对社会民情熟悉的地方士绅，对汤寿潜的赞扬都论及两点，一是对时弊的准确剖析，能够洞察国之病因；二是对解决弊病的主张，能够提出"当兴当革"的施治措施。

《危言》因直面中国的社会危机和现实问题，引入包含西学在内的新的办法和技术，从实学的角度提出了一系列具有操作性的改革措施。

---

① 《京报全录》，《申报》1898 年 8 月 1 日。

② 刘绍宽在戊戌年五月廿九日的日记中提道："闻康此刻已将《时务报》所出之六十余册，及汤蛰仙震之《危言》均取进呈。"温州市图书馆编，方浦仁、陈盛奖整理：《刘绍宽日记》第 1 册，中华书局 2018 年版，第 200 页。

③ 孙宝瑄：《忘山庐日记》，上海古籍出版社 1983 年版，第 56 页。

从学术的传承而言,《危言》的事功主义烙印非常明显,且因加入西学内容而体现出时代特色,成为晚清浙东经世思潮中的重要著作之一。《危言》在亟待改革的时代引起的巨大反响,使汤寿潜得到政学两界的赞誉,并身负颇具经世之才的名声。这一名声既引起朝廷君臣的重视,为其进入政界高层创造了条件,也得到了地方士绅的青睐,为其之后在东南社会推行自己的经世实践打开了大门,从后来汤寿潜的选择来看,显然更重视后者。

第四节 从《经世文编》至《危言》

自晚清经世思想勃兴之后,研究典制历史沿革的经世著作也开始连绵不断地出现,其中以"经世文编"最为著名,其开创者为贺长龄、魏源完成于 1826 年的《皇朝经世文编》。此书由魏源选辑编纂,略仿明代的经世文编体裁和陆燿的《切问斋文钞》,在编纂时的想法上,贯彻了自己的经世思想,也对年轻时期苦思医国之策的汤寿潜产生了重要影响。

贺长龄、魏源编写的《皇朝经世文编》问世之后,得到朝野有志之士的推崇,促使晚清编纂此类著作之风日盛,至 1914 年《民国经世文编》出版为止,各地陆续出现了二十多种仿其体例的著作,主要有1851 年张鹏飞编纂的《皇朝经世文编补》,1881 年饶玉成编纂的《皇朝经世文续编》,1888 年管窥居士编纂的《皇朝经世文续编》,1888 年葛士濬编纂的《皇朝经世文续编》,1897 年盛康编纂的《皇朝经世文续编》、陈忠倚编纂的《皇朝经世文三编》、求是斋主人编纂的《时务经世文编初集》、甘韩编纂的《皇朝经世文三编增附时事洋务》,1898 年麦仲华编纂的《皇朝经世文新编》,1901 年求自强斋主人编纂的《皇朝经世文编》、宜今室主人编纂的《皇朝经济文新编》、邵之棠编纂的《皇朝经世文统编》、阙名编纂的《皇朝经世文统编》，1902 年贺良栋编纂的《皇朝经世文思编》、求是斋编纂的《皇朝经世文编五集》、储桂山编纂的《皇朝经世文续新编》，1914 年上海经世文社编纂的《民国经世文编》等。随着这批著作的兴起，"经世"成为朝野官民的流行话语，经世文编也成为晚清经世思想最初的主要载体之一。

　　自鸦片战争、太平天国战争等乱事冲击之后，清朝陷入深重的社会危机，经世思潮更为兴盛，有志于拯时医国之士大都关注以《皇朝经世文编》为代表的经世文编系列书籍。俞樾在为《皇朝经世文续编》所作的"序言"中提到："自贺耦耕先生用前明陈卧子之例，辑《皇朝经世文编》。数十年来，风行海内。凡讲求经济者，无不奉此书为椠镊，几于家有其书。"从十九世纪六七十年代的王韬、冯桂芬，到十九世纪八十年代的薛福成、郑观应，到十九世纪九十年代的汤寿潜、张謇、陈虬等人，其思想皆受到经世文编的影响，并受此推动而在自己的著作中加入了新时代的内容。汤寿潜对经世文编也非常重视，在后来为《民国经世文编》所作的"序言"中说："前清中叶，贺耦龄氏辑《经世文编》，本集录之体，网罗一代之文献，而萃为一编，久为海内所推重。"①1904 年《国民日日报》曾将晚清以来的著述世风分为格致汇编之世风、经世文续编之世风、盛世危言之世风、时务报之世风、清议报之世风、新民丛报之世风六类。②

　　从著述风格而言，《危言》偏于盛世危言一类的"时务"之文，也在后来的维新变法运动中一同被视为倡导维新的三部主要著作之一。但《危言》所著早于《盛世危言》，既秉持了冯桂芬直接针对时务问

---

①　汤寿潜：《〈民国经世文编〉序》，载汪林茂编：《中国近代思想家文库·汤寿潜卷》，中国人民大学出版社 2015 年版，第 580 页。

②　张枏、王忍之编：《辛亥革命前十年间时论选集》，生活·读书·新知三联书店 1960 年版，第 740—743 页。

题的叙述思路，也继承了经世文编的宗旨和精神。《皇朝经世文编》被俞樾称为晚清讲求经济者的"榘镬"，在诂经精舍的教学中积极推广，在此游学的汤寿潜更是热心于经济之类的经世学问，其从《三通考辑要》到《危言》的学术探讨，也被学者贴上"东南言经济者首推汤子"的标签，可见经世文编与《危言》的契合之处。在《危言》出版之后，经世文编系列大量引用了《危言》中的篇章，亦可看出两者之间的紧密关系，以及汤寿潜对经世文编的继承之处。如前文所述，汤寿潜本人对魏源的经世之风也非常推崇，尤其关注魏源在贺长龄幕府时所关注或实施的海运、匠米、地税等经济实务，在自己的著作中多有引用。

魏源编纂《皇朝经世文编》，其宗旨为"经世以表全编"。其自序中便介绍了此书的三大主要特点。一是经世之道分"学术""治体"两个部分。学术总其纲领精神，以经世实学为主体，志在能够务实施行于社会，既不要过于高深，也不要归于细琐，惟以"道存乎实用"为旨。治体针对清朝君臣政体以治政，以"纲维庶政"为目标，治体之下以清廷吏、户、礼、兵、刑、工六部分为六政。全书由学术统领全篇，由治体统领六政。这种"学术——治体——六政"的阐述体系，也深刻影响着后来诸多经世学者。二是取材审慎，追求实效性和现实性。魏源在"自序"中提出"时务模切于当代，万事莫备于六官"的原则①，凡前朝有效而今日已失效的、并非当务之急的、空洞玄虚或者陈腐至极的、晦涩难懂且与社会治理关系不大的言论，均不需要录入。三是广泛择取意见，分析政策利弊两面。魏源选择治理之策时，提倡集思广益，以"文无难易惟其是"的实事求是原则，将不同意见的"他书别见"都收录其中。对于发表言论者的身份并无歧视，清朝的硕公、庞儒、俊士、畸民的言

---

① 魏源：《皇朝经世文编五例》，《魏源全集》第十三册，岳麓书社 2004 年版，第 1 页。

论均收入其间。①

《皇朝经世文编》开创了晚清经世之学的纲目框架，对于汤寿潜的著作产生了重要影响。魏源编纂此书，是将清朝中前期的经世文章系统整理汇编。从"经世文编"文章的编纂而言，明代已出现不少以"经世文"命名的著作，集大成者是陈子龙等于1638年完成编纂的《皇明经世文编》。但是《皇明经世文编》以作者人物为依据，以"文从其人，人从其代"的原则将文章列于人名之下编纂。《皇朝经世文编》则学习了陆燿的《切问斋文钞》的分类方法，变为以"事"，即以经世问题类别为依据，其内容分为学术、治体、吏政、户政、礼政、兵政、刑政、工政共八纲。这八纲又细分为六十五目，具体有：学术纲分为原学、儒行、法语、广论、文学、师友六目；治体纲分为原治、政本、治法、用人、臣职五目；吏政纲分为吏论、铨选、官制、考察、大吏、守令、吏胥、幕友八目；户政纲分为理财、养民、赋役、屯垦、八旗生计、农政、仓储、荒政、漕运、盐课、榷酤、钱币十二目；礼政纲分为礼论、大典、学校、宗法、家教、昏礼、丧服、服制、祭礼、正俗十目；兵政纲分为兵制、屯饷、马政、保甲、兵法、地利、塞防、山防、海防、蛮防、苗防、剿匪十二目；刑政纲分为刑论、律例、治狱三目；工政纲分为土木、

---

① 关于魏源与《皇朝经世文编》的研究，参见董建和：《〈皇朝经世文编〉的历史价值》，《浙江师范大学学报（社会科学版）》1991年第2期；孙功达：《试论魏源的经世致用思想》，《河北师范大学学报（哲学社会科学版）》2000年第2期；刘冰清：《论魏源的经世思想》，《船山学刊》2000年第3期；刘兰肖：《〈皇朝经世文编〉与魏源经世思想的成熟》，《云南民族大学学报（哲学社会科学版）》2004年第1期；何华军：《从〈皇朝经世文编〉看魏源的经世致用编辑思想》，《安阳师范学院学报》2004年第4期；章可：《论晚清经世文编中"学术"的边缘化》，《史林》2009年第3期；王先明：《从"农政"到"农学"——以晚清〈经世文编〉为中心的历史考察》，《福建论坛·人文社会科学版》2012年第6期；唐海花：《从馆藏文献看湖湘文化对洋务运动的影响——以长沙博物馆藏〈皇朝经世文编〉〈海国图志〉为起点》，《文物天地》2018年第3期。

河防、运河、水利通论、直隶水利、直隶河工、江苏水利、各省水利、海塘九目。

后世学者在遵循魏源这一分类思路的同时，也随着时代的变迁，调整其纲目和框架。张鹏飞的《皇朝经世文编补》、饶玉成的《皇朝经世文续编》均基本遵循了魏源的纲目，也被学界看成是对《皇朝经世文编》的补辑与续辑。至葛士濬编纂《皇朝经世文续编》，因其出身于上海，一生未曾入仕，在鸦片战争后见证了近三十年的洋务运动和中外交涉，并在口岸城市长期接触新出现的西学潮流，认识到"时局既有变迁"，对原有框架进行了较大的改变。在魏源的八纲六十五目之外，特设立"洋务"纲，下列洋务通论、邦交、军政、教务、商务、固圉、培才七目。在文学目下，附列算学，在户政纲下增加疆域一目，可见经世文编体系对时代的回应。

汤寿潜的《危言》与葛士濬的《皇朝经世文续编》完成于相近的年代，且如上文所述，对经世文编系列的编纂体裁非常赞赏，因此其框架体例亦有着极深的后者之烙印。以魏、汤两部著作的目录相比较，大致可以分类如下图：

纲	皇朝经世文编	危言
治体纲	原治、政本、治法、用人、臣职	迁鼎、变法
吏政纲	吏论、铨选、官制、考察、大吏、守令、吏胥、幕友	亲藩、尊相、部臣、议院、中学、考试、书院、停捐、鬻爵、保举、冗员、限士、世俸
户政纲	理财、养民、赋役、屯垦、八旗生计、农政、仓储、荒政、漕运、盐课、榷酤、钱币	包厘、盐捐、小轮、开矿、洋税、钱粮、国债、官号、商局、口岸、鱼课、节流、华工、洋匠、邮政、铁路、京路
礼政纲	礼论、大典、学校、宗法、家教、昏礼、丧服、服制、祭礼、正俗	返朴、教民、僧道、盗工、罚锾

纲	皇朝经世文编	危言
兵政纲	兵制、屯饷、马政、保甲、兵法、地利、塞防、山防、海防、蛮防、苗防、剿匪	兵制、海军、筹暹、保朝、防俄、夷势
工政纲	土木、河防、运河、水利通论、直隶水利、直隶河工、江苏水利、各省水利、海塘	内旗、水田、水利、卫屯、分河、东河、北河

从经世文编与《危言》的纲目框架相比较，可以看出汤寿潜与晚清早期经世学者之间思想的不同点，主要有以下三个方面。

一是舍弃了学术纲，汤寿潜不再如经世文编一样力求以学术统领全篇。从《危言》的篇目而言，只有类似于"治体—治术（六政）"格局，学术不再具有以往的重要性，即使治体方面也着墨不多，大量篇幅偏重于"治术"，探讨如何解决社会问题。当然，在《危言》书中，学术方面的论述仍然有相当的内容，但是穿插于其他门类，直接服务于"治术"，而未单独成纲。例如《中学》篇的内容，涉及如何看待中国传统学问和新进来的西学问题，但是汤寿潜将其置于改革教育、选拔人才等实际问题之下进行探讨，显示出较强的实用主义风格，而并未遵循魏源"以学术统领全篇"的思想。

"学术"在经世著作中的地位下降，是晚清普遍的现象。葛士濬同样抱着实用主义的态度，认为"天文乐律实古圣治法之本原，而制器测地尤近今经纶之要务"，将与西学制器最为相关的算学列入学术纲，本身就对传统学术进行了冲击。维新变法之时陈忠倚的《皇朝经世文三编》虽然仍将学术纲位于首位，但是将魏源原列的儒行、文学、师友等目以"于富强之术毫无补益"的理由而删除。至邵之棠的《清代经世文统编》完成时，也已经将学术纲分化为文教部、地舆部、内政部等实用部分。汤寿潜在《危言》《理财百策》中的篇目设置，就其特点而论，是顺应了时代的发展方向。当代学者章可认为，中国有重义理轻技艺的倾向，凡是"术"都力图使之上升到"学"的层次，魏源等最初的经世文编作者就是希望能为"政术"找到"学"的正当性，但是当西学不断涌入，"学"和"政"的传统关系被打破，学术纲中的内容以"致用"的标准进行重新调整，导致学术纲的内涵愈发含糊不清，随着 20 世纪后新的学科分类开始展现，"经世之学"遂被完全替代。①

　　不仅经世文编系列如此，早期维新思想家的著作中亦有相同的趋势。王韬的《弢园文录外编》，尽管以"多谈洋务著称"，但仍然将"学"放在首位单独成纲，分"原道""原学"等篇目。《危言》以及稍后出版的一些著作就已经不再坚持这种做法，郑观应在《盛世危言》中也已将"学术"的内容分散于"富国""强兵"等篇目之下，陈虬的《经世博议》也有类似的改变，而先于他们完成著述的汤寿潜可以说是较早进行改变的学者之一。从汤寿潜本身的学术理路而言，其选择淡化"学术"的做法，也不仅是缘于时代变迁、新学科冲击等因素。直到 1913 年《民国经世文编》已经将纲目分为政治、法律、财政、教育、交通等新学科门类，但汤寿潜为其作序时，仍然坚持教化、政制、风俗、典章等传统科目的重要性，可见汤寿潜在学术上并不是一个追逐新式的学者，究其原因，在于经世理念上的选择。魏源在晚清推崇今文经学"通经致用"的思想，提倡以"微言大义"的经学态度拯救危机与开展改革，因此特别注重"以经术为治术"的新学风与道法，将改革之方法上升到学术的高度，以求得改革的正当性与合理性，因此学术在其经世思想中占有统领全局的作用。汤寿潜的经世思想则是从浙东史学经世的路径起步，"六经皆史"的观念决定了其对学术的期望聚焦于总结历史经验的角度，可以直接为现实服务，对于不同历史时期的不同社会特点，随时调整研究

---

① 章可：《论晚清经世文编中"学术"的边缘化》，《史林》2009 年第 3 期。

的重点，使学术研究符合时代的需要。在《三通考辑要》的编纂中，汤寿潜强调"艺""政""学"合一的理念，也是更注重以经制史学为主体的"政"和"艺"，其中涉及的"学"也仅是复兴中国传统的经世之学，而并未抬高到以学术导向改变社会的哲学意义高度。到了撰写时务类的著作《危言》时，直接面对当前社会问题的前提下，汤寿潜就更淡化了"学"的作用和影响，着重阐述如何将"政""艺"（术）更好地结合中国的现实和西学的优点，来解决晚清的社会问题。汤寿潜后来的《理财百策》《宪法古义》等诸多著作，也并未试图构建与学术与治术的关系，而是直接面对迫切的现实问题。

二是吏治与经济为先，社会与民生为重，更强调"致用"的精神。《皇朝经世文编》以朝廷六部为框架，在"学术"与"治体"之下基本囊括了对社会治理的各个方面，堪称指导中国全面改革的典范样本。魏源在例言中阐明，改革的各个方面都有着内在的关联，不能孤立地阐述某些方面的问题，"欲识济时之要务，须通当代之典章；欲通当代之典章，必考屡朝之方策。选举、考察、职掌之必悉，而后可以审立官；赋榷、俸饷、出入之周知，而后可以制国用"①。汤寿潜的经世著述，无论是《三通考辑要》《宪法古义》，还是《危言》，都未如此全面地进行论述，也从未构建起完整的改革框架。从汤寿潜一生的改革追求而言，他的着眼点始终盯着几个方面，而且有轻重之分。在《三通考辑要》中，汤寿潜以史为鉴中最关心的内容，主要是从田赋、钱币、户口、正榷、市糴、土贡、国用七个部分探究历代经济典章的经验与教训。《宪法古义》是专门针对立宪体制与中国传统的研究。在《危言》一书中，以魏源的六部内容为对比，汤寿潜删去了刑政的部分，相比魏源在礼政纲也少了大部分内容，关于兵政也着墨不多，而吏政、户政方面则是研究颇

---

① 魏源：《皇朝经世文编五例》，《魏源全集》第十三册，岳麓书社 2004 年版，第 3 页。

为详细，提出了很多细致的改革观点，篇目远比魏源多而完整。以吏政方面为例，魏源主要从传统的铨选、官制、吏胥等问题搜集清朝的经世文章，汤寿潜则从教育、选拔、俸禄、裁汰等官吏产生与运作的各方面提出了自己破旧立新的设想，并设计了从王公贵族、中枢官员、地方官吏等官僚体系一整套的改革方案。

相比魏源在《皇朝经世文编》倡导改革的广博而宽泛，汤寿潜的《危言》则体现了变革的集中而细致。而所集中论述的吏政、户政两方面，涉及与底层百姓民生关系最密切的吏治和经济问题，也是汤寿潜研究最为详细的地方，细分出众多篇目，由此看出汤寿潜的改革方案以民生社会为重的经世倾向，与其在自序中为民谋福的初衷相符，这与服膺为君主服务之公羊学的魏源从朝廷治世角度考虑的倾向有着较大差异。汤寿潜后来在为邵之棠作序时，就专门批评了之前的经世文编系列不注重经济之学，不将经济八科独立成纲的做法。魏源从学术到治体再到治法的基本思路，本身也体现了长期作为官学的今文经学从政府的角度出发对于国家治理的传统模式，其具体篇目的设置，也展现了朝廷大员从上至下看待社会问题的特点。以户政纲为例，魏源的篇目为中国传统关注的理财、养民、赋役、屯垦、荒政、漕运等问题，颇具户部官员为朝廷谋划户籍与财经的特色。汤寿潜户政方面的论述，也包含了大量为朝廷财政开源节流的内容，但是也不乏相当部分调整政策以为民减轻负担，开拓新产业为民生谋利的筹划方案。例如《小轮》篇提出以新技术促进民间商业，《钱粮》篇倡导政府与百姓相互沟通信息，《开矿》篇号召给予商民更大的自主开发权利。不仅是《危言》，汤寿潜后来所著的《理财百策》等资政著作也都有同样的倾向，对社会改革并不方方面面俱到，而是提倡以民生经济为偏重的框架，体现了当时作为学院士子和地方士绅的汤寿潜较能站在百姓角度进行经世探索的倾向。

三是将"西学""洋务"等内容直接融合进具体的实务中，而未单独成纲。魏源的《皇朝经世文编》问世后几十年，中国被迫打开国门，西学的涌入，以及洋务运动的兴起，是晚清经世之学不得不面对的问题，也是经世文编系列著述不得不引入的内容。俞樾为葛士濬的《皇朝经世文续编》作序时，就指出："近年风会日辟，事变益繁。如洋务为今日一大事，非原书海防所能尽也……有轮船以行江海，近又有轮车以行路，非原书漕运所能尽也；中西算学日新月盛，朝廷辟馆以造就人才，且宽其格以取之，非原书文学所能尽也。"①

葛士濬久居上海，求学于龙门书院，对西学的接触颇深。他在经世文编中于学术纲加入西学，其形式是在文学目中附加算学，在算学中融入西学。将西方自然科学比附于中国传统的算学，是当时中国学者的习惯认知，俞樾也持此看法。葛士濬以算学为线索搜集学术文章，在与中学的算学相间叙述中，梳理了自明末利玛窦来华以来输入中国的包括代数学、几何学、物理学、天文学、地理学等西学。其中第八卷《学术八·文学四·附算学》篇中，选择供职于江南制造局翻译馆的华世芳所撰《近代畴人著述记》一文，通过华世芳之笔，指出西方别树一帜的代数学胜于中华天元，正是中国引入了西方的代数学，使得中国算学到今天达到鼎盛。这种委婉地表达西学东渐之益处的方式，力图先在学术纲的层面证明西学有其先进性，以减轻顽固派的阻挠而解决凭借西学以经世的问题。然后在其下"六政"之外专设"洋务"目，将可以借助西学以经世的军政、商务、教务等若干领域集中搜集文章论述，体现西学在具体治理实务中的作用。

汤寿潜的《危言》采取淡泊学术纲的态度，并未在学术层面过多地论述西学的可取之处，更没有对"西学""洋务"等专门论述。仅在

---

① 俞樾：《皇朝经世文续编·序》，光绪二十三年（1897 年）扫叶山房重校本，第 1 页。

涉及教育方面的《中学》篇中借助"西学中源说",强调了西学根源于中学,其先进的科技、政略、艺术均来自于中国古代经世实学。值得注意的是,汤寿潜既批评了中国人对西学的抗拒,也批判了对西学华而不实地"炫奇"与追捧,认为重新唤醒并重视包含着西学的中国传统经世之道,即可应付各类社会问题。① 由此可以推断,汤寿潜淡薄甚至回避在学术层面对中学、西学的相关讨论,可能也有担心国人热衷浮于学问表面的追捧,而无法深入到解决实际问题中去,导致西学以及其他经世学问都无助于国计民生的促进。对于学术仅停留在"纯学术"的层面讨论,而不投入于实际的治术中,结合中国实际问题进行思考,是汤寿潜始终反对的。在《危言》涉及西学的大多数篇章中,汤寿潜均有将西学"工具化"的倾向,将其与中国传统的治理之术等而视之。这既反映了汤寿潜推崇事功主义的一面,也折射出当时的他对西学的认识不足,尚未认识到西学的器物、制度等背后,有着与中国源流不同的独特思想。

汤寿潜的代表作《危言》,与魏源的《皇朝经世文编》所代表的经世著述相比,既有时代所形成的认识差距,以及个人地位不同而导致的思想差异,其背后也反映了晚清时期同处于经世思潮中的浙东与湖湘学术思想风格的差别。魏源以其出身、交友、求学、入幕的经历而言,其周围主要是以湖湘学者群体为主,这对他的经世思想产生了重大的影响,也是《皇朝经世文编》这部著作始终弥漫着湖湘经世文化气息的原因。魏源之父魏邦鲁曾从湖南溆浦学者严如熤学习经世之学,后来魏源曾为严如熤撰写碑铭,表扬其经世事功,可见其对魏源父子影响之大。魏源青少年时期求学于邵阳爱莲书院、岳麓书院,均为湖湘学派兴盛之处,得到推崇理学经世的袁名曜等人的指导,打下

---

① 汤寿潜:《危言·卷一·中学》,光绪二十一年(1895年)石印本,第10页。

了学术思想的基础。后魏源随父入京，求师于胡承珙、姚学塽、刘逢禄等人，也结识了同乡陶澍、贺长龄、唐鉴、汤鹏等湖湘学人，这些学者多主张明体达用之学，是清朝中后期经世文化的主要群体之一。魏源中举之后是长达二十余年的幕府生涯，深得湖南经世学派官员陶澍、贺长龄的器重，接触了大量官员的奏疏文章，对有关国计民生的众多领域的政策情况有所熟悉，并以此编著了《皇朝经世文编》，也曾与林则徐、曾国藩、左宗棠等名臣有过交往。在湖湘学派的影响下，魏源早年奉行理学经世的理念，后越来越推崇今文经学，提倡通经致用的精神，并在陶澍等封疆大吏影响下将重践履的湖湘学风付之实践。

湖湘经世之学自北宋胡宏、张栻开创，胡宏的心性论、理欲论构成其哲学基础，以维护纲常伦理为口号致力于经济之学。至明末王夫之集湖湘学术之大成，提出"气化日新"的辩证发展观、"事随势迁，而法必变"的历史进化观，以为社会变革寻求学术支持。与湖湘人物的长期接触，魏源充分接受了这些思想，他的学术名著《默觚》即分为《学篇》《治篇》上下两部，试图以学术推动治体的探索，为晚清的社会变革寻求支持。魏源从学术的角度提出"天皆不同今日之天，地皆不同今日之地，人皆不同今日之人，物皆不同今日之物"，即天、地、人、物无处不在古今的剧烈变化中，而社会制度的变革也是先圣所支持的，"变古愈尽，便民愈甚，虽圣王复作，必不舍条编而复两税，舍两税而复租、庸、调也"。① 对于经世之学的选择与社会改革的方向，必然需要先阐述先古圣贤也持有这种态度，宋代程颐提出"治经，实学也"，从治经而达实学，这是湖湘经世思想始终坚持的"明体达用"原则，因而魏源在《皇朝经世文编》

---

① 魏源：《默觚·治篇五》，载夏剑钦编：《中国近代思想家文库·魏源卷》，中国人民大学出版社2014年版，第41页。

中必须从学术的高度统领全篇,而在其学术纲中,也搜集了大量关于心性、理欲方面的文章,体现出对湖湘学派的经世实学回溯至理学本源的特点。

湖湘学派始终坚持思辩的传统,张栻以太极阴阳的对立统一作为其辩证法的核心,王夫之提出"一物两体""分一为二"的辩证法思维,在认知中需要做到"合二为一者,既分一为二只所固有"的辩证统一。魏源继承了湖湘思辩的学风传统,在《默觚》一书中强调"天下物无独必有对"的思想。在《皇朝经世文编》中,也处处体现魏源秉持辩证统一的思想,在"六政"纲的文章选择上,坚持"广存"的原则,充分采录不同甚至相对的治术之策,就是典型的例子。例如在盐课问题上,魏源择取了包世臣《安吴四种》一书中题为"庚辰杂著五"的相关文章,改名为《淮盐三策》。《淮盐三策》一文严厉批判了清朝官府在盐课中的重科压榨和朋比为奸,提出各地官府应精简盐业机构,减少管控职能,鼓励自由贸易,让商人自由运销。同时又收录了兵部尚书卢询的《商盐加引减价疏》,此文则是要求官府加强对盐引的管控,以保证盐业贸易在可控的范围内,不致害民害商。同样论述西北盐政,既收录了陕西巡抚方维甸要求盐课归于地丁的《再请汉中盐课归地丁梳》,也收录了甘肃按察使姜开阳反对盐课归地丁而要求改收税的《甘盐请改收税梳》。这种浸润着湖湘学风的经世风格,非常受当地学子的欢迎。后来黄濬在《花随人圣庵摭忆》中,提到《皇朝经世文编》在湖南持久的流行热潮:"为三湘学人,诵习成风,士皆有用世之志。"[①]

浙东经世文化培养出来的汤寿潜,其各类经世著作则体现出来自浙东学派的特点。浙江学派的经世理念,与追求"内圣"的理学有所不同,反对空谈心性,面对政治危机与社会改革,注重史学与实学经世,对于

---

① 黄濬著,李吉奎整理:《花随人圣庵摭忆》,中华书局 2008 年版,第 213 页。

经学则其少承认其神圣性。对南宋的浙东群体的学术理念，朱熹就批评他们对经学研究的相对淡薄，置历史于经典之上，直斥为"专事功利"。黄宗羲虽然出自刘宗周蕺山之学门下，但面对明末清初的社会危机，也在《留书》的"自序"中提出"古之君子著述，不惟其言之，惟其行之也"的实践观点。至清代中期，章学诚力主史学经世，对于经学的研究，也是极力反对将六经看得过于神圣，以至于能起到革故鼎新的决定性作用。章学诚认为，即使在研究六经时，也要从其具体事实记载中去领会其精神实质，为当前社会政治服务，不可拘泥于古义。① 在浙东学术的氛围下，晚清主张经世的浙江学者也大多信奉这样的观点，甚至因社会危机的加重，而在"功利"方面有更激进的主张。宋恕在《经世报》的"叙"中，提到对经世之学的看法："夫古无所谓经学、史学也，学者学经世而已矣！理者，经世之的；数与文者，经世之器；而经、史、诸子者，经世之师承也。"② 宋恕认为中国传统的经世之学不分经史诸子，只是学者根据自己的经世目的而选择的学问，无论算学还是文史，都是经世的手段。陈虬在《经世宜开讲堂说》一文中，也认为"所尚无古今国外之殊，所志无儒、佛、耶、希之判，所急无王公卿士之差，所长无文武邑野之异，所习无天地人物之分，所利无家国君民之别，则所谓经世之学是也"③。陈虬甚至认为中外经世之学都是一样的，也不应以宗教学说来判别划分，不应该在学术导向上有所差别，而其所学的目的，就是为国为民。汤寿潜同样秉持这种思想，在《危言》的《考试》篇提出科举将经学与子、史、古合为一场，与时务、洋务并列④，与黄宗羲、冯

---

① 仓修良、叶建华：《章学诚评传》，南京大学出版社 1996 年版，第 177 页。

② 宋恕：《〈经世报〉叙》，载邱涛编：《中国近代思想家文库·宋恕卷》，中国人民大学出版社 2014 年版，第 207 页。

③ 胡珠生辑，温州市政协文史资料委员会编：《陈虬集》，浙江人民出版社 1992 年版，第 275 页。

④ 汤寿潜：《危言·卷一·考试》，光绪二十一年（1895 年）石印本，第 12 页。

桂芬都将经学列为第一场相比，他对经学的神圣性更为反对，与宋恕、陈虬等人的观点更为契合。

《皇朝经世文编》在论述风格上，与《经世文编》也有明显的差异。例如魏源与汤寿潜都意识到需要重新唤回朝野"朴"的气质与风俗，魏源选择了清初魏礼的《答张一衡书》，这篇文章被列于学术纲之广论目，作为经世思想的统领之一。文章从"朴者，人之本，万物之根，世道治乱之源"开始，认为"世之治也，必先反朴"，然后论述"智巧"与"朴"的本末关系，以元气说的理念，认为应该先做到以"朴"修身，人人成为"受朴君子"，则天下的各种祸害自然消除。① 这是典型的先修"内圣"以达治世的湖湘经世风格，《皇朝经世文编》选择此类文章较为普遍。汤寿潜在《危言》的《反朴》篇中，开篇介绍"朴"的概念，"朴者，在天地为混敦，在日为朝气，在人为蒙为稚，在草木为根为萌芽，所谓障奢之堤防"，随即进入对"朴"的社会功能性的叙述，"贫者朴焉富矣，弱者朴焉强矣"，然后提出正因为民俗缺"朴"，导致"贿赂之公行""吏皂之僭越""洋货之浸灌""倡优之淫靡""烟酒之嗜好""僧道之蛊惑""婚丧之积习"七大社会问题，这些社会问题则导致了祸害民生，妨碍了"师夷长技"的推广。由此看出，汤寿潜所针对而欲解决的始终是社会实际问题，将"反朴"这一被理学学者寄托着根本性、神圣性的主题，看成是一般性的社会问题。而如何实现"反朴"，也不似魏礼所认为的寄望士人从自我修身开始。汤寿潜提出应学习卫文公的中兴措施，宫廷裁冗费、地方明学校而节之以礼，同时"严赏罚而厉之以耻，瑾华窦、开俭源以啬神而养和"。②

若从学术理路回溯，汤寿潜的"反朴"思想继承了黄宗羲的"本

---

① 魏礼：《答张一衡书》，《魏源全集》第十三册，岳麓书社 2004 年版，第 145 页。
② 汤寿潜：《危言·卷四·返朴》，光绪二十一年（1895 年）石印本，第 34 页。

末"之论。黄宗羲提出婚丧、僧道、酒宴等一系列奢侈之风是与民生无关、妨碍民生发展的流俗。其所体现的不遵礼制之观念，是需要学校教育来纠正的，而其依凭的佛事、巫术、倡优等市场，是儒家传统的"崇本抑末"中的"末"，是政府应该禁止的，属于经世治理的"救弊"之举。而与民生相关的工商业，则是"本"，是应该尊崇而扶植的。① 黄宗羲以民生而不是"智巧"的标准，将"守朴"行为进行本末之分，强调"治术"之于经世的重要性。汤寿潜的经世措施，也往往从史学的经制沿革、西学的制度与技术中寻找经验，注重从"外圣"的角度寻求"治术"而进行改革，《危言》《理财百策》等著作均是如此。

此外，魏源编著之时已是幕僚身份，清代中晚期湖湘学者群体为官者多，唐鉴、汤鹏在京做官多年，陶澍、贺长龄等为封疆大吏，魏源所接触的资料大多为各级官吏的奏折文书。在《皇朝经世文编》中，魏源也更多地选择官员、幕僚的文章，也从中看出其更多站在官府治理社会的角度来看待问题。浙东学派学者多出自民间，从陈亮、黄宗羲、章学诚到晚清的汤寿潜、陈虬、宋恕，或是仕途坎坷不顺，或是不愿与政权为伍，或是无意长期为官，著述之时大多以民间士绅的身份而立于在野立场，在经世认识上更偏于对民生的注重，当时作为民间士子的汤寿潜也是其中代表，这也是《危言》与经世文编风格所不同之处。

《危言》这种关注实际问题、重视"治术"的风格，在同样越来越偏向"致用"的晚清经世文编中也很受欢迎。从《危言》刊行的 1890年开始，至清廷 1901 年宣布新政以前，经世文编系列陆续收入《危言》中的文章四十多篇，其中以 1897 年求是斋编纂的《皇朝经世文编五集》收录最多，主要收录篇目列举如下：

---

① 黄宗羲:《明夷待访录·财计三》,《黄宗羲全集》第一册, 浙江古籍出版社 1985 年版, 第 40—41 页。

皇朝经世文新编（卷七）农政	《鱼课》
皇朝经世文编五集（卷一）叙	《危言》序言（陆学源）
皇朝经世文编五集（卷四）学校	《中学》《考试》
皇朝经世文编五集（卷五）书院	《书院》
皇朝经世文编五集（卷六）议院	《议院》
皇朝经世文编五集（卷七）吏治	《尊相》《部臣》
皇朝经世文编五集（卷八）兵政、口台、海军	《兵制》
皇朝经世文编五集（卷九）河工、水利、海防	《水田》
皇朝经世文编五集（卷十）洋税、厘金、钱粮	《洋税》
皇朝经世文编五集（卷十二）工艺	《华工》《洋匠》
皇朝经世文编五集（卷十六）铁政、矿务	《开矿》
皇朝经世文编五集（卷十七）铁路	《铁路》
皇朝经世文编五集（卷十八）商务	《商局》
皇朝经世文编五集（卷十九）圜法、银行、国债	《国债》《官号》
皇朝经世文编五集（卷二十）船政、轮船、公司	《小轮》
皇朝经世文编五集（卷二十二）驿传、邮政、电报	《邮政》
皇朝经世文编五集（卷二十三）边事	《内旗》
皇朝经世文编五集（卷二十四）各国边防	《筹遐》《保朝》《防俄》《夷势》
皇朝经世文编五集（卷二十九）养民、机器	《教民》
皇朝经世文编五集（卷三十二）变法	《变法》

从 1901 年清朝宣布新政之后，问世的经世文编则很少将《危言》列入其中。笔者认为，这与当时西学大量涌入、传统经世之学无法适应新的分科体系有关。如上文提到，邵之棠于 1901 年完成的《皇朝经世统编》，按文教、地舆、内政、外交、理财等划分，已具有近代学堂学科的

风格。① 至1914年的《民国经世文编》问世，已经完全按西式学科细化分为政治、法律、内政、外交、财政、军政、教育、实业、交通、宗教、道德十一个门类。而且每个门类也有分支学科式的细分，如财政分总论、税法、会计、银行、币制、公债、盐务七目；实业分总论、农工、商矿三目。相比而言，《危言》《理财百策》中所提出的各种"治术"，属于传统经世之学的实学，既缺乏科学理论的内在支撑，也无法应对一个行业日益分化的时代，因此逐渐不被学界所关注。而之后多部经世文编作者请汤寿潜作序，显示出其所宣扬的经世精神仍然得到学界的赞颂。

第五节　时代与侧重点:《校邠庐抗议》与 《危言》的比较

汤寿潜《危言》在近代经世思想史上地位卓著，被维新派所推崇，被誉与冯桂芬的《校邠庐抗议》、郑观应的《盛世危言》并提的经世名著。后代的史学家，又常以《危言》《盛世危言》以及邵作舟的《邵氏危言》并称"三危言"。

冯桂芬，字景亭，晚号怀叟。1809年出生于苏州府吴县一个并不富裕的家庭。冯桂芬自幼聪颖，在私塾读书时成绩优秀，年轻时在苏州正谊书院读书，受到当时江苏巡抚林则徐的赏识，邀请其参与编辑《西北水利说》。在三次赴京会试失败后，冯桂芬于道光二十年（1840年）得中进士，后任职翰林院。后因回乡为父母守制，以及太平天国战乱等，冯桂芬再次抵京时已失去了候补为官的机会，在对仕途心灰意冷之下回到苏州休养。在太平天国占领苏州时，冯桂芬避居上海，并应聘主持上海敬业书院。这一时期冯桂芬参与了很多地方事务，当太平军兵临上海

---

① 参见邵之棠：《皇朝经世文统编》，光绪二十七年（1901年）上海宝善斋石印本。

时，策划上海中外会防局。同治元年（1862 年），入李鸿章幕府，提议减轻江南重赋，代为起草奏疏，并得到批准。在上海创办广方言馆，并制定了学馆的规划。战乱平息之后，冯桂芬返回苏州，主讲正谊书院，至同治十三年（1874 年）病逝。《校邠庐抗议》是冯桂芬寓居上海时所撰。

冯桂芬撰写《校邠庐抗议》的时期，是太平天国战乱末期至平息，清政府的洋务运动蓬勃兴起的时期。《校邠庐抗议》回应了洋务运动所提出的诸多问题，因此冯桂芬也被后世很多历史学者称为"洋务派思想家"，《校邠庐抗议》被视为"洋务运动的理论纲领"。① 史学界对冯桂芬的思想属性有着很多分歧，其定性从地主阶级改良派、早期洋务派到资产阶级改良派等不一。② 笔者认为，冯桂芬在《校邠庐抗议》中所阐发的思想，虽然也带有早期维新思想的一些内容，但主要属于洋务派思想范畴，尤其是他提出的"以中国之伦常名教为原本，辅以诸国富强之术"的观点，衍化为后来的"中体西用"思想，成为指导洋务运动的一面旗帜。比较《危言》与《校邠庐抗议》的异同，则可以看出汤寿潜的经世思想与洋务思想的异同。

冯桂芬与汤寿潜虽所处的时代有所不同，但是两人的经历颇有相似之处。两人皆生长于民间，且遭受战乱，对于民间疾苦甚为了解。冯

---

① 例如雷颐的《从冯桂芬到郑观应——洋务思想家试析》一文，就明确表示冯桂芬的思想属于洋务思想范畴。参见雷颐：《从冯桂芬到郑观应——洋务思想家试析》，《近代史研究》1984 年第 6 期。冯桂芬著，戴扬本评注、中州古籍出版社 1998 年出版的《校邠庐抗议——洋务运动的理论纲领》，则以"洋务运动的理论纲领"为名。参见冯桂芬著，戴扬本评注：《校邠庐抗议——洋务运动的理论纲领》，中州古籍出版社 1998 年版。
② 当前史学界对冯桂芬的思想特点的定性，基本有"地主阶级中的开明知识分子，代表着早期资产阶级改良主义思潮""代表早期洋务派的思潮""应地主阶级改革派，处在地主阶级改革派、资产阶级初期改良派以及清朝统治集团中的洋务派三者的交错点上，是资产阶级改良派主义思想的前驱"三种观点，参见傅德华、于翠艳：《百年冯桂芬研究概述》，《史林》2010 年第 2 期。

桂芬在《江苏减赋记》中提到："余生长田间，深知其苦。"与汤寿潜自幼因家乡困苦而形成的"治河情结"类似。冯桂芬也有一个萦绕于心的"减赋情结"，苏松地区长期为赋税重地，百姓因此困苦不堪，据他回忆，"先淑人家为催科所破，尝谓桂芬曰：'汝他日有言责，此第一事也。'……惟三十年来，官中一言一事涉漕赋者，必求其详，手录之，久渐成帙"①。为民减赋的使命，让冯桂芬始终关注赋税方面的问题，并长期思考与之相关的方面，例如由赋税而涉及清丈，由清丈而涉及绘图。因爱民爱乡之情，而对实学孜孜不倦地探索，是冯、汤共同的特点，也是晚清东南精英大多转向经世之学的重要原因。汤寿潜在撰写《危言》《理财百策》之时，曾详细研读《校邠庐抗议》，在提出各方面的改革措施时，时常引用冯桂芬提出的方案，特别是对冯桂芬熟悉而自己不熟悉的漕运等领域，极力宣传冯桂芬的改革方法。② 可以看出，他对冯桂芬务实经世学风的赞赏和尊崇。

冯桂芬与汤寿潜均为年少聪颖、在学术方面颇为自信之人，在青年都致力于追求功名，也都曾经遭遇仕途不顺，但又都最终高中进士。两人对于晚清的人才教育与选拔问题都有着深刻的感受，而对于为官仕途的追求又不相同。汤寿潜对于官场利禄较为淡泊，任职青阳县仅三个多月即辞官而归，并多次拒绝朝廷的官职任命。冯桂芬则较热衷于官场，对于仕途有着更强的兴趣，后来候补无望时则感慨不已。冯桂芬由此对晚清官僚机构的认识也更为深入，同样是青年时期都曾在高级官员幕府任职，相比汤寿潜在张曜幕府仅仅一年左右的经历，冯桂芬曾有较长时期在各督抚的幕府里办事的经历，与林则徐、李鸿章、曾国藩等致力于

---

① 冯桂芬：《江苏减赋记》，载熊月之编：《中国近代思想家文库·冯桂芬卷》，中国人民大学出版社 2014 年版，第 101 页。
② "南漕之宜折色，冯桂芬议之详矣。"汤寿潜：《理财百策·漕项》，载政协浙江省萧山市委员会文史工作委员会编：《汤寿潜史料专辑》，1993 年，第 331 页。

经世的官员有着很多交往，并已经作为地方士绅而参与了大量的社会活动。因此在撰写《校邠庐抗议》之时，冯桂芬对于政府的运作、所面临的问题都有着较深的理解。汤寿潜撰写《危言》之时，仅为有过短期幕府经历的年轻书生，且自幼对于官吏深恶痛绝，因此更多站在民间的立场上看待问题，而对于官府治理困境的认识则较为模糊。

冯桂芬与汤寿潜对经世之学都有着毕生的追求，专注于实学领域，对于西学也都具有相当浓厚的兴趣。所不同的是，汤寿潜撰写《危言》之时，对西学的认识相对是不清晰的，其知识来源主要是从上海等地购买的西书，以及多次前往上海见识到的西学相关内容。冯桂芬则在天平天国战乱之时长期寓居上海，甚至创办过广方言馆这样的西学机构，见识过外侨在上海关于科技、政制的作为，因此对于西学的感受及其与中国社会的结合问题，都比汤寿潜考虑得更完整与深入。这方面汤寿潜也深有体会，在书中多次引用冯桂芬等人著述，例如汤寿潜在《危言》的《东河》篇中论及河道疏浚中运用新型西式工具："世变日新，轮机日巧，混江龙、铁篦子等具，其刍狗已。轮机之制，详冯桂芬《抗议》，兹不赘。"当然，由于两人著述的时间有近三十年的差距，汤寿潜通过洋务运动后不断涌现的西书，比冯桂芬见识到了更多更新的西学内容。

《校邠庐抗议》成书于1860—1861年，初稿本42篇[1]，分为"公黜陟议""汰冗员议""免回避议""厚养廉议""许自陈议""复乡职议""易吏胥议""省则例议""杜亏空议""改捐例议""绘地图议""均赋税议""稽旱潦议""兴水利议""改河道议""劝树桑议""折南漕议""利淮鹾议""改

---

① 据学者研究，晚清出版的《校邠庐抗议》版本，有1883年天津广仁堂刻本、1884年豫章刻本、1892年吴门潘氏刻本、弢园老民校印本、文瑞楼石印本、聚丰坊校刻本、1898年北洋石印官书局印本、上海著易堂精校本、冯氏家刻本、1904年甘肃官书局刻本。参见阎中恒：《〈校邠庐抗议〉考》，《江西图书馆学刊》1991年第1期。笔者在文中的版本，以1884年豫章刻本为主。

土贡议""罢关征议""筹国用议""节经费议""重酒酤议""稽户口议""壹权量议""收贫民议""复陈诗议""复宗法议""重儒官议""改科举议""改会试议""广取士议""崇节俭议""停武试议""减兵额议""严盗课议""重专对议""采西学议""制洋器议""善驭夷议""用钱不废银议""以工巧为币议"。① 与《危言》一样，《校邠庐抗议》涉及面广，包含了经济、政治、文化、军事、外交等各方面。笔者将两部经世著作的议题进行比较，冯桂芬与汤寿潜共同关心的议题有吏治、言路、赋税、捐费、水利、节俭、冗员、治河、科举、兵制、西学、洋器和外交。

两人在政治体制方面都关心官僚选拔、议政、官员培养等问题，冯桂芬主要在《公黜陟议》《汰冗员议》《免回避议》《厚养廉议》《许自陈议》《复乡职议》《易吏胥议》《重儒官议》等篇中论述，而汤寿潜则在《亲藩》《尊相》《部臣》《保举》《冗员》《限仕》《世俸》等篇中提到。中国自古有学而优则仕的传统，并在后来有科举制度作为保障，因此民间人才天然是为官员大臣的主要预备力量，与国家治理的成败息息相关。冯桂芬非常看重人才的重要性，在《校邠庐抗议》的"自序"中提出"世之盛衰在吏治，治之隆污在人才"②。汤寿潜也在《危言》的《部臣》篇中认为，选拔人才为官是"民生所关系之大政"。冯、汤二人对晚清的官吏素质都不满意，汤寿潜秉持一向对基层官吏横行不法的痛恨，大加鞭挞官僚群体为祸害乡里的"奸胥蠹吏"，冯桂芬则斥责官吏为"养百万虎狼于民间"，但他们对问题根源的见解不同，故而在提出的解决方案上出现差异。

冯桂芬认为晚清的官员制度出现了选拔标准失衡、冗员过多、外官

---

① 据学者研究，40篇写在咸丰十年至十一年，另外2篇是旧作，其中"用钱不废银议"作于咸丰二年，"以工巧为币议"作于咸丰五年，参见熊月之编：《中国近代思想家文库·冯桂芬卷》，中国人民出版社2014年版，第9页。

② 冯桂芬：《校邠庐抗议（上卷）·自序》，光绪十年（1884年）豫章刻本，第3页。

薪资不足、地方官缺乏责任感、用人不明、胥吏危害乡里等问题。在
《公黜陟议》篇中，冯桂芬认为朝廷为避免"才德虚而无据、公论又散
而无纪"的问题，因此以"文字""私见"为根据，但以这种方法选出
的官吏并无治理国家的能力。特别是在官员通籍之后，以此来作为升降
官吏的标准，反而使在公论中被视为不具备经世才能的人往往"年迁岁
擢"。冯桂芬认为官员的选拔应遵循三代之善取众论的原则，应结合明
代的"会推"①与现今的"保举"之法。"会推"的集议原在重臣之中进行，
现在应该将集议人推广至"庶僚"层面，保举之权原为吏部高官所有，
现在转移到下层来进行保举，其原则就是让更广大的中下级官员参与进
来。按冯桂芬的设想，选拔官员分为上、下两种级别，六部九卿、翰詹
科道、外省知府、部院司官这类高级职位由中书以上的官员推举，以得
到荐举的票数多少为前后排名，遇应升缺列上，无举者则不得列。同知
以下、巡检以上的级别较低的外官，则由诸生、各乡正副董耆老荐举，
由相关官吏"博采舆论折衷之，许删不许增，造册奏闻，有缺以保升，
一不与上司以权，而参劾之权则与之"②。冯桂芬将会推制度的运用扩展
至中枢与地方各级职位，将集议者和举荐者扩展至相当大的群体范围，
力求以公论来保证官员人选的能力。不同于对"文字""私见"的批评，
冯桂芬对公论的效果非常看重，甚至要求议考官、学政这些职位都由公
举，认为公论的标准远胜于考试，特别是对于基层官员的公论评价，认

---

① "会推"又称"廷推"。《明会要》关于"会推"制度的记载："三品以上九卿及金都、
　祭酒，廷推上二人。阁臣、吏、兵二部尚书，会大九卿五品以上官及科道，廷推上
　二人，或再上三四人，皆请自上裁。凡尚书、侍郎、都御史、通政使、大理卿缺，
　皆令六部、都察院、通政司、大理寺三品以上官廷推。"可以看出，会推制度主要
　针对高级别的官员选拔，而对于官员候选人的集议群体，也主要由中上层官员组
　成。保举法是明朝初年的选拔办法，主要采取吏部会官举荐、皇帝任命的形式，后
　来会推制度中皇帝择用官员人选的步骤即始于此。
② 冯桂芬：《校邠庐抗议（上卷）·公黜陟议》，光绪十年（1884年）豫章刻本，第1—2页。

为"未有乡人皆好而非好官者，即未有乡人皆恶而非劣员者"①。由此看出，冯桂芬力图使官员的人事权下移，中下级官员的任命甚至由百姓的口碑来决定，显示出对唯上决断的专制制度的纠正，具有民选官职的制度雏形。

对于地方的治理，冯桂芬认为地方官员数量不足，熟悉地方实际、能够治民之官更少，"流品既杂，志趣多庸"，特别是官员"视令以上尤甚"的体制弊病，导致地方事务的混乱。在《复乡职议》篇中，他提出可以效法秦汉时期的地方绅民参与治理之法，"折衷周、汉之法，县留一丞或薄为副，驻城各图，满百家公举一副董，满千家公举一正董，里中人各以片楮书姓名保举一人，交公所汇核，择其得举最多者用之，皆以诸生以下为限，不为官，不立署，不设仪仗，以本地土神祠为公所"。② 这些地方士绅的主要职责是断争讼，遇到民间争讼，副董召集里中耆老，于神前听其辞，由副董折中公论而断，理曲者责之罚之，如有不服者则送正董，再不服则送官府，但是争讼不得越过副董、正董而直达官府。此外，还负责缉捕与征收，在缉捕中，正、副董负责指引，但不与责成，征收则由正、副董劝导，但不参与。正、副董也领一定的薪水，如得到乡里的赞誉，则可以通过荐举进入官员体制，如有过失可以随时罢黜。冯桂芬设想将会推、保举之法推广至地方乡里，以地方人士担任基层的治理职务，以达到"真能亲民""真能治民"的成效。

此外，冯桂芬提出了一系列保证官员群体素质和操守的体制措施。改变官员俸禄制度，政府给予一定的养廉工资或者田地，以补助官员家庭的日常开销，限制贪污腐败的发生。改变评价制度，允许官员自陈愿意的职位，既可防止私意度人的弊端，也可以更好地掌握官员本身所适

---

① 冯桂芬：《校邠庐抗议（上卷）·公黜陟议》，光绪十年（1884 年）豫章刻本，第 2 页。
② 冯桂芬：《校邠庐抗议（上卷）·复乡职议》，光绪十年（1884 年）豫章刻本，第 13 页。

合的职业特点。①改变回避制度，允许官员回乡任职，以故乡桑梓之情来激发官员的责任感，同时也省却官员远赴外地任职的费用，而对于回避制度所顾忌的"关说之径路熟，恩怨之嫌疑多"的问题，也可以通过乡评来实现，因为官员出身乡里，"祖宗丘墓之所在，子孙室家之所托，立身一败，万事瓦裂，非一官传舍之比，乡评之可畏甚于舆论"②。

冯桂芬非常相信社会公论的力量，认为公论才能够辨别官员是否具有经世才能，也只有以公论为依据而进行"会推""荐举"等办法，才能够选出高层和基层具有治理能力的官员人选，并通过公论来监督其行为。冯桂芬对于政治制度改革的主要观点基于对晚清官僚群体无能的不满，批评科举八股以文字为凭、统治阶层以私见为据的考评体系。冯桂芬将变革的希望寄托于地方和底层的力量。在中枢官员层面，由官僚群体的公论来共同选官，而不是由高层的一两人来独断。在地方层面，冯桂芬更是希望权力能够由地方绅民分享，基层政府的官员由本地士绅和耆老的公论选出，甚至打破官员异地任职的原则，不排斥出身本地的经世人才。由本地士绅担任不具有官职的地方负责人，以公论来解决争讼等事务，甚至提出诉讼不能越过地方士绅而直达官府。

冯桂芬以地方公论为人才标准的思想，反映了太平天国战乱之后，清廷的权威下降、权力下移的趋势。晚清吏治的下降、地方治理混乱之时，东南地区的士绅希望能够摆脱专制的束缚，获得地方治理的部分权力，并希冀选拔出能够为地方所认可的治世官员。汤寿潜同样以官僚选拔作为政治改革的核心问题，而且在《危言》的《尊相》篇中同样提出采用"会推"之法来选拔官员，甚至更为大胆地要求以"会推"方式破

① 冯桂芬：《校邠庐抗议（上卷）·许自陈议》，光绪十年（1884年）豫章刻本，第11页。
② 冯桂芬：《校邠庐抗议（上卷）·免回避议》，光绪十年（1884年）豫章刻本，第7页。

除清朝祖制而设立宰相职位，以西方议院的模式希望地方士绅进入地方治理层。对晚清专制制度的厌恶、对清政府高层选官制度的批评、对地方士绅力量的期望，是冯桂芬与汤寿潜一脉相承的。但汤寿潜与冯桂芬的思想之间，仍有三点明显的区别。

一是冯桂芬与汤寿潜对官员人选问题的根本症结认识不同，而导致改革的方向存在差异。冯桂芬认为是晚清不合理的官僚体制，导致官员经世人才匮乏。因此注重从制度上进行改革，并分篇提到如何选拔合格的人才、如何将人才放在合适的位置、如何解决基层官员不足、如何保障官员不贪污等问题，试图通过对官僚体制本身的合理调整来解决问题。在中上层形成以公论为标准，以推举、保举为手段的选拔体系。在基层以传统中国地方自治的模式，让有治理能力的士绅能够参与地方治理。

汤寿潜则明确提出晚清官僚的主要问题是人本身的问题，即官员人选缺乏经世才能和社会责任感，并不仅仅是政治体制。因此在体制改革的同时，也设计出整套的教育改革模式，试图从根本上改变官员人才的知识结构和为民之心。在《亲藩》《尊相》《部臣》等篇中激烈批评了晚清上至王公贵族、下至中下层官员的见识浅陋，既对中国的现实认识不够，也对世界潮流盲目无知。

基于这个认识，汤寿潜认为改革选官机制虽然迫切，但是更应重视如何让官员能够得到经世教育的问题。在《危言》一书中，《中学》《书院》《考试》等与教育相关的论述部分，是与政治体制改革的部分并列一卷，提出了一整套与政治体制相结合的完整的教育改革思想，从最高层王公贵族的教育，到以地方书院为主的士子的教育，都反映出如何在教育中培养出经世人才。

从汤、冯二人的政治改革思想相比较可以看出，冯桂芬对于晚清官僚体制本身的结构更为熟悉，因此在制度改革上能够提出更为明晰的措施。以淘汰冗员为例，冯桂芬能够详细列举出漕运、河务、监督、盐务、督抚司道、京官、武职等方面具体可以裁汰冗员的地方，并提出如何宜量裁撤的办法。汤寿潜则注重论述冗员带来的财政、吏治方面的危害，对于19世纪末的中国如何在相关部门裁撤冗员，则语焉不详。在引用贵州巡抚岑毓英的奏折言论时，指出当时贵州冗余的候补官员已"壅至千有余人"，但具体那些冗官可裁撤则无法言明，仅指明"军功捐例进者""外省有从未引见验看到而禀到者"等停罢差委。① 可见，其时的汤寿潜对晚清政府体制中具体的人事职位安排并不熟悉，这方面的见识不及冯桂芬。而冯桂芬因长期近距离接触官场，比较理解因为官僚机制本身存在的薪水等问题而导致官员经世能力无法发挥，包含着对官员群体一定程度的理解之情，因此更倾向于从官僚机制的改革中寻求办法。

正因为对于官场的熟悉，对官员在操行和责任感方面的问题，冯桂芬较为理解和同情官员因处境艰难而犯错的行为。在《厚养廉议》篇中，冯桂芬认为官员虽然出身寒士居多，但也有自己的物质需求，"莫不有父母之养，妻子之赡，宫室、舆马、衣裘、仆从之需，亲戚故旧之赒恤，官愈大则用愈多"②。当官员因薪资不敷用度之时，就不得不引发贪污的问题，"非本性之贪，国家迫之，使不得不贪也"③。因此，他提出政府给予挂钩之养廉田产若干亩，"绅士征其租，供本州县养廉，次上司，次本籍京官"④。在《易吏胥议》篇中，冯桂芬认为地方吏治的败坏，是因为官僚体制中吏胥不得参与科举，因升官无望而地位低贱如奴隶，因地位低贱而不自重，遂在地方张权势而刮民膏，成为

---

① 汤寿潜：《危言·卷一·冗员》，光绪二十一年（1895年）石印本，第24、25页。
② 冯桂芬：《校邠庐抗议（上卷）·厚养廉议》，光绪十年（1884年）豫章刻本，第9页。
③ 冯桂芬：《校邠庐抗议（上卷）·厚养廉议》，光绪十年（1884年）豫章刻本，第9页。
④ 冯桂芬：《校邠庐抗议（上卷）·厚养廉议》，光绪十年（1884年）豫章刻本，第10页。

为祸民间之百万虎狼，"但知搏噬，噬民不已"①。因此他提出"以幕职代书吏"的主张，于外官、诸生中选择充任吏胥，这些职务之人可以给予入仕之途，与科目、荐举并用，因此"人知自重，舞文黩货之风庶几少衰息乎"②。冯桂芬对于官吏道德败坏、鱼肉百姓的行为，深入分析其自身遭遇的困境，试图从给予其前途、希望和保障方面来扭转官员道德颓势。

汤寿潜从撰写《危言》为"掊击豪强，拔去奸胥蠹役之牙爪"的宗旨出发，对官吏的腐败无能与欺压百姓极为痛恨，给予毫不留情的批判。汤寿潜对于官吏道德方面的批评，主要有两方面：一方面，对暴虐欺压地方百姓的行为绝不宽容，这是其自天乐乡以来始终对官吏祸害民间的痛恨，在《部臣》篇中直斥其为"黠狐之司员、贪狼之吏胥"；③另一方面，对晚清官僚群体唯上是尊、结党营私风气的批评。这方面的批评在冯桂芬的著作中甚少涉及，他注重选官权力向下倾斜，但是对官员本身按上级命令行事的权力准则仍然抱有理解。而汤寿潜对这方面的指责在《危言》中处处可见，例如针对军机处理政能力的不足，而建议设立宰相制度，是因为"军机大臣无常员，初不过一二人，近益至五六人不等，畬拜坐论，斯礼既邈，见则必跪，匍匐惕息，不敢出气，非伺意恉为可否，即拘成例为依韦"④。汤寿潜认为官员不能经世的重要原因之一，就是这种唯上是尊的风气，而导致不敢承担对百姓的治理责任。这一思想继承了黄宗羲以来浙东学界对封建专制体制"唯上不唯下"的批判传统，在《明夷待访录》的《原臣》篇中，黄宗羲就探讨过这种君臣模式的不合理："视于无形，听于无声，以事其君，可谓之臣乎？曰：

---

① 冯桂芬：《校邠庐抗议（上卷）·易吏胥议》，光绪十年（1884年）豫章刻本，第15页。
② 冯桂芬：《校邠庐抗议（上卷）·易吏胥议》，光绪十年（1884年）豫章刻本，第16页。
③ 汤寿潜：《危言·卷一·部臣》，光绪二十一年（1895年）石印本，第8页。
④ 汤寿潜：《危言·卷一·尊相》，光绪二十一年（1895年）石印本，第7页。

否！杀其身以事君，可谓之臣乎？曰：否！"① 黄宗羲认为这种唯上是尊的关系是父子关系，而不是正常的君臣关系，士子入朝为官，"为天下，非为君也；为万民，非为一姓也"。可见汤寿潜在其政治变革的思想中，也包含了浙东民本思想的内容。值得注意的是，黄宗羲在明末清初也提出了设置宰相的建议，其出发点是为了限制毫无节制的君主专制权力，其根据是从中国传统的礼制出发进行论述，认为"宰相既罢，天子更无与为礼者矣"②，强调专制君权下士子官员的尊严和精神被扭曲的危害。而汤寿潜则更偏重于从君主专制而使官僚群体惟上是从、对百姓不负责任的民生角度出发，认为晚清的官僚"无论大利弊也，即寻常一事之兴替，而唯之与阿，惮于先发，无一人肯任其劳，敢执其咎"③，对于国家理政的懈怠，"谁欤为朝廷变理阴阳哉"，直接受到伤害的则是底层百姓。因此汤寿潜提出设立宰相，是希望其能够担负起治国安邦的责任。这方面的思想差异，既是出身官宦家庭的黄宗羲与出身乡野民间的汤寿潜之间感受的差别，也是具有经学背景、力图从传统道义中寻找依据的明末思想家与晚清经世学者之间的差别。而对官员结党营私的批评和警惕，则使汤寿潜对官员能否公正推举人选充满了不信任，这又是与较为同情官员的冯桂芬有很大差别的地方。汤寿潜设计的"会推"模式，就显示出对其诸多防范措施。在《尊相》篇中，提出"择吉请皇上御正殿，令阁、部、院、监、寺、科、道，不分满汉，见任额外，齐集阙下，人书京外三品以上大员，兼资文武，洞悉中外，能任宰相、协办者各一人，投之瓯"④。汤寿潜在推举方式的设想中，并不是直接由官员上奏选

---

① 黄宗羲：《明夷待访录·置相》，《黄宗羲全集》第一册，浙江古籍出版社 1985 年版，第 4 页。

② 黄宗羲：《明夷待访录·置相》，《黄宗羲全集》第一册，浙江古籍出版社 1985 年版，第 8 页。

③ 汤寿潜：《危言·卷一·尊相》，光绪二十一年（1895 年）石印本，第 6 页。

④ 汤寿潜：《危言·卷一·尊相》，光绪二十一年（1895 年）石印本，第 7 页。

举，而是以类似"无记名投票"的方式"投之瓯"。同时，因汤寿潜能够得到更多的西方书籍知识，其选举办法又加入了更多西方近代议院的因素。

在培养官员能力方面，冯桂芬则较少涉及，虽然也有教育改革的内容，提出创办外语学校、提高教师的地位、改革科举内容等方案，但是其教育改革思想较为碎片化，且与政治体制改革的联系不大。而汤寿潜则在这方面结合自身长年在书院教育中所见识的问题，进行了更详细的分析，并论述了如何在教育中引入经世之学，以及如何看待引入西学内容的认识。这之间的分别，有汤寿潜自身对家乡官吏治理无能的痛恨，也有游学期间对书院问题的思考，更有与日趋发达的上海租界市政的比较，因此其从这些角度出发，直斥各级官僚整体缺乏经世能力。而这一认识在汤寿潜以后的人生中也产生了重大影响，在获得功名之后，不贪恋官职而长期投身于地方的教育事业，可见其思想中对人才教育的重视。从晚清经世思想的发展而言，从冯桂芬到汤寿潜的转变，也具有重要的时代意义，经过洋务运动三十年的洗礼，东南地方精英面对新的事物的涌入，已经越来越感受到原有的培养人才的教育体系无法应对新的时代，故汤寿潜极力呼吁清朝的王公贵族走出国门去看看近代文明。提出在学习西洋设立上议院和下议院的同时，也需要在教育中加强西学的内容，"亟兴西学，以植人才"之学校，是为"议院之原本耳"①。与汤寿潜同时代的诸多地方精英也大多有重视教育的言论与行动。

二是汤寿潜的政治变革着眼点主要基于爱民，而冯桂芬更注重从朝廷的角度进行考虑。冯桂芬自小出入民间，对于民间疾苦有一定的了解，曾经力争上书减免苏松地区的重赋。但其功名心较重，对官位

---

① 汤寿潜：《危言·卷一·议院》，光绪二十一年（1895 年）石印本，第 9 页。

长期抱有期望,《校邠庐抗议》的主旨仍是为君主治理国家提供意见,在其"自序"中明确表达:"桂芬读书十年,在外涉猎于艰难情伪者三十年,间有私议,不能无参以杂家,佐以私臆,甚且羼以夷说,而要以不畔于三代圣人之法为宗旨。志此者有年,一官无言责,怀欲陈之而未有路。"① 如前文所述,冯桂芬将自身定位于将致仕为官、欲向君主进言的士人。而汤寿潜在《危言》的"序"中,则将自己视为"孱弱书生",列为"吾民"之列,并对胥吏蔑视百姓,醉心官场逢迎的心态非常反感。②

例如在开拓百姓言路方面,冯桂芬在《复陈诗议》篇中提出以"郡县举贡生监""平日有学有行者"通过作竹枝词、新乐府诗词之类的方式,通过由山长、学政、祭酒组成的言路通道而上呈皇帝。这一言路渠道是走了士人路线,反映了士人的民意。冯桂芬对于基层百姓的民意表达,持谨慎而不认可的态度,认为"民有冤亦许叩阍京控,顾愿民不敢为,骛民不知为,大率奸民始为之,故虚者十之九,实者十之一"③。这种站在官府角度直斥百姓为"奸民",对民众不信任的态度,恰与汤寿潜在《危言》开篇所言"无使虎冠吏喋喋,谓吾民无良"的态度形成鲜明对比。

在汤寿潜看来,冯桂芬的变革方案,很多地方所体现的态度是有待商榷的,冯站在官府的角度,而对百姓考虑不够。在论及冗员问题时,汤寿潜认为:"善夫冯桂芬汰冗员之议也。其言曰:多一冗员,不特多一糜廪禄之人,且多一朘民膏之人,甚且多一偾国是之人。冯岂有所感而言欤? 何忧之深也! 冯为国是计,而谓节费其小焉者。虽然,节费亦岂

---

① 冯桂芬:《校邠庐抗议(上卷)·自序》,光绪十年(1884年)豫章刻本,第4页。

② 汤寿潜:《危言·序》,光绪十六年(1890年)刻本,第1页。

③ 冯桂芬:《校邠庐抗议(下卷)·复陈诗议》,光绪十年(1884年)豫章刻本,第13—14页。

小小哉！夫度支亦云绌矣。厉民而不卫民，官与兵同也。"①汤寿潜的设想，比冯桂芬更为大胆而全面，提出了负责人制度的设想，不仅敢于批评清朝最高层执政者不熟悉世务，更敢于将"会推"等选人模式引入清廷中枢机构，恢复中国的尊相传统。此外，汤寿潜在改革设想中，引入了大量西方政治体制和西学内容，例如教育领域的书院、政治领域的议院等，并具有更强的近代国家观念。冯桂芬的地方治理则更偏于传统中国的乡土模式。汤寿潜更强调对于官员道德感和责任感的重视与提高，而冯桂芬在这些方面则考虑较少。从这方面来说，汤寿潜以及同时期的郑观应等人，已经突破了洋务思想家受制其中的束缚，敢于将西学推广到政治层面，积极呼吁政治体制的改革。

在经济领域，两者的着眼点也颇为迥异。冯桂芬受传统农本思想的影响，尤为关注农村和农业问题。根据当代学者的研究，其提出了"复宗法以稳定农村生产秩序""均田赋以减轻农民负担""兴水利以保粮食生产""行机械以提高农业生产效率""重农桑以参与国际竞争"等一系列兴农主张。②他自称"无逾于农桑之常说，而佐以采茶开矿而已"，也即并未明显突破传统的农本思想领域，仅提到一些发展机械化以推进农业的新措施。汤寿潜的《危言》，在经济方面除《水田》《水利》等篇因时常关心的治河和水利问题涉及农业之外，主要在探讨发展工商业的问题，特别是提出"任商"思想促进经济活力、国家扶植铁路建设等观点。在汤寿潜看来，发展工商业，尤其是实业，是事关百姓生计的问题，甚至上升到国家生死存亡的高度，这与郑观应提倡的"商战"思想类似。汤寿潜的经济思想，既有其自幼在家乡对商业的关注，以及浙东传统对商业的支持理念，也受到洋务运动末期逐渐兴起的重

---

① 汤寿潜：《理财百策·冗员》，参见政协浙江省萧山市委员会文史工作委员会编：《汤寿潜史料专辑》，1993 年，第 326 页。

② 陈勇：《冯桂芬兴农思想析论》，《石家庄经济学院学报》2011 年第 3 期。

商风潮的影响，这与囿于传统农本思想的早期洋务思想家们有着很大的差别。

总体而言，《危言》关注了当时各种热点问题与矛盾，强调制度的改革，尤其注重以借鉴西学来解决中国更深层次的问题。《校邠庐抗议》《危言》《盛世危言》这三部经世著作，就内容选择而言，撰写于1860—1861年的《校邠庐抗议》因成书时间较早，虽然也有相当篇幅的西学内容，但更关注传统中国的劝桑、河道、漕运、土贡等问题；《危言》与《盛世危言》撰写于洋务运动三十年之后的时代，更偏重于关注中国近代转型中遇到的商业、海防、邮政、西学、议院、国债等问题，相比前者更具有近代意义。《危言》与《盛世危言》在内容上的差异，当代学者已经作了相当的研究，分析了汤寿潜与郑观应在思想上的异同①，笔者在后文的论述中也会有所提及。三书均为经世之学的著作，但《危言》所指向的经世基本目的和原则，即"治体"上，与冯、郑著作也有明显不同，笔者在后文的教育、经济、政治三方面也将有所提及。

小 结

汤寿潜不喜虚文诗词，他的著述注重经世致用。这批代表性著作的出版时间，始于《危言》面世的1890年，终于浙路风潮前夕、《宪法古义》出版的1904年。若以写作时间而论，除《三通考辑要》用时较长以外，

---

① 孙祥伟在《东南精英群体的代表人物——汤寿潜研究（1890—1917）》一文中，通过对《危言》与《盛世危言》的发展近代企业、厘金问题、维新变法体系的比较，认为郑观应从事工商业实践多年，人生阅历丰富，使其视野更为开阔，因此在看待社会问题的深度和广度上，都超过当时人生阅历较为单一的汤寿潜。

基本始于汤寿潜结束游历、回杭州读书的 1887 年，终于在龙门书院任教的 1904 年。这段时期，除短暂投身于维新变法之外，汤寿潜尚未过多参与上层的政治、经济事务，多为书斋苦读、书院执教的生活，平静而从容。汤寿潜从旁观者的角度，冷静思考晚清社会的问题，并关注着不断变化的时局，有大量的时间进行深入而完整的探讨，这些都给予其经世著述以较高的价值，在学界、政界获得很高的评价。

汤寿潜注重"时务"，其著述紧跟时代，不断针对新的问题，提出新的看法。虽然论及的主题较多，但是也具有很多共同点，反映出其经世思想的一些特点。首先是认真细致地考察时务，并结合了历史沿革，使其观点具有很强的前瞻性。在代表性的《危言》一书中，汤寿潜提出迁都的建议，很快在甲午战争时得到了验证，日军逼近紧邻辽东前线的京师，是清政府不得不要求迅速和谈的重要原因。在庚子事变时，列强从海上登陆，迅即进占北京，清廷不得不逃往汤寿潜所设想的迁都之地西安。此外，汤寿潜对邮政、铁路等新兴行业发展的判断，也被历史证明其正确性，成为晚清新政的重要内容。在《危言》写作之时，这些新鲜事物尚被保守派阻挠，或无法开展，或进展很慢，在几年之后，特别是甲午战争以后，才蓬勃发展起来。这些具有前瞻性的预见，既缘于汤寿潜本身经过长年的史学训练，具有很高的经世洞见能力，也缘于其对事物的判断，是从国计民生的角度出发，而不是基于"华夷之防"的心态，顺应了中西交融的时代。正如他在《铁路》篇中自信地说道："今之沮铁路者，将来无不附铁路之人"，对于这类利国利民的事物，汤寿潜坚信其必须也必定会大行于中国。另外，《理财百策》准确地预见到了清廷的财政改革，《宪法古义》则在清政府有所立宪意愿后，显示了中国不得不接受立宪改革的走向。这些对时势具有前瞻性的研究，也使汤寿潜的"讲究利病"名声鹊起，得到学界、政界的推崇。

其次，汤寿潜的经世思想并不纠结于"道"的层面，而是直接根据现实需要，探讨"治法"或者"治术"。鸦片战争时期，魏源从今文经学出发，以学术统领全篇，试图从"学"的角度论述改革的必要性。即使是与汤寿潜同时代的郑观应，也在《盛世危言》中以《道器》开篇，从"器由道出"的角度论述中学与西学的差异，以及向西方学习的"道之必然"。即使在事功主义兴盛的浙东，陈虬在《经世博议》中也以"法天"开篇来论证变法在"道"上的缘由。汤寿潜在这方面论述甚少，即使是在论述中学与西学的关系时，也是以两者在事功方面的传承性而论，对西学看重其实用价值。从这一点来说，汤寿潜远承陈亮、黄宗羲，近接冯桂芬，直面社会现实问题。在《危言》的"序"中，汤寿潜提出"为民"与"强国"两个着眼点，这也是他论述改革与否的两个衡量标准，而没有太多"道"上的束缚。若从其思想来源探究，对地方百姓的社会关怀，以及史学经世的学术理念，显然是两大基本影响要素。

最后，汤寿潜的改革思维往往从民间角度出发，将社会民生问题放在首要位置。汤寿潜痴迷于经世之学的缘起，与自幼在家乡所见识的官吏虐民和治水纠纷相关，这与当时很多以光耀门楣为追求的读书人不同，虽然作为士子也曾为求取功名而苦读，但是于乡于民的情结始终萦绕心头。故在求学期间，对与科举紧密相关的经学兴趣不大，而花了大量的时间和精力去钻研史学，并对有利于民生的西学科技极为关注。这也与其在获得功名后，辞去官职而潜心于地方教育和实业的人生选择一脉相承。《危言》一书彰显出鲜明的民间立场，不仅其"医国"以为百姓造福为首，在论述改革主张时，也处处提及百姓能于此中获得何种利益。这使《危言》与维新时与之齐名的《校邠庐抗议》《盛世危言》相比，具有独特的浙东学术风格。对民生关注的另一面，则是汤寿潜对官僚群体及其背后的封建政府，提出了近乎无法达到的高要求，既求其具有应对新时代的经世才能，又需兼备廉洁奉公的个人操守，更要保持为国为民的责任感。汤寿潜不像冯桂芬那样对晚清官吏本身具有同情之理解，对其始终持批判态度，这也为后来保路运动、立宪运动中他与清政府高层的立场分裂和激烈对抗埋下了伏笔。

第 三 章

教育、选材与救国

　　教育是贯穿汤寿潜一生的事业。从汤寿潜的回忆来看，他对幼时于私塾读书时汤益三教导的言行思想记得非常清楚。省城游学期间，汤寿潜既在诂经精舍等地汲取浙东学术的养分，也对传统书院教育的利弊有着深刻的感受，并产生了很多教育改革的想法，在其后的著述中多有反映。在《危言》一书中，汤寿潜对晚清的教育、科举体制进行了严厉的批评，并提出了一整套已经思考成熟的教育改革设想，包括从王公贵族到普通士子的受教群体，从书院教育到近代学堂的培养平台，从传统实学到西式新学的教育内容。在科举高中获得功名之后，汤寿潜很快辞去官职，悉心于浙江、上海等地的书院讲课。在宣扬传统实学、时兴西学的同时，汤寿潜在教育实践中也修改着自己的经世教育理念，提出重视道德教育、爱国教育等想法。在领导浙路运动之时，汤寿潜在建设现代交通企业的同时，也在尝试建立铁路学堂等近代专门教育机构，同时在浙江积极倡导建立师范学堂，为地方建设人才储备而努力。当辛亥革命的激荡风云归于沉寂，汤寿潜归隐故里后，仍然在故乡参加建设小学的活动。汤寿潜一生被时人更关注在前期的著述活动和后期的铁路运动，并在辛亥革命中成为风云人物，而其对教育的探讨和改革，却在人生每个时期低调而持久地进行。

汤寿潜在教育方面的经历颇为复杂，既有年轻时期从经世人才观出发，对教育提出的改革设想，也有在晚清知识转型的背景下，从主讲书院到建设学校的教育实践。在晚清的经世人物中，很少有汤寿潜这样既有着清晰完整的教育改革思想，也有着地方教育实践经历和推动地方学校设立的经历，更有着在现代企业设立特殊教育机构的经历。近代教育界人物多有对教育的改革思想，却缺乏推动实业与教育结合的经历。张謇等实业界人士也曾积极建设地方教育，但缺乏汤寿潜这种完整而详细的改革设想。汤寿潜教育思想的演变，也体现了近代中国教育变革的历程与困境。

教育应该为中国培养经世之材，而没有合理的人才选拔机制，则会使有能力的人才得不到利用，让没有才学之辈、追求利禄之人、欺良压善之辈成为执政官吏。汤寿潜基于事功主义的理念，很早就意识到教育与选材之间的联系，在《危言》中从识才、选拔、录用、官制调整等各个环节，设计出整套的选材机制，力图形成以经世人才掌握国家与地方治理权力，并尽可能影响朝廷中枢决策的局面。从清末新政开始，汤寿潜走出中国传统的"士子—官员"的致仕成才模式，开始考虑西学涌入后地方建设人才如何与社会挂钩的问题，力图在浙路公司形成"学校—企业"联动机制，在府县形成师范学堂与地方教育互动机制。

第一节 官僚群体的实践与视野：经世意识的
上下通融

汤寿潜幼时对民间社会记忆的重要部分，是晚清官吏群体内部的腐败倾轧、对百姓的残暴、对商人的压榨和对社会治理的无能。其父汤沛恩讲述官场争斗遭遇，以及汤寿潜回忆汤仰山被官吏压迫、汤师尹被官府联合恶霸盘剥、汤师兰为民请命却被官吏以势压人而致水患依旧肆虐的种种事情，让汤寿潜对基层官吏本身能力素质的低下印象深刻，抑制官吏欺压百姓也是《危言》一书"医国"的着眼点之一。至汤寿潜游学游历时期，正值中国边疆危机，朝廷中枢面对危局屡屡失策，令天下士子深感激愤，加之汤寿潜苦读"三通考"而熟悉历朝治国得失，对晚清上层官员和王公大臣的治国能力也产生了质疑。汤寿潜认为，官僚群体的无能与黑暗，主要是源于这个群体储备人才的教育培养出现了严重的问题。

《危言》一书以迁都而振奋天下士气开篇，从其第二篇《亲藩》① 开始，就陆续探讨了官僚阶层的教育问题，《亲藩》篇首先直指清廷高层王公贵族的教育。清朝的政府机制中，皇帝的治国决策依赖于诸王公、贝子、贝勒等贵族子弟的提供和执行，这些王公贵族子弟领导着军机处、总理衙门、海军衙门等重要部门。但是在遇到国家大事时，这些贵族却表现很差，或"临事尚恐张皇"，或对平时素不相习之事"但凭纸上之空言，决可否于左右"，而且长年不习劳苦，耆好易偏，遇到变故时"有骇而失措焉耳"。② 朝廷的决策和执行屡屡出错，证明作为决策和执行中枢的高层本身，缺乏经世素养及其衍生出的执政能力。

汤寿潜认为，高层执政者的经世能力欠缺，根源在于其人才的教育培养机制出现问题，这些执政储备人才所接受的知识与执政要求相去甚远。在《亲藩》篇中，汤寿潜激烈批评了清廷的王公贵族所接受的学识封闭浅陋："金枝玉叶与近支王公之裔，同在上书房读书，蒙以养正圣功之基矣。唯为之师者，大率帖括进身之翰林，循例授读，足不出国门之外，业不过经史之常，于中外之情伪，稼穑之艰难，官吏之贪廉，将卒之强窳，国计民生之登耗，格物致知之要领，未之及焉。"③ 王公贵族

---

① 《危言》初刻本四十篇中没有《亲藩》篇，本书依据石印本中的《亲藩》篇内容。
② 汤寿潜：《危言·卷一·亲藩》，光绪二十一年（1895 年）石印本，第 5 页。
③ 汤寿潜：《危言·卷一·亲藩》，光绪二十一年（1895 年）石印本，第 5 页。

的学识来源，主要为辅导其学业的宫廷教师，而这些宫廷教师一般由士子通过科举考试而中进士出身，主要的学识来源是以常规经史为主业的书院教育。仅靠这些知识所支撑的教育水平，在汤寿潜看来是见识浅陋的。由此看出，汤寿潜对于自身也包括在内的广大士子的知识结构是不满意的，而更为担忧被他们所影响的掌握朝廷方向的王公贵族。朝廷高层官员经世能力的培养，汤寿潜总结认为需要具备六个方面的知识：国际视野、耕作生产、吏治贪腐、军事武备、民生财政、实践真知。[①] 而这六个方面的知识，大多是汤寿潜自幼成长过程中，于科举书斋之外主动寻求探索的经制史学著作、西学知识书籍阅读以及社会实践活动所获得的。清廷的王公贵族长年禁锢于书房中的教育，导致既不了解底层的国计民生和百姓困苦，又自我封闭而不清楚时兴的西学知识，因此这些人被国家倚为重要部门的领袖大臣，遇到重大危机时因无历史经验而尚恐慌张；遇到超出他们知识之外的"素不相习之事"时，就只能凭借纸上之空言，盲目地决定天下大事，以致决策失误而给国家带来巨大损失。

对执政者教育方式的调整，是汤寿潜教育改革思想的一个重要方面。对于高层执政者的学习榜样，汤寿潜提供了中外两个学习范例，既要向中国传统求经，也要向西方国家取经。中国古代帝王有注重民间疾苦和实务的经世传统，"昔者舜自耕稼陶渔以至为帝，禹乘樏辀橇靷始锡元圭，殷高避野，周文即田，与夫汉、宋、明创业中兴诸君相，莫不躬历微贱，以弼此丕基"[②]，也就是到民间社会接触底层民生，以获得合乎实际的"治术"之道。学习外来的科学知识，则有俄日政府高层的榜样，"走欧罗巴习水师、充学徒；倭相伊藤博文往英吉利为家人，无非

---

① 汤寿潜：《危言·卷一·亲藩》，光绪二十一年（1895年）石印本，第5、6页。

② 汤寿潜：《危言·卷一·亲藩》，光绪二十一年（1895年）石印本，第5页。

窃人所长，补己所短"①。从中可以看出，汤寿潜希望执政者的培养和教育，应选择浙东事功主义的道路，注重学习实学知识，同时需要参与社会实践和走出国门，"事前既深于阅历，事至庶有所主持，其富强宜也"。由此，汤寿潜提出王公贵族的经世教育应分三步走：年轻时学时务，由于不需要参加科举，故不必注重寻章摘句，更应重视时务要略的学习；年长之后学习西学，应去京师同文馆或者上海方言馆学习，以广见识而破除深宫保守之习；及冠之后应派往各国各省游历，"采其风谣，观其隘塞"，将来领袖各衙门，方能"知之明自处之当，上佐九重，进退百官，修废举坠，不为曲说听惑，不为狂吠所摇"②。在汤寿潜看来，清廷的执政者经过了大量的实践历练和视野开拓，才能具有正确的经世理念，应受到三个层次的教育：一是与时代相结合的实学教育；二是在国内西学机构学习西学知识；三是游历国外，去了解西方的经世之学。这三个层次的教育设想，与汤寿潜本人成长时的理想有关。其在杭州游学时期，就是在为科举而准备的考据、训诂等之外，热衷于学习以经制史学为主的实学内容，可惜不得不为准备科举而分心。在外游历期间，汤寿潜对上海方言馆等西学机构大为赞赏，可惜因家庭财力和功名压力，而未能进入学习。而去海外游历见识，则成为汤寿潜一生的遗憾，后来在广东演讲时，他惋惜自己"时文出身，足不及东西洋，所见时事皮毛"③。汤寿潜认为清廷高层的王公贵族天生贵胄，可以直接成为国家重臣，不需应付科举，也无财力担忧，就可以实现自己未竟的理想。

除了高层的王公贵族之外，清朝大多数的官僚人员来自于常规的"士子—官员"途径，主要通过传统书院的学习，然后参加科举考试进

---

① 汤寿潜：《危言·卷一·亲藩》，光绪二十一年（1895年）石印本，第5页。

② 汤寿潜：《危言·卷一·亲藩》，光绪二十一年（1895年）石印本，第6页。

③ 汤寿潜：《在广东演说国会》，载汪林茂编：《中国近代思想家文库·汤寿潜卷》，中国人民大学出版社2015年版，第165页。

入仕途做官，或是通过保举、候补等办法做官。对这部分官僚群体的主力队伍的教育改革，将其培养为合乎时代要求的治国经世人才，是汤寿潜在《危言》一书中花了大量篇幅所论述的，主要分为对学习西学的引导、对科举考试的调整和对书院制度的改革。

汤寿潜认为广大士子首先应该转变对学问方向的倾向，特别是对西学的正确认识。《中学》篇中，汤寿潜阐述了对西学本身的看法。长期以来中国人对西学与中学的态度变化存在着问题，起初以天朝上国的态度冷漠视之，对西学很少关注，对中西交往也并不热心，中西冲突后则又被迫而学习之。中国人认识到了与西方交涉无法敷衍，即使敷衍也须具有相应的才能，因为"清议不足拒坚船，公愤不足抗利炮"，因此才不得不重视洋务，开始派遣学徒，聘请教习，研制器械。在长期的洋务运动中，国人对西学的态度又发生了转变，由抗拒一变为追捧，"昔以西学为集矢之的，今则以西学为炫奇之媒，昔以西学为徒隶之事，今则以西学为仕宦之挚矣"。①汤寿潜认为，中国人对中西学术的态度始终不够正确，在对西学崇尚追捧的同时，是在器物方面对中学的贬低，甚至对中国旧有的精湛技艺都"推而远之曰'西学'，或崇而奖之曰'西学'"，这种肤浅的认知无疑让人耻笑，其本质是对"西学"与"中学"本身的不了解。②

晚清中国的落后，缘于国人对于中学传承重形式不重本意的问题，故而放弃了经世致用之学的探索，舍本逐末。汤寿潜以中医举例，医生"非《内经》不方，非《素问》不药"，非常崇信古方，其子生病，自己医之导致病危，有市医者经过，别投以剂，治愈，医生反而责怪其"虽愈而方不古也，方不古而愈亦不足贵也"。③汤寿潜认为，治病应以实际

---

①　汤寿潜:《危言·卷一·中学》，光绪二十一年（1895 年）石印本，第 10 页。

②　汤寿潜:《危言·卷一·中学》，光绪二十一年（1895 年）石印本，第 10 页。

③　汤寿潜:《危言·卷一·中学》，光绪二十一年（1895 年）石印本，第 10 页。

效果为导向，"夫病亦愈焉而已，方古而不愈，孰若方不古而愈"。① 更关键的是，市医能够治愈，是秉持了根据原理而不拘泥于形式的精神，"唯其意不唯其方"，其成功的治疗方法也同样是从古方变化而来的。治学与治病同理，对于"中学"的理解和学习，应以其实际的社会功效为主。汤寿潜对崇信"古方"的批评，实际上是对中国学术过度推崇经学的批判，正是晚清士子以笃信经学，坚信古之经学为医国良方，重儒学经典之形式而不重其本质的问题。汤寿潜所赞扬的"市医"，其"唯其意不唯其方"的态度，正是浙东学派强调"六经皆史"、探索史学经世之道的事功主义倾向。由此看出，汤寿潜所认同的"中学"，就是经世致用之学。

汤寿潜对晚明至晚清流行的"西学中源说"颇为认同，认为今日被国人所推崇之西学，虽然看上去凡事凡物都能让人惊奇不止，但其本质也是中国的"古方"。如西学以算学为隐栝，但是其根源则是出于中国古代的《周髀算经》；西人图绘特精，也是来自于中国，将《禹贡》等中国古籍的制图方法以其所长的测算之法而系统化；西方其余的天学、物学、化学、气学、光学、电学、重学、矿学、兵学、法学、水学、声学、医学、文字、制造等学，"皆见我中国载籍"，"大氐西人政教，泰半本之《周官》；西人艺术，泰半本之诸子"。② 因此并不是"中不如西"，而是中国今不如古。与邹伯奇等早期持"西学中源"说的学者相比，汤寿潜不仅认为西方的"声光电化"等器物源于中国的实学，甚至认为西方的政体、艺术都起源于中国的古籍。

"西学中源"说是自明末以来始终存在的思想。晚明西洋传来的天文、算法和数理等西学，在与中国传统历算方法相比较中显示出其先进

---

① 汤寿潜：《危言·卷一·中学》，光绪二十一年（1895年）石印本，第10页。

② 汤寿潜：《危言·卷一·中学》，光绪二十一年（1895年）石印本，第11页。

之处，利玛窦等传教士为推行学说，以迎合中国学者心理的方式，称西学技艺与中国古法相吻合，徐光启、王锡阐等中国学者也抱着中西会通的心态宣扬"西学中源"说。至晚清国门被西方坚船利炮打开，西学大量涌入，洋务运动随之兴起，"西学中源"说又风靡一时。根据当代学者的研究，其背后的根源，或是守旧派抵制新学的论据，或是革新派为驳斥守旧派责难新学的手段。① 汤寿潜在《危言》中所秉持的西学中源观，自然也有偏于后者的因素，力图让朝野上下能更快地重视学习西学。但汤寿潜更为强调的是，应该如何正确地将西学放置于学问的位置。在汤寿潜看来，西学重实用、重功效的特点与精神，在中国传统学术史上也曾经长期存在，并有着历史悠久的实学传统，只是后来被华而不实的学风所湮没了，是"今不如古"而不是"中不如西"。他甚至认为"黄帝指南车""诸葛之木牛流马"等技术如果今天还存在，"西人必望尘而拜"。② 因此科举八股所要求的考据、训诂、义理等是中学的一个方面，而经世致用的学术传统则是另一个方面，学习西学是中国传统的经世致用之道"礼失而求诸野"的结果，不必矫枉过正而以西学为"炫奇之媒"。

《危言》中所涉及的西学，除少数为议院一类的西方政治制度外，大多是以解决民生问题的西学技艺，"西学中源说"即代表了汤寿潜对这些西方技艺的认知。对西方技艺起源于中国，在浙东学界的历史上早已有过，明末黄宗羲就曾对西方的数理和算法有过"中学西窃说"，在《叙陈言扬〈句股述〉》一文中提出："句股之学，其精为容圆、测圆、割圆，皆周公、商高之遗术，六艺之一也。自后学者不讲，方伎家遂私之。……珠失深渊，罔象得之，于是西洋改容圆为矩度，测圆为八线，割圆为三角，吾中土人让之为独绝，辟之为违失，皆不知二五之为十者

---

① 张元隆：《"西学中源"说探析》，《学术月刊》1990 年第 1 期。
② 汤寿潜：《危言·卷一·中学》，光绪二十一年（1895 年）石印本，第 11 页。

也。"① 黄宗羲面对西学技术的先进性，既要劝中国人吸纳西学之长，又要避免用夷变夏之嫌，同时具备着排斥心理，故用"窃"字。晚清冯桂芬在见识到西学之后，提出"以中国之伦常名教为原本，辅以诸国富强之术"②，即"中体西用说"的雏形。这是冯桂芬已经意识到中学与西学毕竟有所差别之后，设想的中学与西学之间的"本"与"体"的位置。汤寿潜的"西学中源说"，则与黄宗羲、冯桂芬二者又有不同。从西学来源而言，汤寿潜继承了黄宗羲其源自传统中学的说法，而不是冯桂芬所认为的中西分源。但汤寿潜并不担心黄宗羲认为的"用夷变夏"的危险，批评这种思想是"不自议振新，而唯以用夷为议；不自愤积弱，而唯以变夏为愤"。汤寿潜认为西学也是中学经世致用一脉所延续的一部分，显示出对中学本身极强的自信。

汤寿潜所认为的中学与西学，是传承的关系。中学的经世之学，就是西学的源头，而西学所追求的实用功能，也是中学本来所具有的一面，只是被后世的学问偏向所湮没了。经世之学在中国的失传，缘于"中国所守者，形上之道，西人所专者，形下之器，中国自以为道，而渐失其所谓器；西人毕力于器，而有时暗合于道"，且西人能"既赓而续之，变而通之，神而明之"。③ 汤寿潜认为西方人有其高明之处，在于他们选择了中国学问中的"形下之器"，并且能够坚持钻研下去，达到了"神而明之"的程度。汤寿潜所批判的是导致学术走向"形上之道"的训诂学、理学等经学途径，西方人选择了一条与浙东事功主义一样的路线，致力于应对社会实际问题。汤寿潜认为现在接纳、学习西学，不是"用夷变夏"，而是"用夷返夏"，帮助中国人唤起与恢复传统中学经世思想的精神，"如以西学为不必学，岂中学亦不必学乎？如以西学为

---

① 《黄宗羲全集》第十册，浙江古籍出版社1993年版，第35—36页。
② 冯桂芬：《校邠庐抗议（下卷）·采西学议》，光绪十年（1884年）豫章刻本，第39页。
③ 汤寿潜：《危言·卷一·中学》，光绪二十一年（1895年）石印本，第11页。

不屑学,岂中学亦不屑学乎?"①汤寿潜这一思想,与同时代的郑观应相近。郑观应认为西学是"我所固有者,西人特踵而行之,运以精心,持以定力,造诣精深,渊乎莫测"②,同样强调了西学源自中学,也承认了西方人坚持这一路径的高明。但郑观应提出学习方案,中学与西学是本末关系,应当"主以中学,辅以西学",颇有"中体西用"的意味,仍然重视"本"的地位,这与汤寿潜更重视"形下之器"与"治术"的事功主义主张又有较大区别。

既然士子的学习内容发生改变,教育机构的教育方法就应随之而变,《书院》篇就叙述了如何在教育领域进行改革。汤寿潜认为,近代中国的贫困落后,是因为人才的贫乏,"人知中国之财所由贫,而不知中国之财之贫,枢纽于中国之才之贫也"③。中国并不是不重视培养人才,只不过对人才教育引导与社会需求脱节,并非以经世致用为重,"所教非所求,所求非所用,所用非所习欤"。对于如何在教育领域进行改革,汤寿潜认为学校这一体制,与科举和选官直接相关,以新革旧不可急于求成,不能"举学校之制荡涤而摧陷之",以免引起政治震荡。不能够广设新式学堂以摧旧制,要为朝廷培养人才,就要从厘整旧式的书院入手。

在中国传统的教育体制中,学校是指政府设立的官学,是较为直接培养和储备为官人才的机构。书院是北宋之后由官府或私人创办的讲学场所,供学者和学生讲论经籍、探讨义理、学习举业。明末黄宗羲曾对这些教育机构进行过评价,认为学校本身是养士之所,"治天下之具皆出于学校",但是后来随着封建专制的加强,学校利用其所依靠的权势和利益改变了原来的意义,逐渐沦为"科举嚣争,富贵熏心"的地方,

---

① 汤寿潜:《危言·卷一·中学》,光绪二十一年(1895年)石印本,第11页。

② 郑观应著,王贻梁评注:《盛世危言》,中州古籍出版社1998年版,第75页。

③ 汤寿潜:《危言·卷一·书院》,光绪二十一年(1895年)石印本,第16页。

学生一心谋求功名利禄，无法再培养出有经世之才的士人。坚持培育人才的书院，则因为与封建政府的矛盾而受到压制，诣阙上书的学生被抓捕，反而成为迫害士人的场所。① 黄宗羲是从政治与学术的角度进行批评，认为封建专制体制导致了教育机构的功能失效。至晚清，书院在人才培养方面也出现了严重的问题，冯桂芬考察了湖南的书院，认为书院规模不小，礼制齐备，但是学生所学也已不是经世之学，"其所习不过举业，不及经史；所治不过文艺，不及道德"②，其所关心的道德问题，主要是师生都被纳入朝廷体制，"赴部候选"导致师道不尊。冯桂芬提出的对策是将书院、学校合二为一，春秋祀事、学政、试事由官府主持，选择教师由民间士绅决定，试图将教育机构形成官府和民间权力调和的局面。这项改革设想的依据，是将书院的教学方面从官府选官的体制中独立出来，依托民间经世人才的储备来加强经世教育，因为"择师得人"，才能改变士人文风。

　　至汤寿潜所处的时代，教育与选才问题更为严重。汤寿潜感受到因为民族危机的加深，新的专业人才缺乏的危机："道光之后，交涉之事凫飞鹬起。彼方倚毗其才，以环攻而迭进，而我瞠目攘臂，屡穷于应……人知中国之财所由贫，而不知中国之财之贫，枢纽于中国之才之贫也。"③ 汤寿潜从最紧迫与最实用的角度看到中国的人才需求，而其所面对的教育现状，相比冯桂芬时期更为落后，"聚讼于汉宋，桎梏于八股，湛溺于声律，规抚于楷法……所教非所求，所求非所用，所用非所习欤"，与实际需求完全脱节。黄宗羲、冯桂芬曾寄予厚望的传统书院，已经无力承担起培养经世人才的责任。书院的师生都只关心自己的生

---

① 黄宗羲：《明夷待访录·置相》，《黄宗羲全集》第一册，浙江古籍出版社 1985 年版，第 10 页。

② 冯桂芬：《校邠庐抗议（下卷）·重儒官议》，光绪十年（1884 年）豫章刻本，第 19 页。

③ 汤寿潜：《危言·卷一·书院》，光绪二十一年（1895 年）石印本，第 16 页。

计而已，学生"歘歘焉淫心毕力于帖括，以争此铢两之高下"，教师则
"大都屎墨衰朽，以营求得之遥领而豢养焉"，书院已经沦落为"养济之
局""孤贫之院"，有才之士不出其中，且耻出其中，不仅学术上无法达
到经世的期望，连道德上都已经堕落。

汤寿潜始终主张学术须针对当前社会需求，面对严峻的中西形势，
需要能培养出应付时局的人才。而传统的书院和学校既无学术上的务实
之处，也无经世的责任感，就必须进行彻底改革，完全改制为新型的教
育机构。继承中学经世精神的西学既然已在"形下之器"方面蔚为大观，
自然应成为书院的学术追求方向。书院体制改革的方向，就是他在游历
中很为赞赏和向往的西学机构。在上海考察时，见识到新兴广方言馆，
相比日渐没落的传统书院，他就感叹："书院之不足以储才矣！"汤寿潜
的设想是，由朝廷下诏，所有省府州县的各书院全部铲除旧令。在制度
上完全学习西学机构的形式，书院章程"取同文馆章程颁示之"。在教
师选择上，也以西学水平为标准，"谙习西学者为之教习"。同时对学生
队伍加强淘汰机制，从原设之额中进行精简，"拣之汰之并之，而以岁
数百人之饩，饩数十人，季锻之，月炼之"。① 不同于黄宗羲所提出的
官员从民间选教师、冯桂芬所提出的从民间士绅推选教师的设想，汤寿
潜已经意识到传统经世之学尽管是西学的源头，但已经无法包含"赓而
续之，变而通之，神而明之"的西学内容，民间真正能够精通西学的人
才较为稀有，需要检验才能聘请，改变书院教师"屎墨衰朽"的现状。
研习西学的学生，也需要加以检验和磨炼才能成为合格之才，避免滥竽
充数。此时的汤寿潜尚未熟悉西式学堂的内涵与形式，但是其设想中对
教师的选拔、招聘，对学生的考核、淘汰等近代教育模式已有模糊的
认识。

---

① 汤寿潜：《危言·卷一·书院》，光绪二十一年（1895 年）石印本，第 16 页。

按汤寿潜的想法，书院人才的培养要求为"致知格物、实事求是、领异标新"的标准，而目前应以最为见实效的西学和科技为主要追求，对浮华不实的传统教育模式应该排斥，在经世之学上寻求突破。对于书院的人才培养目标，汤寿潜提出了主要的五种人才：出使之才、翻译之才、制造之才、法律之才、武备之才。以此而言，汤寿潜对于书院教育的定位，即是为国家培养以西学为主的经世致用的专业人才，并与科举考试中重视西学科目相关联，形成"教育—选拔"的配套机制。对于书院和新式学校的关系，汤寿潜提出"储之于书院以励其专精，进之于学校以正其心志"的人才培养方案，将书院看成是专于专业教育的培养机构。因此，他提出从西学典籍中学习课程的设置：艾儒略撰《西学凡》一卷，述其建学之法凡分六科：曰勒锋理加，即文科，曰斐禄所费亚，即理科；曰默弟济纳，即医科；曰勒义斯，即法科；曰加诺搿斯，即教科；曰陡禄日亚，即道科。今泰西已小有删并，大抵有乡学院，有郡学院，有实学院，有仕学院，有大学院。学凡四科：曰经学，曰法学，曰智学，曰医学。①

汤寿潜敏锐地看到，西方的国力强大，来自于其职业教育的贡献："一艺之成，得专其利，得世其业，无论士农工贾，陆军水师，靡不出身学堂，讲明其理，娴习其事。"②汤寿潜认为，分门别类的西学教育相对于中国传统经世教育的优点有三：一是能够讲明事物的本原；二是要求掌握技能，"娴习其事"；三是有着明确的目标，"悬大利以为学鹄"。因此西学的教育使人"其才日异而月不同"，而中国传统书院教育则仅仅"动之以锥刀之末"。汤寿潜对于近代转型后的广大书院，寄予了富国强兵的很高期望："夫二十三行省，书院何翅以千计，一书院储才者

---

① 汤寿潜：《危言·卷一·书院》，光绪二十一年（1895年）石印本，第17页。
② 汤寿潜：《危言·卷一·书院》，光绪二十一年（1895年）石印本，第17页。

数十人，千书院可储才者数万人，而群索其骏，而类拔其尤，将取之不胜取，用之不胜用，虽驱驾风霆，捶挞夷长，不难矣。"①

郑观应在《盛世危言》的《学校》篇中，也提出了对晚清教育机构改革的设想。长期与洋务接触的郑观应，比之与西学接触不多的汤寿潜，对西方教育体系更为熟悉。汤寿潜对书院的改革设想非常大胆，但是其知识依据的来源，仅是在通商口岸城市看到的西学机构的大致样式，至于学校课程设置的改革设想，则全凭获得的艾儒略《西学凡》一书的描述。郑观应对西方教育体系非常熟悉，在《学校》篇中首先介绍了以德国为主要例子的西方教育规制，从乡塾、郡学，到实学院、技艺院，都有详细的说明。其次介绍了西方实学院的主要课程，包括宗教学、法学、智学、医学，作了分类说明，并解释了技艺院、武学院、通商院、农政院、丹青院、律乐院、师道院、宣道院、女学院、训瞽院、训聋喑院、训孤子院、训罪童院、养废疾院等其他教育机构的功能。郑观应甚至能看到，西方对人才的培养，是学校、新闻报馆、书记馆三类机构共同作用的结果。这些西方教育的背景知识，是汤寿潜所不知悉的，从对西学机构形式的设想而言，了解了真正西方教育的郑观应远比仅见识过上海西学机构的他完整而深入。郑观应提出了在中国也建立小学、中学、大学的完整体系，甚至提到了学校分等级、分类别以及大学之后的专业研究生教育机制。而且对中国西学教育的现状和需求进行了仔细的分析，提出最急需的人才是兼通而精熟于中西文字的翻译者，将西方有用的书籍"条分缕析，译出华文，颁行天下各书院"。② 这种更为切实和请准的措施，显然比汤寿潜知道缺乏"谙习西学者"，而不知为何缺乏来得更为合理。

---

① 汤寿潜：《危言·卷一·书院》，光绪二十一年（1895年）石印本，第16—17页。
② 郑观应著，王贻梁评注：《盛世危言》，中州古籍出版社1998年版，第60—72页。

与郑观应更熟悉西学情况相比，汤寿潜的思考则更为切合中国实际，特别是口岸城市之外的广大内地乡村的实际。对于书院与学校的关系，汤寿潜"储之于书院以励其专精，进之于学校以正其心志"的观点在晚清很是独特。郑观应在《学校》篇中，同样论述了中国传统书院和学堂的衰落，以及学习西学需要新型的教育机构。但是郑观应提出的改革设想中，并未将学校和书院按功能明确分开，而是均改制为新式学校的模式，将汤寿潜所寄予的"以正其心志"的功能，也依照西方学校教授神学的"教中之学"的方式而纳入学校教育。① 对西方教育体系的认知更为熟悉的郑观应，提出了一种将中国教育机构完全变为西式学校的设想。与郑观应没有经历长时间书院学习不同，有着长期传统教育背景并获取了功名的汤寿潜，一方面始终对中国传统的书院保持着温情，寄希望于其在教育内容和模式上能够跟上时代的脚步；另一方面也在长年于内地的见闻中顾虑到改革的难度，希望以学校的不变来抵制朝野的非议。同时，汤寿潜也更关注思想的教育，而设想在学校中专门为学生培养中国传统道义。由此看出，虽然同样具有模糊的向西方教育机构学习的意识，但汤寿潜也显示出传统士人精神的追求，不仅重视培养学生经世之学的"治法"，更重视于灌输西学之外的传统思想中追求经邦治国的人生价值。

教育机构的改革目标，是为国家培养和提供合格的经世人才。在中国传统"学而优则仕"的环境下，人才发挥其作用主要通过致仕来实现。这就需要对国家的选拔机制进行改革，使之能够向有经世之才的士子倾斜，主要就是对科举制度的调整。《危言》的《考试》篇抨击了明清科举以八股取士为标准，主要在于考试内容、取士方式等方面。自明清以八股取士以来，浙东学界始终对科举的考试内容持有批评，黄宗羲就指

---

① 郑观应著，王贻梁评注：《盛世危言》，中州古籍出版社 1998 年版，第 61 页。

责明代科举制度埋没人才，"豪杰之老死丘壑者多矣"，"徒使庸妄之辈充塞天下"。在黄宗羲的改革设想中，针对明代专取四书五经的命题弊端，改为考试第一场经学，第二场诸子，第三场史论，第四场时务。黄宗羲批评了以经学为主体的八股文章，但是其仍然主张经学不应废除，甚至放在第一场，是为了让学子不敢轻视先贤之道，但必须让学生在理解经义内涵的基础上进行解释，以避免士子仅靠"诵数"的"空疏不学"风气。① 黄宗羲的改革设想有三个着眼点：经世务实、精神传承与端正学风。既注重了与经世实务相关的史学、时务等在考试中的比重，也认识到传统道德文化对士人精神的影响，同时考虑到端正学风、裁汰滥竽充数之辈的重要性。

到晚清之时，同样以八股为主的科举亦成为改革倡导者的众矢之的。冯桂芬提出新的改革方案，第一场为经学，"先汉而后宋"，因为"宋空而汉实，宋易而汉难"，同样是在抑制空疏学风；第二场为策论，以史学为主；第三场为古学，以散文、骈体文、诗赋等为主。冯桂芬强调了端正学风、经世务实，也希望学子对传统的文体保持延续性。对晚清不断出现的科场流弊，冯桂芬设计出了一整套在送卷、誊录、发榜等方面的配套制度。② 汤寿潜认为，黄宗羲、冯桂芬等人对于科举存在问题的批评恰当，但是对于其纠正之法则并不妥当。经史、古学、时务，虽然难度高于八股，但是在考试阶段就容易让人"怀挟剽袭"，利于应试，不利于有经世才能的人才发挥，本质上并未改变选材问题的错误导向。汤寿潜的改革设想，改为合并经、义、子、史、古学为第一场，将传统考试项目都合并在一起，仍按原来方式考试。时务为第二场，时务

---

① 黄宗羲：《明夷待访录·原臣》，《黄宗羲全集》第一册，浙江古籍出版社1985年版，第17页。

② 冯桂芬：《校邠庐抗议（下卷）·改科举议》，光绪十年（1884年）豫章刻本，第23—25页。

的主要考试内容，一是专论当代典章制度，二是或有新近的疑难事务，"策之以集众益"。典章制度的研究，是汤寿潜始终重视的经制史学的延续，表明其对"时务"的要求并不是虚应时文，而是试图以古通今，将对制度改革的重视与当代实际问题结合起来，引导广大士子进行探讨，为国家的治理提供借鉴。洋务单独成为第三场，包括"天算、地舆、制造、格物等学，或西律、公法、约章等学"①。汤寿潜对洋务的重视，已经远远超过冯桂芬，甚至提出不仅是科举，即使是传统武试也要一律罢停，仿西方设立武备院。从经世致用的角度，汤寿潜不仅对西方之器物制造评价很高，对西方的法律规章也开始感兴趣。

洋务内容的考试形式，汤寿潜认为应该"不拘何格，皆以发问"，显然是在警惕顽固守旧势力给予西学的进入设置障碍。在汤寿潜看来，洋务为"时务中之亟务也"，本身就是当代学子应该重视的内容。将西学引入其中，对科举这种选拔人才的制度有两大好处，一是鼓励了士人对于学术的开放性。经历欧风美雨之后，"虽尧舜为之君，管葛为之臣，势不能闭关谢客，如再讳疾忌医，事变不穷人才已穷，不特游刃有余者无其人，恐求一敷衍能了者亦不可得，大局何堪设想"，而科举考试为指引天下士子的"功令"，因此"人心遂彻其藩篱"，能够不受限制地吸收有用之学②，这一点与当时其他维新人士想法相似。二是可以杜绝"怀挟剿袭"的科举弊端。西学知识对中国士子来说是新的学问，不可能像"经、义、子、史、古学"那样"成格具在"，考官可以不拘泥于格式地自由命题，更能发掘出"探筹者"的能力，"沙尽而金见矣"。③汤寿潜对科举的改革着眼点，也承袭了经世务实、精神传承与端正学风三点，但其特色在于试图以西学这一全新内容去推动科举的改革，使之能够选

---

① 汤寿潜：《危言·卷一·考试》，光绪二十一年（1895 年）石印本，第 12 页。

② 汤寿潜：《危言·卷一·考试》，光绪二十一年（1895 年）石印本，第 12 页。

③ 汤寿潜：《危言·卷一·考试》，光绪二十一年（1895 年）石印本，第 12 页。

拔出有经世能力的人才。汤寿潜眼中科举与西学的关系，既要借助科举来提倡和推广西学知识，以其热潮来冲击旧的知识格局，为学术回归经世务实之道开创局面；同时也要利用尚未为广大士子所熟悉的西学知识，来改革科举制度的痼疾，破除其长期形成的重形式而不重实质的问题，选拔出能够经世治国的真才。汤寿潜将西学看成中学经世之道的延续，因此两者是同一精神的"旧"与"新"两种形式的关系，这种以旧促新、以新革旧的经世思想是年轻的汤寿潜一以贯之的。郑观应在《盛世危言》中提出的科举新模式，是在传统的科举考试外，另设专门的洋务考试，则是一种"新""旧"分开的改革设想，力图培养出完全以西学为底色的近代人才。① 两者相比，汤寿潜更注重对传统选材制度的继承和改良，着眼于调和"新"与"旧"的关系，希望培养出的人才仍然是传统士大夫的本色。同时汤寿潜也注重在传统学术的环境中保证改革的顺利，将西学与传统中学结合在一起，既可以避免引起社会的动荡，也不会面临单独的西学考试被关停的危险。

汤寿潜对改革的稳健态度、注重"新""旧"调和的方法，不等于妥协，对经世务实的制度导向是非常坚定的。晚清对西学知识入科举的设想，除了顽固守旧者的阻挠，当时也有众多冷静理性的质疑者，认为在天下士子尚未涉略西学知识之时，即以洋务为题，是对广大对此不熟悉的考生的不公平，"是犹强病晤者执六钧之弓，而命之射百步之远，其及的者希矣"②。对于这种诘难，汤寿潜强调选材制度的改革具有迫切性，必须在实质之处进行调整，"岁科之取进如故也，三年之乡、会如故也，循是不改，将天下无一非士大夫而后矣"③。汤寿潜批评了各省官吏重形式而不重实质的改革方式："各省大吏，每以奏添取额为盛

---

① 　郑观应著，王贻梁评注：《盛世危言》，中州古籍出版社 1998 年版，第 84 页。

② 　汤寿潜：《危言·卷一·考试》，光绪二十一年（1895 年）石印本，第 12 页。

③ 　汤寿潜：《危言·卷一·考试》，光绪二十一年（1895 年）石印本，第 12—13 页。

事，增造考棚为美观，自谓能为国家培植人才，而孰料其所培植皆庸且妄者也。"① 加入西学内容，正是在实质上改变了科举取材的方向，洋务单独为场则是向正确方向前进的必要措施，"取法乎上，仅得其中"，正是因为考试难，才导致"取之难"，才能让科举"法乃相因而尽善"。从中看出汤寿潜对选材制度改革的重视程度，认为制度不调整，就无法做到真正的除旧布新。对于武举的改革理由，也是如此。汤寿潜批评了传统武举以"国朝以骑射定天下"的守旧借口，认为这套旧制度培养出来的只是"游惰犷武者流"，不是现实所需要的军事人才。同时也抨击了洋务运动中以试演新式枪炮为主的形式主义改革，"临时一演习，旋即弃去，在行伍督之以将，率之以弁，尚苦窳如此；若督学教官，武事本茫然也"②。汤寿潜认为这类华而不实的武试也应该一律停罢，以所省之财力仿照西方设立武备院的模式，从制度上建立近代军事教育与选材机构，传授近代军事知识并考核军事人才。

汤寿潜对科举改革的主要建议是西学的引进，列举了种种有利之处，但在《考试》篇中对中学内容的第一场试却着墨不多，这与黄宗羲、冯桂芬等人对此的重视形成鲜明对比。黄宗羲认为经义之学承担着继承士人精神的责任，这可能与其出身理学蕺山门下的经历相关，尽管见到明末因空谈心性产生危机极力提倡实学，但仍然以经义为学术之本。相对而言，汤寿潜在游学时就对经学影响经世的批判较多，更重视经世致用的史学与实学，以此为学术之本，认为西学亦为此延续，因此没有这方面的顾虑，这与浙东学派中事功主义的观念一脉相承。

在人才的教育、选材等制度改革之后，新式教育才能够为国家提供适应时代的经世人才。士子得中科举之后，即成为官员的备选人才。国

---

① 汤寿潜：《危言·卷一·考试》，光绪二十一年（1895 年）石印本，第 13 页。
② 汤寿潜：《危言·卷一·考试》，光绪二十一年（1895 年）石印本，第 14 页。

家选拔和任用官员的机制，也就必须为这些人才提供舞台，才能使人尽其才，才得所用，用得其所。汤寿潜的改革设想第三步，即是在官僚体制上进行改革，以形成合理的人才的选用机制。其改革设想主要分三个部分：一是形成合理的选官机制，由具备经世能力的官员承担责任；二是在官僚群体内形成合理的升降机制，以经世才能作为评价与考核官员的主要指标；三是去除不合理的选官机制，保证无能之人不侵蚀官僚队伍。

《尊相》篇论述了在决策层选材治理问题。晚清朝廷的决策中枢，由军机处的军机大臣群体组成，汤寿潜认为军机大臣事实上既无法进行朝政的决策，也没有担负治国的责任，他们仅有枢臣的名义而已。原因在于这一群体遵循的是服从权力和地位的准则，在皇帝面前军机大臣"见则必跪，匍匐惕息，不敢出气"，遇事决断也仅仅是"非伺意旨为可否，即拘成例为依韦"，无非揣摩上意，或者遵循惯例，自己既提不出有效的措施，也不敢承担责任。对待下级官员，军机大臣却"威福自恣"，有治国能力的大学士则同样需要仰其鼻息，不敢将真知灼见提出来。汤寿潜认为，朝廷大臣大多由士人科举而来，其中仍不乏有经世之才的人，但官僚群体无法发挥国家治理作用的根源，应归结于权力体系带来的问题。应采取的改革措施，是恢复汉唐以来的尊重宰相的传统，使治国权力回归到士大夫出身的官员手中。

中国因废弃宰相制度已久，很难延续以前的制度，汤寿潜认为恢复宰相的具体措施则可学习西方的办法，实行宰相负责制。宰相的人选并不是由君主决定，而是通过官僚群体的选举产生。选举宰相的办法，结合明清会推和西方议院两种制度，"宜参国初会推及泰西议院之略，择吉请皇上御正殿，令阁、都、院、监、寺、科、道，不分满汉、见任额外，齐集阙下，人书京外三品以上大员，兼资文武、洞悉中外，能任宰相协办者各一人，投之瓯，唯不得书本署堂官，以防阿党，汇而校之，恭候宸断"①。推举出人选后，宰相与协办两人负责军机处事务。遇有奏事，宰相与协办有权裁定，拟出对策之后再向皇帝请旨。虽然最终由皇帝在形式上下旨，但事务由宰相全权负责，如果出现治国失误，宰相需要承担责任而下台，形成"责成专，利当兴兴之，弊当替替之，天子垂拱于上，亲贤夹辅于下，而皆宰相乎是倚"②的宰相责任制度。

根据现代学者的研究，汤寿潜继承了浙东学派黄宗羲以来对专制的不满与批判，而推崇削弱君权的现代代议制度，其心目中的宰相相当于代议制度下的内阁首相。③ 黄宗羲在《明夷待访录》的《置相》篇中，对明太祖废除宰相制度的做法进行了严厉批评，认为这导致了君权不受限制的恶果，"遂谓百官之设，所以事我，能事我者我贤之，不能事我者我否之"④。黄宗羲从政治上对君主权力无制衡的批判角度论述重设宰相的重要性，汤寿潜则从经世治国的角度，更强调因为宰相的缺失，导致官僚群体行政责任感的缺失。汤寿潜所设计的宰相制度，规定宰相的产生由官员群体在屏蔽结党的前提下选举推出，而不是如原来的军机大臣那样由君主直接任命。这是缘于来自士大夫的官员群体毕竟接受过书院、学校的教育，其中也不乏经世的内容，而且或有民间治理的经历，在选材观念上能够注重以执政能力为先的标准，对宰相人选的经世能力有着较为可靠的保证。

给予宰相的权力远远大于清朝原有的军机大臣，则是给予其地位而增强其责任感。汤寿潜在《危言》"序"中的关注点，即抑制封建官吏对百姓的逼侵以及提高政府应付危局的执政能力，这就需要对缺乏经世

---

① 汤寿潜：《危言·卷一·尊相》，光绪二十一年（1895 年）石印本，第 7 页。

② 汤寿潜：《危言·卷一·尊相》，光绪二十一年（1895 年）石印本，第 7 页。

③ 熊月之：《中国近代民主思想史》（修订本），上海社会科学院出版社 2002 年版，第 197 页。

④ 黄宗羲：《明夷待访录·置相》，《黄宗羲全集》第一册，浙江古籍出版社 1985 年版，第 8 页。

能力而只知对上曲意逢迎、对下恣意威逼以及结党营私的官僚系统进行整顿。在汤寿潜看来，无论是中国传统的会推制度还是西方的议院体制，都能够打破因君主专制而带来的权势唯上、结党营私的局面，让真正具有经世才干的官员可以不必费心逢迎而能较为独立地进行国家的治理。

作为行政高层的军机处由宰相负责，而对作为执行部门负责人的清廷中枢各部官员，汤寿潜提出了官员人事"与初授之部相始终"的改革方案。在《部臣》篇中，汤寿潜认为晚清部臣的设置随意性太大，对官员执政相应部门的能力欠缺考虑，这表现在两个方面：一方面，官员兼管部门过于随意，缺乏相应的管理能力，"朝绾铨符而夕兼比部，既管农政而复领容台"；另一方面，官员调动过于随意，培养官员执政能力的时间不足，浪费人才与精力，"或甫得其部之大要而即去，或并未得其部大要而亦去，然则官特其寄焉者耳"。这些做法导致官员对所负责的部门事务极不熟悉，而又给了下级胥吏巧取豪夺、舞弄玩法的机会。汤寿潜认为，朝廷既要挑选有行政经验而"扬历中外"的经世能臣担任各部负责人，摒弃钻营玩法之人，同时也应形成正式的制度，让官员长期在一个部门历练。朝廷六部的行政官员，侍郎级别以上的人员，其职务应该与初次所任命的部门相始终，才能锻炼出合格的执政能力，"无朝除暮调，以简文牍，以久事权，以省奔走，庶心思以专而不纷，精神以分而常给，例章以久而熟谙"①。在汤寿潜看来，各部大臣长期稳定于相应的职位，才能使其不分心旁骛，既熟悉本部门的行政业务以利于臻至精熟，也清楚本部门的人事以抑制"黠狐之司员、贪狼之吏胥"的违法行为，而其下三四品的京官与大小外吏，虽然很难做到如部臣那样始终在一个部门，但也应尽量保持长期任职。

汤寿潜在着重阐述如何培养时代所需要人才的同时，又极力批评了

---

① 汤寿潜：《危言·卷一·部臣》，光绪二十一年（1895年）石印本，第8页。

清廷的人才录用模式，除了正式的科举八股之外，在《停捐》《鬻爵》《保举》《冗员》《限仕》等篇中分析了各种特殊选官模式的危害性。捐纳是中国很早就有的选官方式，但本身只是朝廷遇到灾祸时的权宜之策。然而清朝自中法冲突后，为了应付海防，而导致捐纳成为长年的惯例，"而海防一日不能弛，将捐纳一日不能停矣"。捐纳的危害在于，"朝廷收涓滴之利，致吾民吮膏吸髓以偿"。因为朝廷将选官当成了市场，报捐者为收回投入，就要搜刮民脂民膏，"人人以官为市，不待补署，但差委稍优，略一侵吞，即逾捐数"①。因此本来是起源于度支不足问题的捐纳制度，结果让度支愈显不足。② 凭借捐纳而招来的官员，往往既以搜刮为重，又未经过正常选拔渠道而并无经世之才，让国家"享微利而蒙大害"。由此，汤寿潜建议朝廷诏明中外，毅然决然永远停捐，有续请者，以违制论。对捐纳的批评，是当时维新人士的共识，冯桂芬的《校邠庐抗议》、郑观应的《盛世危言》等著作中都涉及这方面的内容。

　　与郑观应将捐官、鬻爵都视为弊政不同，汤寿潜认为官不可卖，足以乱政病民，但是爵则不妨鬻，因为"虽极品之衔，无伤政体也"。而冯桂芬等人虽废除捐纳和鬻爵，但并没有办法解决朝廷筹饷的现实问题。鬻爵也是中国自古已有的措施，而在这个时代有其可行性，因为清朝开国以来异姓分封者寥寥无几，这对于寻常绅民来说是非常艳羡的。鬻爵既无大害，又有现实需求，则可分五等定例颁行。汤寿潜认为，鬻爵"所收者不訾之款，大有益于亟需，所费者一纸之名，并无损于实在"。③ 他甚至提出，可以破除观念鬻女爵。中国自古以来就有授职女官的先例，只因后世轻视女子，女职才被湮没。而听闻西方男女并重，各国女学林立，而中国始终处于男尊女卑的观念之中，既然猝然授女官可

① 汤寿潜：《危言·卷一·停捐》，光绪二十一年（1895年）石印本，第18、19页。
② 汤寿潜：《危言·卷一·停捐》，光绪二十一年（1895年）石印本，第19页。
③ 汤寿潜：《危言·卷一·鬻爵》，光绪二十一年（1895年）石印本，第20页。

能导致骇人耳目，那么授予女子中"志切显扬、乐于表见者"爵位，则似亦于古有征，不会引起舆论震荡。汤寿潜建议，女子授爵也可依据朝廷品秩分为一品至九品，或以传统的夫人、孺人为爵。

此外，汤寿潜还批评了保举、候补、限仕等清朝用人制度。汤寿潜在这方面的论述中，着重揭露了利用这些制度营私舞弊而给国家带来的严重问题，导致无才无德之人占据高位，"纨绔每猎居显要，舆皂亦掺列晋绅"[①]，以此组成的官吏队伍不仅以吸吮民脂民膏为目的，而且没有经世致用的能力应付现今纷繁复杂的国内外问题。因此，国家的用人制度改革必须为汰劣选优。

晚清思想家因忧虑国家与社会危机，对官吏群体无能、害民的批评并不鲜见。冯桂芬也曾呼吁精简机构、裁汰冗员，以"胡服骑射""彼得改革"等中外故事说明之，希望封建官僚能有改革体制的眼光。郑观应在《盛世危言》的《游历》篇中也强调官员开眼看世界后进行变革的重要性，而对于朝廷上层执政者经世能力的培养与教育，在冯桂芬、郑观应的著作中涉及甚少。

汤寿潜基于自幼所经历与见识的民间疾苦，对于官僚群体的问题追溯于其教育和选拔的源头，期望能够通过改革人才选拔制度而使之具备经世之才。黄宗羲的《明夷待访录》的《原臣》篇，也重视执政者治理的问题，批评朝臣曲意逢迎上级的态度，认为将天下子民视为君主的私物，遇到天下疲敝足以威胁到君主统治时，朝臣才不得不"讲治之牧之之术"[②]。黄宗羲出身官宦之家，出自理学之门，经历过亡国之痛，从政治哲学的观念出发，自君权的角度向下论述，重视君主与臣民之间权力的分配与制衡问题，认为是君权专制导致了君民关系的恶化，也导致了

---

① 汤寿潜：《危言·卷一·保举》，光绪二十一年（1895年）石印本，第21页。
② 黄宗羲：《明夷待访录·原臣》，《黄宗羲全集》第一册，浙江古籍出版社1985年版，第4页。

社会危机的出现。汤寿潜对执政者治理的看法，则是从其社会治理失败的角度向上论述，并未触及君权本身之私，而是强调了执政者能力不足的问题，并试图通过制度上的调整来解决。汤寿潜认为官员群体出现的种种恶习与无能，其根源是教育方式和选材制度的问题。

汤寿潜的教育改革设想，直接针对即将担任官员、进行社会治理的人群，并根据清廷官员的来源分为两类。上层的王公贵族不需要通过科举致仕，但却掌握着国家重要的机构部门，因其出身优渥，长年居于京城，虽然有第一流的教师授业，但缺乏民生经济方面的知识，以及新出现的西方科技与体制的了解。因此需要下至地方社会接触民生实践，并在传统经世知识具备之后去西方国家游历，以开阔视野。中层官僚群体是国家对内的主要治理者，由广大士子通过科举致仕而成，因传统书院、学校的教学内容和方向已经落后于时代，也失去了传统士大夫精神。因此教育改革需要书院有针对性地培养学子的实务才能和经世精神，摈弃以经学考据为主的教育模式和以个人功名利禄为志向的价值取向。在教育内容方面，汤寿潜认为当前走在时代前沿的经世之学是西学的技术和体制，这是中国传统经世之学的延续，也是以民间书院为学习之所的广大学子亟待认真学习的内容。在加强经世教育的同时，学校作为政府所主持的教育机构，则应该承担起"正其心志"的责任，加强学生为国为民造福的士大夫精神。在教育机构能培养出合格的经世人才之后，需要将其选拔进入官僚队伍，这就是科举考试改革的方向。汤寿潜设想在原来注重经学的科举考试中，大量增加时务和西学的内容，这既能引导学生重视经世之学的学习，并摆脱顽固保守者的束缚，同时也能给积弊甚深的科举体制带来公平和活力。有经世之才的学子通过考试选拔进入官僚群体之后，就需要将其任用于合理的职位上，担负起治国之责。汤寿潜将人才的选拔任用和政治体制改革联系在一起，提出了恢复宰相体制，由士大夫出身的宰相负责治国的总体要务，并给予其地位和权力，以抵制因专制制度导致的媚上欺下的行政风气。宰相的选拔，以类似于传统会推和西方议院的方式选举产生，由相对更具有经世知识的官僚群体进行选举。对宰相之下的各部门官员，为了使具有才干之人能够发挥作用，汤寿潜设想各部的负责官员应该长期主管该部，减少随意的职位调动，下属官吏也应尽量保持稳定性，这也有利于锻炼官员本身的经世之才。

汤寿潜在《危言》等著述中，对晚清的人才培养，从学生教育和官员选材的角度，提出了一条兼具培养、选拔和任用的完整设想。从近代历史上看，汤寿潜的《危言》面世时，中国知识界尚未进入学科分类的阶段，也尚未具备现代教育和人才培养理念，其设想也是根据中国现实和自身经历而提出的制度改革。在其年轻时的教育目标，就是能够培养出适合时代的优秀治世官员，并将他们经世致用的才干充分发挥。汤寿潜的教育、选材思想，既未如理学思想家那样上升到儒家人生观的高度，也不像后来的教育思想家提出培养"全面的人"的观念，而是注重人才对于社会治理与国计民生的意义，深受浙东学派事功主义的影响，显然更贴近于"外王"的层面。

与郑观应等任职于大城市的官员相比，年轻的汤寿潜尚未多接触教育和选官实务，更多体现出一个传统体制下的读书人心忧天下的意识。作为长期生活在乡村社会的年轻士子，汤寿潜对于晚清吏治败坏、官员贪鄙无能的情况有着切身的体会，读书时期的见闻也使其对不正常的用人制度、落后于世的科举制度有着切齿痛恨，对于中国不合理的人才培养机制、选拔办法造成的社会危害有着深刻的认识。也正因此切齿痛恨的刺激，汤寿潜当时的思想局限性也很明显，对于教育、选材等方面能够"医国"寄予了太高的期望，认为只要培养和选拔出优秀的治世官员，就能在很大程度上扭转社会危机，对晚清社会转型期的复杂性缺乏足够的认识。作为年轻士子的汤寿潜，对新兴的西学背景和清廷的官僚体制缺乏熟悉和了解，也使其教育和选材思想显得过于理想化。

以西学而论，虽然有考虑到避免刺激天下舆论的认识，但是其撰写《危言》之时，接触的西学知识并不充分，尚未深入理解西方制度的内在形成因素，例如简单地设计为以朝廷的王公官员群体来组成议院，简单地将西学课程放入从中国传统文化体系中发展起来的书院系统，并设想成为西式学校的预备阶段。但并未细论如何将西学融入中学教育体系之中，这方面相比郑观应更为深入的探讨，要逊色很多。究其原因，是因为对西学不熟悉的汤寿潜，其提出的"西学中源说"本身并不合理，导致并不清楚西学本身所蕴含的与中国文化不尽相同的起源。

在选材设想中，汤寿潜极力批评废相、捐官等制度和措施，若单从教育、选材角度而论，自然有相当的道理，但是却看不到这些制度背后的政治含义。以捐官而论，清朝始自康熙朝三藩之乱时，这本身是清廷应付乱局的临时政策，在晚清平定内乱、抵制侵略中也发挥了相当大的作用。如汤寿潜所提出的"朝廷下诏，永远停捐"的设想，显然是无法实现的。其关于部臣长期执掌一个部门的设想，也忽视了对官员结党营私的制衡。这些都是汤寿潜因自身的阅历、见识不足，而导致的思想上的片面问题。

第二节　西学开化与救国责任

汤寿潜辞退青阳知县之时，正是甲午战败后国人寻求反思，维新变革之风弥漫朝野而得到社会肯定之际。因《三通考辑要》《危言》《理财百策》等著作，被贴上"讲究利病，重视实务"的标签，不断被官员和士绅举荐到各地讲学。在汤寿潜参与浙江铁路公司之前，除短期参与了维新变法、东南互保等少数政治事件外，长达十年的时间是在江浙各地书院讲学中度过的。赴京会试前，汤寿潜可能曾在浙江诸暨毓秀书院任教。① 经会试获取功名后，曾在安徽当涂翠螺书院讲课。②1895 年，汤寿潜受聘金华丽正书院山长。1897 年前，可能曾短暂任教于浙江嵊县的剡山书院与二戴书院。③1899 年春，应刘锦藻之邀受聘于湖州南浔浔溪书院山长。1904 年，应张謇等人之邀，受聘于上海龙门书院山长。起源于唐朝的书院是中国传统的教育机构，至清代以后尤为兴盛，乾隆时期清廷谕令各省府州县建立书院，作为各地士子参加科举考试的预备场所。与宋明时期讲学为主的书院不同的是，清代书院不再追求发展学术、造就经世人才的目标，变成只为练习八股考试的地方，加之太平天国战乱导致的社会动荡，使书院不再具有以往的勃勃生气而变得废弛不堪。当时很多以经世为己任的有识官绅，对清代书院日益衰败的状况提出激烈批评，如张之洞就批评书院"颓废无志，率乱学规，剽袭冒名，大雅扫地矣"④。

太平天国战争之后，地方洋务派、早期改良主义派在激烈抨击已与

---

① 光绪甲午科乡试（1894 年）郭心庠硃卷中，有"汤蛰仙天子名寿潜，前毓秀书院掌教"的记载。见《光绪甲午科乡试郭心庠硃卷》（刻本），第 2 页。

② 笔者在《清代诗文集汇编》中找到一些史料证据。例如浙籍官员王咏霓在安徽游历途中，曾遇到在当地讲课的汤寿潜，并赠书于汤氏，提到"喜君来主翠螺峰，讲席应凭五十重"。见王咏霓：《函雅堂集》卷十四，《清代诗文集汇编》编纂委员会：《清代诗文集汇编》第 740 册，上海古籍出版社 2010 年版，第 400 页。时任徽宁池太广道的袁昶，也曾作诗《蛰仙太史来主翠螺书院》，见袁昶：《于湖小集》卷六，《清代诗文集汇编》编纂委员会：《清代诗文集汇编》第 761 册，上海古籍出版社 2010 年版，第 256 页。

③ 光绪丁酉科（1897 年）乡试吕兆璜硃卷中有"汤蛰仙夫子印寿潜，前剡山、二戴两书院掌教"的记载。见《光绪丁酉科乡试吕兆璜硃卷》（刻本），第 4 页。光绪壬寅科（1902 年）乡试裘寿颐硃卷中有"年伯汤蛰仙夫子印寿潜，己丑翰林、前剡山、二戴书院掌教"的记载。见《光绪壬寅科乡试裘寿颐硃卷》（刻本），第 4 页。

④ 张之洞：《劝学篇》，载吴剑杰编：《中国近代思想家文库·张之洞卷》，中国人民大学出版社 2014 年版，第 308 页。

国家急需人才的培养不相称的科举考试，提出"用人最是急务，储才尤为远图"的目标。以科举为目标的书院，自然同是被抨击的对象。地方洋务派领袖李鸿章就提出，"裁并天下之书院，悉改为学堂，分门分年以课其功，学成即授以官，而暂停他途之入仕者"①。在书院成长起来的东南士子们同样感触很深，汤寿潜在《危言》中评价其学生"敝敝焉淫心毕力于帖括，以争此铢两之高下"，其教师"大都墨尿衰朽"，将书院喻为"养济之局""孤贫之院"。②刘锦藻则直接斥书院领导层的腐朽："山长以疲履充数，士子以偎薄相商。其所日夕唅唔者，无过时文帖括，然率贪微末之膏火，甚至有头垂垂白不肯去者。"③

自强与求富的呼声之下，晚清同治、光绪两朝积极增建新书院、重建旧书院，并对书院的教学体制进行了改革。东南地方领风气之先，两浙、皖赣等地的一大批新建书院纷纷出现。而众多旧书院也在转型之中，其主要的改革方向，一是恢复求实致用的传统学风，二是增设西学实学的课程，这正符合汤寿潜在《危言》之《书院》篇中提出的"致知格物、实事求是、领异标新"的改革理想。而《危言》等著作的传播影响，汤寿潜"讲究利病""重视实务"的形象已经闻名于世，成为锐意改革的书院选择山长的最佳人选。对汤寿潜自身而言，曾在著述中大声疾呼书院体制的变革，并将其提升至拯救中国社会的高度，至此终于有机会得以在教育实践中尝试自己的改革理想。在其几次受到书院教学的邀请时，几乎都欣然接受前往赴职，远比做官更感兴趣。

丽正书院是金华最早的书院，由南宋吕祖谦创办。如上文所述，作为浙东学派最初的开创者之一，吕祖谦的学术思想，兼取格致与明心之众长，在教育理念上倡导"明理躬行，治经史以致用"，鼓励把所学知

① 周建波：《洋务运动与中国早期现代化思想》，山东人民出版社2001年版，第96页。
② 汤寿潜：《危言·卷一·书院》，光绪二十一年（1895年）石印本，第16页。
③ 刘锦藻：《清朝续文献通考》（二），浙江古籍出版社1988年版，第8589页。

识运用到实践中去，抨击科举制的弊病。因此，在其建设丽正书院时，极力提倡"讲实理、育实材而求实用"的书院培育方针[1]，为丽正书院奠定了具有鲜明特色的治学风格：一是以明理躬行为本，注重学生人格培养，将学习与"拯救衰世""雪耻图强"的使命联系起来；二是以推崇实学、经世致用为治学主旨，关心社会民生，而不仅以考科举做官为目标，更重视培养经世致用的人才；三是以博采众长、兼收并蓄为治学态度，不排斥外来学问；四是注重创新、敢于批判，积极批评朝政腐败，呼吁"更革弊政"，"惠民图强"。[2] 以丽正书院为代表的东南学术机构，其所传承的学术传统，非常符合汤寿潜一直以来所坚持的经世思想。自明清以后，丽正书院也陷入了官学的困境，在晚清的变革中，也在寻找既具有经世致用思想和强烈的社会责任感，又有西学知识的学者。

汤寿潜担任丽正书院的山长，是在当时的金华知府继良重建丽正书院的背景之下。继良，字绍庭，蒙古镶蓝旗人，曾两任金华知府。继良任职期间，非常重视当地教育，特别对代表金华学术形象的丽正书院进行了重点扶持，主要在修建校舍、资助经费、选拔教师等方面。继良1888年第一次担任知府期间，就主持扩建了丽正书院，据光绪《金华县志》记载，"光绪十四年，知府继良建齐舍于讲堂前，东曰明经，西曰养正，各三楹。十五年，重修讲堂复于七贤祠，东建屋四楹，额曰宴桃李轩"[3]。同时，继良积极为丽正书院筹集经费。丽正书院向来以捐资

---

① 吕祖谦：《策问·太学策问》，《吕东莱文集》（一），中华书局1985年版，第21页。

② 关于丽正书院与吕祖谦的相关研究，参见牛梦琪：《吕祖谦的教育思想》，《驻马店师专学报》1989年第2期；秦玉清、张彬：《吕祖谦与丽泽书院》，《杭州师范学院学报（社会科学版）》1999年第2期；李丽萍：《论吕祖谦的实学教育思想及其价值》，硕士学位论文，河南大学，2008年；魏丽：《试论吕祖谦经世致用的教育观》，《商丘职业技术学院学报》2008年第6期；李光生：《吕祖谦的教育实践及影响》，《河北师范大学学报（教育科学版）》2010年第11期。

③ 邓钟玉纂：光绪《金华县志·卷四·书院》，1915年。

办学为主,按《丽正书院收支征信碑记》记载,继良以知府身份带头为丽正书院捐洋六百元,并以厘金和庄捐为经济支柱。

对丽正书院的教师挑选,继良在《汇刊时务课艺弁言》中表示,就是要选择精通时事的经世通才。继良认为,中国虽然曾经学问领先于世界,但是今日已经远远落后于西方,由于闭关锁国的原因,中国人对领先于世的泰西诸国却缺乏了解。当门户开放之后,西方人认真考察中国的情况,"其游历传教而来者交错于内地诸直省,我之山川关隘、人民物作,彼且绘图立说,熟其夷险如履庭户,至人物之登极,又一一而辨其丰瘠焉"。而中国对于泰西如何情形,却鲜有人知。因此,"国以民为本,民以士为先,欲培国本,务善民俗,欲善民俗,务开民智,欲开民智,莫如兴书院"。书院的职责,必须去除"视月课为具文,不相勉以实学,而士遂封其故步,致鲜通才"的问题,仍要回归到经世致用的传统中来,因此书院教师的"课士之责"就具有重要作用。继良自陈为了能改变于万山之中的金华士子的闭塞局面,做了很多工作,包括"博购群书""兴时重以命题,规时势以立说"。同时也邀请名士来讲课,使学子"咸知国步艰难",致力于传授"有用之学以为救时",汤寿潜即是其延请的名师之一。[1]

在甲午战争惨败后,朝野官绅震惊之余开始反思中国的问题,尝试以各种方法雪耻救国,教育即是其中重要一项。中国教育的失败,也是汤寿潜反思国运衰退原因中的重要一点,在1892年的科举会试考卷中,他就提出"学校无真品,斯廊庙鲜真才,则世运之忧也"的担忧。[2] 在《理财百策》中,汤寿潜更是表达了对当时时兴的西学教育现状的愤恨:

---

[1] 继良:《汇刊时务课艺弁言》,参见汤寿潜辑:《婺学治事文编》,光绪二十七年(1901年)铅印本,第1页。

[2] 汤寿潜:《会试朱卷》,参见政协浙江省萧山市委员会文史工作委员会编:《汤寿潜史料专辑》,1993年,第428页。

"东事粗已，凡有血气，咸思一刷此耻。而欲开民智，必建学堂，欲图本富，必兴工艺。天子圣哲，何尝靳于变法，顾伍事者，牢守钢（痼）习，无以仰承其美。其锐意兴办学堂者，并不知以忠义廉耻为主率，假彼学（注：彼学，指西学）之皮毛，辟侵肥之窟穴。"①

汤寿潜认为，要雪国耻，需要开民智，则必须重视教育，建设学堂和振兴工艺。在《危言》中，汤寿潜提出书院与学校"励其专精"与"正其心志"的功能之分，传统书院教育机制的改变导向，应是选择格物新学、培养专业经世人才的教育机构。在丽正书院时期，汤寿潜感受到了晚清兴办学堂风潮下对西学的追捧，但是也在此风潮下产生了更严重的新问题，即"并不知以忠义廉耻为主率，假彼学之皮毛，辟侵肥之窟穴"，教学已逐渐失去传统的忠义道德之心，而借着学习西学皮毛的机会，中饱私囊。这种违背传统士大夫精神的风气，是汤寿潜极为痛恨的。书院承担单一功能的最初设想，也在其教学实践中开始修正。

汤寿潜在丽正书院主要讲时务之学，如西方法律、国际公法、中西地舆、制造、格物等，其良好态度给当地官绅留下了深刻的印象。继良形容其"敬业乐群，喁喁然有进机焉，费不赀不计也"。以此看出，在丽正书院讲学的汤寿潜并不计较收入，而是全力以赴宣讲经世之道，其当年撰写著作时的经世想法，正在以教育的方式传播扩散，其以前赋予传统书院"致知格物、实事求是、领异标新"为目标的改革理想，正在付诸实施。继良特别赞扬了汤寿潜讲课中所展现的丰富的西学知识和不凡的见识，"余喜其识见之确，论说之宏"，认为汤寿潜"足为治事之助"。②

① 汤寿潜：《理财百策·寺观》，参见政协浙江省萧山市委员会文史工作委员会编：《汤寿潜史料专辑》，1993 年，第 398 页。
② 继良：《汇刊时务课艺弁言》，参见汤寿潜辑：《婺学治事文编》，光绪二十七年（1901 年）铅印本，第 2 页。

汤寿潜在《婺学治事文编》"序"中批评了当时全国书院"盰盰而虚,昧昧而迁,嗔嗔而疏,瞑瞑而愚"的学习风气,赞扬了继良"磨砺实学,以大智其民"的良苦用心,并着重谈到丽正书院及金华地区的传统务实学风。在汤寿潜的论述中,重点阐述了恢复浙东传统经世学风的重要性,赞扬"磨砺实学"的风气恢复,对于书院振兴与学习新的西学知识有着强大的推动作用。[①]

汤寿潜在担任丽正书院山长时的治学思想和实践,可以看出与其以学子身份撰写《危言》时的想法的继承和拓展。《危言》的《中学》篇中,汤寿潜在认知上将"西学"看作是"中学"经世思想的一部分。在《书院》篇中,面对实际的教育问题,汤寿潜着重论述了书院在教育机制转型中承担的责任,强调传统书院在教学内容中的西学知识导向和人才培养中的洋务之才导向。当汤寿潜任职丽正书院,真正面对培育人才的教学实践之时,尝试西学的教育之法通过借助浙东地区传统的经世学风来推行之,力图以"恢复实学"之名将同为经世之用的西学纳入书院教育的范围,达到以旧促新的目的。同时,汤寿潜显然也将设想中新式学校应承担的"以正其心"结合到丽正书院的教学之中。多次赞扬了以丽正书院为代表的传统义利观,"故鹅湖会讲,首以义利为断断,天下未有义利不辨而可与事亲,可与事君者"[②]。可见汤寿潜虽然自己游学之时注重经世之学的探讨与实践,但是担任教学之职业后却尤为注重培养学生"治国平天下"的人生价值观,甚至认为保持这一传统将是经世实践的前提。

19世纪末中国科举考试的改革,传统实学、新式西学等内容的增多,也给汤寿潜推行教育理想提供了支持。汤寿潜为证明书院教学转型实学与西学的正确性,也是以丽正书院改革后科举考试成绩优异作为见

---

① 汤寿潜辑:《婺学治事文编·序》,光绪二十七年(1901年)铅印本,第1—2页。

② 汤寿潜辑:《婺学治事文编·序》,光绪二十七年(1901年)铅印本,第1页。

效的理由，"数年之间，其捷春秋试者，联翩鹊起，视历科几倍，谁谓实学之无益于时文耶！"① 可见汤寿潜在丽正书院推行其理想的同时，也借助于士人传统的功名目标的心理，来争取社会的支持，体现了在教育实践中的灵活性。

完成于光绪二十四年（1898 年）的《婺学治事文编》，是汤寿潜总结多年在书院执教经验后编成的，保存了汤寿潜"笔削遴选"后所推崇的习文题目，很能反映汤寿潜对丽正书院教育的导向，以及这个时期汤寿潜的思想。从习文题目来看，汤寿潜主要注重历史类、时务类和西学类三方面，这也与其在《危言》中所设想的科举考试三类科目相契合，只不过在第一类中更注重史学类题材。现将习文题目摘录如下：

类　别	题　目
历史类	太公诛华士、孔子诛少正卯、子产诛邓析合论
	秦形胜之国，带山河之险，县隔千里，持戟百万，秦得二百焉
	汉家三杰论
	周亚夫论
	项羽、苻坚、拿破仑第一合论
	诸葛武侯论
	晋陈寿撰三国志以魏为正统得失论
	狄仁杰再造唐室论
	拟老苏辩奸论
	仁山先生请出海道袭燕论
	陈恕令商人各条茶法利害为三等著中等为法论
	宗泽论
	大法小廉论
	陆桴亭先生以标竿分方位丈田奇策论
	大法小廉论

---

① 汤寿潜辑：《婺学治事文编·序》，光绪二十七年（1901 年）铅印本，第 1 页。

续表

类　别	题　目
历史类	亭林先生以士大夫无耻为国耻论
	汉重二千石说
	问商鞅变法而秦强，安石变法而宋弱其故何在
	宋以后外交无善策其得失安在
时务类	东北边防论
	各省分铸银元得失论
	火器弛禁利弊论
	自强在得人整理不再变法不变法说
	中国不得享各国公法权利说
	立农工商总局于京师说
	乍澉海防说
	迁都驳议
	俄西伯里亚铁路拟通至东三省、德占胶澳拟建铁路通至济南府二者其害孰为尤甚议
	防俄策
	俄据旅顺大连湾，寇在堂奥，倘二三年内铁路既成，即谋大举，何以策之
	时文策论取士得失平议
	去邠逾梁山邑于岐山之下居焉
	设为庠序学校以教之
	货财不聚义
	工不信度义
	周于利者凶年不能杀义
	周于德者邪世不能乱义
	治安策
	安内攘外策
	开辟地利策
	治河策

续表

类　别	题　目
时务类	巩固京师策
	督抚同城损益安在
	中国有回避，西国无回避， 中国六部执掌屡更，西国终身不易得失若何
	邮政局通商口岸已设能推广否试言其策
	农务大利首在蚕桑，金华八邑现拟兴办有何善策
	藏防要地策
	通商各国人民均准照其国法律治理，日本换约已力争得此条，惟不允 中国援照，各报皆以为大辱，能否力争试言其策
	中国通商增开口岸宜如何使税厘两不相害策
	京师设立铁路、矿务总局以昭书一能总揽其权否
	陆军全改洋操得失安在
	问西人以通商致富，中国何以收利权
	问洋货只完征税，土货逢关纳税，过卡抽厘， 成本轻重悬殊，何以划一
	秦王岛中国自开通商口岸得失若何
	英俄兵端已肇，中国何以处之，试言其策
	英俄一富一强孰为可恃
西学类	西国议院流弊论
	领事与公董治理租界之权论
	日本或以亲王任知县论
	日本维新首重学堂论
	东西洋各国学校兵制分合考
	洋务书浩如渊海，学西学者何从入手
	问罗马为意大利所据，教皇权势已去，中国教祸反剧其故安在
	日本维新首重学堂，进步之捷，见效之速， 中国仿行能如是乎？试申其说
	俄国正强，忽设弭兵会，其意何在

资料来源：汤寿潜辑：《婺学治事文编》，光绪二十七年（1901年）铅印本，第1—5页。

　　从这些命题中可以看出，在传统历史类中，汤寿潜重点关注两类选题。一是对王朝中期力挽狂澜的人物研究，如周亚夫、诸葛亮、狄仁杰、宗泽等，也包括金华当地的金履祥（仁山先生）等身居江湖而不敢忘忧国的名士，这体现了汤寿潜始终提倡的士人对国家和社会中兴所担当的责任，也是重塑丽正书院的"拯救衰世"的经世人格传统。在汤寿潜执教丽正书院的教育实践生涯里，与其在《危言》中对书院的改革目标不同，对士子救国救民责任感的培养，也即经世的"治道"教育，反而是放在首位的。

　　二是如商鞅、王安石、陈恕等历史上的变法事例，以探讨国家变法中的利弊得失。汤寿潜在《危言》的《变法》篇中就提出历代变法产生的新问题，"往往防一弊增一法，增一法滋一弊，驯致繁于牛毛，聚若凝脂，积伪生欺，吏反得舞法以嬉，而君且作法自缚，民则无所厝手足，内忧成，外侮至矣"①。从学生的答卷可以看出，在丽正书院的教学中，汤寿潜将甲午战争后中国正在兴起的变法风潮带入闭塞的金华学界，并贯彻他在《危言》中的思想，引导学生分析改革措施与国家兴亡的内在联系，也即探讨经世思想中的具体"治体"与"治术"实践问题。史学经世是汤寿潜长期坚持的思想，撰写《三通考辑要》时热心于制度沿革的研究，在丽正书院时则开始注重研究变革成败的内在原因以及主导变革的人物思想与精神。可以看出，一向敏于时务的汤寿潜已经感受到中国重大变革的时代即将来临，在教育中力图培养能够适应变革需要的人才。

　　时务类的命题上，可以看到甲午战争战败及其之后的中外局势对于汤寿潜思想的重大影响。首先，他从以前关注内政民生问题，开始变为也重视安全、军事、外交等问题。相比于《危言》中所泛泛而论的对俄、

----

① 汤寿潜：《危言·卷四·变法》，光绪二十一年（1895年）石印本，第35页。

朝等国的防务问题，经历了甲午战败之后的汤寿潜开始重视中国军事现代化的问题。《危言》中的《兵制》《海军》等篇着重讨论中国的军队建制和经费问题，而此时的汤寿潜则关注于军队演练洋操等近代化转型的问题。其次，由于战争失败和战后列强的侵逼，汤寿潜对于中国丧失主权和权利的问题非常关注，并对西方列强开始充满警惕。在《危言》等著述中，汤寿潜提倡与外国通商，并给予了通商口岸很高的礼赞，论述了通商口岸带给中国的诸多好处。然而此时汤寿潜纠正了当初坚持的增多开放口岸"尽可以如其所请"的观点，开始考虑到中外通商带来的危言，如提出"问西人以通商致富，中国何以收利权""中国通商增开口岸宜如何使税厘两不相害策"等命题，同时也提出在某些地区开通商口岸的得失问题，如"秦王岛中国自开通商口岸得失若何"。

西学的命题上，汤寿潜不再笼统论述其特点和关注其技术，而是对其法律、通商、军事等具体问题进行深入探讨，特别对于刚刚战胜了中国的日本如何西化很是关注。同时，他对"西学东渐"的态度也有转变。一是不再如《危言》中那样将西学看成是最为先进的经世"治术"，而重视讨论西方体制和政策的弊病，例如引导学生探讨"西国议院流弊"。其背后显示了汤寿潜更清晰地认识到西学自身存在的缺陷，要求学生能够客观冷静地看待西学。二是汤寿潜也开始思考西方体制移植入中国社会时所产生的问题，已经意识到外来制度本土化的可能性的问题，因此有"日本维新首重学堂，进步之捷，见效之速，中国仿行能如是乎"之问。以汤寿潜在《危言》中的"西学中源论"而言，西学为中学之延续，西学引入中国并不存在太大的障碍。从甲午战争的结局看洋务运动的挫折，汤寿潜模糊地感受西学与中学在本质上也存在着差异。三是意识到西方国家也不尽相同，英、俄、意等国的制度存在着较大的差异，这一点与《危言》中对西学泛化的理解有着很大进步，开始寻找值得中国学习的西学方式，这方面的认知在后来撰写《宪法古义》与领导浙路运动时体现得较为明显。

第三节 "一洗空疏迂阔之习"与"葆惜国粹"

在维新变法结束之后，汤寿潜又应聘担任了湖州南浔浔溪书院山长。根据《南浔志》记载，浔溪书院地址在南浔东栅马家港，最初南浔镇并无书院，因咸丰时期太平天国战乱，因故乡沦陷而躲避寓居在上海的南浔商人们设立南林会课，延请庞公照等名士为师，"旅居者弦诵不辍"。战乱平息之后，南林会课举行如故，为南浔创建书院的雏形。同治五年（1866 年），将南林会课从上海移入，创立浔溪书院，由地方官主持，民间出资，以丝绢存款生息、出钱资助、捐赠住宅等方式，在南浔镇曾置房产，书院聘请有名望的学者负责讲学、出课题和阅卷。①

南浔本地并未处在经历欧风美雨的前沿地区，但自近代上海发端的浔溪书院，与同时代大多数因循守旧的书院不同，深受寓沪绅商的影响，保持着趋新思变的风格。维新变法之时，根据光绪帝"自下科为始，乡、会试及生童岁课各试，向用《四书》文者，一律改试策论"的诏书，浔溪书院立即改时文为策论。戊戌维新运动结束之后，长年寓沪的南浔士绅刘锦藻、蒋锡绅、李维奎等在浔溪书院创设议就院于常课外，并兼设经史、时务、策论，并聘请了汤寿潜来掌教。②

汤寿潜任职浔溪书院，也是与江浙寓沪士绅群体的交往息息相关。戊戌政变之后，上海因其安全性仍然成为维新人士聚集的中心地，汤寿

① 关于南浔镇与浔溪书院的研究，参见郑卫荣：《市镇绅商与地方教育近代化转型——以南浔镇为中心》，《浙江社会科学》2019 年第 4 期；郑卫荣：《绅权结构嬗变及其与地方社会、国家政权的互动——以南浔镇同光社会重建为中心》，《浙江学刊》2020 年第 3 期；郑卫荣：《经营地方：明清时期的南浔士绅社会》，《湖州师范学院学报》2020 年第 11 期。

② 周庆云：《南浔志·卷三·学校》，1922 年刻本。

潜多次赴沪与维新人士聚会，其中就包括以刘锦藻、周庆云等为代表的南浔士绅群体。刘锦藻与张謇是甲午科同榜进士及第，并一同参加了殿试，以此成为文墨之交。在一起参加强学会时，经张謇的介绍，刘锦藻与汤寿潜成为好友。也因此，在改革浔溪书院时，刘锦藻与周庆云等邀请以经世之才而闻名的汤寿潜于1899年来担任山长。

汤寿潜在浔溪书院的执教经过，据《吴兴周梦坡先生年谱》记载："光绪二十五年己亥春，赴杭，延汤蛰仙太史寿潜主讲浔溪书院。戊戌八月而后，书院课士，仍用试帖髓艺。府君与刘澄如、蒋四箴、李联仙诸文商，另筹经费，就院中常课外，兼科经史。由是学风丕变，一洗空疏迂阔之习。"① 从周庆云、刘锦藻等人的回忆看，汤寿潜在南浔的讲课主要是以传统的经史为主，加以西学的内容。从"一洗空疏迂阔之习"的表现而言，汤寿潜应是改变了书院以前以考据、义理等为主的主讲风格，侧重于将经世致用的学术思路传授给学生。

在刘锦藻的引荐下，汤寿潜在南浔也结识了庞莱臣、周湘龄、蒋汝藻、张钧衡等绅商。第二年，汤寿潜因为赴上海参加会文堂书局，因此辞去浔溪书院山长的职务，推荐了蒋智由接任。蒋智由，浙江诸暨人，年轻时立志"欲救天下，起国家之衰敝"，与汤寿潜很相似，是汤寿潜认为具有经世抱负的学者。维新变法时期他赴天津育才馆中任汉文教习，创立北学馆，大量编译时务书籍，出版了近代中国第一部百科全书《时务通考》，戊戌政变之后来到上海。在汤寿潜眼中，蒋智由属于他所欣赏的既具有新学眼光，又具有士大夫拯救天下的责任担当的经世人才，曾经评价他："君志大言大，虽厄于时命，而文章一缕晴丝，蟠天际地，自为吾浙传人。"蒋智由接任之后，为浔溪书院增设了"声、光、化、电诸学"，开始在传统书院里传授新式科学知识，为浔溪书院的现

---

① 周延礽编：《吴兴周梦坡先生年谱》，大东书局1934年版，第11页。

代学堂转型奠定了基础。1902 年，浔溪书院与明理学塾合并，改书院为学堂，成为南浔镇第一所新学制的学校。

汤寿潜在浔溪书院执教时间不长，其相关史料也不多。从南浔士绅们的记载看，汤寿潜的功绩主要在于加强了书院在史学、西学方面的教育导向。特别是给南浔地方书院传播了西学的内容，为其选择了经世致用的学术取向，为后来向新式学堂的改制奠定了基础，因此颇受当地士绅的赞誉。而汤寿潜推荐蒋智由接任，也是因蒋智由曾任职于西学机构，并编译过西学书籍，能够更好地理解和讲授西学，符合其在《危言》中对书院改革的设想模式。南浔地处浙西，距浙东的经世学风有一定的距离，甲午战争之前对西学的接触相对较少，因此汤寿潜更多的是以改变务实学风为主，似乎很少有丽正书院时那样倡导士大夫精神的举措。

1904 年，因好友张元济的力荐，汤寿潜至上海担任龙门书院山长。上海龙门院的历史并不悠久，是在晚清洋务运动初期重建书院的风潮中，由应宝时、丁日昌两任地方官在上海南园创设的。据记载，上海地方政府给予了龙门书院极大的支持："创建书院子李氏吾园旧址，讲堂书楼，学舍庖福咸备，环以清流，缀以亭桥树石。遴选高才生住院肄业，原给膏火。"①

丁日昌给龙门书院定下的办学原则，即是不注重举业考试，而着重于经世之学："月课性理、策论，期有合于胡安定经义、治事立斋之意，故不以举业诗赋列入课程，有志之士自亦不欲以遇合之心夺其学问之实也。"②因此，龙门书院所请来担任山长的学者，也大多是主张经世之学的学者，如刘熙载、鲍源深、孙锵鸣、朱琛、吴大澂、翁斌孙等，其中

---

① 《龙门师范之沧桑》，《中华日报》1941 年 2 月 28 日。

② 俞樾、方宗诚纂，应宝时修：同治《上海县志·卷九·书院》。

吴大澂还曾亲历洋务。

这些学者之中，刘熙载担任山长时间最长，为龙门书院定下了经世致用的风格。刘熙载，江苏兴化人，道光朝进士，一直提倡学问的实用性，认为"为学不专在读书伦常之地，日用行习之间，事事准情酌理而行，便是真实学问"。据胡适的父亲胡铁花回忆，进入龙门书院学习之后，改变了举业功名的初衷，当时龙门书院的同学们"理学、经学、史学、天文、历算、诗文古词，各擅长才，而仅仅工于时文，专揣摩举子业者，皆瞠乎其后"①。曾官至两江总督的洋务派领袖曾国藩也赞扬龙门书院的务实教学，评论说："不独沪上浮靡之风为之一变，即遐迩志士，亦当闻而兴起。"②而光绪年间担任山长的孙锵鸣，则让龙门书院在经世精神上开始引入西学内容，据宋恕在《外舅孙止庵师学行略述》中说："创置局译西籍于龙门也，尤为他贤掌教所不敢者。盖当先生掌龙门时……移取局译西籍每种各一分存院，俾诸生纵阅。"③在当时保守派占据舆论上风，洋务派"昌言西洋政法之善被大诟，几无容身之地"的时代，孙锵鸣在龙门书院倡导西学，购买西书，甚至带头学习外语，虽然在科举尚未改革之前影响不大，"院生稍曾阅局译西籍者不过数人"④，但是毕竟为龙门书院开启了西学之风。

务实经世的风格，给予了上海书院在那个时代的勃勃生气，但是也带来了另一个方面的问题。当时的《申报》这样批评当时上海教师的风气："呜呼！吾尝观于师道之间而不禁重有感也。上海为商贾辐辏之地，铺户林立，各省趋利之徒固已少长咸集，而寒士之谋馆者，亦若以乐土之可居而群贤毕至。计上海大小馆地，不下千余，其师为浙西各属及苏

① 杨抱朴：《刘熙载年谱》（三），《辽东学院学报（社会科学版）》2008 年第 2 期。
② 曾国藩：《复应宝时》，《曾国藩全集·书信》，岳麓书社 2011 年版，第 274 页。
③ 胡珠生编：《宋恕集》，中华书局 1993 年版，第 324 页。
④ 杨齐福：《科举制度在近代的全面危机》，《福建省社会主义学院学报》2003 年第 1 期。

太之人居多，加以本地之业砚田者几无位置，斯人之处，安得龙门书院
再辟广厦千万间乎？是故风闻某处有馆缺，不问东家之若向、子弟之若
何，即纷纷嘱托如群蚁之附膻，或有明年之去就主人尚未定局，而荐书
叠至，宛欲其舍旧迎新者。于是为师者日益众，延师者日益轻其诗书，
士族之家犹知尊师重傅，而市井之中欲以经营贸易之余，为设宴席，无
怪饮食起居视如伙友，即使学俸之间亦必握算无遗，而舟车往来之费，
无论已说者谓其辛苦所积宜。"① 近代上海经济的飞速繁荣，让上海的教
育行业的风气日益功利化。特别是以龙门书院为代表的得到官方充足经
费的机构，能给予外地来沪的教师以屋舍等较高的待遇。因此也造成了
教师的逐利之心，"如群蚁之附膻"而来，却对于教育之道并不专注。
这种逐利之心，不同于衰败的传统书院教师之因循苟安，却以另一种极
具私利的心态侵蚀了教育风气，被当时的上海士绅们所诟病。

　　汤寿潜之所以被上海的士绅选为龙门书院的山长，既与他长于经
世、精通西学的学术地位有关，也与其淡泊名利的声望密不可分。汤寿
潜接任龙门书院山长，是在庚子事变之后，其时汤寿潜曾多次拒绝朝廷
的官职任命。1903 年，清政府委派他作为京师大学堂总教习，他坚辞
不受。1904 年，汤寿潜被任命为两淮盐运使，他辞不赴任。此时汤寿
潜的理由是母亲生病未可久离、自己望轻资浅易于溺职等等②，汤寿潜
对于家族长辈的孝顺奉养确是事实，但屡次拒绝官职也有其更深层次的
想法。从汤寿潜长期以来对于任官的态度而论，如上文所述，既是有自
幼以来对官吏腐败、压榨百姓的官场的厌恶情绪，也有对封建官员追求
个人利禄而不为百姓经世造福的痛恨之心。因此在后来的《诫子书》曾
经提到："吾虽言近功利，而不为仕进，视后之谈富强、心利禄者，有

---

① 《师说》，《申报》1872 年 8 月 17 日。
② 汤寿潜：《前安徽青阳县汤呈浙院请奏辞署两淮盐运使文》，参见政协浙江省萧山市
　　委员会文史工作委员会编：《汤寿潜史料专辑》，1993 年，第 512—513 页。

别也。"① 比起汤寿潜追求为民经世之道的热心，在个人的官位、钱财方面确实较为淡泊。但在地方社会的活动期间，人生目标已经成熟的汤寿潜淡泊名利则有更重要的原因。

张謇的日记中记载了1903年12月8日与汤寿潜、张元济、章梫等人的一次聚会："晤蛰先、菊生、一山、蔚生，劝蛰退者多，虽海观亦以盛名难副为蛰虑，不劝进。余设二说，请诸君答。力辞朝命，使人主知士大夫有气节一义也；天下将沦，唯实业、教育有可救亡图存之理，舍实业官不为，设至陆沈之日而相怨，当吾辈日不一措手，则事已无及一义也。二说孰长，诸君无以答。因谓蛰，若使我为政府，子奚逃？蛰笑谓，唯子不政府，故无虑。"②

与汤寿潜思想接近的张謇道出了原委，汤寿潜、张謇这些人意识到，在国家面临危机之时，唯有"实业"和"教育"是真正于国于民有利的。也由此看出，汤寿潜的"淡泊名利"之处，在于看淡与其关心的要务关系不大的事情，不愿意将精力放在自己理想之外的私利之处。在认为不能实现其经世理想的领域，即使是如同盐运使这般具有大量各色收入的"肥缺"，或是京师大学堂总教习这样会带来巨大名望的职位，都毫不犹豫地辞官告退，在其认为有利于国家"救亡图存"的领域，则会积极投身其中。

汤寿潜在担任龙门书院山长期间，最重要的事就是主导了龙门书院向初级师范学校的转型。清政府实行新政之后，传统书院向新式学堂转变的趋势已然不可阻挡。1901年9月14日，清廷宣布："除京师已设大学堂，应行切实整顿外，著各省所有书院，于省城均改设大学堂，各府

---

① 汤寿潜：《诫子书》，载汪林茂编：《中国近代思想家文库·汤寿潜卷》，中国人民大学出版社2015年版，第587页。

② 李明勋、尤世玮主编：《张謇日记》，上海辞书出版社2017年版，第521页。

及直隶州均改设中学堂，各州县均改设小学堂，并多设蒙养学堂"①，随
之全国各省书院开始转型，上海地方士绅也纷纷呼吁龙门书院改制。据
《申报》《中华日报》等媒体的报道，龙门书院改制为道属初级师范学堂，
是汤寿潜在龙门书院上任伊始就提出的想法，禀请上海道台袁树勋并得
到支持。②

汤寿潜这一想法的由来，一是他始终对维新时期"革旧习，必立师
范学堂"的口号报以推崇，二是深受东南士绅特别是张謇的影响。作为
同样抱有经世理想的张謇，很早就在江苏进行了创办师范学堂的尝试，
并有与官府打交道的丰富经验，而这些事务，汤寿潜也都参与其中。张
謇在《啬翁自订年谱》中回忆创立通州师范学堂："二月，新宁邀议兴
学次第，为先定师范中小学，新宁韪之，藩司李有梁、粮道徐树钧、盐
道胡延阻焉。乃谋于罗叔蕴振玉及寿潜，通州自立师范。"③张謇对创办
师范学堂非常热衷，在汤寿潜执掌龙门书院前夕的 1903 年，张謇曾赴
日考察，特别详细考察了日本师范学堂的建设，参观了大阪府立师范学
堂、桃山女子师范学校等处，对日本师范学堂的建校理念、课程设置、
校舍布置等都非常欣赏，认为"其命脉在政府有知识能定趣向，士大夫
能担任赞成，故上下同心以有今日"④。回国之后，张謇始终在思考中国
的师范学校发展之路，在给学生的试题中也包含着对中国师范教育的探
索。而这段时间，也是汤寿潜与东南地方的士绅在上海频频聚会之时，
张謇等人的思想给了他很大的启示。

据袁树勋给上级的报告，上海士绅为龙门书院向近代学堂转型的准

① 朱寿朋编：《光绪朝东华录（第四册）·光绪二十七年八月初二日·改书院为学堂上
谕》，中华书局 1958 年版，第 4719 页。
② 《苏松太兵备道袁海观观察禀请以上海龙门书院改为师范学堂稿及批》，《申报》
1904 年 11 月 29 日；《龙门师范之沧桑》，《中华日报》1941 年 2 月 28 日。
③ 《张謇全集》，江苏古籍出版社 1994 年版，第 863 页。
④ 李明勋、尤世玮主编：《张謇日记》，上海辞书出版社 2017 年版，第 491 页。

备由来已久。自维新变法时期，上海官绅就拟将龙门书院改制为学堂，1902年，地方官府出资，送项生、文瑞等四人赴日本的弘文书院学习考察，"归而传习，焯着明效"。汤寿潜接任山长之后，在各方影响下，提出龙门书院改制为初级师范的设想，并设计了改制的办法，"自任开示办法，交董等集议"，得到了大家的支持。汤寿潜将龙门书院改制为初级师范的想法，在士绅姚文枏给道台的信函里可以看出："与学必先师范，师范必先初级，其高等者既有京师及三江奏设矣，仰乞恩予转详，准以龙门书院改为初级师范学校，备苏松太三属小学教员之用"。① 汤寿潜在《危言》一书中曾经着重批评了晚清书院的教师，认为在学问上既"墨尿衰朽"，不能跟上时代的变化而教授新的学问，同时从教也是为了"以营求得之遥领而豢养"而缺乏社会责任感。然而当时汤寿潜对旧式书院的改革，在引入西学之外，建议加强淘汰机制，精减教师而锻炼之，但并未提出在这个逐利之风盛行的时代，如何才能"锻炼"出合格的教师来。在多次与聚集在上海的士绅们交流之后，汤寿潜逐渐理解了现代师范教育的含义，提出"与学必先师范"的观点，并从初级层面做起，寄希望于龙门师范学堂能够为苏松太地区的小学培养合格的教员。

姚文枏在给道台的信中提到，汤寿潜认为，龙门书院创立四十余年，注重"讲性理，给膏火以养通才"，在传统书院领域已经达到较高水平，此次改制也并不敢"妄议更张"而进行完全破旧立新的改革，一方面"葆惜国粹，亦雅愿过而存之"，保持中国书院原有的风格；另一方面，将"与多士讲本体用特，是法以穷变，学贵因时"，增加实学以紧跟这个时代。② 在汤寿潜看来，上海地区的师范建设又有着重要的意

---

① 《苏松太兵备道袁海观观察禀请以上海龙门书院改为师范学堂稿及批》，《申报》1904年11月29日。

② 陈元晖主编，璩鑫圭、童富勇、张守智编：《中国近代教育史资料汇编：实业教育·师范教育》，上海教育出版社2007年版，第780页。

义，"上海为通商大埠，中外观瞻系焉。苏松太三属夙产人文，欲期教育之普及，小学教员自以多多益善，名曰龙门小学师范校，于造就实学之中，仍寓告朔□羊之意"①。由此而言，汤寿潜眼中在上海的师范学校的责任有三：为中外瞩目的上海树立起教育门面，为苏松太地区的教育普及打下师资基础，为实学教育提供先行导向。

汤寿潜对龙门书院改制的方案分三个方面：一是制定学堂章程，严格限制招生规模，宁缺毋滥，龙门师范学堂成为三属小学师范，每年限制招生一百名；二是教学与实践并举，在学堂附设蒙学，师范生在初学三个月后，将蒙学的弟子分给各位师范生教授，以试验师范生是否学有所长；三是多方筹资建设新式校园，按校董会的估算，龙门师范学堂"每年修膳杂费约在一万元"，"改建讲室、添设斋舍、购置图籍、拓置操场、开办经费不下一万余金"，经费都需要预先筹措。②汤寿潜与士绅们后来采取的办法，是在龙门书院原有的捐款基础上，合并了求志书院分斋，申请得到苏松两属湘振借款划拨、各县厅捐助、上海官绅捐助等款项而解决。其中，在上海的东南士绅捐助尤为热心，张謇带头从纱业商界募集数千元支持，其他如刘锦藻等也都投入经费资助。

1904年11月，经江苏巡抚批准，上海道立龙门师范学校改造成立，士绅李平书、姚文楠成为校董。之后，汤寿潜参照日本师范的制度，分为本科甲乙两部，甲部学制五年，乙部学制三年，同时派人从日本购买动植物标本、西学书籍等新学教学器材。改制完成的龙门师范学校于1905年5月正式开课，开设算学、物理、化学、历史、地理、英文、日文等课目。辛亥革命后，江苏很多教育机构废止，学校停办，但站在

① 《苏松太兵备道袁海观观察禀请以上海龙门书院改为师范学堂稿及批》，《申报》1904年11月29日。
② 陈元晖主编，璩鑫圭、童富勇、张守智编：《中国近代教育史资料汇编：实业教育·师范教育》，上海教育出版社2007年版，第779—782页。

时代前列的龙门师范学校依然开课，并改为江苏省立第二中学校，后改为江苏省立上海中学，"生徒都几数千人，为著名学府"。抗战时，龙门师范学校校舍毁于战火，才停顿办学。而附设作为蒙学之所的龙门师范附属小学也随之成立。根据龙门师范学校毕业的沈恩孚的回忆，"其锐意改革者，则院长、院董与住院生中之数人也"[1]。显然，在并不有利的形势下，汤寿潜调动所有可以利用的内部和外部力量，在学校改制成功中起了中流砥柱的作用，让龙门书院走上了现代学堂之路。沈恩孚将汤寿潜这种对教育改革的坚持，称之为"龙门精神"，主张龙门师范学校应该长期保持贯彻。[2]

从汤寿潜在龙门书院等教育机构的改制过程中，可以看出这个时期汤寿潜的一些经世思想的变化。首先，汤寿潜在青年时期的经世理想，得到了现实西学的支持。在《危言》一书中，汤寿潜处于浙东的乡村地区，看到了传统中国社会的弊病，揭示了中国某些落后的体制无法应对新的时代挑战的问题。然而，当时的汤寿潜提出的改革措施，或是仍然从传统中国的文化中寻求对策，或是向认识中模糊笼统的西学中寻找出路。以书院为例，汤寿潜寄望于旧式书院引入西学教育为中国储备人才，又通过购置的西书——明末清初艾儒略的《西学凡》和传闻的现代西方学科来设想书院的西学课程设置。

在上海之后，已具有功名的汤寿潜融入了当时东南士绅的交友圈，与更紧密接触了西学的张謇等人的交流更为频繁，并亲身见识了制造局翻译馆等西学机构，让其对原来模糊的西学概念有了更实际、更全面、

---

① 沈恩孚:《龙门师范十周年纪念文》，载陈元晖主编，璩鑫圭、童富勇、张守智编：《中国近代教育史资料汇编：实业教育·师范教育》，上海教育出版社2007年版，第759页。

② 沈恩孚:《龙门师范十周年纪念文》，载陈元晖主编，璩鑫圭、童富勇、张守智编：《中国近代教育史资料汇编：实业教育·师范教育》，上海教育出版社2007年版，第759页。

更清晰的了解，知道了师范学堂这类可以培训合格教师的机构，以及这些新式教育机构的各类优点。认识到这些之后，汤寿潜观念转变很快，不再寄希望于旧式书院本身的改良，而是坚定地坚持书院改制为现代化的师范学堂，同时积极学习日本的现有教育制度。1907年，给在学部任事的罗振玉的《议复罗署正教育计划草案》中，汤寿潜已经提出了前后承接、主次分明的近代教育体系："自幼稚园而小学，而中学，而大学为干；自小学而中等实业，自中学而高等教育实业，或自初等小学而初等实业为枝。"并设想设立"两等小学、初级实业学堂"，"中学堂、中等实业学校、体操学校"，"初级师范和实业教员养成所"，"法政学堂、高等学堂、优级师范"，"高等农业、高等医学、高等工业"五大教育领域。[①]由此看出，汤寿潜已经抛弃了在《危言》中试图改造传统书院的理想，而转向全面推广近代化职业学堂，并重视作为强国之本的实业教育，在各个级别的学校中都有涉及。

在龙门书院改制之后，汤寿潜将上海的经验引入浙江，在家乡也积极创办师范学校。1905年11月，汤寿潜与浙江绅商沈炳经合作，在杭州大东门直街旧仁和县奉化会馆创办杭州初级师范学堂，是浙江最早的私立初级师范学堂，学制一年，分简易科两班，与同年成立的浙江高等学堂师范科并列为近代浙江最早的师范学校。在1912年汤寿潜告老归乡之后，以"当今国人之当务，莫先于教育；教育之待弘，莫急于师范"[②]为宗旨，在女婿马一浮协助下，于山阴县筹办兼山师范学校，并以蒙学的标准创办大汤坞、欢潭两所完全小学，方便家乡儿童入学。通过改革教育机构以培养新式人才、培养合格的近代教师，是汤寿潜长期

---

① 汤寿潜：《议复罗署正教育计划草案》，载政协浙江省萧山市委员会文史工作委员会编：《汤寿潜史料专辑》，1993年，第483页。

② 汤寿潜述，马一浮代撰：《设立兼山师范学校缘起》，载汪林茂编：《中国近代思想家文库·汤寿潜卷》，中国人民大学出版社2015年版，第583页。

坚持的经世理想。值得注意的是，在汤寿潜后来所设立的龙门师范小学、大汤坞小学等针对幼儿青少年的基础教育中，特别重视开设"国文""修身"等"德育"课程，也可以看成是其重视道德和传统文化教育的实践行动。

在汤寿潜的教育实践活动中，聚集于上海的交友圈给予汤寿潜全方位的帮助，也成为其实现经世理想所重视的依靠力量。汤寿潜因其功名和《危言》而名声鹊起，在浙江甚至东南的士绅群体中具有"长于经世"之名，而汤寿潜在金华、南浔等地讲学所坚持的社会责任感与淡泊名利之心，也让其在当时具有很高的人望，这些朋友给予了当时汤寿潜的事业以极大的帮助。相对而言，张元济、汪康年等浙江同乡从事和注重文化教育事业，他们为汤寿潜提供了更深入学习西学的机会和条件，经常推荐西学书籍和介绍西学传播机构，使短短几年之间，汤寿潜对西学的认识有了非常巨大的进步。同时，他们也成为汤寿潜进入上海文教界的媒介，例如汤寿潜担任龙门书院山长就是经张元济所介绍，而汪康年则通过其所主办的《时务报》将汤寿潜参与东南互保等事迹报道出来。张謇、蒋锡绅、周庆云等士绅重视实业，他们深刻认同汤寿潜教育与实业是重中之重的观念，对于借助汤寿潜的名望而推进东南地区的教育改革有着深切的期望，因此在本地教育改革时常邀请汤寿潜参与，给予了汤寿潜观摩和实践的机会。而张謇又有过长期出国考察的经历，给未曾出国的汤寿潜提供了龙门书院转型可以直接借鉴的日本师范范本，使汤寿潜的经世理念具有了实践上的可操作性。刘锦藻、蒋抑卮等江浙绅商则与汤寿潜因地方教育事业相识，初始被汤寿潜的学问所折服，继而认同汤寿潜的经世理念，在汤寿潜主导的龙门书院改制以及以后的保路运动、辛亥革命中，这些绅商始终给予汤寿潜经费上的支持。同时，汤寿潜对地方官府和西方文化的态度有了很大的改变。在地方上的长期活动中，汤寿潜看到了西方势力入侵对中国地方经济社会造成的负面影响，特别是教育界人士纷纷进入上海以牟私利为追求，给具有传统经世理想的汤寿潜以极大震撼，因此转而重视宣扬传统经世思想中以天下为己任的担当精神。一些东南地方官员在教育事业上给予他的帮助，使汤寿潜在一定程度上对官府缓解了恶感，与浙江地方官府保持了很好的交往。

小　结

汤寿潜是传统教育体系培养出来的士子，自幼苦读于天乐乡的村塾，年轻时游学于省城杭州的书院。取得功名后，汤寿潜不恋官职，长期任教于浙江、上海等地的书院，并主持了教育近代转型改革，得到当地士绅的赞誉。在投身浙路运动、立宪运动等事业之后，汤寿潜仍然对教育念念不忘，创办了很多职业学校。在民国建立，退隐乡间之后，汤寿潜也在家乡创办了新式小学。若从 1873 年游学杭州起，至 1905 年初离开龙门书院，汤寿潜有三十多年的时间是与教育领域紧密接触的，对教育自然有着深刻的感受和自己的见解。

《危言》著于其杭州游学末期，其中的教育改革思想，是汤寿潜基于对旧式书院深切感受的反思、对口岸城市的学堂接触后的启发、对清廷在边疆危机和社会治理中屡屡失策的愤慨之产物。汤寿潜认为，中国的危机来自于官僚群体的无能与颟顸，其根源则在于教育中经世内容的缺失，既包括封建王公子弟所受教育的封闭和浅陋，也包括广大士子在落后的书院体制下接受以"毕力于帖括"为主的教育，在学术观念上则抗拒西学的进入。汤寿潜提出的改革方案是，学术上破除中学、西学的壁垒，将西学纳入书院教育范畴；教育体制上，高层的王公贵族改学实学和西学，理解民间的实际需求，并走出国门了解世界的潮流；地方书院除旧布新，学习西学机构模式，聘请精于西学的教师，以培养能够应对时代需求的专业人才为主，学校则起到"以正其心志"的辅助作用。在教育改革的同时，科举考试等选拔制度也随着改变，加入西学等经世内容，并限制保举、候补等用人制度给经世人才致仕造成的恶劣影响。

在青阳辞官之后，汤寿潜完成了从一介书生到地方士绅与活动家的身份转变，也是他的经世思想发生较大变化的时期。甲午战败后的反思之中，朝野力求以实学为主的经世之风，并逐步掀起维新变革的风潮。已获得功名，并有经世著作问世的汤寿潜，在东南地方社会获得了很高的评价，也给他创造了经世实践的绝好机会，可以将其改革的理想付诸实施。基于与张謇等东南士绅的救国理念相同，汤寿潜认为教育与实业最为重要，教育针对年轻士子，实业则为老百姓，可见其基于地方民众本位的经世定位。汤寿潜在这段时期的实践事务中，实业方面主要是协助张謇合办了一些小型企业，而大多数的时间和精力是参与地方教育，担任各地书院的山长，参与传统教育的近代化转型。在维新变法时期，汤寿潜也参与了《经世报》的创办，作为教育系统的补充，也通过新式媒体将经世意识向社会传播。这些实践的过程中，汤寿潜的教育思想有从重视对包含西学在内的实学的讲学传播，到同样重视士人社会担当精神的培养宣传的演变过程。

汤寿潜之所以被东南地方士绅所推崇，并极力延请至各地讲学，是因为他在《危言》等著作中，面对新的时代提出了包含西学在内的新"治法"和"治术"，因此被学界、政界高度评价为善于"讲究利病"。在教育的具体实践上，汤寿潜担任金华、南浔等地书院山长时期，尝试将其之前在著述中所设计的教育模式与地方经济文化相结合，将包含传统与西学在内的经世之学在各地书院宣传，以期能够"一扫空疏迂阔"的学风，培养能应对新时代问题的士子。在金华丽正书院，汤寿潜试图将西学融合进自吕祖谦以来的传统教育模式中。在浙西南浔书院，汤寿潜则更注重进行浙东以经史致用的学风传播，再继之以西学的融入教育。在西学兴盛、思想开明的上海龙门书院，汤寿潜则积极进行现代化学校的转型与改造，并加强传统道德教育。在经世之学"治体"的指导原则上，得益于东南士绅精英的帮助，汤寿潜接受到更多更完整的西学知识，并开始尝试将海外的模式移入中国，例如在上海、杭州建立起完整师范教育体系。

甲午战争之后，清政府向民间开放工商业，使具有崇实重商传统的东南社会兴起逐利之风。西学所带来的近代工商业，更助推了个人财富的飞速增长，士大夫群体也受到冲击。汤寿潜在这样的时代大潮中，开始从年轻时期专注和传播"治术"，回溯到对"治道"层面的重视，力图从传统道德文化，甚至是以前所反感的"性理"之学中，强化和重塑以"治国平天下"为人生价值的士大夫精神，这也是他重视师范学校建设的原因之一。即使后来远离了教育事务，汤寿潜也对中国传统文化的宣传很是重视和支持。1903年，汤寿潜与沈五林等人在沪创办"会文学社"，不久后更名为"会文堂书局"，注重新式教科书与传统古籍的推广。① 汤寿潜在"会文学社"发行、邵章编的《经史百家序录》的序言中呼吁对旧学的重视："新学之不兴，可耻也，旧学之将熄，尤可哀也……序录诸书虽旧典陈文，而中国三千年政治之沿革，学术之流别，

---

① 关于上海会文堂书局的由来，学界多认为先有1903年成立的"会文学社"，后成立书局。陈志放则认为，1899年汤寿潜在上海参办会文堂书局。见陈志放：《汤寿潜年谱》，载政协浙江省萧山市委员会文史工作委员会编：《汤寿潜史料专辑》，1993年版，第619年。根据1902年会文学社已出版《经史百家序录》等书籍的情况来看，可以陈说更接近事实，但笔者目前也尚未找到相关的切实证据。关于该书局的传承杨丽莹认为，传承自汤、沈二人开设于绍兴悬西桥的"会文堂书庄"。见杨丽莹：《清末民初的石印术与石印本研究：以上海地区为中心》，上海古籍出版社2018年版，第56页。常乐在梳理辛亥时期与光复会有关的绍兴文化机构时，亦提到"绍兴会文堂书局"。见常乐：《辛亥革命时期与光复会活动有关的绍兴文化教育机构》，中国人民政治协商会议浙江省绍兴县委员会文史资料工作委员会编：《绍兴文史资料选编》第11辑，浙江省新闻出版局1991年版，第60页。但笔者目前尚未发现绍沪之间两个机构传承关系的切实证据。

国计民生之息耗，隐括于是。寻而绎之，即泰东西之新理，新学往往异地同揆，不相师而未必不相合。"①山阴人沈知方等在上海创办出版机构国学扶轮社，以刊行中国传统文化读物为主，1909 年汤寿潜为其新编的《国朝文汇》所撰的"序"中，描述保存清代文集的重要性："道、咸以降，海内羹沸，不遑文艺之事，敞至于今日，而凛乎将有散亡之惧，重以渐染欧风，捋扯和体，益用连犿。"②年轻时期，汤寿潜对文艺之事是较为批判的，实学才被认为是有用之学。而此时的汤寿潜，则将其看成是精神传承的重要部分，更关注在欧风侵袭之下对传统道德精神的保护和传承。1913 年，杭州建朱舜水祠，成立舜水学社，汤寿潜被推举为社长，在为其婿马一浮所编的《舜水遗书》作序时，他高度赞扬朱舜水在日本传播"中土之礼义"的功绩，认为这是值得后世学子所学习和继承的。③也正是这种精神的体现，使他在后来的保路运动、辛亥革命等重大事件中，得到东南士民的拥戴。

汤寿潜的教育思想及其演变，也反映出浙东学派的士大夫面临近代化所带来的两大挑战：知识的转型与精神的调适。汤寿潜的教育目标，始终是培养能够应对新时势的经世官员，遵循了传统学而优则仕的原则。在两汉之际，儒生与文吏开始融合，儒生学习官吏的治理之道，又保持"治平"与"大同"的儒家理想，上为朝廷和君主治理地方，保证赋税和稳定，下为黎民请命，维护民生和安宁，成为传统中国的社会中坚力量。在自然经济和王朝政治的前提下，士大夫从儒学经典汲取治道精神和价值取向，从经史为主的经世教育体系吸收治道和治法，并通过

① 汤寿潜：《〈经史百家序录〉序》，邵章辑：《经史百家序录》，光绪二十八年（1902 年）会文学社石印本。载汪林茂编：《中国近代思想家文库·汤寿潜卷》，中国人民大学出版社 2015 年版，第 522 页。

② 汤寿潜：《新编〈国朝文汇〉序》，《教育杂志》1909 年第 12 卷第 22 期，第 28—29 页。

③ 汤寿潜：《〈舜水遗书〉序》，载汪林茂编：《中国近代思想家文库·汤寿潜卷》，中国人民大学出版社 2015 年版，第 578 页。

入仕为官的实践而提升治理能力。

　　晚清中国面临着古今之变，一方面在经世知识方面遭遇西学的冲击。西学带来了新的知识体系与范畴，在经济社会等很多领域体现出对传统中学的优势，也引起了知识体系内的文化冲突。汤寿潜以"西学中源说"为前提，将西学纳入浙东经世文化的框架之下，消解了中学与西学之间的紧张，也能更好地在书院等传统教育机构倡导并传播西学。从浙东学派的学术传统而言，他主张博综各家之说，对外来学问没有很强的排斥心理。而其事功主义的特点，以及民生为本的倾向，也较容易接受能对民生带来实际利益的西学知识。汤寿潜在金华等地担任山长时，敏锐地感受到了甲午战争之后国家改革时代的到来，在教学中将历代改革者的救世精神与西学的政治社会变革内容相融合，体现了浙东学派义利观结合的教学风格。然而传统学术体系所培养的汤寿潜，面对不断涌入的庞杂的西学知识，也无力教授一个分科类目细致繁多的近代学科体系。在南浔、上海等地的书院经历可以看到，汤寿潜以其实学名声和经世精神而主持了教育机构的近代改革，但后续学科教育体系的开展，实赖于蒋智由、沈恩孚等接受过西学教育或出国考察的后继者来实现。

　　另一方面，随着"西学东渐"的加深和社会工商实业的兴起，获得西学知识者凭此而追求个人财富与利禄，却淡化了士大夫所应秉持的治世理想，这种风气在东南地方特别是上海迅速弥漫开来，这与汤寿潜的教育初衷相背。浙东学派所秉持的事功主义，是强调内在修养的道德观由外在的功利行为体现出来。陈亮等人所提倡的"义利统一"，其中的"利"主要为"公利"，也即浙东学派儒家的"治道"是对全天下百姓的责任意识[①]，这也与汤寿潜的经世意识相通。在西学风潮与近代工商业

---

①　例如陈亮在《普明寺长生谷记》中指出，儒者的"治道之极"，是使得"并邑之间，有无相通，缓急相救。是以疾病死丧，民无遗憾；鳏寡孤独，天有全功"。参见陈亮著，邓广铭点校：《陈亮集》（增订本），河北教育出版社 2003 年版，第 222 页。

冲击下，近代上海及周边地区开始出现类似以英国边沁为代表的个人主义思潮。这种基于个人利己主义而实现大多数人幸福的西方思想，与汤寿潜所坚持的经世观念有着较大的差别，也是他较为排斥的，并影响到其后来的教育理念。汤寿潜在《议复罗署正教育计划草案》中认为，在这种"功利主义浸润人心"的教育风气下，朝廷选拔人才自然可以"汲汲擢用之"，但"可言破格，不可言量材也"。[①] 在论述设立兼山师范学校的缘起时，汤寿潜通过马一浮之笔，将传统的"仁义"置于平民教育之首位，提出"仁义者，所以尽伦也，道由是立而教由是兴"。[②] 晚年汤寿潜对经世道德的教育，寄托于中国传统文化典籍的整理和保存，并对当时正在兴起的"国粹"运动颇为赞许，但并未形成系统的变革思想。可能面对越来越进入近代化学科模式的中国教育趋势，汤寿潜在深知其势不可违背的情况下，也对传统士大夫时代的逝去感到无奈与失落。

[①] 汤寿潜：《议复罗署正教育计划草案》，参见政协浙江省萧山市委员会文史工作委员会编：《汤寿潜史料专辑》，1993 年，第 485 页。

[②] 汤寿潜述，马一浮代撰：《设立兼山师范学校缘起》，载汪林茂编：《中国近代思想家文库·汤寿潜卷》，中国人民大学出版社 2015 年版，第 582—583 页。

第 四 章

"任商"与"匡民"：早期的经济思想

汤寿潜的经济意识及思想，以其人生经历而划分，大致可以分为四个阶段：幼时在乡间，接受了长辈经济务实的教育，他见识到商业带来的民生改善，是为最初的萌发阶段；杭州游学时，汤寿潜走出四书五经的知识范围，融入进浙东学派的传承中，他在注重经济学问的诂经精舍确定了学术方向，并埋首在传统制度沿革的整理探索中，是为学习阶段；在外游历、地方活动时期，汤寿潜扩展了视野，积极思考中国的现实社会经济问题，完成了《危言》《理财百策》等著述，是为成型阶段；从领导浙路运动至担任民国交通总长，汤寿潜参与到清末民初经济活动的实践中，是为成熟阶段。

杭州游学时期，汤寿潜在为科举而努力之余，始终在探究中国的经济问题。在刻苦撰写《三通考辑要》时，秉持史学经世的浙东学术传统，将田赋等经济方面的内容放在首位，力图从历朝制度沿革的梳理中，寻求解决晚清经济危机的办法。在外游历过程中，汤寿潜见识了地方政府与民间社会运作，并在治河实践中锻炼了经世能力。同时，汤寿潜开始对西学重视、对上海产生了兴趣，其中很重要的原因，就是看到中西交融下上海商业繁荣、市民富足的景象，以及在上海辐射下的东南地区逐步出现经济发达的趋向，这在其为刘墉所作的传记中表露无遗。这些因素，促使汤寿潜在历史、现实、西学三者之间寻求答案，形成其早期的经济思想。

19世纪晚期的中国，正处于经济近代化的转型期，经济问题引发的矛盾层出不穷。一是财政危机。如前文所述，太平天国战乱以来清朝陷入空前的财政危机，尤其是富庶的江南之地，田地荒芜，商肆焚毁，导致正常的田赋税收剧减，中枢户部银库积余急剧减少，地方库贮亦陷入困境。清廷为应付危机，在传统的正式财政以外，引入众多非正式财政收入，例如厘金、捐纳、报效、发钞、举债、创办等。这些非正式财政往往成为压榨百姓的手段，引起更深重的社会危机。

二是洋务困局。被朝野寄予"自强"和"求富"期望的洋务企业，官督商办模式的弊端尽现。洋务运动的标志性成果轮船招商局，在经历了短期兴盛后出现了严重的官商矛盾，1884年盛宣怀以官方代表身份兼任督办和总办，买办徐润、郑观应等人因私自挪用巨款而被革除职务，清廷掌握了企业的主导权，却无力改变其负债多、获利少的局面。作为工业化标志之一的铁路建设也屡遭排斥，继英商修建的吴淞铁路被清政府赎回拆毁之后，刘铭传、李鸿章等疆吏于1880年底又上奏力陈修筑铁路的必要，遭到守旧派的阻挠，最终被清廷发上谕驳回。

三是民企困境。在官督商办企业、国家实业陷入困境的同时，受洋务运动影响的民间资本开始兴起，在采矿业、航运业、纺织业、造船业等领域，一批民间企业陆续出现。据当代学者研究，1882年至1887年，《申报》上刊载过股票买卖价格的共有36家企业。[①] 这些民间商办企业虽然充满活力，但往往既得不到清朝官府的支持，又被其各方面压制，在制度和管理方面也存在种种不足，壮大发展遇到很大

---

① 朱荫贵：《近代中国的第一批股份制企业》，《历史研究》2001年第5期。

困难。①

中国经济引起的动荡和争议，成为朝野经世者的关注点。汤寿潜虽然身处书院和地方，却时刻关注着经济社会危机，以"拯时""应俗"的态度对其进行了深入的思考。面对直接关系国计民生的现实经济问题，汤寿潜凭借史学、实学、西学方面的知识积累，进行了技术、制度、思想文化方面的综合性探讨，以期找出行之有效的"医国"之道。《三通考辑要》中，汤寿潜总结了田赋等历代经济制度的沿革特点。《危言》《理财百策》等著作中，汤寿潜提出了较完整的经济改革的方案，也反映了他早期的经济思想。陈遹声在其《三通考辑要》的序言中，以天下渴求"经济之儒"的角度，赞誉"东南言经济者首推汤子"。从为官多年、有丰富执政经验的陈遹声的评价中看出，尽管此时汤寿潜尚未接触太多经济实务，却能够对中国经济问题提出卓有见识的看法，证明其经济思想在晚清的改革思潮中具有重要的价值。结合中国传统、晚清现实与西学知识，汤寿潜着重探讨了传统税制、非正常收入、近代新兴行业、对外开放等方面的改革。这些经济问题探讨的背后，是作为年轻士子的汤寿潜，对处于"数千年未有之变局"之时代下百姓民生的担忧，也寄托着对改革领导者清政府进行转型的期望。

笔者通过对汤寿潜著述的梳理，认为其早期经济思想可以分为四个部分：以"匡民"和"任商"为原则，在传统税收体系中提升地方商民的地位；以清除非正式税收、提高"税商"比重为旨，推动国家财政向工商业倾斜；以组织健全工商市场、保护商民财产为目标，实现政府治理的近代转型；以加强华洋互动、扩大对外开放为策，促进中国人的近代化转型。

---

① 当时民间开设商办企业，常常被清廷强制要求纳入官督商办的体系。以织布业为例，上海机器织布局章程中就规定："经通商大臣批定，嗣后有人仿办，只准附股入局，不准另行开设。"参见孙毓棠编：《中国近代工业史资料》第一辑下册，中华书局 1962 年版，第 1043 页。

第一节 "匡民"与"任商"：传统税制的近代改革

清朝的税收体制，继承的是中国传统帝制时代以"征农"为主的赋税制度。经过雍正年间"摊丁入亩""火耗归公"等制度改革，在清朝中前期建立起以田赋、盐课、关税和杂赋①为主要来源、尽量减少非正式税收的"税地型"赋税体系。以乾隆三十一年（1766年）的赋税结构来看，各项收入分别为田赋72.6%、盐课10.1%、关税9.5%，杂赋7.9%。②太平天国战乱以及中外战争赔款引起财政危机后，传统税源既受到战争的直接影响，而清廷采取的补救措施不当，地方官吏又趁机盘剥，成为百姓沉重的负担。后来马一浮为汤寿潜写的墓志铭中，这样描述他在撰写《危言》时的心理："周览得失夕思以革易时敝，匡民理国"③。由此可见，汤寿潜对国家政策的探讨，以匡计民生为前提，对百姓危害最大的赋税制度，自然成为其关注的问题。

《危言》的《钱粮》篇，提出了如何整顿赋税，解决制度漏洞，抵制官吏腐败，减轻百姓负担。汤寿潜指出，清朝开国后革除了明末重赋弊端，规范了征收钱粮的措施，并在灾荒时期注重对百姓赋税的减免。但是朝廷千方百计的减税努力，也不足以抵消官吏在征税过程中的大肆盘剥。地方官吏将赋税欠收问题，往往归罪于百姓"抗欠"而横加欺压，"朝廷千百计之亭毒，不足敌墨吏千百辈之朘削，氓之蚩蚩，其何以自脱于密网矣"④。

---

① 清朝的杂赋名目繁多，例如鱼课、矿课、茶课、旗地租、学田租、牙税、槽粮附加、捐输等，在赋税体系中所占比例不高，名目根据赋税需求而时隐时现。

② 周志初：《晚清财政经济研究》，齐鲁书社2002年版，第29页。

③ 马一浮：《绍兴汤先生墓志铭》，载政协浙江省萧山市委员会文史工作委员会编：《汤寿潜史料专辑》，1993年，第204页。

④ 汤寿潜：《危言·卷二·钱粮》，光绪二十一年（1895年）石印本，第18页。

汤寿潜认为，赋税引起朝廷欠收、百姓受苦的根源，在于其中的钱粮折色制度。清代钱粮折色规定羡余归公，以前不以银计，并未出现大的问题。但后来规定皆以银核计，特别是五口通商之后，洋银大量涌入中国内地，东南各省已以洋银为准。而乡间百姓囿于见识匮乏，"既不知有银，自不知有银价，更不知洋银折银之价"。正是信息不对称的问题，给了官吏盘剥的空间，"吏即如例榜示，而榷算之胥，带征之役，其手可上下也"。更严重的是，胥役私自提高银价，"漏催捵阁，大头小尾，弊孔百出"，汤寿潜感叹"今未有吏而不增易银价者乎？"① 官吏征收时，滚单、由单等账目都能明示，但是公布的折银之数，则让百姓瞠目无所知，徒耗一层单费。对于百姓的质疑，官吏毫不在乎，"夫公家但问民以粮不粮，而不区夫陈不陈，乃羡余以外一加再加"②。这就导致了严重的社会矛盾，"百姓止此脂膏，而磨牙铦爪者有加无已，其黠者纷然去民而为吏，愚者则盗耳贼耳，浸淫至于不可收拾"。盘剥百姓的官吏"皆裸身来而，饱橐橐挈妻子以去"，并不会承担社会危机的责任，则朝廷所期望的钱粮赋税和社会稳定均被破坏了，此为"无穷之祸矣"。③

据汤寿潜观察，这一问题东南各省多有之，且已根深蒂固，地方官与中枢相勾结，"大吏以此略之，京员以此饵之"，无人为百姓做主。即使朝廷下旨调查，也因为此问题的隐蔽性，官吏仅以"查无此弊"一语复之而已。清廷为整治田赋积弊，根据冯桂芬、刘恩溥等人的建议，于光绪十二年制定了民欠征信册制度，以杜绝官员贪腐。但征信册也被地方官吏随意涂改，"一文不欠，而征信册所欠累累也"④。

---

① 汤寿潜：《危言·卷二·钱粮》，光绪二十一年（1895年）石印本，第18页。
② 汤寿潜：《危言·卷二·钱粮》，光绪二十一年（1895年）石印本，第19页。
③ 汤寿潜：《危言·卷二·钱粮》，光绪二十一年（1895年）石印本，第19页。
④ 汤寿潜：《危言·卷二·钱粮》，光绪二十一年（1895年）石印本，第20页。

汤寿潜建议由官府直接将银价向社会公开。开征之时，督抚将由省府核定的银价下发到府一级官府，由官府大张晓谕，不需要繁文套语，仅简单陈述"某年月某州或县，完纳粮米制钱若干文，准银一两，每两加耗羡平余若干"，使百姓能够一目了然，避免了官吏上下其手的空间，而没有丝毫损于盘剥。同时需要朝廷严旨布告中外，严惩通过银价压榨百姓的官吏，有以陈粮加价者，查实杀无赦，"垫完"者严厉斥责之。在《钱粮》篇中，汤寿潜批评了朝廷不顾务实，而与民间信息缺乏沟通的情况，遇到大庆典、大灾害时需要捐助，其所颁布的膳黄必是煌煌数千言，上谕部议、督抚之奏也都是连篇累牍，"愚民无知，即略识丁字者，曾不数行，首尾茫然矣。大抵城门通衢，不得不张贴一二，若僻乡，从未见有膳黄者"[1]。因此在文告方面既要抵达基层乡里，行文也要简朴务实，"兴利不如除害，增令不如省文，厘剔钱粮之积弊，其急务已"[2]。与当时众多官员为朝廷谋划钱粮而保证赋税的角度不同，汤寿潜对钱粮改革的设想，从体恤百姓的角度出发。而其改革设想，是希望在赋税系统中能够形成上下畅通的财政信息渠道，朝廷负起向民众传达银价之责，百姓则获得财政的知情权。

盐业捐税是传统时代重要的税收之一，盐政也成为历代朝野争论激烈的领域。清朝中前期继承了明朝"官督商销"的纲盐制，由政府特许的专卖盐商领取盐引，到指定的产盐区向灶户买盐，再运输到指定的销盐区出售。这种制度为朝廷所信任的少数盐商垄断盐业提供了特权。垄断之下，导致产盐质量极差且价格昂贵，也因此引发私盐泛滥。至嘉道时期，私盐引起盐引大量积压，盐课严重拖欠，导致清朝财政严重亏空。咸丰年间战乱之后，盐业运输不畅，食盐价格不断增高，民众无力

---

① 汤寿潜：《危言·卷二·钱粮》，光绪二十一年（1895年）石印本，第19页。
② 汤寿潜：《危言·卷二·钱粮》，光绪二十一年（1895年）石印本，第20页。

购买，盐商为保证利益又以次充好，导致"民食愈艰"①。针对盐政的衰败，嘉道时期有着长期幕府经历的经世学者包世臣曾提出精简盐官机构、转变运司职能、实行"不立商垣"的自由运销方式、各盐区核定税率、先课后盐的征税、加强盐政监察等设想。②然而随着战争的冲击，其改革措施也被中止。后李鸿章等人变相恢复了纲盐法，盐政腐败、私盐泛滥等问题依然严重。

在《盐捐》篇中，汤寿潜继承了包世臣的"商办"自由运销观念，并以"官盐"和"私盐"为重点，论述了"公"与"私"的关系。汤寿潜认为盐政的痼疾在于私人垄断，而朝廷强调盐业禁止为私，分"掣私、场私、灶私、垣私、邻私，漕私、船私、营私、商私、功私、枭私"，但是这种表面上的"仇私"，其实是以私召私，大多为"官私"性质的垄断。在盐政机构中，官员将产盐视为自己的私人产业，而且运使、盐道等官员私人馈赠的陋规节寿，又何尝不是"私"？正式的官僚机构就已经成为私有，以此机构去缉私，也失去了缉私的意义："枭私能缉，商私能缉乎？商私能缉，官私能缉乎？官私能缉，缉私之官私能缉乎？"③缉私成为官员贪腐和控制盐政的借口，钤束愈多，头绪愈繁，奸弊愈众。而盐政的利润"归商什之七，委员什之二，州县什之一，于是商利，州县利，委员利，即奔走于商与委员州县者，为虎伥，为媒媒，亦无一不利"，处于不利地位和吃亏的，还是"公"，即政府与百姓。④

汤寿潜将盐业领域中"商"与"民"两个概念分割开来，强调清朝盐业体系实际上是"官商"一体，商成为和官一样与民争利的群体，"民以什出，国以一入。其九者，半干没，半虚糜，官渔之，吏割之，胥侵

① 郭正忠主编：《中国盐业史》（古代编），人民出版社1997年版，第761页。
② 张岩：《包世臣盐法改革思想及其近代性》，《江海学刊》2000年第4期。
③ 汤寿潜：《危言·卷二·盐捐》，光绪二十一年（1895年）石印本，第5页。
④ 汤寿潜：《危言·卷二·盐捐》，光绪二十一年（1895年）石印本，第5页。

之，役蚀之，勇耗之，枭瓜分之，商垄断之，国安得不贫，民安得不病哉！"① 在汤寿潜的眼中，盐政体系里的商因为具有官给予的特权，是垄断之商，与官吏共牟私利之商，而非正常市场下的济民之商。因此汤寿潜的"任商"建议，包括了两个方面：一是精简盐政机构，清除易于造成官商勾结与垄断的温床，只留下盐运使和盐道等高级官员，"所有官吏、胥役、勇、商悉予铲去"；二是开放盐业经营权，以州县官府介入盐政，在上由州县征盐，仍准口以定额征盐，在下则实行自由经营，开放商业市场，"人人许煮盐，人人许贩盐"。按汤寿潜的设想，由州县官府出面募人代征应，应募者按所划户口应缴岁捐，将盐捐编入地方捐税中，而此捐税先存盐库之中。这就减少了盐政机构盘剥的环节。在明清政府的盐政话语中，官府委任垄断商人运盐，而不是完全商业化，托辞之一就是考虑到交通不便的地方，普通民众缺乏运盐意愿，而借助有实力的商帮来运达"居之寫者，乡之僻者，地之凋敝者"。汤寿潜则认为，一但盐业自由开放，在利益驱使之下，民间自有愿意运盐者："不知利之所在，如鹜趋，如蜩集，今之寫者、僻者，亦有肩贩、老弱贩，不尽由盐店也。贩有不至者，附近必有镇集，必有盐店；况海禁大开，泰西无国无华人，攘攘而往，皆为利往，岂华地而反以寫僻利或遗，天下有蚁而不肯附膻者乎？天下有蛇而不能赴壑者乎？无有也！"② 即民间商业具有很强的社会基础，是具有特权的垄断型盐政压制了民间商业的积极性。

同样对官督商销模式采取批判态度，包世臣注重财政的恢复，而汤寿潜更强调对民间商业的保护和激发。汤寿潜认为，官督商销中的导致贪腐的垄断商人，并非其"任商"思想中源于民间的普通商人，自由开放式的盐业营销，应将盐业市场完全开放给民间商人，这样既能消除官

---

① 汤寿潜：《危言·卷二·盐捐》，光绪二十一年（1895年）石印本，第5页。
② 汤寿潜：《危言·卷二·盐捐》，光绪二十一年（1895年）石印本，第7页。

吏私利,又能激发民间商业的活力。中国自西汉盐铁论以来,对于盐政模式始终争论不休,同处于晚清时代的冯桂芬、郑观应在著作也有专门论述,冯、郑二人对盐政改革的态度相比汤寿潜要谨慎得多。郑观应分析了历代盐政的多种模式,比较倾向于冯桂芬提出的"廓清窠臼、平减赋则、制造洋船、广建盐仓"四法。冯桂芬"廓清窠臼"一法也提到了精简盐政,但仅限于废除各类冗杂的捐税,而不是整个盐政机构。冯桂芬也提到招商时"无论官绅军民,皆准承运",但这是在盐政机构主导下的招商,仍未超出盐政官督商销的旧办法。[①] 而郑观应在冯氏四法之中,认为减赋最为重要。相比而言,冯、郑二人的改革方案更为稳健,汤寿潜的思想更为激进。以中国古代盐政本身而言,官督商销体制易于贪腐和压抑地方经济,但更有利于朝廷中枢控制力和权威的体现。汤寿潜作为年轻士子,显然更多是从地方的民生和利益角度出发,希求以改革减轻政府对民众的盘剥,并刺激民间经济来达到富民的目的。这既体现了浙东学派推崇重商和民富的思想,也符合盐政改革的时代潮流。

重视"匡民"的另一面是"理国",汤寿潜也在探讨朝廷如何在合理而不盘剥百姓的前提下增加其他税收,例如恢复征收鱼课。鱼课曾是元明清时代中枢和地方共同征收的税种,清朝雍正年间,浙江"摊丁入亩"改革后,将鱼课摊入地粮。汤寿潜强调古今时代的变化,古代国用较简,故不必"尽取于民而自足",因此对山川水泽之利可以任百姓自取,以"营其业而赡其生",只有如春秋齐国国用不足时,才会将"鱼盐蜃蛤"之利收归于官。[②] 汤寿潜认为中国现在也应该征收鱼课,特别是东南地区,水网纵横,渔业资源丰富且利润很高,"春水方滋,蓄鱼苗于其中,秋风荐爽,苗之寸者长以尺计,权其子母,一岁之间可赢什

---

① 冯桂芬:《校邠庐抗议(上卷)·利淮鹾议》,光绪十年(1884年)豫章刻本,第37—39页。

② 汤寿潜:《危言·卷二·鱼课》,光绪二十一年(1895年)石印本,第26页。

倍"①。汤寿潜认为，如果朝廷不介入鱼课，不仅浪费了这一税收巨利，而且导致渔业本身的混乱，豪强之民以其为世业，不肖之辖员、汛弁等官员"不待蓄养"，"税船自肥"。按汤寿潜的设想，朝廷不必特设专官，可以由州县官府负责，将鱼课视为一般性的地方税收。县官的工作，包括清理核实所属陂湖江河海口，免除微弱的水粮征收，而改为鱼课，"酌定此处水利可获鱼若干，官提几成，以为鱼课"。鱼课征收也以招商的办法，"有人包认，先一年钞即豫缴进，免被延宕，积少成多，岁益巨款"。②汤寿潜的设想中，政府征收鱼课，不仅在税收上可以增加国用，正因为政府在水域经济中的介入，还可以抑制地方豪强对渔业的垄断。而将有利于渔业的地区该水粮为鱼课，又进行招商包租水域，则是重新开发了这片区域，将这里最有潜力的经济因素激活。

对于保守派质疑鱼课是否有碍政体，汤寿潜举例中国自古的案例："渔人纪自《周官》，渔师详于《曲礼》，舟鲛守自青齐，海租增自汉宣"，认为这是先秦国家就开创的制度。同时，也援引西学书籍《地志》指出，现在西方征收渔业税可能已成潮流："美国岁得鱼约值银二千八百万两，美北界岁得鱼约值银一千五百万两；法国及瑙威国，岁得鱼约各值银一千二百万两；英国岁得鱼约值银多则二千五百万两，少则二千万两。"③汤寿潜分析，若不是西方国家政府稽核，《地志》也不可能知悉其成数。设想中国如照各国成数，折乎其中，鱼课提一二成，对国家税收就已经是大宗收入了。汤寿潜以鱼课为例，批评了清政府税收取舍失衡的问题，对关市重征，并设厘卡以梳栉之，加重了广大商民的负担，对于鱼课这样与民争利较少的税种、对国家税收有着重大收益的税种，却"顾拘滞而弃货于地"，是为治国失策之处。这一方面，汤寿潜与叶适批

评传统政府"嫉其自利而欲为国利"的思想相通。

从汤寿潜对传统赋税改革的设想，可以看出其经济思想的几个特点：一是"匡民"的治体原则，即重视赋税领域对百姓利益的保护，包括获得上下信息通道的知情权、清除官商勾结下的经济特权、扭转赋税体系中与民争利的倾向。二是"任商"的治法手段，即提倡赋税领域向民间开放，扩大自由商业的规模和影响，以此削减税收体系的低效、官僚群体的贪腐，并激活民间的商业潜力，以改善百姓的生活。三是主张赋税权归各级政府，抵制传统封建官营机构导致的权力寻租问题，抑制对民间市场的扰乱以及对百姓的变相压榨。

第二节　税商、护商与抑制特权

清朝中前期坚持了"履亩而税"田赋这一农业税为国家正税的财政格局，在工商税收方面则较为保守。进入晚清后，因战争、赔款、饥荒等带来急剧增长的财政支出，传统的田赋、盐课等税收已无法满足需要，清政府转而寻找其他充足而有弹性的收入。由此，特殊时期诞生的厘金、国债，以及之前比重不大的关税等类别的比重迅速上升，甚至厘金与关税的征收数量超过了田赋。① 与传统田赋的"征农""税地"的特点不同，厘金、关税等针对的是商人的商业活动，国债也需要以关税等作为担保。从财政史的角度而言，晚清中国正面临着财政由"税地"向"税商"的转型，也就意味着对商人地位的认识转型。在此古今之变下，各方经世学者对这些问题争议颇多，态度也不尽相同，保守者希冀回归战乱之前的农业时代，革除临时设置的诸多措施。而意识到时代变

---

① 倪玉平：《晚清财政税收的近代化转型——以同治朝的关税财政为例》，《武汉大学学报》2018 年第 4 期。

革者，如王韬、马建忠、郑观应等则主张顺应财政的转型，继而推动国家的近现代化转型。汤寿潜自幼对民间商业取赞许态度，后又深受重商的浙东学派思想影响，对这些问题也非常关注，在《危言》的《包厘》《洋税》《官号》《国债》《节流》等篇中重点阐述了自己的观点。

厘金亦称为厘捐，是清廷在平定太平天国内乱之时大规模征收的税种，也是在非常时期采取的非正式的权宜税收办法，成为战时的重要财源之一。战乱平息之后，清廷囿于财政困难，仍然没有裁撤厘金制度，光绪年间很多省份厘金率已经达到5%以上，既阻碍了商品的正常流通，也通过税负转嫁的方式加重了商民负担。朝野士子对厘金的抨击持续不断，例如郑观应即痛陈厘金导致官吏贪污严重，影响商业，主张立即"撤厘"。康有为认为厘金不仅损商，还伤农工，亦建议"撤厘"。[1]此外，王韬、薛福成等人也均有"撤厘"主张。

汤寿潜认为"厘捐利薮也，亦弊薮也"，对厘金的态度是改革而不立停。汤寿潜承认厘金之害有二：一是有利于官吏贪污克扣，"此辈尤甘充贱役，为虎导伥，必无奉公守法之人，黩货之根牢不可拔，牟利之术出而愈奇，恫喝、留难、索诈"。二是因为盘剥过重而激起民愤："商民敢怒不敢言，郁气满腔，大则隐酿为水旱，小则显激为仇抗"，而商民的抵制和躲避更导致经济的萎靡，"晚近银根溢出外洋，小民生计日蹙"。[2]这也是当时地方士绅批评厘金为"恶政"的主要理由，汤寿潜的批判也是从百姓民生的角度出发的。然而战乱之后，善后事务繁复，海防、洋务都需要巨款，因此不可能立停厘金。

汤寿潜提出对厘金的改良之法是"包办"，即每遇贸易繁盛之地，设局置委员，为了限制官吏的贪污勒索，将厘金的抽取包给坐商："唯

---

① 康有为：《请裁撤厘金片》，《康有为政论集》上册，中华书局1981年版，第357—358页。

② 汤寿潜：《危言·卷二·包厘》，光绪二十一年（1895年）石印本，第3页。

不捐之行商而捐之坐贾，非行商竟不捐也，由坐贾捐之行商，而委员第捐之坐商也。不问城乡镇集，凡出产货物，必有行栈铺户为之存贮发运。向章甲货岁捐若干，乙货岁捐若干，厘局必有底薄可查。试集业甲乙各货之行栈等，令之认定捐数，稽查抽取。若烛照数计，无从朦混，不以官与，但坐总其成。溢则听之，为吾民稍留元气，不及额则责令偿足，庶几国用有著。"①

汤寿潜提出的"任商"方案，强调以商人的力量来替代官府，介入到厘金的主要收取环节，而"不以官与"。以商办为主，就限制了官吏盘剥的可能性，减轻了行商的负担，"商民既不被恫喝、留难、索诈之累，扬帆任去，不问所之"②。以商代官，对于民间经济活力的复兴有利，而辅之以差额补偿措施之后，国家税收也能够得到保障，同时可以除去多余的冗员，"内地各局卡，可节去司事、巡丁，与夫分卡、巡船一切浮费"，减轻了朝廷的负担。朝廷、绅商、包办者均有利可图，利国利民。唯一受到损失的，仅仅是不肖之官吏，堵死了他们额外婪取的途径。

对于洋货进口的厘金问题，汤寿潜建议仍然按照海关条约征收，将入关的洋货依据条约看成行商货物，而运抵内地售自华人之后则为华货，责令包缴厘金，以后华洋改约之时定为洋货内地抽厘。这种包办的方法在沿海地区已有先例，广东就曾经对洋药施行包办捐厘，汤寿潜认为洋药可以包办，则百货皆可包办，广东可包办，则全国各省皆可包办。汤寿潜特别提到，包办厘金也可有利于外交，因为中国厘金弊端丛生，被外国使节据此要挟攻击，厘金改革之后，官吏舞弊杜绝，外国人的借口也就不存在了。在汤寿潜的设想中，中国厘金制度的改革走向，

---

① 汤寿潜：《危言·卷二·包厘》，光绪二十一年（1895年）石印本，第3页。

② 汤寿潜：《危言·卷二·包厘》，光绪二十一年（1895年）石印本，第3—4页。

应学习上海等口岸城市中出现的现代商局，"上海如糖如绸等业，已有分设商董，如法包征者，朝廷诚推而广之"①，即商人以近代董事的身份，参与到厘金征收的体系中去。

厘金的存废是当时经世学者普遍关注的问题，与郑观应等人提出将所有厘卡"一并裁撤，并归洋关"的观点不同，汤寿潜肯定了厘金仍然应该存在的合理性。

相较而言，时任招商局帮办的郑观应从政府制度的角度出发，注重税费制度的正规化，倾向于减少中间环节来抵制贪腐，抑制官吏对商人的压榨。而汤寿潜则从地方民生的角度，希望绅商能参与到税收权力体系之中，既保证地方士民能够"稍留元气"，也能让朝廷"国用有着"，以求得官民利益的平衡。同时，汤寿潜与郑观应都看到了厘金在中外关系上的重要影响。在汤寿潜看来，洋商抓住厘金制度的弊端为凭据，"举中国厘卡舞弊一二小节，合词要挟"，这是因为这一制度确实存在各种问题。以商办进行制度革新，使厘金体系更能廉洁和高效，也更能为中外商人所接受，洋人就失去了要挟的借口。②

关税是商品流通税，清代根据针对国内与国外商品征税的不同，分为常关和洋关。五口通商之后，洋税迅猛增长，成为清政府的重要税源之一。汤寿潜对其关注已久，且通过西学书籍了解到欧洲的关税政策。通过比较，汤寿潜认为，清廷虽然倚重关税，但是对待关税的态度却是与传统税收思想一样。传统时代田赋缴税有限，税收遵循"量入为出"的原则，清初为了稳定社会和恢复生产，对田赋税收也保持在较低的水平。而晚清政府对关税的认知，也继承了传统思维，保持着低税率的做法："关税厘捐，视田赋更减，凡以为吾民留元气，故务从其轻也。"③西

---

① 汤寿潜：《危言·卷二·包厘》，光绪二十一年（1895年）石印本，第4页。
② 汤寿潜：《危言·卷二·包厘》，光绪二十一年（1895年）石印本，第4页。
③ 汤寿潜：《危言·卷二·洋税》，光绪二十一年（1895年）石印本，第15页。

方政府已具有近代贸易战的思维，关税成为国与国之间贸易战的工具，既以其遏制他国商品，又以其保护本国商品，"西人之税于民也，重于进口，以遏客货，轻于出口，以畅土货。大抵以值百取二十为通行之则，余有取三四十者，有取五六十者"①。西方政府以关税来扶植本国商人的对外贸易，凭借低税率"以畅土货"。若与他国爆发冲突，则将更以重税加诸于他国进口商品，成为困厄对方的武器，"故重税以困其国之商，则倍取之"②。《南京条约》《天津条约》等签订时，中国都不注意关税问题，"皆缘不谙泰西进口税则之重"，对进口货物没有进行正确估价，仅以国初洋税的值百取二之额，轻易答应而铸成大错。清政府关税政策失误的后果，是现在"番舶则慕膻而集，中原则竭泽以渔"的贸易不利局面，对中国的商业力量造成严重的打击。

汤寿潜认为，既然已经签订条约，改约的办法已不可取，应该选择"守约而更定税则"。定税则主要有三点：一是重新估价，饬行总税务司，对进口货物各按各价确切估计，"照值百抽五之约，厘为定则"，这能为国家带来不菲的税收。二是扩大税种，由于清朝官府的无知，很多外国商品得以低税进入，现应重新甄别。例如雪茄烟、啤酒等物，在西方国家间已经收重税至值百抽六十，但是入中国却被当成食物一类而免税，此外纸墨、衣服、毡毯、金银、器皿、面饼等都未征税。③三是强调关税对等的法则，南京条约规定洋货入关"值百抽五"，虽然对中国商业造成冲击，但也说明中国商船运货前往欧洲各国，"亦援值百抽五之约"，以此"拒为钩之策"。汤寿潜希望清政府重视关税与商品进出口的关系，调整对进口货物的估价力度和税种覆盖面，既能扩大"税商"的比重，增加国家财政收入，又能在关税博弈中保护本国商人的利益。

---

① 汤寿潜：《危言·卷二·洋税》，光绪二十一年（1895年）石印本，第15页。
② 汤寿潜：《危言·卷二·洋税》，光绪二十一年（1895年）石印本，第15页。
③ 汤寿潜：《危言·卷二·洋税》，光绪二十一年（1895年）石印本，第15页。

同时希望在关税博弈中能实现官商合作，逼迫西方同意调整税率，以维护利权。

郑观应在《盛世危言》的《税则》篇中也论述了关税对中国经济的伤害，提出"重订新章"，"凡我国所有者，轻税以广去路；我国所无者，重税以遏来源"[①]的建议，马建忠、李鸿章、曾纪泽等人亦有类似见解。郑观应等人作为长期在通商口岸从事商业贸易者，对与贸易相关的国际规则和关税博弈更为熟悉。相较而言，汤寿潜对外交知识比较陌生，低估西方经济侵略的决心，对近代关税条约看成"歃血未便反汗"，显然是将其当成古代邦国间的盟约来看待的。

晚清的公债起源于咸、同年间，其发展先有外债后有内债，先有地方公债后有国债，主要由各通商关口共同承担。自"西征借款"之后，真正意义上的国债开始出现，随着军费与赔款浩大，国债规模日益庞大，外债逐渐占据主要地位。[②]沉重的国债本息使清廷的财政越来越难以承受，要求各省分摊，也导致地方政府将负担转嫁给百姓。国债初始，即在朝野遭到诸多反对，黄遵宪曾描述在传统"量入为出"的财政观念下，晚清士人对发行债券之事基于"在位者不能与民争利"的思想而反对国债。[③]

《危言》的《国债》篇中，注重民本的汤寿潜并不反对国债，而提出以国债凝聚民心的观念。汤寿潜引《列国岁计政要》中的西方人之传闻，"国债愈多，则民心愈固"，因此西方各国莫不有千百十镑之国债，其下议院就成了"富民总汇"，遇有急需之事，计日即可集聚财富，这是因为"上下之浃洽于平日者有素也"。而如何达到"上下之浃洽"，

---

① 郑观应著，王贻梁评注：《盛世危言》，中州古籍出版社 1998 年版，第 264 页。

② 刘邦驰、廖常勇：《晚清国债及其中央集权财政体制的瓦解》，《中国财政》2007 年第 8 期。

③ 杨宇勃：《"量入为出"财政观的打破与晚清国债体制初创》，《江西社会科学》2020 年第 9 期。

汤寿潜认为"非以债为国与民所相维相系者哉"。① 但是汤寿潜反对借外债，认为借用外债存在着严重的后患，西方国家现用金镑，借时以金折银，偿时以银折金，经过层层贴耗，中国还债时已经增加了几倍，而且过手者还居间播弄，成为国家的巨大负担，实为饮鸩止渴之举。

汤寿潜在国债问题上也坚持"任商"设想，认为朝廷与其借外债，不如于平日就地息借商款，以开国债风气。而以失去公信力的清朝官库来借国债，不如由商号来替代，"吾民之信朝廷，每不如其信商号"。商号就近则必有以银存放生息之人，如果清廷独自明诏息借，则百姓反而"深闭固拒"。这并不是百姓不信任政府，而是不信任官吏，"其肯以锱铢所积者寄食于虎狼之口哉？"② 因此内借国债应由官库改为商业性质的官号来操作，抑制所有出入可以不经官吏之手，而百姓比较相信号商，必有踊跃输将，既能达到筹备缓亟的目的，也能收回中国的一大利权。

在《官号》篇中，汤寿潜也论述了官号的"任商"改革方案。官库不受百姓信任的原因，是因为作为传统财政机构，有着太多可以被官吏中饱私囊的空间："有库必有官，有官必有吏。一款之出入，解有费，收有费，发有费，平有费，批回有费；一费偶阙，色有宝纹、松江之优劣，平有库、京漕、湘规、津各省之重轻，扣减抬抑，高下留难，无所不至。"③ 汤寿潜认为，官库无法根治腐败的原因，则在于权力的官官相护：钱款入库时，管解、领解者于库中人不敢以正眼相视，因此对于分类繁多的入库款目可以前后套搭，即令核查，也亟切无从稽核；司库者"知此覆之未易抉也"，同样他物膺换，暗地剥削；堂司各官明知此弊端，却不欲明言之，因为也参与贪污其中，"个中人皆有例入"；政府委派的大臣、委员并非不届期盘查，但是盘查的宽严，仍视例入之厚薄，

---

① 汤寿潜：《危言·卷二·国债》，光绪二十一年（1895年）石印本，第21页。
② 汤寿潜：《危言·卷二·国债》，光绪二十一年（1895年）石印本，第21页。
③ 汤寿潜：《危言·卷二·官号》，光绪二十一年（1895年）石印本，第22页。

同样勾结成奸。①

汤寿潜提出改革的办法，是将"自内部以至州县所有官库，悉改为官号，撤去司库之官若吏，招股商任其事，其集股而成者听"。当然，商号也须核查其资质，一方面需要其本身财力足够，"验其实在所积本银若干数"；另一方面也需要有其他担保人，"一商承之，必以其地殷商数家联环保结，稍有亏耗，唯保商是问，方给凭照，以库权委之"。②在汤寿潜商办官号的设想中，让商人自行周转于官和民之间，收解平包等诸过程都有定章，有较大的赢利市场，不需要凭借不法的伎俩，出入款项明晰，商人有利可图，朝廷省去了盘查之事，即可清除原有官库之弊端，是为利国利民之事。同时，汤寿潜指出商办官号的五大益处：一，杜绝贪腐。因为官号通融于市场，生息胥归公项，杜绝了官府中的耆利之员挪用公款谋取私利的行为。二，清除私铸。官府铸钱历来糜费较多流通不广，导致私铸泛滥，而给予官号鼓铸之权，让商人以商察民，通过市场机制可以使私销、盗铸不戢自清。三，有利铸钱。历来官方铸钱质量不如商号，不如责令商办的官号自购机器铸造，因为获利颇丰，该商必乐于从事，而朝廷则提高了铸钱的质量。四，利于推行钞币。因为"官令民畏，商与民亲"，导致"司农之会计"不如"市侩之经营"，现今朝廷学习西方推行钞币，正可以借助商办的官号的力量，在"完粮""输税""发饷"等环节通行钞币，行之既久，商民自然接受。五，向官号征收赢余利税。朝廷可学习西方的办法，对于官号岁计赢余部分计成收税，自部库至州县改为官号者不下两千家，岁税必成巨款，国用大可挹注。③

汤寿潜的财政改革理念，事实上是让朝廷借助了民间商业的逐利

---

① 汤寿潜：《危言·卷二·官号》，光绪二十一年（1895年）石印本，第22页。

② 汤寿潜：《危言·卷二·官号》，光绪二十一年（1895年）石印本，第22页。

③ 汤寿潜：《危言·卷二·官号》，光绪二十一年（1895年）石印本，第22—23页。

性、流通性、开放性、亲民性、盈利性的特点，来克服清朝官库垄断、封闭、低效、信用度低的问题。汤寿潜所设计的存放国家税费存息、铸造货币和发行纸币的官号模式，是近代中央银行雏形模式。他的设计思路，既来自于中国古代的"泉府""平翚""均输"等传统，又从西学途径学习了近代西方银行的优点，并包含着浙东民间重商文化的因素。因此，汤寿潜对于当时官方改革的方案常以此三点来衡量。例如当时某官员奏请在北京开设华德银行一事，引起舆论纷争。汤寿潜批评奏请者没有从国家财政全局考虑，"但计一隅之利，尚未合全局以通筹"，批评反对者不谙实情，落后于时代，"沮之者咀计一时之害，而不熟商情之肯綮"。① 即既需要推动国家财政的现代化转型，也需要在经济改革的同时顾及民生的改善。当然，对作为传统王朝财政重地的官库，进行"任商"改革的激进建议，不仅遭致守旧派官员反对，也引起不少同情改革的士子以"殊失政体"为口号的批评。汤寿潜认为："彼莞子之霸齐也，且以女阊聚商，至毒流万世而不顾，以非富则不能强也。若以官号为失政体，岂各库种种舞弊，蠹国病民，转为之得政体乎？"② 由此看出，汤寿潜的"任商"思想，是以民富与国强为基础，若政体不利于民富与国强，是可以进行新旧变革的。

改革意味着大量耗费资金，需要财政的开源和节流。呼吁将财政金融领域向民间商业开放的同时，汤寿潜在《节流》篇中批评了朝野学者重视开源而忽视节流的偏颇。汤寿潜认为，晚清天下最为士人所忧虑的问题就是贫困，然而众家所言大多关注开源，推崇西方的改革办法，这些办法则往往需要更长的年限或更高的成本，这就让清廷感到太大的不确定性，"以为迂阔而难收实效"，不敢立即付诸实施。③ 相比困难重重

① 汤寿潜：《危言·卷二·官号》，光绪二十一年（1895年）石印本，第23页。
② 汤寿潜：《危言·卷二·官号》，光绪二十一年（1895年）石印本，第23页。
③ 汤寿潜：《危言·卷二·节流》，光绪二十一年（1895年）石印本，第27页。

的开源，不如重视节流问题，故其除了前文所述的整顿捐纳、鬻爵、冗员等官僚机构以外，还提出了六条节流建议：

一、节织造之流。清朝的三大织造机构，每年花销在二百万左右，其中一半为正当用途，一半则是"官吏明销而暗蚀也"。在国家多事，国库空虚的情况下，皇帝应该学习历史上的崇尚节俭的君主，责成定制，"不必传办贡纳，泥虚文而滋浮费"，让聚集于丝织品都会的商人来承担这一官方机构的责任。商人觉得地理位置不佳，自然会从南方购买及运输，不会耽误朝廷的差事，而由商人经办之后，官方织造的贪腐即可消失，"明销暗蚀之巨款可以蠲除矣"。①

二、节岁供之流。汤寿潜认为，西方国家的君主岁供都有额定，而中国的内务府却无明确用度的额定，造成了堂司大量"浮开冒销之弊"。今内务府也应该额定用数，对种种冒销问题进行限制，也利于互补稽查。②

三、节土贡之流。汤寿潜认为，土贡古制自然有其政治意义，但是在经济上得不偿失。京城百货聚集，往往土贡之品的价值不如在京城购买之物，加上路途中解运需要花费，各处交纳需要花费，官吏借进献贡物之名而"饱侵肥之橐"，土贡已到了该撤销的时候。③

四、节驿传之流。传统制度下的驿站，岁销已达三百数十万之巨，加上意外的供应需索，已成为国计民生的巨大负担。而且贪腐也从中来，节传往还的官吏大都"恃有护符"，驿站得以凭借权力在地方进行盘剥，"往往水国征雉，山城求鱼，以博馈送"。汤寿潜提出两条建议：办理各种差事的官吏，"凡例有廉俸者"，舟车等交通工具完全可以自备，特别是东南各省水网密集，轮舶更可以通行无碍，并不需要依靠

① 汤寿潜：《危言·卷二·节流》，光绪二十一年（1895年）石印本，第27页。
② 汤寿潜：《危言·卷二·节流》，光绪二十一年（1895年）石印本，第27页。
③ 汤寿潜：《危言·卷二·节流》，光绪二十一年（1895年）石印本，第27页。

驿站提供；特旨差遣的"无俸可支者"，可以由户部根据路程给予经费，同时严谕得到经费后不得向地方再有索取，如果"行者仍索供张、居者仍饰厨传"，一经查证，行贿者与受贿者同罪并罚。汤寿潜认为，节驿传之流有三得，既能杜绝需索，同时也养廉耻，而且在近代邮政系统肇兴之前，国家在这方面的岁销即可省却一半了。①

五、节局费之流。清政府已经定《开源节流章程》，规定各局需要精简的主旨，但是疆臣仍然"辄以无流可节复之"。汤寿潜认为各局可节之流仍然存在：被战乱摧毁的书局，已成老废京官、画饼之士、医仆杂技子弟等游民之渊薮；为太平天国战争善后而开设的善后局，在战争结束三十多年后已失去了价值；保甲局与州县政府职能重复，本无设立必要；发审局经费摊自州县、人员来自州县候补者，在司法方面并未起到应有的作用。这些部门多设一项，即多一笔费用，也增加了官吏的层层退扣。②

六、节书院之流。书院至今已经规制堕地，时文折楷每况愈下，所习"勉循陈格"，对于时事并无裨益，但自京城到州县却仍然开设众多。汤寿潜认为，对于能新开风气、讲求有用之学的书院可以照旧开设，对于那些"如墨守帖括而不知变"的书院，"一处姑留一院以示不为己甚"，其余书院的款项均可予以扣存，而拨给海防等更急需的地方。③

汤寿潜的这些节流措施，指向织造、岁贡、土贡、驿站、书局、善后局、保甲局、发审局、书院等旧式机构和政策。其中织造、岁贡、土贡属于传统的非正常收入，也是皇室特权的象征，更是易引发贪腐的地方，汤寿潜要求统治阶层节制贪念，将之清除；驿站是传统的交通机构，但常凭借特权敛财，汤寿潜建议规范化并纳入正常财政；书局、善

① 汤寿潜：《危言·卷二·节流》，光绪二十一年（1895 年）石印本，第 27—28 页。
② 汤寿潜：《危言·卷二·节流》，光绪二十一年（1895 年）石印本，第 28 页。
③ 汤寿潜：《危言·卷二·节流》，光绪二十一年（1895 年）石印本，第 28—29 页。

后局、保甲局、发审局等则已失去时代价值，变成无利而贪腐的特设机构，汤寿潜建议撤销；书院属于地位重要、内容落后于时代的机构，汤寿潜建议革新与撤并。这些机构的撤销与改革，以财政方面的特权与冗员开支为主要打击对象，或是引入民间商业瓦解其特权，或是裁撤机构以节约财政。

从汤寿潜对非正式财政体系的态度而言，其"任商"思想主要表现在三个方面。一是积极推动从国家财政从"税地"与"征农"向"税商"转型，力争在非常时期形成的商业性税种进入正式的税收体系，提高商业与商人在国家经济中的地位。二是扩大商品征税的种类与范围，重视商业在中外关系中的地位，在对外贸易中保护本国的商业利益。三是清除与改革拥有专制特权的税收与金融机构，打击因特权而产生的垄断与贪腐，引入民间商业来恢复其活力。

从时代变革的角度而言，汤寿潜的改革思想符合中国转型的潮流。"理国"方面，汤寿潜敏锐地感觉到晚清的财政困境不似前朝，不得不扩大尚处于非正常收入的工商业税种，其思想顺应了近代经济发展趋势。后经过甲午、维新、新政等时局变迁，中国财政针对民间商业的烟酒税、执照税等不断涌现，越来越趋向于郑观应提出的"国以商为本"的财政模式。"匡民"方面，汤寿潜认为民生的困苦来自于税收中的贪腐和暴敛，其成因在于垄断的特权，而非正常收入体系的垄断尤为严重，政府需要依靠消除特权、保护商人获得经济活力。甲午之后，清政府放开了对民间商业的限制，新政之后陆续颁布了一批奖商恤商的工商业法规，使得长期处于四民之末的商人在社会和政治地位上有了显著提高。

汤寿潜继承了浙江经世思想中开拓务实的精神，其改革设想也顺应了时代，但作为缺乏社会阅历的年轻士子，面对错综复杂的古今之变，他显然对撼动传统税收体系的改革过于乐观。《危言》的改革方略直击清朝中枢的政策，但汤寿潜的评判依据主要基于地方社会的情况，对于清廷高层的财政情况没有清晰的了解，因此对其评判也常有苛责之处。例如批评海防捐例时就不清楚朝廷不得已开捐的难处："查海防捐例，岁入不过数十万金，仅仅海军岁饷十成之一，以司农之开源节流，以中国之地大物博，区区数十万金，当不至别难筹措，不解朝廷何苦开此捷径，海署亦何乐专此恶名也。"① 由此可见，当时的汤寿潜对改革有着急迫的心情，但也存在着许多对中国实际的误解。

第三节　扶植与保护：政府与新兴行业

晚清洋务运动的兴起，使海外一批先进的技术传入中国，也使一些新兴的近代行业开始在中国出现。当时朝野开明的官绅在"自强"和"求富"的过程中，已经看到了新兴行业在经济与社会方面的优势。但囿于晚清社会的种种矛盾，这些新兴行业发展缓慢，深陷困境。就其困境而言，除了财力不足之外，一是洋务运动的官督商办模式逐渐暴露出种种缺点，无力将新兴行业构建起完整与高效的生产和服务体系。二是传统社会中的利益相关群体，面对新兴行业的冲击，为维护其传统地位而进行的抵制。三是守旧派、清流派等群体，从传统社会对工商业的态度出发，对新兴行业在文化方面进行的批判。汤寿潜的改革思想以"匡民"为旨，以"应时"而为名，对引起社会激烈争议的新事物总给予关注。在《危言》的《小轮》《开矿》《邮政》《铁路》等篇中，就论述了对新兴行业改革的看法。

轮船首先出现在通商口岸，第二次鸦片战争后，外国轮船在中国江海航线蔓延开来，旗昌、太古等轮船公司先后创办，并确立垄断地位。

① 汤寿潜：《危言·卷一·停捐》，光绪二十一年（1895年）石印本，第18页。

国人从轮船的速度效率、安全保障、承载重量等方面，也看到其远较传统木船的先进性。①1872 年，洋务派李鸿章令官绅朱其昂筹办"轮船招商官局"，后经粤商唐廷枢、徐润等人的改革，成为极具商办倾向的"轮船招商局"。在唐、徐二人离职后，新主政的盛宣怀将其改造为完全的官督商办模式。官督商办模式在最初为轮船招商局的发展打下了基础，但也带来了用人唯亲、筹划不当、贪腐严重、效益低下等问题。

在《小轮》篇中，汤寿潜批评了招商局的轮船发展策略。汤寿潜认为，官办的招商局只知与洋商争夺江海航行的利益，却不顾内河本就可得的权益，而这些权益于国于民均有利。朝廷在与外国的条约中已经规定了不在通商范围之内的内河区域禁止外国船只进入，但是洋人的小轮因垂涎商业利益，仍然经常偷至苏州等地购买棉花、湖丝等产品，而招商局面对内河航运这样大的利益却弃之不顾。②汤寿潜提出招商局应做到三项职责来开发内河航运：一，主持招商包办。若担心成本过高，可以"就近招商包办，而岁挹其所余"。民间商人在利益驱使下必然趋之如鹜，但内河小轮航运创始之初必然纷乱苦难，需要招商局出面维持，"禀请各省督抚，酌定口岸，以商承揽"，为减轻商民负担，招商初期，可以允许业主包定成数，或先缴半价、或估产抵押。二，明定章程。对于商船，招商局不可夺其生业，但可以明定章程，例如只准拖带，不准自行装载，无论何号商船，由小轮为之拖带。在汤寿潜看来，已备有三四十匹马力的现代化小轮力度足、速度快，可带大号商船四五艘，比起传统商船的"鼓棹扬帆"，速度倍之，定会得到偏爱"乘便而斗捷"

---

① 当时华人在《申报》上撰文指出，"舟楫之利至轮船为已极矣，大则重洋巨海可以浮游而自如，小则长江内河可以行走而无滞，其运载重物也为至便，其传递紧信也为至速，其护送急客也为至妥且捷"，若中国引进轮船，则"百货不忧其不通，万商不患其不至"。参见《轮船论》，《申报》1872 年 5 月 30 日。

② 汤寿潜：《危言·卷二·小轮》，光绪二十一年（1895 年）石印本，第 9 页。

的商人的青睐。三，划拨邮政业务。汤寿潜建议招商局并归东南各省善后局或筹防局的小轮，所有政府文报皆由小轮附递，并附递民间信件，以为邮政之权舆，皆组因小轮之利而有利于小轮。由此，小轮营业会给国计民生带来三利：小轮收商船之利，商船仍收客货之利，有益无害，而生业畅矣；转运便捷，水脚减省，而贸易盛矣；除去支销，所赢必巨，而饷需裨矣。零星行驶，绕越偷漏在所不免，一附小轮，不能擅便，遇卡停轮，节节稽征，而厘税旺矣；行驶既速，船又成帮，而盗警免矣。且商船逆风冻雨则止，潮汛入夜则止，一借小轮之力，昕夕趱行，毫无留滞，而覆溺稀矣。① 即百姓获得生业、贸易、安全方面的益处，国家获得饷需、厘金等税收方面的好处。

对于官绅担心小轮兴起而导致粮船、盐船等失业的言论，汤寿潜认为，昔有执此以泥海运者，现在也已被轮船取代，但今已不闻水手之滋扰。汤寿潜对百姓适应近代新事物的能力，有着充分的信心。对于小轮持观望态度者，汤寿潜认为广东等地因为与洋人互市较早，风气已开，渡船已经半用小轮，如果各省因为琐屑繁难而迟迟不允，则会有桀黠之徒"请之于官，略缴其地公费，自行创设小轮，垄断此利，商局欲议仿行，则已望尘弗及，勒令停止，则又呼应不灵"②。

对于新兴的轮船行业，具有维新思想的汤寿潜显然是新技术的支持者。这一点上，年轻的汤寿潜与其老师俞樾基于"有机械者，必有机事；有机事者，必有机心"的道德观念角度而对现代机器保持戒心不同，以更加开放的心态接纳西学科技。从其"任商"为中心的改革设想、对招商局重对外争利而轻对内民生的批评可以看出，汤寿潜对新式科技、新兴行业拥护的主要标准是"匡民"，"任商"是"匡民"的

① 汤寿潜：《危言·卷二·小轮》，光绪二十一年（1895年）石印本，第9页。
② 汤寿潜：《危言·卷二·小轮》，光绪二十一年（1895年）石印本，第10页。

手段，通过市场驱动而泽被百姓。值得注意的是，《小轮》篇也表明了汤寿潜对作为官府身份的招商局的要求：主持市场、制定规则、提供业务、抑制垄断。由此看出，汤寿潜反对"任官"导致恃强凌弱、盘剥贪污的另一面，是希望官府能够组织和扶植本国民间商业，并制定合理的商业规则，防止商业垄断。这是汤寿潜对三十年来洋务运动的反思，以及对清廷实行"官督商办"企业模式的批评，也是考虑西学、政府、民生三者相结合的设想，与当时的大多数维新人士们相比，具有很强的现代性。

晚清近代矿业始于洋务运动时期，洋务派的"求富"运动，兼顾了保护"利"不外流和开发本国自然资源的两方面，矿业开采遂成重要议题。然而矿业开采中，官方矿局与地方社会矛盾不断，因为经济利益、社会安全、文化禁忌等原因而陷入困境。①《开矿》篇中，汤寿潜以晚清采矿体制为例，详细论述了新兴行业的"任商"改革中，官商各自应承担的责任。汤寿潜提倡积极开发矿产，认为清朝很多财政收入存在着国与民、公与私争利的矛盾，"富于国每病于民，富于私易损于公"，而矿业为"天地自然之富"，"取不禁，用不竭，化无用为有用"。②然而公私并不争利的矿业却引发诸多矛盾，平度金矿、徐州金矿等都以失败告终，于国于民都未带来富强。究其原因，汤寿潜认为在于官督商办的采矿体制。清朝对近代矿业的官督商办体制，继承了《清会典》中"有司治之，召商开采"的办法，开矿由官总其成、招商股以资成本，事实上效率极为低下：一是人员和工具质量不高，"矿匠多滥竽也，机器无实济也"；二是冗员繁杂无能，"总办、会办、支应、文案，名目既繁，开销自巨，但论情势为任用，不问贤否之混淆"，导致效率低下。这两大

---

① 刘长林：《晚清矿业开发的社会制约与矿局应对——以湖北开采煤铁总局为中心》，《湖北理工学院学报（人文社会科学版）》2021年第2期。
② 汤寿潜：《危言·卷二·开矿》，光绪二十一年（1895年）石印本，第11页。

问题的背后，是官商权责不清，汤寿潜认为，西方人言理财，从无以商合官者，清朝则是"混官商而一之"，而实际上是"官有权商无权"，导致"势不至本集自商，利散于官不止"，让商民感到官府"特借矿股为戏人之猴焉而已"。[①] 地方商民既未获得利益，又无商业地位，自然产生抵触情绪。

汤寿潜建议官商各负其责地开发矿产，"请以官发其专，举其事，而既任之商，不以官与"。官府的职责在"发其专"与"举其事"，主要在两个方面：一方面，查明矿源。其一，朝廷下旨给地方官，查明旧有矿产和新有矿苗发露者。其二，谕旨出洋各国的大臣，邀请外国的高级矿师来华，总署派学习矿务的人员导之，分赴各省勘探，云贵等省有边民熟悉矿务者也可招徕。另一方面，召集商民开发矿产。政府在勘验矿产之后，厘定价格等差，"仿牙行纳贴例，刊发矿帖，颁之藩司，由商民认地具领"。民商的职责在集资与开采，在认地具领之后，政府对商民不加干预，"商民或集资伙办，或独力开采，听其便"。[②]

汤寿潜的设想，给予民间商业最大的自主性和自由度，以激励其参与其中。但如何在制度上有效保障商民，使其不受官吏欺凌盘剥，则是当时学者共同的思想困境。郑观应在《盛世危言》的《开矿》篇中，也提到官府盘剥商民的忧虑，但也无法提出更切合实际的制度措施，只能寄希望于商人"不得有心隐漏"；官府"亦不得分外诛求"的自我约束能力。[③] 汤寿潜提出两个方案：一是官府自我约束己方权力，不能多派委员，滥用私人，仍然重蹈官督商办企业的陋习；二是由官府从收入中提成以形成奖惩机制，"岁缴所余于国，明提几成，以次摘办理各员，各营仍优予议叙"，认为"人情最贪者利，而最重者名。重赏悬其前，

---

①　汤寿潜：《危言·卷二·开矿》，光绪二十一年（1895 年）石印本，第 11 页。

②　汤寿潜：《危言·卷二·开矿》，光绪二十一年（1895 年）石印本，第 11 页。

③　郑观应著，王贻梁评注：《盛世危言》，中州古籍出版社 1998 年版，第 378 页。

峻罚怵其后，尚有肥己误公者哉"。[①] 汤寿潜的方案虽然触及制度层面，但仍然依赖于官僚群体的自我调整，且收入提成的办法，又给留下了贪腐的空间。

对于煤矿等公共资源，汤寿潜从国家利权的高度认识到了重要性和危机感，呼吁尽快引入"任商"机制。汤寿潜认为，在中西互市以来，中国在贸易竞争中居于劣势，每年尚溢出白银两三千万两，导致银根日短，而正需矿业补救。同时煤铁等也是日用、制造行业所必需，时值国内的铁路正在修筑，上海轮船局、织布局正在扩充，"非煤无以发汽，非铁无以制器，如再因循，必将废日用、停制造，及铁路、轮船、纺织诸大政概予罢去而后可"。如果中国自己不开发煤铁矿产，就不得不购自外洋，这是弃自有之利权，而被外人以垄断。更严重的是，因为中国矿产储量大，外国已有觊觎之心，各国洋人在华私勘、私开矿产之事频频发生，并图谋在条约中加入开矿款项。因此汤寿潜疾呼清政府"迅即明定章程，自发其覆，以杜窥伺，以免龃龉，以收利权"。[②] 至于反对开矿者所谓的损地脉、酿变端等文化禁忌理由，汤寿潜认为不足与之深辩，政府应该积极推动合理的开发模式，抵制顽固守旧派的阻挠，联合民间商业力量，加快国家产业近代化。

中国古代是以驿站作为官方发布文书、运送官物的通信机构。清朝时全国从内地到边疆都遍设了驿站，按功能分为走递公文的铺递和兼送官物的驿递，但日久弊生，逐渐失去其原有的作用，且屡屡发生徇私枉法的事情。五口通商以后，外商在各商埠自设信局。清政府也学习外国的经验试办邮政，总理衙门于 1866 年将邮递事务划归海关总税务司，在上海、北京、天津等设立邮递事务部门。1878 年，清政府决定设立

---

① 汤寿潜：《危言・卷二・开矿》，光绪二十一年（1895 年）石印本，第 12 页。
② 汤寿潜：《危言・卷二・开矿》，光绪二十一年（1895 年）石印本，第 14 页。

正规邮务机构，试办华洋书信局，作为海关书信局在各地的邮务代理机构。然而清廷的近代邮政发展缓慢，业务量难以增多，书信局亏累严重。[①] 海关税务司建议清廷形成全国邮政网络，以邮政为国家唯一的通信机构，此建议在朝野引起了巨大争论，汤寿潜就此争议在《邮政》篇中提出了改革设想。

清朝邮政遇到了内外两方面的机构重叠问题。在试办邮政的同时，清廷仍然保留着大量的传统驿站，民间自设的民信局也在民众的邮寄业务中发挥着主要作用。这些传统机构因官方和民间的业务惯性，承担着大部分的通信业务，导致邮政业务发展受限。[②] 而裁撤这些机构的提议，又引起朝野各方担心导致社会动荡的忧虑。在口岸城市外侨设立的书信馆，以其规章制度的成熟性，正在吸引着东南地区中外民众的通信业务，而且书信馆因与外商邮轮挂钩，可以承担远洋业务，这是自己的轮船公司力量不足的清朝邮政力所不逮的。

面对近代邮政的举步维艰，汤寿潜主张清政府应该竭力克服各种阻挠而帮助推行。汤寿潜看到近代邮政事业的远大前景，以及对国家发展的巨大帮助，认为"国家有大利焉，其事至简至便，而其利又至巨，则莫如仿行泰西之邮政"。汤寿潜以德日两国的为例，证明列强崛起过程中，邮政起了重大作用。德国"变通各步信局之法，创为邮政，官民两利"，日本明治初年即仿照西方邮政，"皆迄于今兹盛"，西方报纸对于日本西化的肯定，也以邮政建设为第一位。台湾巡抚刘铭传在中法战争后，曾创办台湾邮政总局，是中国近代自主新式邮政的开始。但后来因台湾府的经费不足，加上刘铭传离职，台湾的近代邮政没有取得很大的

---

① 张青林：《确立新制度：晚清新式邮政再研究》，硕士学位论文，厦门大学历史系，2014年。
② 范彬：《现代化视角下的近代中国邮政述略》，《重庆邮电大学学报（社会科学版）》2008年第5期。

进步，这也成为顽固派反对国家自办邮政的理由。汤寿潜认为在台湾推行邮政的失败，其原因在于台湾地方政府的政策不得力，"未奉明文，未筹全局，行之之心不精也，行之之力不果也"，并非如反对者所说的在中国"邮政之不可行也"①，清廷推行新式邮政需要政府在各方面进行全局谋划。

中国在洋务运动中的制造、电报、开采、轮船、铁路等各项事务皆已着力开展，但是邮政业因为思想上墨守成规，没有成效，远不如日本，汤寿潜总结是因为朝野上下对于邮政的阻挠主要有"四难""二不可"：驿站之难撤、信局之难停、轮船之难逮外洋、各国之难守邮约、成本台巨不可行、恐伤国体不可行。他对此逐条批驳，提出完全可以变"四难"为"四利"，且有二"不可不行者"，反对邮政是"容泥毛发之小害，而竞置邱山之大利"。②

利一是借驿站辅助邮政的交通设施。针对反对者以明末、清中期裁驿站而引发民变的理由，汤寿潜认为办邮政的同时也不必急于撤销驿站，可以"先借驿站以辅邮政"。在迎送外交使节、专递文报信函等方面仍然由驿站负责，邮政遇到舟楫所不达的地方，也由已具备夫马的驿站来递送，年终以提一部分信资作为驿站的津贴。等到邮政规模大定，利润充足，则将驿站人员设施归并邮政，驿站的巨大支销即可省却了。③

利二是替代与融合民间信局，并借助其市场体系。民间私设的信局始于明代，在晚清已经星罗棋布，以每所信局职员四五人计之，全国有数万人以此为生，因此"骤夺生业，阻挠必在意中"。汤寿潜建议从思想和经济两方面着手，先明诏中外，表明朝廷办邮政的决心，"谕以事

---

① 汤寿潜：《危言·卷四·邮政》，光绪二十一年（1895年）石印本，第1页。
② 汤寿潜：《危言·卷四·邮政》，光绪二十一年（1895年）石印本，第1页。
③ 汤寿潜：《危言·卷四·邮政》，光绪二十一年（1895年）石印本，第1页。

关国家大局，势在必行，阻挠者罪无赦，教而后诛"。其次以邮政的效益来更替信局，汤寿潜认为，民间信局的交通工具落后，"于旱道，每用夫而无马；内河水道，江浙为多，则用脚桨小船，日不过百里，唯江海各步，近亦多附轮船"。而邮政在旱道依靠驿站，排日紧递，在内河则雇用小轮专送，相比信局"须匝月或匝旬始递到者"的缓慢速度，邮政虽然价格稍高，但无疑因更快的送递速度而占据效益上的优势，"人情莫不喜速而恶钝，信资虽较信局稍昂，大都弃彼就此"，将使信局无以自立而不得不停办。对于会陷入困境的信局，汤寿潜建议财力雄厚者准其入股份，财力不足一股者可以准其数局并计，各局所用之人可由股东或绅商保荐而酌予留用。民间信局根据市场根据市场需要，往往在需求量大的城镇市集已建立了分级体系，新兴的邮政正宜借助其市场布局，"仍就信局以为局，合而为一，有愿包设者，令岁认缴所余若干"，这就有利于邮政体系可以将触角伸到市场前沿。①

利三是借助外国轮船业开拓外洋邮政业务。汤寿潜指出，西方各国的邮政均设有轮船公司，如果信箱不到，则轮船株守以待之，非常重视这方面的业务。中国内地虽然已经通行轮船，但是外洋尚未有邮政的轮船业务，既兴中国邮政，在这个世界开放的时代，就不能不兼带外洋业务。但是中国邮政自己特设轮船公司囿于目前财力不足，因此宜利用外国轮船代办业务，可以先与之订立合同，标明日期，言明水脚等费用，托其代带，"合同既立，便可无虑浮沉"。②

利四是归并外国在华书信馆。汤寿潜认为，因为以前中国邮政未立，各国均在华设有邮政性质的书信馆，仅上海一隅就有英、美、法、日等国开设。日本在维新中建立邮政之后，英国就将开在日本的邮政机

---

①　汤寿潜：《危言·卷四·邮政》，光绪二十一年（1895 年）石印本，第 2 页。
②　汤寿潜：《危言·卷四·邮政》，光绪二十一年（1895 年）石印本，第 2 页。

构裁撤，中国创办邮政之后，也可"援日本所约以请之"，将外国在华的所有书信馆房屋等项，归并中国，由中国政府估给成本。原书信馆的司事人等，如愿为中国邮政所用，在有人保荐的前提下，与民间信局一样融入邮政。在归并外国书信馆后，中国邮政与外国相连通，外洋来的书信，中国邮政局为之分送，中国发往外洋的书信，各国邮政局为之分送，此办法与现行的外洋邮约相同。①

对于邮政成本太巨的责难，汤寿潜提出借助电报局的原有机构以节省成本，甚至可以由电局兼办。邮政关乎国家，兹事体大，如果不设官置局，则不足以"新耳目而资统率"，但是多设官置局，则所费不资。幸于中国的电报业早已兴起，电报网正在全国各地四通八达，责其兼办邮政，不仅节省经费，还可以达到各邮政网点彼此呼应的效果。对于邮政有伤国体的批评，汤寿潜认为以军饷而榷厘、因河工而捐纳这些都有害于国体，尚且不得已而为之，而邮政所危害仅仅在于民间的信局和洋人的书信馆，而且按照准其附股、酌给成本的方案，并不会引起大规模的混乱，朝廷应该毅然为之。②

汤寿潜认为，设立邮政除了给国家带来巨大税收、有利于收回国权以外，对于中国也有不可不行的急迫之处。一是战乱之时控制情报。中法战争时，中国邮政未兴，法国人的书信皆可通过书信馆寄送，以得到中国的详细情报，而中国不知阻绝，亦无从阻绝。如若中国自兴邮政而取代书信馆，对方也就无从递信，战事之迟速成败，远大于利权的问题。二是监控国内乱党。国内的会匪、教党、遣勇、马贼、莽伏等不安定分子，均有私函往来，一经邮政兴起而取代民间信局，这些乱党"庶几有所疑畏，而彼此不便函商"，既然彼此联络中断，则可弭内患于未形。

---

① 汤寿潜：《危言·卷四·邮政》，光绪二十一年（1895年）石印本，第2页。
② 汤寿潜：《危言·卷四·邮政》，光绪二十一年（1895年）石印本，第2—3页。

　　近代邮政始于欧洲，19 世纪以后英法等国的邮政都演变为国家专营机制。对晚清中国来说，近代邮政是一个典型的新兴行业问题，其背后既有着官民利益的关系，还有着传统与近代的关系、学习西方与警惕西方侵略的关系。从汤寿潜的改革设想而言，大致有四个方面：一是尊重传统，进行渐进式改革。利用传统行业的先行优势，保证新旧变革的平稳过渡，特别是确保从业人员的民生问题，避免剧烈革新进而减少对社会稳定的影响。二是融合民商，形成优势互补。利用官营机构的技术先进性吸引民间资本，利用民间商业已形成的市场体系促进官营机构的布局。三是借助洋商，开拓海外业务。通过商业合作或购买的方式，借助洋商已经存在的先进技术和行业机构，增强中国新兴行业的海外竞争力。四是淡化"国体"之争，重视国家安全。以国计民生为准则，不陷入新兴行业对传统国体观冲击的争论之中，而这些行业在国防安全方面的作用，则是中国亟待参与其中的重要原因之一。

　　汤寿潜乐观地估计，邮政给中国带来的利税收入，以英国邮政每年净收入二百余万磅的规模来说，中国因其"广土众民"的体量优势，"所得必甲于五大洲"。更设想今后中国的邮政"先以电局为根本，将来必与铁路相表里"，邮政收入为铁路提供支持，待铁路建成，则作养路之费。因此期望当政者不为清议和成见所束缚，迅速举办邮政。① 郑观应在《盛世危言》的《邮政》篇中，也提到了国家应推进邮政的改革，也提出邮政与驿站并举、邮政融合信局、依靠轮船与火车打开边疆和海外的邮政市场等措施。郑观应在论述新式邮政对国家的贡献时，主要算的是经济账，指出邮政是国家的"大利所在"，虽然起步艰难，但是坚持开办日久，国家能获得巨款收余。② 汤寿潜继承了浙东学派的"义利

---

① 汤寿潜：《危言·卷四·邮政》，光绪二十一年（1895 年）石印本，第 3 页。
② 郑观应著，王贻梁评注：《盛世危言》，中州古籍出版社 1998 年版，第 351 页。

并举"的事功传统，将邮政行业与百姓民生、国家安全、社会安定等多方面的考虑，并以"功到成处便是有德"的观念而对淡化国体争论。汤、郑等经世学者的建议，给予晚清邮政建设积极的推动力，清政府于1896年正式设立全国邮政，以代替传统的官立驿站和民立信局。而汤寿潜所倡导的诸多设想，也为后来中国邮政的发展道路所证实。①

与邮政相比，铁路问题是晚清受到更多阻挠、引发更多争议的事业。鸦片战争前后，中国人从郭实腊等传教士的著述中认识了"火车""铁路"等概念。洋务运动初始，关于中国是否需要修建铁路的问题，就爆发过多次激烈的争论。19世纪六七十年代，清廷总理衙门与李鸿章等各地疆吏多以地势、风水、商民生计等理由拒绝洋人开办铁路的请求，也担心洋人的筑路建议是"窥伺之渐"和"籍端生事"，造成中国"门户洞开""险要失据"的危险，导致中国第一条吴淞铁路被清政府拆毁。19世纪70年代中后期，洋务派大臣们认识加深，为了促进煤铁行业生产，以及加强国防，也提出了中国应修建铁路的建议，但遭到顽固派以震动陵寝、伤害禾稼、耗费国库、损己益敌、水手车夫之人生活无着等理由的抵制。清廷虽然新修了一部分铁路，但因朝野矛盾重重而进展缓慢。《危言》的《铁路》篇中，汤寿潜试图从士民风气、国防安全、筑路成本等方面，来说明中国是否需要修建铁路，以及如何修建铁路，并阐述交通改革的迫切性。

汤寿潜认为，现今中国铁路事业常被阻挠，与三十多年前的轮船业被阻挠一样，是因为国家、民众、官绅尚未于此受益而观念尚未改变的结果。中国初行轮船之时，"群议沮之，亦与今之沮铁路等"，但等到上

---

① 参见易伟新：《略论晚清邮政近代化》，《株洲工学院学报》2004年第1期；张青林：《确立新制度：晚清新式邮政再研究》，硕士学位论文，厦门大学历史系，2014年；易山明：《晚清邮政网络与地方体系层级——以安徽省为中心的考察》，《北京社会科学》2021年第7期。

海设立轮船招商局，风气始大开，看到轮船带来的实际好处之后，"向
之沮轮船者，旋已无不附轮船之人"。由此可见，等到铁路于国于民的
好处展现之后，"今之沮铁路者，将来无不附铁路之人"。汤寿潜设想，
有轮船业的经验在前，铁路建成之后国家与民众自然会因得益而平息争
议，政府首先应该出面搁置诸多争议，将铁路建设坚持下去。其次，中
国铁路问题的严重性，在于不仅普通百姓惧怕铁路，具有财力的官僚士
绅也大多墨守成见，致使迟迟不能在铁路发展上取得突破。① 汤寿潜认
为，中国士大夫们应该看到铁路对国家生存的重要意义。他举例上海格
致书院所藏的同治初年英国人绘制的铁路图，其计划的铁路线由印度通
至中国云南，在中国境内"一出临安以东趋广州，循岭出湖南而达汉口；
一出楚雄以北趋四川而达汉口"。当时英国与云南地区尚未通商，但其
战略已经具有详细和周密的前瞻性安排，"于中原之腑脏脉络，已见垣
一方"，可见其利用铁路侵略中国的蓄意之深。② 因面临前所未有的国
防危机，中国自己建造铁路刻不容缓。

　　为批驳官僚士绅对修筑铁路难度过大的成见，汤寿潜以当时两广总
督申请开筑汉口至卢沟桥的铁路为例，认为"朝廷独断于上，大吏毗赞
于下"，岁筹经费三百万两，似乎此项工程的完成足可期待。但是铁路
主持者所未考虑到的问题，或许会成为届时被迫中断的源头。汤寿潜
认为，此条铁路的修筑，主要有两个难题：一是财力难题，造路里数大
且造价甚巨。"每中里约需洋银一万元左右，此道南北干路凡经府州县
三十有八，共计二千八百数十里。"二是技术难题，因为所过河流、山
脉较多，渡河工程难度高，"自汉口至卢沟桥，共经河道四十有五，而
黄河尚不在其列"，如果遇河就造铁桥，即使不计所费成本，"未必河底

---

① 汤寿潜：《危言·卷四·铁路》，光绪二十一年（1895 年）石印本，第 5 页。
② 汤寿潜：《危言·卷四·铁路》，光绪二十一年（1895 年）石印本，第 5 页。

处处有坚土利于立柱"，其由湖北境迤逦以至信阳州，"如以轰凿从事，既虑旷日持久，亦虑糜帑误工"。①

汤寿潜提出"节省三策""变通三策""预备三策"，来解决铁路修筑的难题。"节省三策"，着眼于解决财力的难题。一是地主入股。造铁路必先购地，可以谕令被征收地的地主附入股份，由矿务铁路总局估值其地价后，予之以券，铁路筑成之后得利，按值分息，这也是英国修筑铁路的办法。二是招商营运。汤寿潜认为应提前招商，与其"招之于已成，何妨招之于未成"，先行逐段勘察估价，一面筹款垫造，一面招商认造，以所造之路权利属之，"商人多认一里，即公中可少造一里"，这样制造费用就能大为减少。三是调用营勇和洋匠修筑。虽然铁路修筑中路料为大宗费用，但人工费也是巨款，可仿照薛福成在《筹洋刍议》中"矿屯"的方法，调集附近的军队营勇设为"工屯"，操防的同时兼顾筑路工作，既能省却路工的费用，更方便以军纪约束。同时雇专业的洋匠为铁工，即使"徙木运石，铲高增卑"等工作，也需有洋匠指导。对于"犒勤惩惰"的奖惩方面，尚无近代化的考核体制，因此可以军功赏罚之，以激励其踊跃精神。②汤寿潜的设想，是需要官、商、民密切合作，政府主导市场、需求技术、组织人力，民众提供土地又获得股权，商人投资筑路，三方在铁路修筑上形成利益共同体。

"变通三策"，着眼于解决工程施工过程中的技术难题。一是渡河桥船并用。铁路渡河之难在于架设铁桥的费用颇高，"铁桥一里十倍路费"。汤寿潜提出两套方案，在河面稍窄之处以造铁桥径渡为便捷，而在河面相距较远之处，铁路起止于两岸，中间设浅水轮船数艘，来回驳运。如果需要货运起驳，则可在两岸各设起重机器，以便舟车互易。遇

---

① 汤寿潜：《危言·卷四·铁路》，光绪二十一年（1895年）石印本，第5页。

② 汤寿潜：《危言·卷四·铁路》，光绪二十一年（1895年）石印本，第5—6页。

到山路阻碍，也是同样的思路，铁路设于两端，中间以人力济之，这样可以为国家大为节约财力。二是引入新式轻便汽车。根据《格致汇编》记载，英国已出现新造简便汽车铁路，"行止、添煤、灌水等事，只须一人管理，车体甚轻，能容坐客九十人，车价甚轻，不过洋银数千元，不必购地筑路，能就已有之人路成之，如有洋银四五千元可成铁路数里"。汤寿潜测算，如引进这种汽车铁路，则中国南北干路的营造费用将大大降低，"得洋银四五百万元便足集事，即倍之再倍之，折算中国银数，得一千万而宜无不足"。三是改用木路以行木轮火车。据西书记载，美国人马斯孟发明木质铁路以行木轮火车，《格致汇编》也对这种木质铁路进行了描述，木质铁路的修筑仅需铁质铁路的三分之一时间，木轮火车的造价与维修费用也仅及普通火车的一半。针对《格致汇编》中认为中国铁矿多而应以铁质铁路为主的观点，汤寿潜反驳认为，中国虽然矿产富有，但是运输利用上并不方便，如果等待自开铁矿以成路，则时不我待，如果悉购洋铁，则对国家经济有害，"是以我之银易彼之铁，未受其利，先被其害，直齎盗粮而已矣"。即使因为考虑到铁路的经久问题，而干路不得不使用铁质铁路，也可以在各条支路上使用木质铁路。[①] 技术问题需要借助西学科技，汤寿潜对西方新出现的科技现象持开放态度，建议引入中国为经世所用，但也注重技术与本土国情的结合，对西学书籍并不盲从，而且也考虑到对本国企业的扶植。

预备三策，是针对长远的中国铁路管理问题。一是建设铁路培训机构来追求中国铁路建设的独立性。汤寿潜认为，造铁路不能不需要洋匠，洋人也不是不乐于为我所用，但是"楚材晋用，终非良策"，应该以此次修筑铁路的契机，建设中国自己的专业铁路人才，例如埃及造铁路之前，也先遣人赴英学习。光绪初年朝廷设电报学堂，也可援例开设

---

① 汤寿潜：《危言·卷四·铁路》，光绪二十一年（1895年）石印本，第6—7页。

铁路学堂，而生源则可以从北洋武备学堂、沪粤机器局等处久学制造的学生中挑选，也可"另延教习造路制车，彼此分办"，在学习五六年之后，"分赴各国铁路公司印证同异，精益求精"，十年之后中国就具备了自己的铁路人才，无需借材于国外。[1] 二是警惕国外利用铁路线侵略，变易铁轨尺寸。汤寿潜认为，英、俄、法等西方列强的铁路建设已到边境，毗连中国边疆各省，渐成侵略之势。朝野持清议而反对铁路者，也正是担心"铁路一设，各国得长驱而入，戒开门之揖"。汤寿潜建议在修筑铁路的同时，也要注意防范措施。中国正在着力谋取富强，西方各国的铁轨宽度相同，中外铁路总有衔接的时候，为防止"开门之揖"，应确查中外接壤的铁轨，变易其尺寸。中外接轨不合，敌国即使有心侵犯，也无法越雷池一步。中国甚至可以在边境修筑木质铁路，以防不虞。[2] 三是防范"亟功之疆臣、牟利之驵侩"以铁路为名危害民生。汤寿潜认为，随着铁路的修筑及其收益的显现，朝野士民对其的认识迟早为变贬为褒，"目前尚以铁路为毒螫，迨风气一开，见有微利，辄一呼百应"，无论是官场还是商界的谋利者，在铁路上形成盘根错节的利益集团会不顾一切地私自开筑，对轮船利权等其他与民生相关的方面进行损害。汤寿潜建议，政府应该在铁路建设上有预先的规划和布局，"就东西南北议定干路、支路共若干处"，之后再有贪利忘害而"推行壅利者"，政府应对其严加惩处。[3] 铁路管理问题上，汤寿潜试图处理涉及到的各类关系：铁路人才方面，既要临时招募洋匠以保证工程时间，更要培养本国技术人才以保证长期建设；铁路建设方面，既要学习西方的筑路经验，更要防范西方利用铁路对中国的侵略；铁路收益方面，既要保证铁路建设对官与商的收益回馈，更要防止建设中权力和资本的肆意

---

[1] 汤寿潜：《危言·卷四·铁路》，光绪二十一年（1895年）石印本，第8页。
[2] 汤寿潜：《危言·卷四·铁路》，光绪二十一年（1895年）石印本，第8页。
[3] 汤寿潜：《危言·卷四·铁路》，光绪二十一年（1895年）石印本，第8页。

蔓延，以致对百姓民生的损害。郑观应在《盛世危言》的《铁路》篇中同样论述了铁路对于中国发展的益处以及紧迫性，但其注重铁路的经济利益和国防安全，对铁路危害其他民生的可能性则没有论及。

近代铁路建设是一项极为复杂的新兴行业，既涉及工业化的技术领域，也涉及中外关系的政治外交领域，还涉及政府与民间的经济社会领域。在甲午战争前，晚清朝野的主要争论点仍然在是否需要修筑铁路，甲午之后才是如何筑路与管理。汤寿潜在甲午之前即考虑到了两方面的问题，其设想体现出对铁路问题的综合性思考，包括了对铁路建设与国计民生的前瞻性思考，对铁路问题上中外关系的互动性探讨，以及铁路建设与地方社会的公共性认知，具有很强的时代价值。值得注意的是，洋务运动初期，对新生事物并不保守的曾国藩曾反对铁路的修筑，认为新兴行业会摧毁传统民生，这是"以豪强而夺负贩穷民之利"，"车驴、任輂、旅店、脚夫之生路穷矣"，对这些行业持谨慎甚至抗拒的态度。[①]曾国藩的意识中，既有作为封疆大吏对社会与政治安定的成熟忧虑，也有理学儒生对男耕女织的小农社会的维护。汤寿潜继承了浙东"工商为本"的思想传统，认为新兴行业也能给百姓的生计生活带来更好的发展，并相信新旧更替的趋势是不可阻挡的。同时汤寿潜也强调在铁路建设中必须注重维护百姓的利益，力图设计出让百姓参与筑路并从中得利的方案。

应该看到，作为年轻士子的汤寿潜，对实业时务的认识不深，故其设想也存在理想化的倾向。例如对铁路"由官筹造，招商营运"方案的理想化，既需要清政府能够对铁路路线规划布局、组织建设，又要求清政府不应过度参与商业力量对铁路的运营，这在具体的权力归属上是极

---

① 曾国藩：《复马新贻》，《曾国藩全集 30·书信 9》（修订版），岳麓书社 2011 年版，第 261 页。

不清晰的方案，也缺乏实际的可能性。例如对西方新科技作用的理想化，对西方书籍记载的"简便汽车铁路"等尚在发明阶段而未在市场证实的事物，盲目信奉为可大规模使用的设备。

汤寿潜对新兴行业的改革思想，主要有四个方面：一是在国策层面，"工商为本"和国计民生并重的思想下，对新兴行业采取积极支持的态度。以新兴行业的社会生产与服务的效率优势，以及其对军国大事的帮助，作为排除守旧势力阻挠的理由。二是在筹划层面，整合新旧行业，协调中外利益。以新兴行业的竞争优势逐步取代传统行业，也借助传统行业的市场网络进行发展。充分利用西方先进的科技和管理方式，也警惕西方随之而来的经济侵略。三是在技术层面，引入先进技术和人员，培养本国科技人才。在详细考察中国的本土条件的前提下，大胆引入国外最先进的技术，加快行业的更新换代。在中国技术人才匮乏的前提下，引进具备先进技术的洋匠，但注重建立培养中国科技人才的教育和实践体系。四是在管理层面，废除官督商办的旧模式，注重官、商、民合作与各自利益的平衡。改变洋务官督商办企业的官商利益失衡的缺点，以"任商"的方式将民间商业引入新兴行业，既借助民间商业的逐利性克服官僚管理，而激活新兴行业，也使得地方民众能够在新旧交替中获得利益。

汤寿潜用大量篇幅论述了新兴行业中的政府职责，这也是洋务运动以来学者探讨的热点话题。郑观应认为，官府的主要职责为保护企业与抑制贪腐，提出"全恃官力，则巨费难筹；兼集商资，则众擎易举。然全归商办，则土棍或至阻挠，兼倚官威，则吏役又多需索。必官督商办，各有责成；商招股以兴工，不得有心隐漏；官稽查以征税，亦不得分外诛求。则上下相维，二弊俱去"[1]。对于官府对商民的压榨，郑观应

---

[1] 夏东元编：《郑观应集》，上海人民出版社 1982 年版，第 704 页。

认为是法律的不完备所致："官不恤商者，固由官制过于尊严，实亦国家立法之未善。"[1] 何启、胡礼垣等则主张去除官府影响的体制，在论述铁路公司问题时，提出"商之可以办，官之必不可以督"，应改制成不与官府挂钩的完全商办公司。[2]

汤寿潜对官府的要求则高得多，既需要其从垄断领域退出，将市场放权给商民，也需要在市场领域深度介入，担负起引导、规划、组织、保护等职能，在财政、政治、外交、科技等领域为民间商业抵御风险、提供支持，为地方百姓保证稳定、谋求生计利益。浙东学派历来推崇"工商皆本"，提倡政府对民间商业的放宽态度。近代新兴行业包含着科技革命、中西关系、新旧迭代等诸多内容，处于转型中的东方国家对政府的经济要求则不仅是"放宽"，还需要在各方面的扶植与支持。故此，汤寿潜的思想可以说是浙东思想在近代新的发展。然而，从汤寿潜的期望来看，符合商民要求的是一个具有近代意识和能力的政府，与当时的晚清政府有着较大的差距。以铁路建设为例，后来清政府在"借款""国有"等问题上与地方士绅发生激烈的冲突，也即缘于此因。这也反映了彼时的汤寿潜，限于阅历和见识，缺乏对经济问题背后更深层次的清醒认识。

第四节　对外开放与人的近代化

晚清的经济改革中，对外开放是回避不了的问题。林则徐、魏源提出"师夷长技以制夷"，在国防领域引进西方的先进武器和军事制度，并撰写介绍西方概况的书籍。洋务运动以"自强"和"求富"为口号，

---

[1] 郑观应著，王贻梁评注：《盛世危言》，中州古籍出版社 1998 年版，第 300 页。

[2] 郑大华点校：《新政真诠——何启、胡礼垣集》，辽宁人民出版社 1994 年版，第 204 页。

注重"采西学"和"通商务"，洋务派地方官员在东南地区建设了以西方技术为基础的近代企业，开办了西学教育机构和翻译机构。清政府在京师也开设了同文馆等西学机构，培养外交人才。然而经过三十多年的洋务运动，中国仍然面临严重的边疆危机和社会问题。顽固守旧派认为，是洋务运动学习西方的"奇巧淫技"而导致的，应该"以忠信为甲胄，以礼仪为干橹"才能拯救国家。早期的维新派则认为，是因为仅将西学视为"末"，是对外开放不够，向世界学习不够的结果。王韬批评洋务派"无如今日所谓末者，徒袭其皮毛，所谓本者，统未见其有所整顿"。① 后来维新思想家们开始将西学引入政治体制领域，郑观应、汤寿潜等也都提到了清政府设置议院的重要性。

早期维新思想家们的主张，批评了洋务运动领导者被动的开放性，倡导中国应该具有主动开放的意识，去学习西方内容政治、经济、文化教育等其他领域的内容，首先要去除华夷隔绝的观念，让中国士民与西洋人更多地融合交往。薛福成认为应改变"华夷隔绝之天下"的局面，"环大地九万里，罔不通使互市，虽尧舜当之，终不能闭关而独治"②。马建忠主张主动废除闭关锁国的政策，"因民之利，大去禁防"，"开港设关置官，此乃应行之事"。③ 在经济领域，汤寿潜可能是早期维新派思想家中最为激进者，不仅提出了港口、商业的对外开放，更主张引洋商进入商局、招募华工赴海外务工等与华夷之防观念大相违背的政策。

汤寿潜在论述中国的观念变革时，首先以西方强国因开放而致发达

---

① 王韬著，陈恒、方银儿评注：《弢园文录外编·洋务下》，中州古籍出版社1998年版，第82页。

② 薛福成：《筹洋刍议·变法》，载《庸庵全集》（三），光绪十年（1884年）刻本，第46页。

③ 马建忠：《适可斋记行·东行续录》，载薛玉琴、徐子超、陆烨编：《中国近代思想家文库·马建忠、邵作舟、陈虬卷》，中国人民大学出版社2015年版，第94—95页。

的例子来论述其可信性。在《夷势》篇中，汤寿潜在论述中国对外关系时，谈到西方各国通商而提升国力，通商则必须对外开放，其外交的主要目标也是为本国的商业获取利益。作为世界第一强国的英国，"以三岛制五洲，商埠属地遍七万里，而以海军联贯之，大有常山蛇势"。汤寿潜认为，英国的国情是"国俗商重农轻，所产米麦不敷口食"，必须向外发展并保护自己的海外商业，其侵略印度、中国都是为了扩展商业，同时防止法俄等其他国家与之争夺。作为新兴强国的美、俄两国也在积极开拓海外商业，美国虽然远在"北亚墨利加，为地球之背"，但经过多年积聚国力，已开始向中国发展商业，"今已开商利于东方矣"，甚至看出美国谋取世界第一强国的雄心，"英一告敝，美未必守华盛顿自守之训，将出而执泰西之牛耳"。①

对于后起国家，则更需要对外开放来学习他国长处，以达到自强的目的。汤寿潜特别提到了俄罗斯彼得大帝的开放学习心态，"走荷兰习水师，尽其技而后复位，卒兴罗刹"，认为彼得的做法，也契合中国赵武灵王之胡服骑射的向外学习的传统。②汤寿潜认为，世界各国"咸讲求格致谋所自存"，将来以国势强弱而逐鹿天下，而中国堂堂一尊之国而处于弱势，将是可耻之事。中国虽有经世的传统，但是因长期忽视而导致技艺、政制方面的落后，也需要以开放的心态来摆脱弱势的国际地位。

既然对外开放是明智和不可避免的，国人对通商口岸城市的态度也应该有所转变。在《危言》的《口岸》篇中，汤寿潜深入地论述了国人应该如何看待西方商人及其背后租借地的问题。晚清中国人批评通商互市者众多，更有观点指责越来越多的通商口岸城市将扰乱中国正常的经

---

① 汤寿潜：《危言·卷三·夷势》，光绪二十一年（1895年）石印本，第21页。
② 汤寿潜：《危言·卷三·夷势》，光绪二十一年（1895年）石印本，第22页。

济社会发展轨道,"谓将耗尽中国之精华而仅留此躯壳也"。汤寿潜认为,口岸城市的出现和增多,对于中国既有失也有所得:设口以互市,是明智的,也是加强通商,有利于国家富强的;遍地设口互市,才是愚蠢的。最初中国只准许洋商在广州一口通商,后来增至二十余地,在汤寿潜看来这是洋商对华赢利的转折点,"此殆日中必蕞之时矣"。[①] 首先,洋商在广州一口通商,其成本不高,可以轻松在华获利。而内地口岸一再增设,对于洋商来说就要负担当地的房屋、道路等一切居住营商设施修建,营商成本就会增加。其次,口岸作为洋商的商品分销地,不断增加也意味着洋商来华的制造者、贩运者与日俱增,中国人购买洋货可以随时随地获得,洋商为了争夺市场,就不得不降低价格。这种商业竞争既有利于中国人不受洋商高价压榨,也在中国民族商业还未能匹敌洋商之前,让洋商无法在中国市场进行垄断。再次,因为洋商之富者久居中国,其房屋资产也要留在中国传给子孙,其工商产业也最为珍视,因此遇到中外冲突,往往以通商口岸为战乱的局外之地,这是因为口岸城市已成为中西方的利益共同体,因此西方人投鼠忌器而会与中国协商各不相犯。[②]

汤寿潜认为,既然清政府在军事上"不克筑堡自守",那就不如打开对西方的大门,广为招揽洋商,让其互相倾轧竞争,也给中国人带来发展的机会。汤寿潜激烈批评了守旧派对开放口岸的抗拒做法,认为其实质是对国际情势不了解而导致的思维闭塞。若以后西方人再以开设口岸为要挟,中国尽可以如其所请,只不过可以在加重税则、照中国法律断洋人案件等方面作为交换,来保护中国人的利益。这样,中国在政治上的损失,反而可以在经济上得到益处。汤寿潜在对通商口岸的看法

---

① 汤寿潜:《危言·卷二·口岸》,光绪二十一年(1895年)石印本,第25页。
② 汤寿潜:《危言·卷二·口岸》,光绪二十一年(1895年)石印本,第25页。

上，非常注重于其对中国商业带来的机会方面。如果中国人能够以开放的心态看待口岸城市的价值，积极参与华洋贸易，一是减轻了华商本身的交易难度，也迫使洋商降价从而降低了交易成本；二是让中国人可以更清晰地了解"中外商情"，也即学习到商业强国的贸易长处，通商口岸既是华洋商业共同体，又是国人学习的窗口。[①]汤寿潜的开放思想，既继承了浙东学派的崇商传统，也与其对上海社会的长期观察相关。而其宗旨更多从地方民众的经济利益出发，认为对外开放既能使百姓自中外贸易中获得实惠，更能在自由地对外交流中增强自己在世界市场中获得生存和发展的能力。

加强中外商业贸易是有益于中国的，而这就需要面对激烈的商业竞争，这对中国的招商机构提出了更高的要求。在《商局》篇中，汤寿潜对晚清中国最大的官督商办机构招商局提出了改革建议，提出"兼任洋商"的大胆方案。汤寿潜首先肯定了招商局自成立以来为国家收回利权所立下的功绩，但批评其收并旗昌公司后经营能力大幅下降的现状，"所有活本皆成呆产，而门面愈阔，靡费愈滋"。而且招商局内部因为事事以官行之，导致人事上多营私舞弊，"委员多要津之竿椟，甚至博干修以挂名者矣"，买办人选更多裙带关系，"必局总之私人，甚有由妓寮以呈身者矣"。与这种官场文化相应的，则是对商局的处处盘剥侵蚀，"过客之抽丰取给于此，大吏之馈挹注于此，节节剥耗，层层侵蚀"。过度的额外消耗导致招商局每年的赢利寥寥无几，"虽年终清单赢余凿凿，而官本，商本，皆如盐著水中，可见而不可掬"。[②]

汤寿潜认为，要改革招商局的弊病，应分为两个步骤。首先不可深信招商局的清单，应召清廉有操守的官员督同核实及估价招商局的资

---

① 汤寿潜：《危言·卷二·口岸》，光绪二十一年（1895年）石印本，第25页。
② 汤寿潜：《危言·卷二·商局》，光绪二十一年（1895年）石印本，第24页。

产，"局中见存官本若干，商本若干，栈房几所，码头几处，轮船、趸船各几艘，计值大共若干，务使清见潭底"。在清查和估算资产之后，"招有力华商，合同洋商，代为包办"，包办的华洋商人只要"岁认交租银若干成，总包则统局本总计，分包则分计之"。按汤寿潜的设想，招商局不再过多干涉具体事务，"事事听商人好自为之"，将给予商人极大的自主权，而以前因官场模式所需要负担的种种支销将"不裁自省"。对于商人的要求在于，必须提前交清包办年份的租银，如有延宕，招商局可以另行招办。①

在汤寿潜看来，引入洋商的好处有二。一是抑制贪腐，引入洋商可以加强对招商局官员的监督，有了洋商参与互相洞察，可以一定程度上清除官僚主义的积弊。二是保证安全，遇到中外海上纠纷或冲突，因为有洋商的参与商业运输，可以免除敌对国的阻截，以免海外交通被对方严密封锁，导致中国的物资转运不灵。② 汤寿潜提出引洋商入招商局的设想，在晚清华夷之防观念颇重、华洋矛盾激烈的环境下，可谓经济改革中一个大胆的设想。郑观应长期在口岸城市从事商业活动，在《盛世危言》等著作中提出了一系列整顿商业、与外国展开商战的建议，但也未敢设想将洋人引入到中国的官督商办的机构中，并给予极大的自主权。这也从侧面反映出汤寿潜对晚清官僚机构贪污腐败、低效无能、压榨商人的痛恨，与其始终坚持的民生为先的思想一致。

在《洋匠》篇中，汤寿潜又提出了聘请洋人工匠参与中国实业建设的想法。与《铁路》篇中仅追求技术目的不同，汤寿潜更看重洋人工匠给中国带来的风气变化。其分析了日本明治维新后的发达，在机械制造中达到了"一切制造，皆能仿行"的高度，是因为日本既力崇西法，而

---

① 汤寿潜：《危言·卷二·商局》，光绪二十一年（1895年）石印本，第24页。
② 汤寿潜：《危言·卷二·商局》，光绪二十一年（1895年）石印本，第24页。

真正潜心学习了西式的制度和文化。中国洋务机构陷入困境，事实上是仅为表面学习，实则仍是旧传统阻挠的原因。汤寿潜认为福建船厂、南北洋制造局等机构，虽然表现出一番开风气的气象，甚至聘请西方人来管理，但本质上与旧的中国官办机构并无不同。西方人虽然被任命以洋务机构的官员，但是一方面长期没有替代更新、准备接班人，"一经延定，便如孺子之不能离母，从不思令其导引，得人即谋接替"；一方面又不从这些西方人身上学习新的思想，反而是落入了旧的中国官僚文化中，事事以官为之，使洋员也成为洋务机构的官僚体系中的一部分，被汤寿潜批评为"踵行者复失初怡，敷衍欺饰，草创未久，锢习已成，不过袭人之旧制，拾人之唾余，以为位置闲员，报销帑项地步"。并未有近代化风气的洋务各厂局，很快也出现传统官办机构的问题，"中国各局厂，除任事各员外，挂名得乾修者动以数十员计"。①

汤寿潜认为，西方国家的工厂同样是商办的优于官办的，"官厂不如商厂之多，官厂亦每不如商厂之精，如德之克虏伯厂，法之科鲁苏厂，英之阿姆士脱郎厂，皆以制造致富，权倾其国"。这些商办工厂之所以成功，因为西方社会"以工匠为贵"，工匠群体能够获得名利，才能精益求精地追求制造，"故能澄思眇虑，目锻月炼，以底于精"，相反中国的洋务企业仍然"以工匠为贱"，以官僚文化压制华工的积极性。因此汤寿潜建议洋务企业招徕洋商洋匠，"有愿在我通商各口岸开设制造局厂者，可报明中国出使各大臣，咨明总署，官给凭照，即准开设，由其驻中公使呈明总署亦可"。②

汤寿潜认为，招徕洋人入局的好处有五：一是保证军需的安全性，中国所需军火总不应手，常常需要购自外洋，一遇到战事，海路被封

---

① 汤寿潜：《危言·卷三·洋匠》，光绪二十一年（1895年）石印本，第35页。
② 汤寿潜：《危言·卷三·洋匠》，光绪二十一年（1895年）石印本，第35页。

闭，现在由洋工在国内生产，"购运较便，可以无虑沮截"。二是方便中国子弟就近学习，可以不必远涉外洋留学，"以免上糜其帑，下畏其难"。三是有利于中国人的创新，因为在国内学习"既近且便"，"举隅三反，未必不青出于蓝"，等到中国人具备了优秀的科技工艺素质，将来师敌之长技以制敌，就可以辞退洋匠洋商，成就中国独立的工业制造。四是有利于中国扩大普通民众的就业。洋匠洋商的进入，让洋务企业扩大，洋人可以任职监督等职位，但是搬运粗重等事则不得不用中国小工，这就为穷民开了一条衣食生路。五是有利于中国科技工艺的普及。汤寿潜乐观地预计，与洋商洋匠打交道日久，则中国人人"视机器如梓匠轮舆，官厂、商厂林立国中，洋商不能居奇，庶免巨帑漏入外洋"。[①] 让中外工人频繁接触，而使中国人学会洋人在工业技艺、经商贸易上的可取之处，这种开放设想适应了近代中国转型的要求，也对晚清的华夷之防观念是强烈的冲击。

汤寿潜对外开放思想的另一面，是希望从农耕文明中走来的中国人，能够尽早具备近代工业经济所需的素质，以促进直接影响民生的实业发展。在《华工》篇中，汤寿潜思考了中国人与工业化之间的问题，敏锐地感觉到"今天下一机械之天下也"，世界已经进入了机器工业化的时代，必然需要适应工业生产的人才。从经世思想的角度而言，汤寿潜认为引进工业技术将是振兴国家的重要"治术"。在其看来，西方崛起的一个重要原因是"西人以机械治其国，事事标新领异"，特别是在制造舟、车、枪、炮等方面领先于世界。西方人并不是在才智方面凌驾于中国人之上，但是在工艺技术方面却有两项值得中国人学习。一是逐利心与坚持，西方匠人每得一新法，只要看到其"弋名甚捷，获利甚厚"的优点，即开始刻苦钻研，毕一生之精力成就技艺，如果一生未能实

---

① 汤寿潜：《危言・卷三・洋匠》，光绪二十一年（1895年）石印本，第35页。

现，则"父作子述，合数传之财力始就一能"。二是合理的产权制度保障和奖励，西方人之所以在工艺创造上"倾家陨命而不顾者"，是因为他们"独出之奇"的成果能够得到官方的保护，由政府给予"赏牌护照"，且"独售此技若干年"，即使国家欲对外保密，也会给予巨资酬谢。因此西方人对于科技工艺的创新非常积极，"故莫不推陈出新，不惜炉造化而炭阴阳，以凿破其混沌之窍"。① 汤寿潜评价洋务运动的一大困境，是中国缺少鼓励和尊重"人"与"器物"相结合的社会环境，既包括对工艺精益求精的文化氛围，也包括推动工艺创新的制度保障。

汤寿潜提出的改革设想，是政府培养与选拔这方面的本土人才。一是收录工艺人才于局厂之中。中国人才众多，华人对于各项机器制造精通者，可以立即录入各局厂之中，水平高者可以为教习，以免另聘洋人。二是奖励和鼓励工艺创新。如果华人能够摆脱西方旧式，以奇思妙想而推陈出新，成果"或足资杀敌致果之用，或足济民生日用之需"，经过官府验证有效，就给予不资之富贵。如果士大夫能以工艺之事成为名家，就应该在科举功名之外优加奖擢，不以常格限之，这样人人在这方面都会奋起钻研。三是吸引海外技术人才回国。根据福建官员的奏报，东南亚、日本、美洲等地有数十万外出务工的华人劳工，其间学习机器制造者众多，这些华工在海外经历过工艺的培养和锻炼，一旦得知故乡奖励工艺，必然会回国报效，"富有路、贵有阶，谁不翩然来仪"。②

汤寿潜批评正热衷于洋务的朝野士人是"但知乞水，不思凿井"，虽看到了工艺技术带来的好处，但是没有从制度和政策上培养和招揽熟于工艺技术的华工。从根本的心态上说，中国人仍然"墨守旧说，悬奇技淫巧为厉禁"，在实业上严重依赖于西方，"广田自荒而张口仰食于西

① 汤寿潜：《危言·卷三·华工》，光绪二十一年（1895年）石印本，第33页。
② 汤寿潜：《危言·卷三·华工》，光绪二十一年（1895年）石印本，第33页。

人"。制度上的不足，导致中国士人普遍对技术的轻视，"人人鄙艺事为不屑，文则帖括折楷误之，武则弓刀矢石误之"，追求八股、弓刀的中国人既无法以技艺经世，也已经落后于时代而成为无用之人，"实则徒手而无寸长"。如果朝廷推动国人从事工艺技术，"上有好者，下必甚焉"，必然启发民智，必有"绝九地而通九天者"，"人人不以技巧为菲薄，而以格致为功名"。①工匠群体在传统中国社会的地位并不高，汤寿潜肯定了其自食其力的精神，也希望由其引领风气，使中国人从"帖括折楷"的风气走出来，回归到经世务实的传统中，以应对工业化的转型。因此，汤寿潜设想通过政府引导社会，给予其"富"与"贵"，通过收入和地位的提高而吸引这一群体进入国内实业。当然，此时的汤寿潜尚未接触过近代工艺学校体系，对如何改变其家传、学徒承式的技艺传承模式，如何正规化、规模化地培养此类人才尚不清楚。

如上文所述，汤寿潜认为中国长期忽视经世之学与工业技艺，而西方世界则继承了这一传统，因此国人应以"礼失求诸野"的态度向海外学习。汤寿潜不仅主张开放华洋贸易，强调口岸城市对国人有利的一面，也在此基础之上提出了推动中国人去海外发展的设想。明清时期东南沿海地区的华人，有凭借宗社、帮会等组织闯荡南洋的历史，但以田赋为税收主体的传统政府是命令禁止出海务工的，甚至严令来华外国船只"不能夹带华人，违者治罪"。鸦片战争后，清政府因领事裁判权等限制，对华人移民海外被迫采取了默许的态度，自《北京条约》之后，又明文规定准许华人在自愿的前提下出洋。清政府对华人海外务工的态度是被动的，也并不支持华人在海外的利益，至19世纪六七十年代后，在海外华工遭受欺压事件后，清政府才稍具有保护意识，并在19世纪80年代与外国签订了一些保护华人的条约，但对出海华人劳工仍持贬

---

① 汤寿潜：《危言·卷三·华工》，光绪二十一年（1895年）石印本，第33页。

斥态度。因此，汤寿潜试图在回避清政府政策的前提下，推动部分华人出海。在《盗工》篇中，汤寿潜论述了晚清门户开放之后，对中国带来的好处，提出了"海禁之开，大利在中国"①的口号。汤寿潜认为，士人皆看到中西互市给中国带来的政治弱势、教民冲突、经济侵略、税收减少等负面问题，看到各类洋人"梭织我二十三行省各郡县"，而不知海禁开放也同样有利于华人去西方移民谋生。汤寿潜认为，对外开放是中国近代化的必由之路，"度今之势，虽尧舜之圣智，秦政、汉武之雄略，万不克闭关而谢客矣"。西方各国地广人稀，乐于招募华人前去务工，以前中国闭关锁国时代，西方依靠人贩从东南沿海的广、潮、泉、漳贩卖称为"猪仔"的劳力。汤寿潜建议官府征召盗贼为劳工，朝廷可以根据西方国家的招工法律条款，与各国公使加以商订，由地方官吏为西方代招，而以捕获的盗贼替之。这一方案具有极高的可行性，盗贼因有了去死存生可能性，必定乐于赴西方务工，西方各国可以省却人贩之费，双方都可满意。②

汤寿潜认为，政府征召盗贼出海的战略，对中国有五大利处。第一，是得道义之利。清朝官府对盗贼多采取重刑正法，但是盗贼大多因为迫于极寒而作恶，情有可悯，现存其性命，可体现皇帝仁德之道。第二，是去"猪仔"之利。虽然晚清政府始终严厉禁止贩卖人口，但是因为中外民间由于经济利益并未全力禁止，因此"禁如不禁"。如果中外官方合作招工，内地由中国官府代招，向外国申言"猪仔"之害，在整个过程中由中外官员互相盘诘，将原来违法的人口贩卖换为合法的劳工招募，洋商也无须另费巨帑，"猪仔"之害将不禁而自绝。第三，是护劳工之利。汤寿潜认为，西方各国既然请中国代为招工，那么中国可请

---

① 汤寿潜：《危言·卷三·盗工》，光绪二十一年（1895年）石印本，第29页。
② 汤寿潜：《危言·卷三·盗工》，光绪二十一年（1895年）石印本，第29页。

对方予以声明，不得无端驱逐劳工，华人劳工就在海外得到了法律保护，美国、秘鲁等国驱逐华佣等苛政也可消除。第四，是嫁祸之利。汤寿潜认为，盗贼群体长期从事违法勾当，性情悍鸷，充满戾气，在他国未必甘受约束而耐心工作，而为敌国带来祸患，万一激而生变，则敌国从此多事。第五，是海外助中国之利。盗亦有道，盗贼之中也有枭桀之士，在海外务工的盗贼相互号召联络，将是中国未来在海外可以借助的力量，"远则如虬髯之据有扶余，近则如刘义之崛起越南"，可以予以羁縻，也可以在必要时"用为臂指"，甚至在海军整顿之后，对外国开战，借宾定主，"间谍唯盗"，"犄角唯盗"，"环地球而囊括之奄为我有，从此被我衣冠，同我文轨，奉我正朔"。[①] 从汤寿潜的设想看出，其对国外的情况并不熟悉，对正在兴起排华运动的欧美诸国抱有幻想，但其坚信工商业兴起后的中国必然会走向海外世界市场，而赴外劳工群体则是国人近代化的先行者，因此其希望清政府能够承担起组织与保护海外华工的责任。

汤寿潜的对外开放思想，传承自浙东以及江南传统经世思想中会通中西、经世致用的开放精神。不同于晚明徐光启所面对的中西大体平衡的时代，汤寿潜面对的是工商业实力强劲的欧美列强领导的海外世界，其商业贸易能力，以及工业化带来的生产水平，已经远远超出晚清中国，且对中国的方方面面造成强大的压力。汤寿潜的开放思想因此又带有迫切的向外学习、对内嬗变的要求。在《危言》一书中，他作了大胆的对外开放设想，敢于将洋商、洋匠等引入到中国的企业和机构中，以冲击观念、制度陈旧的晚清社会，特别是消除封建官僚体系下的僵化、贪腐和无能，并希望中国人能够尽快地进入近代工商业社会。如前文所述，作为年轻学子的汤寿潜毕竟缺乏行政经验，也对商业贸易、洋务工

[①] 汤寿潜：《危言·卷三·盗工》，光绪二十一年（1895年）石印本，第29—30页。

业接触不多，其设想虽然大胆迫切，却往往缺少实际的操作性。例如引入洋商、洋匠之后，如何将这些外国人在中国的环境中妥善安置，洋商对招商局会产生哪些负面影响，等等，在已非中西平等的时代背景下，尚欠缺考虑。对外开放与民族利益、资本引进与经济侵略、外商招徕与经济安全等方面的讨论，在世纪之交的严复等人的著作中才出现，汤寿潜则在后来浙路运动中深刻地感受到这些问题。

与当时其他经世学者相比，汤寿潜的对外开放思想中，特别重视对"人"的改造。无论是希望国人放下天朝上国的颜面，以开放的心态学习西方的商业文化，还是不顾华洋矛盾，赞成开设通商口岸城市实现华洋杂处，抑或不顾华夷大防，通过招揽洋商、洋匠，让华商、华工尽快习得近代工业技能，甚至敢挑战清朝的海禁祖制，要求清廷主动组织华人去海外务工发展，加强劳工力量，都是在追求中国人本身的改变，这与洋务派重视器物的态度恰成对比。以汤寿潜对教育的重视程度而言，其始终在强调社会的变革，首先在于人的变革。当然，作为晚清士子出身的汤寿潜，仍然抱有传统社会的等级观念，其思想也远未达到民国时期国民性改造的高度。对于士人，汤寿潜希望能够接受经世教育，使其成为具有经世之才的官员。对于普通民众，他希望能够接触近代工业文化，成为娴熟于工业技艺的人。这一点上，汤寿潜甚至比重视商务、注重商业机制改革的郑观应更为明显。从国家与社会转型的角度而言，汤寿潜设想中的近代化，关键是人的近代化。

小结

汤寿潜的经济思想，萌发于幼时乡间，酝酿于杭州游学时期，成型于19世纪末危局中的《危言》《理财百策》等著述，成熟于领导浙路建设时期的实践。他所面临的，是中国经济格局进行着新旧裂变、充满着复杂博弈的时代。而其以"拯时"为追求的经世思想，也是在针对晚清经济社会危机的探讨中形成的。如上文所述，汤寿潜早期的经济思想，包括了以"任商""税商"为核心的税收和经济领域改革，以抑制封建特权为核心的非正常收入改革，以组织和维护市场、惩治贪腐为核心的政府职能转型改革，以引入洋商洋匠、组织国人出洋为核心的对外开放改革。这些经济设想，反映了继承浙东学派的汤寿潜，在中国近代转型过程中的改革思路。

传统中国的经济以农耕为主，财政以田赋为主，然而随着中外因素导致的晚清财政困局与社会裂变，清政府为了应对危机，不得不在税收上进行改革，并越来越重视商业以及新兴的工业，在社会治理上越来越关注商业和商人。传统中国政府对商业活动的态度，主要有两类：一是抑制商业活动，包括官商与民商，贬低商人的社会地位，形成完全以农业为主导的国家经济模式，其代表者为战国时期在宣扬"重农抑商"的商鞅；二是重视商业活动，但是倾向发展官办商业，对民间商业采取抑制或者无视的态度，其代表者为春秋时期变法的管仲。南宋时期，由于外部的军事压力和内部的财政困局，陈亮、叶适等人提出了"农商相籍"、以"宽民"来实现"富国"的思想，但是在垄断性官营经济过强的宋代并未影响到执政者的决策。晚清洋务运动的官督商办企业一方面自身陷入困境；另一方面其使疆吏和买办阶层颇受其利，而对百姓生计方面并无太多帮助，与"求富"目标相去太远。

汤寿潜继承了浙东学派的重商主张，在传统赋税、新兴行业上提出了"税商""任商"等设想。这些设想试图平衡国家与民众的利益，实现"治国"与"匡民"的双重性。一方面，是凭借民间商业的趋利性，激活传统赋税体系的流通能力，提高洋务企业和新兴行业的市场适应能力，以解决政府的财政困境。另一方面，"税商""任商"的改革，也是在经济和财政领域提高商人和平民地位的机会，包括获得知情权、股份权、管理权、政策制定权等一部分权力，分享新科技带来的近代化便利，能让民间社会在改革中获得利益以促进民生。总体而言，汤寿潜的经济改革思想，强调了官商与民商并重的取向。从长时段的历史来看，洋务运动开始，直至辛亥革命爆发这段时间，是中国自唐末五代后较为少见的朝廷权威消退、地方和民间力量兴起的时代。西方商业兴国的见闻与西学知识传播，又给了汤寿潜等经世学者改革思想的外部参照。这些因素，给了汤寿潜比陈亮等南宋浙东学者更多批评传统商业政策的底气。当然，作为年轻学子的汤寿潜，在其经世著作中的"任商"思想尚未得到实践而验证，对清政府和西方经验也抱有过多幻想，导致其改革方案与现实社会有着较大差距，这在后来的浙路风潮中显现出来。而汤寿潜"税商""任商"的改革思想，虽然仍保留着传统社会的诸多因素，但符合了中国近代转型的方向，即由传统的财政以"税地"为主、经济以农耕为主的封建王朝国家，向财政以针对私人财产的"税商"为主、经济以围绕工商业为主的现代国家转变。从甲午战争后的历史来看，汤寿潜较有预见性地看到了发展商业以救国的必然性，也为其以后参与实业建设、组建浙路公司提供了思想支持。

传统中国政府的经济职责，主要以征收和运输钱粮为主，对工商业的管理相对薄弱。晚清洋务运动发起自地方疆吏，缺乏国家政府层面的组织性，导致改革呈现分散、无序、缺乏顶层设计的问题。汤寿潜也认识到，新兴的民间商业力量尚无引进技术、自行组织的能力，民间资本存在自发生长、无序竞争的弱点，民间力量也无力抵御外来资本的侵袭。因此，财政与经济向工商业领域转变，特别是面对海外传来的近代行业，需要政府进行更精细化的治理和扶持，承担更多的经济责任。基于"税商""任商"的经济改革需求，汤寿潜提出了政府对经济领域的责任要求，主要包括四个方面：一是组织市场，包括公开信息、招商引资、制定市场规则等；二是辅助商业，包括引进技术、提供人力、平息商民矛盾等；三是保护商业，包括扶植商人、关税竞争、保护规划发展战略等；四是规范权力，包括抑制垄断、限制贪腐、改革体制等。

南宋浙东学者，主张政府与官吏不与民争利，削减财政支出，放任民间商业发展，达到"上有余而下不困"的局面。明末黄宗羲提出"工商为本"的思想，希望"切于民用"的工商业也能摆脱被视为"末"的地位，得到社会的承认。他们对政府之于商业的要求，是相对消极的。晚清经历了古今之变，经世学者们对政府提出了更多的要求。例如，郑观应提出清政府应在财政上实行预算制度，以应对"税商"的时代，并应协助本国商人与海外进行"商战"。而汤寿潜对政府提出的四大方面要求，则更体现出民间商业期望政府向更积极有为的方向转型。

当然，汤寿潜对晚清政府的要求，也是从儒家的"民本"思想出发的，结合了浙东学派融"崇商"与"匡民"为一体的传统，这与后来具有更深西学背景的谭嗣同、严复等人提出的类似社会契约论的现代政治逻辑之间，有着很大差异①，也没有上升到涉及私人财产保护的现代公民权利层面。但是，其思想中已经闪现政府需要为社会提供公共物品和公共服务的理念。这一理念也为其在后来的浙路风潮中，对清政府的不满和反抗埋下了伏笔。

晚清自林则徐、魏源提出"开眼看世界"以来，经世学者即注重国人观念的改变，倡导学习海外先进知识，成为能够适应新形势的人才。

---

① 例如，谭嗣同提出："君也者，为民办事者也；臣也者，助办民事者也。赋税之取于民，所以为办民事之资也。"谭嗣同：《揭乡愿与大盗：仁学》，崇文书局 2019 年版，第 85—86 页。严复认为："民生而有群，徒群不足以相保，于是乎有国家君吏之设。国家君吏者，所以治此群也。……故曰：赋税贡助者，国民之公职也。"载何炼成主编：《中国经济史》，陕西人民出版社 2004 年版，第 232 页。

洋务运动中，翻译、外交、军事等各类分科人才培训机构纷纷出现。汤寿潜提出"任商"的经济改革观念，自然需要具备工商业能力的人才培养方案。浙东自古有深厚的经商传统，自陈亮、叶适至黄宗羲，并未详细探讨对工商业人才的培养。然而近代工商业与大航海时代后的全球贸易模式、工业革命后的近代器械制造、近代公司制度等息息相关，这些内容是传统工商业无法涵盖的。与守旧派不同，汤寿潜认为学习外来知识是中国经世文化的回归，既有利于工商经济的发展和民生水平的提高，也有利于对清政府和洋务企业低效、贪腐、垄断等问题的抵制，因此中国需要对外开放。

汤寿潜的对外开放思想，包括将洋商洋匠"引进来"、华人华工"走出去"等设想。汤寿潜认为，清朝社会文化已形成对经世思想的禁锢环境，只在知识方面进行传播是不够的。洋人与国人之间的交流，背后是文化的冲击与交融，只有国人充分接触到当时海外的经世文化，才能带来其近代化的转变，并推动国家的近代化转型。这一设想关注了国人本身文化观念的改革，在晚清经世思想中具有独特的价值，也预见性地看到了中国社会的后续趋势。当然，汤寿潜对近代性的认识并不充分，也缺乏近代"文化学"的知识与建构能力，这与后来新文化运动的知识分子有着较大差距。

汤寿潜的经济思想，提出了一整套商、民、官三方如何适应时代的改革方案。其背后所反映的经世理念，在很多地方突破了浙东学派的传统，由自古的"民本"思想逐步向"民众主体"的现代国家和社会观念过渡。其所主张的从民间社会进入国家经济与财政领域的"任商"，实际已打通了民众从"救己"到"救国"之间责任的内在逻辑，既含浙东传统的"公私观"和"富民观"，也隐隐闪现出民众主体地位的自觉。甲午战争后，清政府不得不允许民间兴业，汤寿潜的改革思想在诸多方面变成了现实，体现出顺应潮流的特点。当然，汤寿潜毕竟是从农耕乡间和正统功名道路出来的士子，对传统的封建王朝政治仍怀着深深的眷恋，缺乏新一代知识分子的现代民主意识，在面对落后封闭、无力担负起引导中国转型的晚清政府时常常陷入心理纠葛，这种纠葛将在后来的保路运动、立宪运动中显露无遗。

第 五 章

实业、路权与国家责任

　　20 世纪初，汤寿潜开始涉足工商实业领域，1901 年参与张謇的南通垦殖公司创办，1905 年与张謇创办上海大达轮步股份有限公司。浙路风潮爆发后，汤寿潜积极参与其中，被浙江绅民推举为浙路公司总理。辛亥革命后，汤寿潜又被任命为临时政府的交通总长，提出了全国铁路规划的设想。汤寿潜早年的著述中，多涉及经济问题，并提出了一系列改革设想，后半生则有十年左右的时间参与到实业建设的实践中，特别是成功领导了保路运动，得到地方绅民的赞扬和拥护，体现了其思想与实践结合后的成就。

　　传统中国自秦实行"重农抑商"政策，并在西汉初年形成"士尊商卑"的等级观念，商人的地位无法与士大夫相提并论。虽然宋明时期已出现"弃士从商"的现象，而士子大规模进入工商领域，则是晚清甲午战争之后，因商品经济发展、科举制度衰落、富国强民思潮兴起、政府新政倡导等因素而引发的。① 晚清士人进入商海的身份也各

---

① 　关于晚清士人经商潮流的研究，参见马敏：《官商之间：社会剧变中的近代绅商》，天津人民出版社 1995 年版；余英时：《中国近世宗教伦理与商人精神》，安徽教育出版社 2001 年版；胡平：《浅论晚清文人经商》，《嘉兴高等专科学校学报》2000 年第 3 期；李晓英：《试论晚清士人阶层的经商潮流》，《甘肃联合大学学报（社会科学版）》2004 年第 4 期；王明伟、张红蕾：《弃士经商与晚清士人的边缘化》，《社会科学战线》2009 年第 9 期。

有所异，或如盛宣怀成为官办商人，或如张謇成为民间商人，或如郑观应处于两者之间。1901 年，汤寿潜婉拒了郑孝胥推荐其出任汉冶萍煤铁厂经理，成为官办商人的机会，并与寓沪东南民间商人频繁接触，可见其选择方向。

深具崇商主义的浙东传统文化，主导了汤寿潜早期经济思想的形成，而作为全国经济中心的近代上海，则给予其在后期经济实践上的诸多帮助。上海是近代商业中心和工业基地，聚集于此的东南士绅多重视实业，特别是与汤寿潜交往颇深的张謇，提出"父教育、母实业"的口号，请志趣相投的汤寿潜也参与到大达轮步公司的建设中。上海是近代民族主义高涨的地方，成长中的工商阶层，更是有着富国强民的使命感，也影响汤寿潜参与了抵制美货等运动。上海是近代民间团体兴盛的地方，汤寿潜因其讲求利病、不顾私利等形象，在旅沪江浙商人团体中名声卓著，他们给了汤寿潜财力和经验上的支持。

浙路风潮爆发后，汤寿潜率先站出来表明民族立场，又因其颇高的民望和操守，被浙江地方士绅推举为保路运动的领导者。汤寿潜出身传统儒学士子，并没有主持实业建设的学问和经验。在组建浙江铁路公司时，他一方面学习现代企业制度，制定了完整详尽的规章体制，屏除了近代民办企业的诸多弊端；另一方面又通过乡土情谊联络人脉与资金，以传统士大夫的形象激励士民，凝聚起浙江商民的力量，成为浙江铁路建设成功的保证。在保路风潮中，汤寿潜以国家路权、主权为先，与进行资本侵略的外商进行了针锋相对的斗争，又秉持国家与社会关系之理念，对盛宣怀、汪大燮等人的误国行为进行了揭露。

汤寿潜的这些实业实践活动，既促进了晚清东南地区的社会发展，部分实现了他的民生理想，也使他成为全国声望卓著的风云人物，为后来辛亥革命时步入政治舞台创造了条件，还丰富了他的经济改革思想，对早期寄望清廷、"引洋入中"的主张进行了检讨和修正。

第一节　权威形象凝聚起新团体

甲午战争之后，清政府为解决赔款问题而大量向外借债，而列强在对华贷款的同时，则采用直接或间接的手段，大规模夺取在华铁路修筑权，让中国的民族危机更为严重。同时，深受战败屈辱的中国人也纷纷自筹股份，兴筑铁路，来保护路权而拯救国家危亡。新政中的清政府为了奖励实业，于1903年9月奏准设立铁路、矿务等各类公司，后又奏定《铁路简明章程》二十四条，向商人开放铁路的修筑权，允许各省官绅自行召集股本，兴建铁路的干线或支线。就在当年，潮汕铁路公司作为近代中国第一家商办铁路公司成立，随后江西铁路公司、湖南铁路公司等纷纷成立，中国官绅开始依托这些商办铁路公司展开保路运动。

浙江铁路公司成立于1905年，与浙路风潮有关。当年春，粤汉铁路合兴公司代理人美商倍次，由于受到广东、湖南、湖北三省商民的保路压力，转而向清政府要求承筑浙江杭州经常山至江西玉山的铁路，也即时称"浙赣铁路"。清政府对于浙赣铁路事件的态度，是模棱两可，让倍次"与官绅商酌办理"。接到浙江巡抚指示的浙江农工商矿总局，召集杭、严、衢三府的士绅集议此事。[①] 浙江的商人们意见不一，商会"颇有允意"，但是杭州士绅樊介轩等联名会禀浙江巡抚抗议，并联络了在京的浙江籍官员和在沪的浙江绅商共同向浙江地方政府施压。倍次决定先说服在沪的浙江绅商们，于1905年3月29日邀请了当时在沪的浙江绅商，聚会于上海九华楼共商浙赣铁路事宜，与会的浙江绅商主要包括王存善、严信厚、沈敦和等洋务官员，以及汤寿潜、夏曾佑、张元济等文教界人士。倍次在宴会上说："建筑铁路于本地大有利益，诸公究

---

①　浙江档案馆编：《浙江民国史料辑要》，2002年，第44页。

竟赞成否?"同时拿出纸笔,写下"赞成"二字。汤寿潜当即怒不可遏地站出来,直接拒绝说:"建造铁路,有益地方,固所赞同。但由外人出资代办,为害非浅,所以赞而不成。"①

汤寿潜带头拒绝,让浙江绅商们当即纷纷表示拒绝与倍次的合作。九华楼会议的消息传出,引起舆论的广泛关注。当日与会的杭州绅士夏曾佑支持汤寿潜,代表与会的在沪浙绅在《中外日报》上撰文《谨告杭衢严三府绅士》,向社会明确表示了浙江绅商的态度:一是浙江地方官绅必须获得投资权、筑路权和铁路所有权。修筑铁路对地方有利无害的标准,是浙江"必资由我集,路由我造,而后主权在我,他人不得而干涉,是为有利而无害",若是铁路被外人所掌握,"大之则侵夺主权,恢张势力;小之则凌辱士人,虐待行旅"。二是浙江官绅有能力筹集资金修筑铁路。建造铁路,固然需要巨大的经费投入,但是浙江地方有能力做到,"使得其人而任之,而又明乎筹备之策、调度之方,则初不必震于其款项之重大,而自有周转之法。夫何必假手他人,既自失利权,而又召异日之患也",并表示江西、四川各省能够自造铁路,"同为大省,若谓江西能自造,浙江不能自造,则浙省之绅士,毋乃对于江西而有愧色乎?"三是浙江应尽快保证铁路的所有权以避免纠纷。鉴于粤汉铁路等因为与洋人签约而导致后来"竭九牛拔一毛之力而尚无成议",因此若与洋人签约则"非诸省绅民所愿",若起争执则费心费力而尚不知成否,即使能达成毁约,也已耗费无数资财,不如谨慎于前而保住路权。② 在得知寓沪浙江商绅的态度后,在日本的浙江留学生、在京的浙江籍官员也纷纷电函浙江官府,反对借款筑路,并请派代表至上海与寓

---

① 姚培锋:《略论汤寿潜与浙江收回路权运动》,《绍兴文理学院学报(哲学社会科学版)》2001年第2期。

② 夏曾佑:《谨告杭衢严三府绅士》,《中外日报》1905年5月12日,参见杨琥编:《夏曾佑集》,上海古籍出版社2011年版,第338—339页。

沪绅商会议办法。

在九华楼聚会的浙江绅商群体，也不是完全倾向于反对借款。曾长期参与洋务，任沪宁铁路总办的沈敦和发表"复浙江商会文""答汤夏张诸公书"等文章，评价了借款筑路方案的优缺点，并谨慎地对夏曾佑"侵夺主权"的观点提出了看法，认为"借款造路非不可行"①。沈敦和在这些文章中提出了几个观点：一是借洋款办路，可以解决浙江资金和人事方面的缺陷，"筹款自办，洵为独一无上之策，然体大物博，非热心提倡之官与坚忍任事之绅，主持于上，恐亦未易观成"，因此"借款造路，利与害俱"，利弊都存在的前提下不宜一味拒绝。二是中国利权的保证，可以通过合同规章来实现，例如商部提出的华人占底股的三成，即可获得公共事权，在合同里加入声明，防止售卖给第三国等。三是以借洋款为契机，择华人留学生跟随洋工程师工作，达到学习历练的目的，为收回铁路后的经营事业培养人才。沈敦和根据其他已经对外借款的铁路建设进行利害分析，提出浙江借款筑路亦存在合理性。可以看出，洋务官员更多从促进中国现代化的角度，以经济利益得失来考虑铁路问题，并试图通过契约来制衡外国人对中国的逼侵。沈敦和并不是关注个人官位和利益的人，出身宁波籍茶商家庭，因为其父随崇厚办洋务深知西文的重要性，对其自幼注重英文教育，成年后沈敦和游学欧美，并在回国后长期从事洋务，尤其重视对中国实业、慈善、教育、医疗事业的支持。时人评价他"先生不志为官，而专注于实业，惟实业足以救亡"②，"为人任事实心，信孚中外，居家自奉，均有治法也"③。推崇实

① 汤寿潜：《沈仲礼观察复浙绅公函》，载政协浙江省萧山市委员会文史工作委员会编：《汤寿潜史料专辑》，1993年，第542页。
② 《沈仲礼传》，《中国实业杂志》1914年第5期，载孙善根编著：《沈敦和年谱长编》，浙江大学出版社2014年版，第254页。
③ 乐童、孝娥：《追述沈仲礼君之家庭》，《妇女旬刊》1922年第91期，载孙善根编著：《沈敦和年谱长编》，浙江大学出版社2014年版，第258页。

业，相信信用与契约，与年轻时的汤寿潜颇有相似之处。

沈敦和的观点很快遭到留日浙江学生的激烈反驳，当时《中外日报》刊登留日学生文章《驳沈仲礼论浙赣铁路事》，也展示了留学生对铁路问题的看法。首先，浙赣铁路问题不是经济问题，而是政治问题。洋务官员肤浅地认为"柏士不过一商人，协丰不过一商公司耳"，但是从国际大局来看，浙赣铁路"即美国投资于中国之殖民政策"，美国凭借投资铁路本身就是对中国的侵略，对中国"有百害无一利"。虽然铁路修筑有利于中国交通，但是将成为"彼营利之窟"，铁路沿线成为美国屯兵、开矿的地方，特别是借外款修路，路成作抵，就是让外国人获得土地权，"一点线之权可有，全面积之权何尝不可有？"因此外国投资铁路，全国政府绅民全力拒之尚且不暇，"遑可伸借款办路之说乎？"其次，外国人的政府、公司、合同、章程等都不可信，因此朝廷和洋务官员想在契约诸如坚持"华人底股三成""防止售卖第三国"等条款限制他们是不现实的。中国以往路款由一国公司代筹，虽然看起来得款全不费力，但"不知国际后患即伏于此，列强以强大的军队为后盾，将来并不会遵守契约，弱国对于强国，即令文字完备，一旦权利入彼之手，顿翻前议，谁能禁之？"因此铁路筹款而办，并不是洋务官员所说的"利与害俱"，而是"中国之害直将至于危亡"。再次，浙人有能力筹集到足够的筑路资金。留学生认为需要做到三点即可实现：一是朝廷学习日本的办法，国家监督但不限制地方的铁路公司，让铁路公司"积小以成大，规近以及远，路权不失，操纵固自我也"；二是资金问题可以号召全中国筹款，"筹款但以国为限，不以地与人为限"，如果浙人筹款不足，则可向外省与华侨募捐，"浙人者，我国人也，外省人即出洋华商亦我国人也"；三是人事问题上需要合格的领导层，有"热心提倡之官，坚忍任事之绅"来将浙江人团结和组织起来。而士绅方面的人选，留学生认为官场之人"上下向抱推诿"而不能任事，清议之士则习惯"冷眼旁观、冷语剌讥"而缺乏责任感，最佳人选应出自寓沪的浙江人士中，为各绅商"所素仰"的"提倡、任事一分子"。因此，留学生群体提出，首先强调"拒绝柏士，坚持不办"是浙赣路事的"大前提"，其余皆无从谈起。其次，"一自办，上策也；二不办，中策也；三借款办，无策也"，即使自办不成，至于不办，也不会让浙江固有土地和权利有所损失，"元气既固，外邪不入，何国无权，何国无界，此非顽固排外书生之迂谈也"。同时提出自办的三个方面："一筹华款，二举经理，三商立公司，官为保护"，无论在朝或在野的浙江人"皆当研究之赞助之者也"。①

在沪浙绅也很快表明了自己的看法。以汤寿潜领衔，夏曾佑、张元济、张美翊署名，致函王存善、严信厚、沈敦和等尚存疑虑的洋务人士，说明"外间谣传从之而起，留学生亦纷来电函争论"，"深知此中有传讹之处"，需要浙江商绅内部能够统一思想。汤寿潜在信中强调，洋人"图事百折不回"，铁路一事对他们相关利益重大，如果浙人此次勉强支吾过去，但是政府久拖不办，终究会引发事端，所以应该尽快集资自办。至于筑路经费，"度之事必有济"，但是如果自办铁路事成，"食其福者岂仅区区一浙江哉？"②

如前文所述，关于铁路等新兴行业的建设，汤寿潜在其早期著作中，曾提出政府组织招商、民间入股营造、向外引进技术的"任商"方案。此时提出的浙路商办计划，基本继承了当时的设想，也包括了三个角度上的拓展。一是国家主权与地方利益的关系，铁路主权受损，同样危及到地方民众利益。经过庚子事变后，汤寿潜已经深刻感受到国家与地方的紧密联系。二是警惕西方侵略，力争迅速集资自办铁路。参与了

---

① 《驳沈仲礼论浙赣铁路事》，《中外日报》1905 年 7 月 4 日。易惠莉：《论浙江士绅与浙路废约》，载朱荫贵、戴鞍钢主编：《近代中国：经济与社会研究》，复旦大学出版社 2006 年版，第 132 页。

② 《浙绅公函照录（为浙赣铁路事）》，《申报》1905 年 5 月 25 日。

世纪之交众多教案的交涉，汤寿潜感受到中外矛盾引发重大危机的危险性，强调自办铁路的紧迫性和示范作用。三是依靠东南地方力量，达到地方路权的保护。相比其早期苦思冥想如何为朝廷解决修路经费的问题，现在汤寿潜将其完全寄托于浙江商绅的集资，体现了多年来对东南地方精英们经济实力的认可。另一方面，也可以看到，汤寿潜等科举正途出身的士绅，从国家、时间、地域等高度呼吁浙赣铁路自办，确实获得了学界、官界等大多数浙江精英的支持，并顺利达成"以拒绝外人，筹款自办为主义"的共识，有利于迅速推动开展保路的各种活动，但也借助舆论声势而压制了一些洋务官员和商人关于铁路借款的不同观点。

1905 年 7 月 24 日下午，旅沪浙绅在上海斜桥洋务局召开大会，成立了以自办为宗旨的浙江铁路公司。据《申报》记载，此次大会共到浙绅一百六十人，分为以孙廷翰、汪康年为代表的京官群体，以何燏时为代表的留学生群体，以及以王存善、沈敦和为代表的寓沪绅商群体。汪康年在会上说明了在上海开会的缘由，是因为浙江籍京官代表与留学生代表均以在上海为便。这次大会主要有三项议程：一是公开宣布浙江民众拒绝洋款介入浙赣铁路；二是宣布浙江将开始为修路而自行筹款，并公举汤寿潜为总理，刘锦藻为副总理；三是开始自筹办路经费。在此次会议上，一些事情可以看出浙路公司内部的矛盾。对于推举汤寿潜为浙路总理的原因，汪康年代表浙江籍京官在发言中指出，是因为"其人廉洁可信，不致有冒认洋股为华股诸弊至此"。在会议初始，在沈敦和正在宣读与会代表时，有留日学生突然站起来问会议主持王存善："诸君确有不借洋款之意否"，王存善答"实无再借洋款之意"，留日学生"随又诘问谓如私卖浙矿之高尔伊应否与闻此会"，"众皆曰彼既卖矿有据，不能与会，即逐去"。①

---

① 《纪浙绅集议自办全浙铁路事》，《申报》1905 年 7 月 25 日。

由此看出，浙路公司事实上是由京官、留学生、地方绅商这三个相对独立的群体组成。其中地方绅商群体中也包含了一批洋务官员，如王存善、沈敦和等大多并未取得科举功名，但长期接触洋务事务，王存善曾主持招商局并担任汉冶萍公司董事等职，沈敦和则担任过全国路矿局提调，兼开平煤矿、建平金矿总办，定居上海后任沪宁铁路总办。他们既希望通过洋务运动使中国富强起来，也很警惕洋人排挤华人，造成他省铁路失权的事情重演。同时在频繁地与西方交涉中，更清楚中国修筑铁路的技术、成本、管理等方面的实际问题，也更了解西方在这方面的领先优势。因此他们往往具有两种思想倾向：一是从经济的角度来看铁路问题，就事论事，倾向于浙路适当接受洋款和洋人介入管理，以解决浙江的缺陷，而达到尽早修筑铁路的目标。当然，接受洋款并不仅仅是浙江洋务官员的观点，在当时铁路事务上的洋务官员普遍有这种看法，负责铁路的盛宣怀就上奏朝廷有"商股不可恃，乃借资于洋债"的想法。[①] 二是重视现代化的艰巨性，认为中国的现代化是个长期的过程，在铁路建设中，若可以吸收外资来解决中国的不足，也可以借此让中国人学习到先进的技术和管理能力，是对中国将来有利的事情。这些洋务官员的优势在于，他们身居洋务要职并具备长期经验，比其他人能更熟悉包括铁路建设的实际难度和问题，故初始在绅商群体中有较强的影响力。他们的劣势在于，与晚清新兴媒体的联系不多，在舆论上并不掌握话语权，且因在华洋铁路中纠纷的妥协态度，以及所持有的洋务企业中之习气，导致后来在地方民众中声望下降。在之后愈演愈烈的保路风潮中，他们基本处于边缘状态，其影响力也被汤寿潜等民间绅商所取代。

浙江留学生是在 20 世纪初盛极一时的留日风潮下形成的青年群体，在日本接触到西方民主思想并感受到日本的民族主义氛围之后，经历了

---

① 夏东元：《盛宣怀年谱长编》，上海交通大学出版社 2004 年版，第 837 页。

轰轰烈烈的拒俄运动，并参与了 1903 年的浙江学潮，在日本与革命党有过密切接触，对清政府的统治有着强烈的不满，这些使浙江的留学生群体成为晚清一支激进的力量。也倾向于以群体运动的激烈方式达到政治目的。同时，留日学生利用在日本获得的西学文化资源，大量翻译和撰写著述、创办报纸杂志，以唤醒广大民众为己任，在新政初期的舆论界有相当大的影响力。

在已经具备民族国家意识的留日学生看来，铁路的筹资问题是个政治问题，必须看到背后的国际殖民资本入侵中国的背景，因此必须分清楚华洋利益，"究以利洋者多为乐乎，抑以利华者多为乐乎？"而浙赣铁路引入洋款就是在模糊华洋界限，是"弱国借强国之款"的后患，届时像其他省铁路一样必被洋人攫取利益。正因为是个政治问题，因此一切关于铁路借款的契约就是不值得信任的，也将是导致中国危亡的源头，所以借款办路不如不办路。留日学生认为，摆脱铁路问题的困境，同样可以用政治运动来解决，可以以爱国御辱为名激发全国绅民的民族热情来集资，必会得到广泛响应，而铁路工程师和管理人才则可以在热血报国的留学生中选拔，也必能以其热忱而成事。留学生群体年轻气盛，对于国家的安危抱有深沉的忧虑，然而他们本身缺乏社会阅历，也不具备铁路修筑的财力与管理能力，因此在地方社会上并不会被接纳为保路运动的领导者。但是他们善于运用新式的媒体，并以民族危亡、西方殖民等新式词汇渲染危机，颇能激起世纪之交东南地方的民族情绪，因此在舆论上占据了优势。在此次会议上，留日学生就表现出强硬甚至蛮横的态度，他们并不信任熟悉洋事务的官员，以打断会议当场质问的办法，逼迫对方站在拒绝洋款的立场上。

以孙廷翰、汪康年为代表的京官群体，基本是传统士人出身，大多通过科举获得过功名，同时心系浙江家乡。在经历戊戌变法、庚子事变、东南互保之后，这些官绅对清政府较为失望，希望能够改变政治面貌。在浙路风潮初期，京官群体也倾向于地方保路运动，对地方商绅给予支持。但这些京官毕竟身在中枢，对拒款问题上会更多地受限于清廷的内外决策，也能看到各地铁路建设的不同条件，因此后期有了很大的态度转变。以汪康年为例，初期他也拥护浙江商绅的保路举动。后来他又认为中国铁路自办能力不足，而且汤寿潜等人的保路运动会影响对英外交的发展。①

刘锦藻、张元济等浙江绅商，是浙路公司主要的依靠力量。面对20世纪初的中外纠纷，这些绅商也表现出强烈的抵抗外辱的民族情绪，1905年上海社会抗议美国排斥和虐待华工的运动中，汤寿潜、张元济等人即是策划抵制美货的主要领袖。对这些地方绅商而言，他们具有三方面的追求：一是具有强烈的"自保"和"救亡"意识，想借助清政府和浙江的商民力量阻止洋人的势力扩张到浙江地方；二是在晚清新政后所开始的地方自治中，地方绅商有扩张绅权，欲在地方事务中摆脱清廷束缚的自主倾向；三是地方绅商也有极力避免出现义和团式的民众动乱，以保持地方安定的思想，并不赞成与清政府直接进行激烈对抗。正因为强烈的自保意识和自主倾向，使他们也偏于选择筹款自办的方案。同时，由于他们长期参与东南地方的建设，并秉持发展实业的观念，能够在学堂、报刊等领域大力宣传，得到了当地商界和民众的拥护和信任，在铁路风潮的核心问题筹款中，能够有资产力量发动起社会的捐助。因此这些绅商虽对于铁路这一近代化事务同样不熟悉，但却在后来的保路运动中居于领袖地位。

汤寿潜成为浙路总理的原因，正是因为初期得到了京官、地方士绅和留学生群体的一致认可。对于京官和地方士绅来说，他们认可汤寿潜

---

① 汪康年：《苏杭甬路始末略记》《论杨君度之于粤汉铁路》，参见《汪康年文集》，浙江古籍出版社2011年版，第178—179、631—641页。

的能力与品格。汤寿潜得到功名之后，与这些官绅交往很多，在戊戌维新、东南互保等事件中参与了他们的活动，在汤寿潜参与的地方教育事业中，也得到了士绅群体的多方帮助。在这些士绅对汤寿潜的过往评价来看，汤寿潜因为《危言》一书而得名，是为有"讲究利弊"的经世之才，汤寿潜不辞辛苦去各地书院改革教学，是为有务实的实践精神，汤寿潜多次拒绝朝廷的高官厚禄，是为不重名利的品格。特别是汤寿潜在从事地方教育与实业事务时，体现出的不计个人利益得失，而强调社会责任感的表现，给官绅们留下了深刻的印象。汪康年在会上阐述推举汤寿潜的理由，就强调了汤寿潜在品德方面的诚信优势，认为他不会挟私将洋股带入浙路。浙江士绅以及在京浙官向朝廷上报选举汤寿潜、刘锦藻为浙路公司正副总理的理由，是"声望素着、家道殷实、足以联络通省绅商之员"。① 显然，汤寿潜并非家道殷实者，但是在东南社会具有崇高声望，并能够联络浙江绅商的优势。而家道殷实的刘锦藻则向朝廷表示，如果同意汤寿潜担任铁路公司总理，他"必出赞襄"，并甘当副手。

留日学生群体则与汤寿潜在铁路问题上的想法基本契合。首先，都认同铁路具有的政治意义，与汤寿潜在《危言》中对列强以铁路侵入中国腹地的思考颇为相似，都从政治的角度意识到了外国资本投资中国铁路，对中国造成的侵略问题。稍有不同的是，汤寿潜同时坚持铁路建设对中国的发展具有深远影响，而不是如留日学生基于民族义愤而所认为的，不办铁路仍然可以保证中国"元气既固，外邪不入"。因此尽管汤寿潜认同铁路借款的政治危害，但也强调铁路修筑于国于民的经济和政治益处，并指出铁路并不仅仅造福于浙江一地。其次，汤寿潜与留日学生群体都存在急迫心理，认识到列强侵逼的危机，希望尽快自办铁路，防止久拖不决而给列强以借口。再次，汤寿潜也开始认同以民族性来号

---

① 《商部奏浙绅筹办铁路请派员总理准予立案折》，《申报》1905 年 9 月 5 日。

召地方民众自行组织，参与到铁路建设中来，以华洋之分来凝聚民间的人心，而不是在《危言》中将领导的希望寄托于"朝廷独断于上、大吏毗赞于下"的政府层面。只是相对于留日学生对洋务官员的激烈手段，此时的汤寿潜仍然希望能够团结这些官员，因此致函洋务官员时仅以"外间谣传""传讹之处"等语安慰，并没有强硬逼迫。汤寿潜在铁路问题初始的表现可以看出，经过在上海、杭州等地的多年游历，汤寿潜的经世思想深受留日学生等激进群体的影响，对于中国的实业等事业更强调政治意义，而依靠对象上更趋于地方性，在手段上也开始认可激进方式。

旅沪浙绅大会最终在全体出席者签名同意之后，立即致电朝廷的外务部、主管铁路事务的盛宣怀和在京浙江籍官员的代表王文韶，告知了浙路公司的成立情况，并宣示浙赣铁路自办而不附洋股，以及要求废除早年签订的中英《苏杭甬铁路草约》。朝廷准许之后，下诏汤寿潜总理浙江省铁路，为候补四品京堂，刘锦藻为副总理，所有与修筑铁路相关的定线、集款、招股、购地、兴工等各项事务，均由汤寿潜等士绅筹划办理，然后奏明朝廷后给予事权，并遵照朝廷的章程办理。浙路总理并不是一个常设职务，三年之后如果办理铁路有成效即获得朝廷奖励，如果旷日无功，则要被撤销差使。

在参与浙路事件的地方士绅中，与汤寿潜具有同样思想的大有人在，比汤寿潜更熟悉铁路知识的更是不少，但是汤寿潜自始至终都担任着浙江士绅的领导者，也与其强烈的社会责任感有关。后世学者对于汤寿潜在浙路运动中的评价，首先表扬的就是其在危急关头挺身而出的责任担当。日本学者支南珏一郎在《浙路风潮汤寿潜》一文中开篇就提出了英雄的标准："千古英雄能令人崇拜无已时者，无他，能任事之难而已。"其认为汤寿潜在"国之欲需英雄"之时，能够毅然拒绝高官厚禄的仕途，不顾"知有如是之难"，以"欲牺牲此身"的决心领袖地方，并长久坚持下去。①

浙路公司成立前后人事纷争不断，汤寿潜已经预感到路事的复杂性，成为保路领袖会面临舆论压力和社会风险。在其当时给盛宣怀的信中，自陈"自社会之说盛行，动辄以电讼政府、讼疆吏，如潜之自食应公，而不能免于社议"，并提到因为此事已有人开始构陷，"省拟一电寄，潜为删削其尤无理者，便有人反对，指之为党"。汤寿潜虽然明知自己"性褊、识陋不敢出"，但也坚持在危机面前"不能不出"。② 这种责任感，既传自其伯父汤师兰在家乡水利纠纷面前为民请命的榜样，也是在戊戌维新之后，其所一直赞赏的"大声疾呼，使人心为之一震"的使命态度。若从浙江地域文化而言，也符合陈亮所赞赏的基层士绅为地方利益"换季指呼号召"的形象。③ 在经历了戊戌政变、瓜分狂潮、庚子事变等国难之后，这种挺身而出的精神在汤寿潜身上越来越明显。

第二节 传统与现代并存的企业

浙路公司成立后，汤寿潜与刘锦藻开始费尽心力筹划浙江自办铁路的事宜。汤寿潜在获取功名之后，将实业与教育放在救国救民的首位，曾经多次参与东南地区的实业建设，例如与张謇、许鼎霖一起创办"上海大达轮步股份有限公司"，但是当时汤寿潜是以股东身份加入，并不是第一主持人。浙路公司是汤寿潜第一次主持实业建设，公司的组织制度和经营运作，都充分反映了汤寿潜的经世思想，也打上了其本人的风格烙印。

---

① ［日］支南珏一郎：《浙路风潮汤寿潜》，参见政协浙江省萧山市委员会文史工作委员会编：《汤寿潜史料专辑》，1993 年，第 130、132 页。

② 《汤寿潜致盛宣怀函》，上海图书馆馆藏《盛宣怀档案》，档号 083483，第 4 页。

③ 《陈亮集·卷十三·问汉豪民商贾之积蓄》，中华书局 1987 年版，第 153 页。

晚清新政之后，各地兴办铁路的风潮迭起，商办铁路也成为一时潮流。经历了十余年的时间之后，各省商办铁路大多昙花一现，取得之成就与新政初期朝野士民的热切期望相去较远。铁路是近代世界工业化的标志之一，其建设涉及资产、技术、机构、组织、领导等方方面面的问题，中国各省商办铁路的成败，是检验这个地方士民应对由传统向近代转型的能力的试金石。

粤路公司、川路公司、浙路公司是晚清主要的三大商办铁路公司。粤路由广东的地方团体组织建设，其资金商股主要来自海外华侨的投资，资金不可谓不雄厚，公司董事会由广东地方团体九大善堂善董、七十二行行主等组成，民间基础也可谓广泛。但是粤路公司的一些领导者暴露出不堪担当的素质问题，一方面在用人上招亲纳故，培植裙带关系；另一方面在公司内部派系林立，勾心斗角，同时贪污舞弊成风。粤路董事会聘任在籍京官梁诚为公司总理，梁诚虽得到浙路总理汤寿潜四倍的巨薪，但是却被董事会和总工程司所架空，无法进行有效管理。这些问题导致粤路建设耗费巨大，却进展缓慢，至 1909 年仅仅建成 45 公里。① 川路由地方官府出面组织绅民建设，由于四川地方民间资本不如浙粤雄厚，川路资本以征收租税的办法招股，也只能依靠官府推行租税征收。川路公司的领导权自然也由地方官府掌握，公司总理乔树枏、负责出纳施典章等人均由四川总督直接委派。由官府掌权的川路公司常年不设立董事会，也无查账员等监督人员，广大股东对公司事务茫然不知，被称为"以商办之名，而实则官操其柄"。川路公司后来发生严重

① 关于粤路公司的研究，参见陈玉环：《从 1906 年粤路风潮看清末广东民族资本的发展》，《广州研究》1987 年第 8 期；闵杰：《浙路公司的集资与经营》，《近代史研究》1987 年第 3 期；庞广仪：《晚清政府与商民在粤汉路事上的合作与纷争》，《苏州大学学报（哲学社会科学版）》2008 年第 5 期；庞广仪：《再论清末广东商民与官方对粤路经办权的争夺》，《五邑大学学报（社会科学版）》2015 年第 3 期；刘绍军：《商办粤路公司浅探》，硕士学位论文，暨南大学历史学系，2008 年。

的官吏侵蚀资金和经营失误事件，巨额资金被官员挪用或者被骗坏账，导致"款悬路危"的结局，到 1911 年被清政府宣布国有之时，川路仅筑成十余公里。[①] 从这些商办铁路公司的困境来看，组织建设的能力、领导协调的能力、招股与运营的能力、独立自主的能力四个方面，是其成败的关键，也是企业近代化转型的关键。汤寿潜及其他浙路公司的领导者，也在这几方面进行了不懈的努力，使浙路公司能够在巨大的压力下，顺利完成既定目标。

汤寿潜在早期的铁路建设思想中，提出了"任商"原则和官、商、民各方的责任，对于具体如何构建商办机构未有蓝图。在得中功名之后，汤寿潜长期参与地方事务，特别是在上海龙门书院的时期，与东南地方绅商较多接触，对于以近代西方模式改造中国传统机构颇为热衷，龙门书院的师范改制就是典型标志。对于实业机构的建设，一直在积极寻求传统机构改制的汤寿潜也持同样的态度。张謇曾在 1903 年赴日本，详细考察了当地的实业和教育机构，认识到"图存救亡，舍教育无由，而非广兴实业，何所取资以为挹注"[②]。在回国后，根据《张謇日记》的记载，张謇与汤寿潜等人多次谈论纱厂、盐业公司等企业的建设，应给予汤寿潜以建设近代企业制度的诸多触动。在后来汤寿潜组建浙路公司过程中，也经常研究日本企业的模式。在 1908 年制订

---

① 关于川路公司的研究，参见陈廷湘：《1911 年清政府处理铁路国有事件的失误与失败——以四川为中心的保路运动历史再思》，《四川大学学报（哲学社会科学版）》2007 年第 1 期；翟树峰：《论四川川汉铁路总公司的抽租之股》，硕士学位论文，四川大学历史学系，2007 年；孙自俭：《试论晚清民营铁路的组织管理》，《枣庄学院学报》2009 年第 1 期；李际、陈勇：《商办川汉铁路的租股与保路运动》，《工程研究——跨学科视野中的工程》2011 年第 4 期；马鹏渊：《四川保路运动前各阶层心态分析》，硕士学位论文，西南交通大学，2014 年；张永久：《李稷勋与四川保路运动》，《同舟共进》2018 年第 6 期；潘崇：《清末铁路建设与多方势力的路事博弈——基于锡良筹办川汉铁路的讨论》，《四川师范大学学报（社会科学版）》2021 年第 2 期。

② 《张謇全集》，江苏古籍出版社 1994 年版，第 515 页。

浙路公司章程时，汤寿潜曾致电赴日考察的大臣李柳溪，希望能帮助搜集日本铁道作业局有关铁路的详细章程和报告、计划等文件，将其"奉为模范"。[①]

在追求建设近代企业制度的思想下，汤寿潜极为重视浙路公司规章体系的完整性和规范性。1905 年 10 月，汤寿潜与刘锦藻在《申报》上公布了具有纲领性质的《浙江全省铁路议略》（以下简称《议略》）。并在此基础上，于 1906 年又制订了《商办全浙铁路有限公司暂定章程》（以下简称《暂定章程》），以及《浙江铁路公司股东会章程》（以下简称《股东会章程》）和《浙江铁路公司董事会章程》（以下简称《董事会章程》）。1907—1908 年，又在完善后制订了《奏准商办全浙铁路有限公司章程》。这些后续章程具体规范了浙路公司在建筑、营业、庶务等方方面面的职责和权限，是为公司运营架构的搭建。

作为第一份纲领的《议略》，反映了汤寿潜对于浙路公司和铁路营建问题的总体设想，笔者以《议略》（见附录）为主，试分析这一时期汤寿潜经世思想的一些特点。就浙路公司的宗旨而言，具有四个主要特点：坚持自主、遵守规章、杜绝舞弊、各界协助。《议略》开篇即宣告"本公司性质力主自办"，从浙路公司的参股、用人等方面严格限制外国力量的侵入。在参股方面，明确表示"以专招华股为主""不入洋股一文"，并杜绝了个人股份瞒天过海变为洋股的可能，禁止购票人改变洋籍，也禁止将所购之票转售给洋人，而华人股票的转售，也必须前来公司立据签字方准给予股票。这在公司制度上，就防范了洋人资本的侵入，保证了华人自办铁路的资本独立性。在用人方面，尽量聘用从日本铁路学堂速成毕业的中国铁路学生，分任勘路、包工、管车等事，即使不得已需

---

① 　汤寿潜、刘锦藻：《致钦差日本考察宪政大臣李阁部堂》，参见政协浙江省萧山市委员会文史工作委员会编：《汤寿潜史料专辑》，1993 年，第 569 页。

要洋工程师，也只能以顾问的身份参与，这是在人事上防止洋人侵权的措施。汤寿潜的自主想法，很符合留日学生之前提出的要求，反映了其经世思想受到民族主义热潮影响后的变化。

在1906年的《暂定章程》中，浙路公司将华人自办的宗旨明确宣告中外，提出"无论整股、零股均惟华人自购，不附洋股"，并将此自办公告上呈商部转咨外务部立案，以中、英两种文字通告各国商务人员。对于外省与海外的华商，也有手续规定，必须先呈明本国驻洋的钦差官员、领事或商董函知。① 可以看出，随着入股华人背景的愈加复杂，为了保证华人股份的纯粹，浙路公司不得不借助官府的权威来实现。同时，也依靠官府来对踊跃参股的华人进行奖励，例如在《暂定章程》的第二章规定，"华人请办铁路，如系独立资本至五十万两以上，查明路工实有成效者，由商部专折请旨优奖，其招集华股在五十万两以上者，俟路工告竣，即按照奏定之十二等奖励章程核办"。浙路公司对公司以外的华人集股也表现出一定的灵活度，《暂定章程》第三章则规定了在勘办路线时，"如有浙人自行集华股，加入公司勘办之路线，只须经公司同意，即可转呈商部核准"，这就是在鼓励浙路公司之外的华人资本自行加入到浙江铁路事业中。在极为敏感的工程师问题上，浙路公司也有了明确的细则，表示工程师优先聘用华人，但如果需要聘用西洋或东洋的工程师时，公司必须与其签订妥当的合同，规定其权限，以防止洋人工程师越界。

汤寿潜对于浙路公司的制度建设非常重视，要求公开而廉明，想方设法要去除洋务运动以来的官督商办公司中贪腐问题。是挡住外部来的压力，"屏去官场习气为要"，京官的请托等事情要永远谢绝，注重避免

---

① 《商办浙省铁路有限公司暂定章程》，参见汪林茂编：《中国近代思想家文库·汤寿潜卷》，中国人民大学出版社2015年版，第182页。

如同川路公司那样被封建官僚控制的结果。更为主要的是抑制浙路公司内部的权力，正副总理虽然是责任人，但是仅居于监察者的地位。在购料等容易产生腐败的环节，铁料、木石等购买之事，作为正副总理的汤寿潜和刘锦藻概不经手，而是公司内公举"熟于中外商情市价"和"心细守洁"之人以投票之法购买，而正副总理随同考察。在开设铁路银行时，以股份多少为职位的凭据，公举股份多者任其事，而正副总理亦居于监察地位，人士者有违规之处被汤寿潜或刘锦藻查出，小者商量改正，大者也需要公司集议。而银行章程的修订，也需要各股东提供意见。

汤寿潜在《危言》的《商局》篇中，就研究过洋务企业的内部问题，激烈抨击了以招商局为代表的洋务机构营私舞弊、充斥裙带关系的现象，提出以应召清廉官员的办法，以提高人员素质，以"兼任洋商"的办法，以制衡和监督官府为主体的领导层。从原则上来说，无论是招揽清廉官员还是海外洋商，都是从人事层面进行改革。到浙路公司成立之时，受到近代企业制度的影响，为了避免贪腐，汤寿潜已经放弃了以人事选材为主的想法，而是给浙路公司设计了以集体协商和公举为主的管理模式，开始将公司纳入了近代资本主义企业管理方式的轨道。基于对洋务企业模式的痛恨，汤寿潜的想法得到了浙路公司地方绅商们的响应。以张元济为例，在聘请华洋工程师的问题上，他对沈敦和等洋务官员提出的人选评价就常持质疑态度，多次提出由诸董事集体考察。[①] 以此看出，经过了十余年的地方活动，在接触到近代西方机构的管理模式之后，汤寿潜更倾向于以建设合理分权的制度来作为企业激发活力、革除弊病的主要手段，这一思想与同时期其建设近代学校、提倡立宪制度的逻辑相同，也体现其经世思想中包含越来越多的维新内容。

---

① 《张元济全集》第一卷，商务印书馆 2007 年版，第 477—478 页。

　　至 1906 年，浙路公司架构出规范的集体协商机构股东大会和董事会，力图使公司的协商机制常规化。股东大会于每年二月召集开会，主要任务为议决前一年终所结股份、银钱、地亩、材料、工程支销，及开车后客货之运脚、利息之分派各项账目。根据《股东会章程》规定，公司股东具有发议选举权和议决权，股东对于"股份银钱、地亩、材料、工程支销、客货之运脚、利息之分派，各项账目，如有疑义，均可查核"①。而股东大会也是向社会公开的，会期、会场、所议事件都要在开会二十天前登报申明。《股东会章程》规定，由股东会选出的董事平时以查账为主要任务，负有检查总理和副总理所施行、董事所议是否遵照公司章程和股东会议的责任。同时，浙路公司专门设置了查账人的职位，将原需要总理和副总理担任的监察角色，让渡由这一特殊职位负责，并与总理与副总理、董事、股东等属于大会时的并列地位，这是与被四川官府所掌握的川路公司很大的制度区别，张元济等地方有名望的士绅都担任过浙路公司查账人。从浙路公司的权力框架而言，虽以遵循《公司律》为标准，却类似于汤寿潜在《宪法古义》中的分权制衡设想，是其将对国家的立宪改革主张嫁接到了商办企业中，使股东的权力得到了制度的保证，并有平台将其意见直达领导层。

　　董事会是浙路公司的领导层，根据《董事会章程》第十二节，董事会需要议定的事情为"路线预测及查定之事、建设费预算及查定之事、车站存费及变置定名之事、工事次序规定之事、五千元以上物品购入之事、重要建物取毁及建筑之事、土地建物及其他重要物品、凡贷借买卖交换让与之事、重要合同缔工之事、新线路开业之事、客车往来时刻及次数之事、旅客货物运费规定之事、股银收止时期及股额规定之事、股

---

① 《浙江铁路公司股东会章程》，载汪林茂编：《中国近代思想家文库·汤寿潜卷》，中国人民大学出版社 2015 年版，第 197 页。

银延滞时股份处分之事、资本收益之勘定及每年经费语段查定之事、关于本公司定章变改之事、股东会开会期日及决议事件规定之事"。公司的总理和副总理则执行这些事务以外的事情，而认为需要与董事商量的事情，也应提交董事会商讨，经董事二分之一以上同意而作出决议。以此可见，浙路公司大多数与铁路修筑相关的实际事务，由董事会来讨论决定的，汤寿潜和刘锦藻将作为公司正副总理，并无权力干涉。在后来的《奏准商办全浙铁路有限公司章程》中，则更具体细化和规范了浙路公司的各个执行部门，明确了文书、建筑、营业、会计、庶务五个职能局的职责权限，对容易产生贪腐舞弊的承包科、材料科等部门，规定了各方面的奖惩办法，保证"公司用人，无一及私，分局分科，各专责成"。

汤寿潜、刘锦藻等人作为并不熟悉铁路的领导者，最后却在各地风起的保路运动中取得了少见的胜利，与他们注重对商办机构的近代化建设有相当重要的关系。浙路公司的组织制度，在中国近代商办铁路历史上是最为完善的，虽然也带有一些传统商业机构的烙印，但已经是商办铁路公司中，最接近于近代企业的架构模式。浙路公司的体制建立，标志着汤寿潜任商思想的进一步成熟，从《危言》中的商办设想，在实践中借助近代企业制度得以体现，并以分权和监督的理念使其较好地避免了传统企业和洋务企业所存在的权责不清、暗箱操作的问题。从浙路公司后来的运营来看，正是这种较为民主的机制，使以富有经商经验、企业管理经验的广大浙商通过股东大会、董事会等平台，向公司提出了诸多合理的经营建议，使浙江铁路建设能够最具成效地推进。

在制度保证之外，汤寿潜本人的表率也发挥了重要作用，给予浙路公司员工们深刻的印象。当时商办铁路公司用人唯亲、裙带关系现象非常普遍，在《议略》第四章中规定，浙路公司高层用人不能徇私。在媒体的报道中，浙路公司称汤寿潜"子弟、亲戚、门生，虽有佳者，经合例之股东荐保，亦必不用，曰宁矫情以防私弊"①。在抑制财务贪腐方面，浙路公司股务科长鲁确生曾感慨："时人多以铁路为利薮，挥股本如泥沙。上有好者，下必有甚。提学（汤寿潜）痛之，故自主任以来，不受一钱，并杭沪往来应开之公费，亦多自贴。凡以愧世之不自爱者也。"②可见在日常的管理中，汤寿潜以严以律己的经世士大夫精神为感召，其榜样作用对公司影响极大，使浙路公司避免了人事纠纷、贪腐横行等诸多弊病。

浙路公司内部的顺畅运营，主要依靠近代企业制度的建设。在建筑铁路、技术引进、招股筹资等方面，汤寿潜等领导层则是依靠了传统的乡情、私谊和新时代的爱国爱乡情怀，想方设法动员各方力量参与到铁路修筑中来。从汤寿潜在担任总理后所做的事情来看，主要是通过交友网络调动各方力量，大致分为京官、地方官、地方士绅和留学生几个群体。与汤寿潜打交道的京官，一类是浙江籍在京的高官，一类是朝廷主管洋务的以盛宣怀为代表的官员。汤寿潜在浙路风潮以及浙路公司成立前后，与盛宣怀信函来往较多，大多为求助于盛宣怀等洋务官员能够挡住洋人对铁路的无理要求，希冀朝廷能够在外交层面为浙路保护利益。但汤寿潜并未将洋务官员引入浙路公司的集议，使其插手公司的内部事务。对于浙江籍京官，在浙路公司成立之初，汤寿潜对他们非常尊重，具体问题上多有咨询，例如浙路公司总部设于何处、铁路修筑的线路先后、公司及附设的银行和路工的职员人选等。不过随着铁路建设的展开，在京的官员并不十分了解浙江的具体情况的劣势显现，汤寿潜逐渐以浙江本地士绅和官员的意见为主。例如浙路公司的总部地址问

---

① 《驳字林西报所登伦敦泰晤时报北京访事人述沪杭甬路事失实函（续）》，《时报》1909 年 4 月 3 日。

② 《杭广路股集会答辞》，《中华新报》1910 年 6 月 25 日，载闵杰：《浙路公司的集资与经营》，《近代史研究》1987 年第 3 期。

题，京官认为上海"绅商荟萃，庀材等事，绾毂于此，银行成立即合并焉"，强调上海绅商财力的充足，单纯从经济角度考虑。但是浙江本地士绅在公司的实际事务中，显然感受到了远离浙江地方政府和筑路工地的不便，认为"杭省为本部，路工吃重，自应设一公司，随时可以秉承大吏，就正诸绅"。汤寿潜最后的决定，是听取本地士绅的意见，将总公司设在浙江省城杭州，于上海设浙路驻沪公司，与北京设浙路办事处，以方面联络寓沪浙商和在京浙官。例如铁路路线的规划上，在最初的《议略》中，京官提议：先修三条干路，依次为杭州江干至湖墅、杭州下至苏松、杭州上至玉山；后修支路，从常山越江山至福建浦城、从严州淳安至安徽屯溪、从杭州越绍兴至宁波接于台温、越湖州长兴至安徽广德。然而在浙路公司勘查之后，认为部分路段"绕湖越岭，丛冢累累"，困难很大，因此部分路段永远停办，根据股东会集议，决定调整为"湖墅北越嘉、湖至苏、沪，江干东越绍兴至宁波，江干西南越严州、金华至衢州常山，接江西之玉山境，绍兴南越台温，西北行至处州，常山越江山南至福建之浦城境，严州越淳安西至安徽休宁之屯溪"。① 随着浙路公司业务的开展，汤寿潜和浙路公司越来越注重与浙江本地力量的联系，在具体的筑路问题上，京官的意见渐渐被边缘化，而更多依靠在东南地方绅商组成的股东大会和董事会来进行决策。由此看出，虽然浙路公司一开始在浙江籍京官的支持和扶植下成立，带有浓厚的官督商办企业的特点，但是自业务开始之后，越来越脱离了京官与洋务官员的指导，而更偏重于地方绅商的自主，既体现了新政时期浙江地方建设的地方本位特色，也更接近于汤寿潜长期以来的"任商"思想。

浙江地方官员是汤寿潜在这一时期交往最多的政府官员，相比盛宣

① 《商办浙省铁路有限公司暂定章程》，载汪林茂编：《中国近代思想家文库·汤寿潜卷》，中国人民大学出版社2015年版，第182页。

怀、汪大燮等中枢洋务官员后来与汤寿潜的分裂，浙江官员与汤寿潜以及浙路公司则长期保持着很好的互助关系。汤寿潜主持浙路公司时期，浙江巡抚为聂缉椝、张曾敭、增韫三人，均与汤寿潜有着很好的私人关系，汤寿潜也借助他们为浙路公司办了很多实事，部分实现了早期经济思想中对官府的要求。

总体来看，汤寿潜推动了地方官在两个方面的作用。一是选派留学生充实路工力量，为实现华人工程师的培养。在《议略》出台之时，浙抚聂缉椝同意浙路公司的请求，选派浙江学生数十人，赴日本铁路学堂学正科、高等、速成三科，逐年归国，以备路工之用。等到正科学生毕业，除派管路工之外，即于铁路的旁近之地，自开学堂，以为省便。这也是后来浙路公司开设铁路学堂的由来。

二是稳定地方民众，号召配合浙路公司的任务。铁路的勘察和修筑中，因与当地民众的利益密切相关，汤寿潜一开始就希望浙江官府来平静地方。在 1906 年 2 月 12 日给时任浙江巡抚张曾敭的信中，就说明浙路第一次线路详细覆勘时，请求杭州府和下辖县府会同弹压，以便尽快开始兴工。[1] 在同月的另一封信里，汤寿潜谈到即将开始的对江干至湖墅铁路的勘办工作时，对民间势力阻挠或干扰铁路勘察的忧虑：既包括绅商平民参股的居奇和纠纷，"诚恐该处绅商民户未悉定章，或多人争买，或业户居奇，妄冀高抬地价，勘丈时有所争执，实为沮挠大政"；也包括地痞流氓的无赖抵制，"如有地棍、市侩串同书役，影身把持，则是上抗明旨，下沮要公，以私害公，不可不加惩戒"。因此希望浙江巡抚告示当地绅商军民"凡江干绕城东达湖墅一带，为将来铁路经过之处，两旁田地于出示日起，严禁私相买卖，及倒填年月、影射抬价等

---

① 　汤寿潜、刘锦藻：《致浙抚院张》（1906 年 2 月 12 日），载汪林茂编：《中国近代思想家文库·汤寿潜卷》，中国人民大学出版社 2015 年版，第 177 页。

弊"，并严饬当地地方官"不准印契，以免朦混，致生纠葛，听候工程司详细覆勘定线，凡铁路经由及车站所定之地，插标钉卷，分段丈量，照章由官定价，倘敢违章牟利，致有私售、倒填、朦混印契诸弊，查出定将契约作废，仍量予处罚，以为不明大义者戒"。^①在汤寿潜看来，兴办铁路是"经国利民之盛举，期使各项商民一体受益，是为公利"，因此也是有利于浙江地方的发展，保证铁路建设的顺利也是浙江地方政府的责任。

可以看出，汤寿潜的规划中，将铁路利国利民的长远利益与地方民生的现实利益结合起来，在期望铁路的筑成能够"商民一体受益"的同时，也希望当地居民能够以长远利益而克服一时之诱惑与不满，防止无序的商业投资而影响庞大工程的进展，这也是对其原有"任商"思想的实践运用。

浙江地方商绅是与汤寿潜关系最为密切的群体，也是浙路公司自身的主要群体，在浙路建设中负有最多的责任。汤寿潜与他们商量最多的事情，是为浙路集资。在《议略》中，汤寿潜提到了多种集资方式，包括官府拨款、总副理垫款等，但是最主要的筹款方式是地方商绅的集股。在《议略》中，汤寿潜多次提到希望地方士绅劝民集资的问题。汤寿潜坚持浙路公司的征集股本来源不能妨害民众的正常经济生活，因此没有加征他年轻时非常痛恨的各种捐税，"川汉谷捐，安徽米捐，所入颇巨，本公司为利民起见，不敢率尔仿行"，而是从盐斤、丝茶、烟酒、锡箔等各项大宗货物的买卖中抽取生息红利。但即使抽取这些生息之后，仍然不足，不得不借助当地绅商的力量。在《议略》中，多处出现以各种办法请士绅。第二章第十四条，在第一阶段修路之前，希望聂缉

① 汤寿潜、刘锦藻：《致浙抚院张》（1906年2月24日），载汪林茂编：《中国近代思想家文库·汤寿潜卷》，中国人民大学出版社2015年版，第180页。

樊以巡抚之名排递各府州县官，让官员出面会同当地的"公正绅士""殷实商户"开会，在九月之前"约略能认股份若干"，作为最初的一部分资金，以便商部核查。在开始股本与社债兼行的筹资方式之后，汤寿潜则寄希望于士绅们劝导地方，将各地的零散资金聚集于浙路，"全愿深明大义之绅董婉切劝导"。甚至考虑到"散处各府州县殷实绅商势难尽识"，请官府遴选之后，以绅商代替浙路公司招股，以姓名函告浙路公司存册，以为将来作议董的准备。可以看出，汤寿潜对于浙路公司的建构，采取了一种开放的态度，并没有严格的准入制度，以期尽最大努力调动全浙江士绅的积极性，地方士绅可以代替公司职员进行招股，也可以作为将来的议董人选。

当时在东北的叶景葵后来回忆加入浙路公司的经过：

光绪三十一年，我正三十二岁，在奉天将军署内，任总文案，兼会办财政局事。适江浙士民，聚款集股，自筑苏浙铁路，我有同僚金仍珠君，接苏路总理张季直君函，请其在奉吉黑三省，招募苏路股款，并约我襄助。我想三省浙人甚多，何以浙路公司，竟无此举。但浙路总协理，以及董事，除老友樊时勋君外，我皆不识。因函致樊君，告以此意。即由樊君转达汤蛰仙君，乃得汤、刘（澄如）两君正式委任，嘱我招募浙路股款……三十二年，路股事将结束，又接汤刘两君公函，嘱我招募浙江兴业银行股份。[①]

由此看出，当时汤寿潜、刘锦藻作为并不熟悉实业的士绅，他们本身对于工商界的人脉网络也比较陌生，这方面没有苏路公司的张謇具有优势。但是他们靠浙江人的爱乡之心，通过同乡网络的私人关系，给予素不相识的应募者最大的信任，将筹款的对象范围最大化，充分发动散

---

① 叶景葵：《我与浙江兴业银行关系之发生》，《叶景葵年谱长编》，上海交通大学出版社 2017 年版，第 110 页。

居于全国的浙江商人群体，并将筹款圈子越扩越大。据叶景葵的回忆，汤寿潜给予他们浙路公司的招募权之后，东三省的浙江人的招股成绩后来居上，超过了苏路公司的股款数量，甚至当时尚未在东北政坛崭露头角的张作霖也被杭州籍浙商说动认股。这种"浙江绅商"即"浙路公司"的思想，则又与具有严格员工身份限定的现代企业模式相左，更多体现了汤寿潜身上具有传统士人肩负天下责任的精神和不计较自身利益的胸怀。很多年后，叶景葵回忆汤寿潜撰写的招股公启，赞叹"文辞甚美"，显然是做到了以情感人。闵杰在《浙路公司的集资与经营》一文中认为，晚清企业家们大多脱胎于商业行帮和士绅家族，有着年深日久的壁垒畛域，非亲非故不敢贸然投资的社会心理，制约着社会资本的大规模集中，浙路公司将实业生计、爱乡之情与国民权利结合起来，打破行帮、家族等旧格局，将全省绅商以府治为单位整合起来，设立劝股会，吸收地方上的行帮、家族的领袖，利用亲谊戚友的关系，以社会上层人士带动下层百姓，在招股工作上取得了极为出色的成就。[①]

留学生是推动浙江保路运动的重要力量，但是浙路公司成立之初，大多数留学生身处国外，且本身大多不具备财力。而留学生本身所具备学识，特别是西学知识则是浙江当地士绅所不具备的。汤寿潜主要在宣传方面借助他们，在《议略》的第一章第十六条中，期望留学生与京官一起回乡，"各劝其乡之人藉破固陋，更拟以白话演说铁路之利、附股之益、风水之附会，分散各府州县，以开风气而免阻挠"，这正是充分发挥了年轻留学生的学问优势和破除中国陋习的锐气。随着留学生逐渐学成归国，大量聚集于上海，从事文化传播等各类工作。至 1907 年，汤寿潜等人组织浙江旅沪学会之后，将留学生群体与在沪的绅商群体整合在一起，在这个组织中发出声音。对于留学生群体而言，他们既欣赏

---

① 闵杰：《浙路公司的集资与经营》，《近代史研究》1987 年第 6 期。

汤寿潜坚定的爱国主义立场，乐于为其在报刊媒体上助威，也能在浙路士绅群体中宣传他们的革新理想。事实上，浙江留学生群体在后来成为培养革命党的摇篮之一，与浙路运动所具有的爱国性质是分不开的。

正是成功地整合了各方面的力量，才是浙路公司避免了粤路那样派系林立、勾心斗角的问题，这也是得益于汤寿潜本人在浙江绅民中长期以来的威望。在这些群体力量的帮助下，汤寿潜为浙江铁路事业的长远发展，做了一系列的辅助性工作，包括开办浙江兴业银行、创办浙江铁路学校、参与组织浙江旅沪学会、置办筑路原材料等。

在浙路开办之初，浙江并无近代性质的华商银行，当浙路公司从各地民众中募得的款项时，只能分存在杭州、上海等地的多家传统钱庄里，钱财的保管和运输都非常困难，公司支取也不方便。按叶景葵的回忆，当时长年与汤寿潜交情深厚的浙江绅商蒋抑卮深知金融与实业关系密切，提出建立专业银行的设想，并得到了汤寿潜的认同。[①] 在股东大会上，汤寿潜提议成立浙路公司的附属银行，并提出"银行应有本身职能，须独立于铁路之外力"的设想。当时近代性质的银行在浙江是新生事物，但汤寿潜以其自身的威望，得到了大部分股东的支持。1907年5月27日，银行在杭州创设，用以保管和使用浙江铁路的股款，但其也有银行本身的业务，这是当时华商银行中的首次尝试。银行取"振兴实业"之意，定名为"浙江兴业银行"。由于银行是新兴事物，当时浙江百姓一时不敢认购，蒋抑卮又说服经营绸缎业的父亲蒋海筹率先认购一千股。[②] 1907年10月，浙江兴业银行在杭州保佑坊正式营业，次年在上海、武汉等城市设立分行。浙江铁路公司第二大股东兼董事胡藻青首任总经理，蒋海筹作为银行三大股东之一，初任银行董事，两年之后

---

① 叶景葵:《蒋君抑卮家传》《在蒋抑卮先生追悼会上演辞》，《叶景葵年谱长编》，上海交通大学出版社2017年版，第995、997页。

② 张公浩、常石:《蒋抑卮与浙江兴业银行》，《金融博览》2012年第9期。

蒋抑厄代父任此职位。蒋抑厄精于经商，使浙江兴业银行得到迅速的发展，并发行自己的钞票。但是银行毕竟掌握了浙路的巨额筹资，加之蒋抑厄当时年轻而威望不足，导致多次遇到股东的信任难关，而汤寿潜、张元济等浙路公司的领导者，则以自己多年积累的名望和威信支持他的业务。1907 年 5 月 22 日的股东大会上，浙绅王子展、谢纶辉等人就提出对兴业银行的不信任，一是银行"专以为利"，而绅商对浙路是义务捐助，两者是否合拍，二是将募款存于银行会存在巨大风险，"将累公司股东"。这些士绅对年轻的蒋抑厄"设数难题抗议"，咄咄逼人，此时张元济、汤寿潜等人站出来支持蒋抑厄，表示"以公司而不信用银行，将利银分存他银行及钱庄，则何必有设立银行之举"，并让蒋抑厄向各位股东讲清楚银行与钱庄的区别、公司有限与无限的区别、押款收与不收的区别，最终得到了大多数股东的认可而得以集议通过。① 在辛亥革命之时，浙江兴业银行存款户因受到汉口分行倒闭的传言，纷纷涌到银行提款，汉口商人也持兴业银行钞票前来兑银，致使银行陷入危机。蒋抑厄遂向时任浙江都督的汤寿潜求助，汤寿潜下令将浙江联军的饷银全部交给兴业银行，瞬时平息了风波。可见，汤寿潜、张元济等士绅虽然不熟悉现代金融，但是他们能够给予他人信任，并放手让具有专业知识的人去办理，同时以自己的威望给予全力支持，这是浙路公司得以成功的原因之一。这种珍贵的信任，既是来自汤寿潜在参与地方教育、实业等事务时，双方所建立起来的长期互信，也是其一直所秉持的给予民间商业以保护、扶植的理念。

　　浙路公司成立之初，面临"求一潦草之章程不可得""求一测地之小工不可得"② 的工程技术困境除重金聘请外籍工程师外，也亟待开设

---

① 《浙路股东大会详纪》，《申报》1907 年 5 月 22 日。
② ［日］支南珏一郎：《浙路风潮汤寿潜》，载政协浙江省萧山市委员会文史工作委员会编：《汤寿潜史料专辑》，1993 年，第 182 页。

学校，培养大量技术人才。中国创办铁路学堂始于百日维新，但创办权力仅在张之洞等疆吏之手。1905—1906 年，清廷推动的学制改革中，确立的地方教育管理通则，为各省自己开设铁路学堂的规范性奠定了基础。浙江学务处也支持浙路铁路人才培养，1906 年 5 月特于留日浙江学生中选择 40 人给予官费，改习铁路专科。[①] 对于浙路公司而言，培养本国铁路人才，改变过于依赖外国工程师的状况，已成迫切之事，也是在其章程中所规定的。汤寿潜在 1906 年就派魏伸吾等人赴日考察，学习日本铁路学校的规章和设置。根据当代学者王树槐的研究，浙江绅商创办了两所铁路学堂——私立铁路业务学堂与全浙铁路学堂，后者即为浙路公司设立。1906 年 8 月，魏伸吾等赴日考察者归来，汤寿潜、刘锦藻以其为校长，在杭州谢麻子巷创办浙江铁路业务传习所，1907 年在此基础上正式成了铁路学堂，1908 年更名为浙江高等工业学堂，并迁至九曲桥。浙路学堂的一切办学经费由浙路公司支付，初步拨款一万四千元，学生学费四千元。学校最初招收学生 200 余名，分为甲、乙、丙、丁四个班，聘请日本铁路专业人员田中、斋藤为教员，专教与铁路直接相关的车务运输与行车电报。后来陆续增设了测绘、建筑、机械、营业等科目，成为浙江近代工业技术教育的先行者。汤寿潜依据其理论与实践结合的经世教育理念，规定学堂毕业生先需要在铁路熟练员工的指导下实习锻炼，才能担任站长等重要职务。在 1911 年铁路学堂停办之前，为中国培养了各类铁路人才 400 余人。[②]

近代上海是商人与资本、技术聚集之地，川、赣等省份修筑铁路时，均得到本省寓沪群体的支持。参与组织浙江旅沪学会，整合寓沪浙江人群体，是汤寿潜非常关心的事情。浙路公司成立之前的各类会议可以看

---

① 吴玉伦：《清末实业教育制度研究》，博士学位论文，华中师范大学教育史与比较教育研究所，2006 年。

② 王方星：《汤寿潜的铁路思想研究》，硕士学位论文，苏州大学历史系，2013 年。

到，浙江铁路建设获得支持的重要力量来自寓沪浙人，包括寓沪浙江商人、士绅和正在陆续增多的浙江籍留学生，由于近代上海的特殊地位，使这些人在财力、名望、学识上各有所长，可以给予浙路公司以强有力的支持，也具有能够发出声音的平台。汤寿潜一直很重视在这股力量，也曾经想把浙路公司总部设于上海，在杭州领导浙路公司期间也始终想将其整合起来。据《杜亚泉先生年谱》的记载，汤寿潜与杜亚泉等在沪浙人一起创办了浙江旅沪学会。[①] 浙江旅沪学会于 1907 年 8 月成立，根据其登报宣言，其组成者为"旅沪之浙江官绅士商"，其宗旨为"以敦厚乡谊、互换知识、维持公益为宗旨，凡本省学务及公益诸事，亦有协助之责"，其会员资格为"凡旅沪官绅士商之热心公益，年在二十岁以上者，皆得入会为会员"，仅排除"经商破产尚未清偿者、有心疾者、现吸雅片烟而未戒者、有不法行为而为众所指目者"[②] 等少数几类。就入会资格而言，并未限定寓沪浙人的职业，因此实现了范围最大化，为后来浙路建设及其后来的保路运动的：集资、宣传和培养后备力量做好了准备。

从汤寿潜对浙路公司的组织和运作来看，既保持着地方传统的乡土意识，也加入了现代公司机制，更蕴含着强烈的民族自主精神。汤寿潜对浙路公司的认识，始终在强调其建设事关国家主权的不受侵犯、国民百姓权利的保护、国防安全的保证。在此之下，才是"任商"所包含的营业问题，也即事关国家利益和民众利益的重大"时务"。根据当代学者汪林茂的总结，浙路公司的运营坚持了三大原则：一是坚持中国人自办铁路，工程技术人员尽可能聘用华人，全力抵制外国染指，捍卫国家主权；二是坚持商办铁路，对晚清政府的无理干预，甚至劫夺行为作勇

---

① 陈镱文、姚远：《杜亚泉先生年谱 1873—1912》，《西北大学学报》2008 年第 10 期。在此文中，将浙江旅沪学会的成立时间定为 1908 年，笔者根据各类资料的分析，认为成立时间应为 1907 年 8 月。

② 《浙江旅沪学会暂定章程》，《申报》1907 年 8 月 24 日。

敢的抗争；三是坚持由国民支配铁路，本着议办浙路应首先"问浙之官
民"的原则，浙路章程由浙江地方绅商共同商讨决定，在路款上动员浙
江全省民众积极投资认股。在此自办、商办、国民支配的前提下，汤寿
潜仿照其在《危言》《宪法古义》中的设想，效仿"三权分立"之章，
由公司全体股东组成股东会，拥有"发议选举权""议决权"。由股东会
选举董事组成董事会，作为浙路公司的常设机构，与总理、副总理一起
商讨应办事件。由股东会选举产生总理、副总理，执行董事会议决的事
情。从体制上，汤寿潜实践了曾经的设想，去除官督商办的旧形式，建
立民间商办性质的铁路公司，并根据各式章程而做到严格、规范的管
理。作为公司总理，汤寿潜在三个方面起到了重要的带头作用：一是虽
为总理但并不专权，重大事项均通过董事会公开决策；二是虽召集路款
却不受薪金，不支公费，这种"清白操守"也是浙江士绅选其为带头人
的重要原因；三是在公司事务和筑路工程上事必躬亲，带头上阵，"无
大无小，欲任以一手足之力，恨不并小工而兼充之"。正是这种公开、
清廉以及身先士卒的精神和作风，使汤寿潜在浙路公司始终居于大众所
认可的领导地位。而浙路公司也在其领导之下形成了强劲的凝聚力，没
有出现当时其他省份商办铁路公司引资不力、管理混乱、贪污横行、筑
路低效的情况，是汤寿潜"任商"理想得到充分实现的成功试验。

　　浙路公司领导的铁路建设，后来取得了全国瞩目的成功。1909 年
8 月 13 日，沪杭铁路完成了全线通车，经邮传部派员考核，全线共
331.2 里，计设 15 站，桥 144 座，涵洞 14 处，水管 113 处，拥有铁路
学堂、车库、电报、机厂等设施。当时的媒体评价沪杭铁路："其工期
之短、质量之佳与经费之省为全国商办铁路之最。"[①] 浙路公司避免了

---

① 《浙江学会之哀声》，载马鸿谟编：《民呼、民吁、民主报选辑》，河南人民出版社
　 1982 年版，第 129 页。

粤路、川路的诸多问题，可见其组织、运营方面都有可取之处。作为公司总理的汤寿潜，为浙路公司定下的诸多原则，及其为之而进行的努力，也具有不可忽视的影响。一是向外学习和独立自办的结合。浙路公司成立的原因，即是浙江商绅试图用自己的力量来完成筑路，以抵制列强的资本渗透。但公司成立初始，制度、技术等各方面都存在着严重的不足，作为主要负责群体的地方商绅们并无经验，因此需要向国外学习，包括引进现代公司制度、聘请外籍工程师。汤寿潜等领导层始终保持着对外学习的积极性，与外籍工程师也保持了良好关系。而同时浙路公司也积极培养自身的铁路建设力量，保证铁路事业能够长期独立发展。二是地方利益与国家主权的结合。汤寿潜坚持铁路商办是为了国家主权的安全[1]，而铁路主权则属于国民，民办性质的浙江铁路应为地方百姓的利益服务。其在《危言》中提出避免洋务企业罔顾百姓的弊病，实行百姓认股、招商营运的原则。在浙路公司成立后，汤寿潜在制度上实现保证地方民众的权益[2]，并抵制了清廷中枢的不合理要求和各级官吏对浙路的利益榨取。三是近代制度与传统文化的结合。汤寿潜基于对官督商办体制的痛恨，从海外引入了近代企业制度，他与刘锦藻等领导层严格照章办事，并在浙路公司建立起股东会、董事会等近代企业议事机构，对浙路建设的重大事项进行群体决策。同时，汤寿潜也用传统乡绅的方法来推动新式事业的建设，以地方乡情凝聚人心，获得招商引资的便利，以私人交谊联系各方，获得消息、政策、技术、资金各方面的支持，以自身名望而树立权威，带领地方

---

[1] 汤寿潜始终强调浙路商办对国家的重大意义，指出自己坚持商办是"不专为浙，不专为路，国之强弱是非而已"。汤寿潜：《致军机王大臣电》，参见汪林茂编：《中国近代思想家文库·汤寿潜卷》，中国人民大学出版社2015年版，第295页。

[2] 例如《议略》第十五条规定："不问股东、非股东，凡我浙人确有办工、集股良法，尽请赐函，条示谨当，择善而从。"

商民艰苦卓绝地完成铁路建设。

浙路公司是绅商合作的产物，以其领导人而言，汤寿潜、刘锦藻均曾功名及第，虽然对仕途兴趣不大，却是在朝野有着很强影响力的士绅，而又热心地方工商业建设，特别是刘锦藻同时又是实力不错的民间商人。在领导层之下，浙路公司则是由众多如蒋抑卮父子等民间商人作为股东汇聚而成的。汤、刘等人以商的资本力量和行业经验开拓业务，以绅的精神感召和责任担当凝聚人心，展现出亦绅亦商的时代形象。[1]相对而言，汤寿潜更偏于"绅"的一面。在浙江铁路建设，以及后来的保路运动中，为此事业而"不惜缭经枵腹"的"浙路汤总理"，已成为国家危亡背景下浙江商绅的精神符号。后来浙江商民在为汤寿潜复职而激愤情愿时，形容他"刻苦经营、不辞劳怨、不支薪水"，为"全体股东所信仰"。[2] 以至于有媒体感叹："汤总理者为浙路不可无一之人，亦浙省不能有二之人。"[3] 转型中的晚清商办企业，根植于传统文化的土壤，面对尚不完备的金融、技术、人才市场，以及内外形势交迫的巨大压力，既需要乡绅的桑梓之情为纽带，调解与整合各方力量，使企业获得稳定发展，也需要以士大夫善其身而兼济天下的经世治道精神[4]，来替代已经崩塌的"官办"权威，团结和激励地方民众砥砺前行。汤寿潜

---

[1] 当代学者马敏将"绅商"视为一种新的近代社会群体，认为他们已不再是传统意义上的绅士或商人，但又不够真正近代工商资本家的资格，而是两者之间的"过渡体"或"中介物"，兼具新旧两个时代的性格和特征，并反映出士农工商尊卑有序的传统格局被突破的趋势。参见马敏：《官商之间：社会剧变中的近代绅商》，社会科学文献出版社 2022 年版，第 3 页。

[2] 《浙江股东请增抚电奏留汤详纪》，《申报》1910 年 9 月 15 日。

[3] 《时评》，《申报》1910 年 10 月 4 日。

[4] 支南珉一郎将这种担当精神描述为："汤寿潜虽非大富豪，不愁家无米盐也；汤寿潜虽康健，原非人属少年也；汤寿潜虽不高贵，非惯作仰求之人也；汤寿潜虽好勤，非手胼足胝之人也。今一生所不必为之事而尽为之，非为身家也，为浙路也。"[日] 支南珉一郎：《浙路风潮汤寿潜》，载政协浙江省萧山市委员会文史工作委员会编：《汤寿潜史料专辑》，1993 年，第 139 页。

在铁路建设中，特别强调义理信念的支撑作用，则更是浙东学派"义利合一"的价值观在近代的回响。

第三节　保路风潮中的官民关系

浙江铁路公司的成立，始于对外资进入中国铁路事业的保路运动。在西方资本向全世界疯狂输出的年代，列强以中国财力不足为借口，多次对浙江铁路进行干涉。而清政府在签订《辛丑条约》之后，也不得不对列强持妥协态度，坚持压制地方民众利益的立场。在浙江铁路的建设中，以汤寿潜为代表的地方商绅成功解决了浙路公司内部的近代化问题，但还需要时刻抵御来自外部的压力，即在列强掠夺浙路主权的背景下及晚清政府对地方商办铁路的压迫下，因此而引发了中外关注的保路风潮。

根据当代学者汪林茂的研究，清末民初的浙江保路运动公发生了四次大的风潮。第一次是争废《苏杭甬铁路草合同》事件，这次冲突在浙路公司成立后立即爆发。第二次是 1906 年浙江绅民力拒英国路款事件。第三次是与江苏民众一起争废存款章程事件，从 1908 年持续到 1911 年。第四次是 1911 年之后，抵制北洋政府"统一路政"的政策。[①] 汤寿潜作为浙路公司的领导者，在前三次风潮中都在处在中心地位，并以此成为全国瞩目的东南士绅代表者之一。

1898 年 10 月 15 日，在英国的逼迫下，清政府的铁路总公司督办盛宣怀与英国银公司（由怡和洋行、汇丰银行组成）签订了《苏杭甬铁路草合同》，同意英国银公司筑造苏州经杭州至宁波的铁路，由怡和洋

---

① 参见汪林茂编：《中国近代思想家文库·汤寿潜卷》，中国人民大学出版社 2015 年版，第 7—9 页。

行贷款。① 后来因英国忙于英布战争，中国爆发了庚子事变，英国方面并未派人来华勘测路线，双方也未对此合同正式签字。在浙路公司成立之后，英方看到中国地方自建铁路的风气渐盛，立即要求与清政府正式签约，以期能夺取苏杭甬铁路的路权。

汤寿潜以及浙路公司对这次危机的回应，主要是通过联络清廷的上层路线，希望高层官员能够出面抵制英国的经济侵略，坚持废除原议，这也是其当年在《危言》一书中所寄予政府的希望。汤寿潜以浙路公司为依托，动员浙江地方士绅的力量，联系东南各级官员。1905 年 7 月24 日，浙江士绅在上海斜桥召开的浙路公司成立大会上，除了公司成立等议题，众人就《苏杭甬铁路草合同》一事进行集议。沈敦和站出来声明"苏杭甬铁路本未立正合同，自宜废去"，留日学生代表则提出了"一拒绝外人承办、二拒绝洋股"的两大原则，众人议定应急电盛宣怀等高官，表明保路态度，力请撤除草合同。②

汤寿潜亲自写信给当时与路事相关的官员，主要是负责铁路总公司的工部侍郎盛宣怀、浙江巡抚张曾敭，请求抵制英方强压。盛宣怀是清廷任命调解此次浙路风波的钦差官员，于 1905 年 9 月赶至上海，与汤寿潜、刘锦藻等人会面商谈，着手与英商和英领事磋商，收回自办。③ 汤寿潜希望其能代表清廷中枢，坚持与英国政府一起废除草合同。请求张曾敭作为地方官员，顺从浙江地方民意，坚决拒绝英国商人的无理要求。汤寿潜给盛宣怀的信中，指出英方的无理之处，1898年清廷催促英方派人来勘测时，英方始终没有答复，"如竟无复，则七八年不测勘，又二三年不答复，可径执以为默许之据，大可无事磋

---

① 乌程蛰园氏编：《浙路拒款始末记·成案》，中合印书公司 1907 年版，第 1 页；凌鸿勋：《中国铁路志》，世界书局 1963 年版，第 216 页。

② 《纪浙绅集议自办全浙铁路事》，《申报》1905 年 7 月 25 日。

③ 夏东元：《盛宣怀年谱长编》，上海交通大学出版社 2004 年版，第 838 页。

商矣"。① 汤寿潜认为这是英方首先自动默认放弃了权益，并不是中国不遵守契约。同时，汤寿潜也颇能理解在英方强力压制下的清廷官员，认为盛宣怀有"不能不订议之苦衷"，但作为朝廷主管这方面的官员，仍然应该抵制英国领事官"不肯、不延宕"的压力，要求"悉力坚持，不松只字"。②

汤寿潜给浙抚张曾敭的信中，提出不仅草议不符合契约的标准，而且此草议并未让浙江民众得知，"全浙三千数百万人无一与闻"，是官府与英方私立，浙江地方政府应该顾及"舆情不顺"，函告英草议作废。而且浙路公司在修筑铁路已经准备就绪的情况下，已经默许作废的英方还要"恃强催换正约"，是"蔑侮浙人"的体现。③ 与对京官盛宣怀的要求不同，汤寿潜对浙抚更强调浙江民意和民众尊严的重要性，认为"若苏杭甬一松劲，人益谓我易与，难保浙赣不重起风波"，应警惕外商越来越紧的经济侵略。④

1906 年 2 月，英国领事绕开即将离任的盛宣怀，直接施压给浙江巡抚，辩称"盛大臣与银公司所订草合同内，并无限期字样，且银公司自订草合同同时，得有造路权柄，系在贵国国家命令由绅民自办之前"⑤，迫使浙江地方政府同意签订正式合同。正在萧山家乡办理母亲丧事的汤寿潜，认为外务部、商务部等中枢部门无法抵挡英方的压力，焦急万分，立即赶回浙路公司，会同刘锦藻等集议对策。于 2 月 12 日至

---

① 汤寿潜：《汤寿潜致盛宣怀函》，上海图书馆藏《盛宣怀档案》，档号 083483，第 2 页。

② 汤寿潜、刘锦藻：《汤寿潜、刘锦藻致盛宣怀函》，上海图书馆藏《盛宣怀档案》，档号 SD001911，第 2 页。

③ 汤寿潜：《致浙抚张》，参见汪林茂编：《中国近代思想家文库·汤寿潜卷》，中国人民大学出版社 2015 年版，第 178 页。

④ 汤寿潜：《致浙抚张》，参见汪林茂编：《中国近代思想家文库·汤寿潜卷》，中国人民大学出版社 2015 年版，第 178 页。

⑤ 浙江档案馆编：《浙江民国史料辑要》，2002 年，第 59 页。

2月16日，连续致函盛宣怀、张曾敫，以及在北京的浙江籍京官户部侍郎陈邦瑞等人，再次寻求支持的同时，也从与官员的私人交流转向对清廷部门的直接请求。2月17日，汤寿潜与刘锦藻联名致电外务部、商务部。汤寿潜在电函中说明了苏杭甬铁路草合同"五应废"的理由：一、中英官员议浙路不问浙江官民；二、双方协议从速，但英商久久不办，先自背弃草议；三、浙江士民已经决定自办铁路，盛宣怀也已敦促英商在六个月内答复，英商自行默许废议；四、英商希冀避开民法而以政治势力压制中国，不顾商业契约精神；五、英国领事向浙江巡抚施压，声明草议系两国政府所订，但是无论英商还是盛宣怀，均非政府正式代表，即使盛宣怀有全权负责铁路之责，即便已换正约，也"未奏未准"，更何况英商是"一私法人"，所持的是"逾限作废之草约"。同时，汤寿潜还向清廷指出两方面的问题：一是英国领事以外交官的身份侵犯对等国之内政，破坏了国际惯例，"万国无此法"，应该以此向英国交涉；二是浙路公司现在已经准备勘办铁路，如果英方强硬"争勘"，浙江绅民怒不可遏，"难保愚民一无冲突"，应该注意铁路事件引发地方冲突。[1]3月4日，汤寿潜请张曾敫转函英国领事，指出英商在此路事上的专横是没有依据的，而且"该商自知理屈，虽撇开盛督办，不愿与议，不能并其函牍而一概抹煞也"。汤寿潜提醒英国领事，"贵国文明凤著于地球，贵领尤以公正闻，正宜力斥该商不遵办于二十九年四月至九月六个月之限内，自弃其权，自失其利"[2]，希望其能够以英国的国家尊严为重，劝英商放弃路事。

在汤寿潜、刘锦藻与浙路公司、浙江绅商群体的力争之下，也因为

---

① 汤寿潜、刘锦藻：《汤寿潜、刘锦藻致盛宣怀函》，上海图书馆馆藏《盛宣怀档案》，档号 SD002948，第 5 页。

② 汤寿潜：《致浙抚张》，载汪林茂编：《中国近代思想家文库·汤寿潜卷》，中国人民大学出版社 2015 年版，第 190 页。

英商在合同协议问题上确实理亏，当时仍然坚持铁路商办政策的清政府最终维持了废除《苏杭甬铁路草合同》的原议，宣布该铁路由浙路公司和苏路公司合筑，这次浙路风潮以浙江商民取得完全胜利而告终。准备工作完毕后，浙路公司于 1906 年 10 月开筑苏杭甬铁路浙江段。

这次浙路风潮，让汤寿潜的思想有了新的变化。对外方面，汤寿潜希望中外经济交往能够在商言商，尊重契约要求，同时反对外国政府以政治势力介入到经济问题上来。此次浙路风潮中，英国领事以两国邦交为名，不顾在草议协定上乙方的理亏，向浙江政府甚至清廷施压，使汤寿潜较为意外。在近代西方资本主义发展到 19 世纪中后期，列强政府以政治、军事力量与商人勾结进行经济侵略，是中西国际交往中的常态。此次风潮，给从渲染文明的西学书籍中走出来的汤寿潜一个直接而深刻的教训，意识到作为讲究规则的商业大国，英国的另一面是对契约的无视和依仗国力的对外欺压。汤寿潜意识到以往所秉持的完全开放观有所偏颇，认定"英商狡贪"，对外商、外资进入中国经济领域，对西方外交官都开始有着政治上的敏感性和抗拒心理。据汪康年的回忆，这次风潮时汤寿潜"尤以力拒外人为能事"。英国领事濮兰德与浙抚张曾敭会面时，汤寿潜先是力阻张曾敭与之见面，后来外交部电令张曾敭接见。濮兰德又两次拜见汤寿潜，汤寿潜均不接见，也不答拜。①

对内方面，曾经对新政充满期待的汤寿潜等浙江士绅，对清政府的表现非常失望。汤寿潜在《危言》的《铁路》篇中，提出政府在新兴行业发展上应承担的诸多责任，包括在对外交涉中保护中国商民，并为商业运营的铁路建设提供帮助。然而现实却是清廷外务部不仅不能对英方的无理要求直接驳斥，甚至授意英方挟本国领事，利用政治强权，直接

---

① 《汪康年文集》，浙江古籍出版社 2011 年版，第 634 页。

向浙江地方官民施压。这种不负责任的态度,被汤寿潜多次严厉批评。在给张曾敭信中言明外、商二部在中外交涉中"不足言助力",只是照顾到民情汹汹,而稍加顾恤而已。在给盛宣怀的信中直接指责"总署一误,枢地外部再误"[1],认为这次铁路风潮的主要原因,是清廷奕劻领导的外务部等部门的误国误民之举。这种想法也并不是汤寿潜一人所有,当时浙江绅民也多认为"非外部欲坏商路而何"。

同时,汤寿潜对盛宣怀本人也颇多微词,认为盛本人也是同意向英方妥协,在给户部陈邦瑞的信中提到:"知彼(英领事)必缠外部,所虑外部无策,率请朝旨,以替盛之人接盛之议,则浙事去矣。"[2]事实上盛宣怀在这次浙路风潮中,对维护国家权益的表现并不差,虽是其与英方签订草约,但向清廷提议中坚持了废约的底线,而且多次通过外务部转催英使饬英商赴沪会谈,并表示即使卸任也绝不置身事外。[3]英国领事不愿再与即将卸任铁路总公司督办的盛宣怀会面,而是直接向浙江巡抚交涉,使汤寿潜认为盛宣怀也不愿阻止英方,这也是后来两人交恶的开始。从汤寿潜对晚清政府的态度而言,显然如《危言》中所设想的,初始抱有不切实际的幻想,认为政府应处处维护地方商民,为百姓迅速抵制住外方的压力,并全力维护地方利益,这对在庚子事变后已经陷入危局的晚清政府要求过高。事实上,这次浙路风潮中,虽然外务部存在着处事不清、遇事敷衍、办事拖延的问题,给英方提供了施压浙江地方政府的机会,但清廷中枢维护国家利益还是比较得力,从一开始就认定英方的要求无理,饬盛宣怀尽快废约,后来地方政府能够顶住英领事压

---

① 汤寿潜、刘锦藻:《汤寿潜、刘锦藻致盛宣怀函》,上海图书馆馆藏《盛宣怀档案》,档号 SD002948,第 2 页。

② 汤寿潜:《致谢户部左堂陈》,载汪林茂编:《中国近代思想家文库·汤寿潜卷》,中国人民大学出版社 2015 年版,第 191 页。

③ 浙江档案馆编:《浙江民国史料辑要》,2002 年,第 64 页。

力，也是因为清廷坚定的废约立场，最后能达成废约的目的，是官绅协调合作而完成的。汤寿潜等作为地方绅民，初始并不清楚政府内部的情况，故对此多有指责。

浙江商民保路、筑路的热情和行动，则给了汤寿潜很大的支持。浙江官民提请废约的一个重要理由，就是浙路公司能够有财力、人力、物力尽快开筑苏杭甬铁路。此次风潮中，浙江士绅多次开会，就会议内容而言，除了集议抵制英方干涉路权外，也以此危难而激励地方商民，号召为苏杭甬铁路出资集股、聘请技师，加快开工。在浙绅孙宝琦等呈请外务部的信中，可以看出浙江商民对路事的热情："叠经汤寿潜、刘锦藻在杭州、上海等处，集议多次，合省商民，仰体朝廷德意，深知铁路为商务命脉所系，且关于农矿工业发达，故于集股等事，均极踊跃。现在各处集股认定之款，已达四百余万，业经聘定工程师罗国瑞，先由江干至湖墅起勘，续展杭甬、航苏两段路线。"①浙路公司能够在短时间内完成集资开工，也是清政府最后能够力争废约的重要助力，这在盛宣怀、张曾㪺的信函中也均有提到。盛宣怀认为，"浙人若实力自办，此约不废而自废"。此外，汤寿潜在给外、商两部和浙抚的信中，多次提到浙江绅民对于英方的欺压和朝廷的不作为"怒不可遏"，可能引发社会冲突，利用地方民气为后盾，也是推动清政府尽快废约的动力。

对于清廷主管外交与交通方面官员的才能与态度，汤寿潜始终密切注意。1906年8月，汤寿潜得知唐绍仪接任铁路总公司督办，立即写信给当时执政的瞿鸿禨："闻某侍郎将总外务，他姑不论，藏约无结局，南昌案失于法，公堂案败于英，专谋以路输出媚敌，自利中央，岂谓天下无耳目耶？"②在汤寿潜看来，唐绍仪作为外交人员，对外交涉却

① 浙江档案馆编：《浙江民国史料辑要》，2002年，第61—62页。
② 《汤寿潜致瞿鸿禨》，《瞿鸿禨朋僚书牍选》（上），《近代史资料》总108号，第23页。

频频让步，也是误国误民之徒，就不应主管铁路，否则也会出卖国家利益。1906年清廷部门改制，路政、邮政、船政等隶属新创的邮传部，新任主管外交的汪大燮，汤寿潜也对其颇有恶感。这缘于在上次浙路风潮中，汪大燮曾多次向其堂弟汪康年表示了支持英方的立场，认为"杭路事实系干涉国际"[①]，"两国政府商定之事，废极不易"[②]，与浙江绅民认为此系私人交往的观点相反，也表示废约之事"甚难"。此时的汤寿潜在铁路事务中明确了立场，并趋于激烈的心态，凡是认为对外妥协退让者，均被其视为误国之官、无能之才。这种强烈鲜明的立场，对于凝聚浙江士民、加快浙路建设、抵制外国侵略等问题上，有着明显的促进作用，奕劻就告诉英国公使"该省如此同心，未便抵制"。但是这种做法也存在着非此即彼的问题，在浙江士绅之中也不乏批评之处，汪康年、张元济等都在不同时候对汤寿潜的激烈保路态度有所批评，汪大燮更是认为"蛰仙为人，原足钦佩，惟此事恐其干誉之心太重"。当代学者易惠莉也在《论浙江士绅与浙路废约》一文中批评汤寿潜这种激烈好斗的态度，以及一逞己意的主张，是"置清廷陷于外交危局而不顾"。[③]

汤寿潜得知汪大燮可能接任的消息后，当月即给军机处去函，对盛宣怀、汪大燮等人进行了激烈的批评。一方面，汤寿潜认为邮传部是"教令所出"的重要部门，但是盛宣怀、汪大燮"谓用所长，均未谙习；谓酬其庸，证诸舆论，但有诒误，从无茂绩"。[④]汤寿潜认为盛、汪二人在外交上无法保证浙江士民的利益，盛宣怀甚至成为"苏杭甬祸首之右"，是不具有经世之才的表现。官员惟选有经世才能者，其才能应有

---

① 上海图书馆编：《汪康年师友书札》（一），上海书店出版社2017年版，第760页。
② 上海图书馆编：《汪康年师友书札》（一），上海书店出版社2017年版，第750页。
③ 易惠莉：《易惠莉论招商局》，社会科学文献出版社2012版，第235页。
④ 汤寿潜：《致军机处王爷电》，载汪林茂编：《中国近代思想家文库·汤寿潜卷》，中国人民大学出版社2015年版，第196页。

官绅公论所决定，这是汤寿潜在《危言》《宪法古义》等著作中所强调的理念。另一方面，汤寿潜又强调了这两人上任与否，所带给国内士民和国外列强的影响，"中国此时举动，不可使志士灰心，尤不可使列强腾笑"，"并世即乏才，必以与路有嫌疑者左右邮传部，知者以为事属偶然，不知者以为好民之所恶矣"，[1]直指这两人的任命会与浙江士民的愿望相冲突。汤寿潜甚至不惜以辞职相威胁，恳请收回二人任命。以此看出，此时的汤寿潜仍然将清政府在浙路风潮中的失职主要归因于官员个人问题，这也与其早期对政事成败归于执政者的经世才能高低相关。

就在浙路公司相争之时，第二次浙路风潮爆发。1906年9月，朱尔典出任英国驻华公使，在铁路问题上对中国采取更强硬的立场。在浙江铁路开筑不久，朱尔典要求清政府收回废除《苏杭甬铁路草合同》的上谕，从商业角度指责清方允许商办是失信行为，从外交角度指责清政府"纵容百姓，专与外人为难"。英方将铁路问题提升到这样的政治高度，导致清政府的态度出现松动，外务部认为不能轻易放弃成议，自启纷扰，以免再次引起庚子之乱般的动荡。外务部为了与英方交涉，调浙籍官员、驻英公使汪大燮任外务部右侍郎，后任新设的邮传部侍郎，负责浙路事宜。汪大燮经与英国银公司磋商，仿照津镇铁路的借款办法，在1907年8月2日提出一个看似顾及双方利益的方案：将"借款"与"筑路"分开，由清政府向英方借款，再转借给浙路公司，将来归还本息，由浙路进款项下拨付。[2]8月6日，英国银公司遂向清廷外务部提出具体借款办法。表面上浙江、江苏两省铁路仍由两省商民自建，但实际上已经将路权抵押给了英方。在人事上虽然总办为华人，但总工程师、总管账也择用英国人，与英国银公司合宜，"其总办欲提用款项，由总工

---

① 汤寿潜：《致军机处王爷电》，载汪林茂编：《中国近代思想家文库·汤寿潜卷》，中国人民大学出版社2015年版，第196页。

② 宓汝成编：《中国近代铁路史资料》第二册，中华书局1963年版，第850页。

程师及总管账开具清单，载明何项工程，开销若干。该路行车账目，由
总管账按期呈送银公司"。[1] 通过这些人在内部的财政运作，英方实际
上可以牢牢掌握浙路的建设进度，并进一步把浙路公司控制起来。这个
方案也得到了清廷的支持，上谕表示，前次收回路权是"为曲体舆情起
见"，江浙两省所筹集股款，也仍不敷尚巨，英国人的要求也不可一味
拒绝，"致贻口实，另生枝节"。清廷在不敢抵制英方的同时，坚持认为
借款筑路是"权自我操"的性质，认为比原议已经收回了更多的路权。[2]

消息传到东南地区，江浙两省士民舆论大哗，苏路、浙路两公司
分别致电外务部反对借款。汤寿潜在致外务部的函中，提出借款筑路
的"六不可"：一、苏杭甬草议英方已经逾期十年之久，是对方自己废
约，浙江才收回商办和自办，浙江士民"枵腹拼命"，是为国家保住路
权，政府应该支持，更不应该压制；二、盛宣怀与英商代表有限期约
定，英商不复是自认作废，清廷完全可以据此力驳；三、苏杭甬铁路已
经募集到资金，并开始修筑，无需借款；四、浙路奉旨商办，官府不应
该涉及钱款之事，浙江在其他赔款、练兵方面用支浩大，也没有余款来
作商路抵押；五、清廷同意款与路分开，并给担保，这是给浙路增添担
保之款的负担；六、国家正提倡路政，如已成之路的问题上英方可以承
认作废草议，并以借款的名义实行夺路，公法、公理也不足言，国家颁
布的商律、下达的商办上谕都没有效力，以后不会再有人敢参与商办造
路了。[3]

汤寿潜对清廷路政借款的看法，仍然在原来的思路之内，借款筑路
实为外方夺路，压制了"任商"的政策原则，会打击民众支持商办铁路
的积极性。同时，外商"名曰借款，实则夺路"，而清廷与外商站在一起，

① 宓汝成编：《中国近代铁路史资料》第二册，中华书局 1963 年版，第 851—852 页。

② 宓汝成编：《中国近代铁路史资料》第二册，中华书局 1963 年版，第 856 页。

③ 宓汝成编：《中国近代铁路史资料》第二册，中华书局 1963 年版，第 864 页。

对其侵略主权不但不制止，反而压制地方民众，是为给百姓增加负担，使国家丧失主权。汤寿潜作为地方士绅，对浙路问题从国家主权和地方利益两个角度出发。当代学者易惠莉认为，汤寿潜等浙江士绅在浙路问题上的抵制，显示出置国家外交于不顾、缺乏社会责任感的倾向，将社会推向丧失国家意识的危境。[①] 当时晚清中枢政府的外交中，已经决定借款筑路。清廷在广九、津镇等铁路上也都采取这一办法，是其与列强进行利益交换的一部分。外务部官员将中英杭州路事谈判的失败，看成中英外交总体利益受损，汪大燮当时就认为，汤寿潜领导的抵制借款，"恐无纤豪之益于救国"。汤寿潜自幼对官府以各种名义而行压迫百姓之实的做法极为反感，而浙路公司从反对英国筑路的风潮中产生，以坚持自办、商办、于民有利为基本原则，以筑路保浙卫国为号召，其首要任务就是抵制列强的资本侵略渗透。浙路公司已经被浙江商民看作是维护国家主权的一面旗帜，对任何有外部势力染指铁路的意图自然会产生激烈反应。浙路公司的框架，是由董事会、股东会等权力机构所组成，其成员基本来自本地商绅群体，以乡土之情和商业利益为纽带联结起来，在清廷对外交往较为保密的情况下，对朝廷高层的外交意图了解不多，对清廷以牺牲浙江地方利益的做法也不能完全认同，这也是事实。而清廷上层官员囿于自己的专制政体，面对这种由广大民意决定的路政商办公司，将其保路意见归咎于汤寿潜等少数领导者，恐怕也并不客观。在10月、11月间，浙江十一府士绅以王文韶、陆元鼎等带头呈请浙江巡抚冯汝骙，表示"历观地球之以路谋人国，率以借款为钓鱼之饵，即以工师为导火之事线。售其惯技，枝节环生，后患非所忍言"，并指出此次风潮引起广大浙江士民的愤怒，"浙中自闻群情震骇，愤眥欲裂"。[②] 这是浙路公司之

---

① 易惠莉：《易惠莉论招商局》，社会科学文献出版社 2012 版，第 235 页。

② 浙江档案馆编：《浙江民国史料辑要》，2002 年，第 146 页。

外的士绅群体，亦表露出对借款筑路的激愤之情，可见浙路公司的抵制态度在浙江有着强大的民意基础。

汤寿潜于10月联名浙路公司全体理事致函汪大燮，指出借款的具体危害。汤寿潜认为汪大燮从外交角度提出的借款方案，不仅是认可了英方不顾契约的无理要求，而且缺乏对国家铁路的长远谋划：一是英款既已进入浙路，即已将浙路路权变相卖给英方，"夫一经借款，英商必售股，伤哉！苏杭甬股票将充满伦敦之市场，非明明卖路乎？"二是英国银公司与盛宣怀的草议之外，清政府与英国签订借款合同，相当于将苏杭甬铁路"一许之于英使，再许之于英公司"，彻底将主动权交与英方，"假息壤之名，行商于之诈，直视吾浙人人皆楚怀也"。汤寿潜正告汪大燮："外部或不为吾浙计矣，若公以浙人而官外部，宜勿为人所惑也。"同时，对于浙江士绅反对的洋工程师的问题，汤寿潜则认为洋工程师可以聘请，但是应由浙路公司自聘，而不能假手英国官员，也不须外务部选定。[①]

与清政府在借款筑路问题上，认定"路由我自造，由我自管，主权事权悉操之我，实与自办无异"的认识不同，汤寿潜指出了借款背后所带来的实际危害，坚持认为"用借款非自办"。相比清廷"外交首在立信，匹夫犹重然诺"的顽固，汤寿潜坚持浙江铁路必须自办，认为浙江民众也有足够的力量自办，而清政府不可以自食其言，压制民间商办的积极性，导致国家和地方的危亡。汤寿潜从更高的层面论述浙路自办的重要性，针对汪大燮指责浙路公司拒款而破坏外交的"无纤豪之益于救国"的举动，汤寿潜认为外务部等中枢部门，否定晚清新政所确立的商办原则，引列强侵入中国路权，将使清廷失去浙江民众的支持，"将

---

① 汤寿潜：《浙路总副理董事会全体复北京浙路办事处外部某侍郎函》（1907年10月），参见汪林茂编：《中国近代思想家文库·汤寿潜卷》，中国人民大学出版社2015年版，第214页。

何所恃以命令浙人，更何怪彼族之鱼我肉我乎？"浙江民众听闻借款消息后，"浙江商市动摇，人心惶惑"，汤寿潜认为如此乱象，"就使实行立宪，亦恐无纤豪之益于救国"，这是清廷在路事上没有远见的责任。①汤寿潜是从政府与民众的关系角度出发，认为政府若不取信于民，且引列强侵夺民众利益，将使地方人心涣散，对国家更会造成严重的影响。在取信外交与取信民众之间，汤寿潜显然更看重后者，注重地方的安定和民生的重要性。这也不仅是汤寿潜个人的观点，王文韶等浙江士绅在致函军机处时，也提到"一闻此耗，股东非股东，商市动摇，人心惶惑"的危险。②浙江留日学生群体，在电文中宣告："政府忘浙，浙不忍自亡。"③张謇等江苏士绅，同样在致江苏巡抚的信函中，认为清廷此等做法是"背旨弃路权，失民信，其何以国？"④

对外抵制借款方案的另一面，是加快浙路的筹款和建设。当时出现了邬纲、汤绪二人殉路事件，将处于悲愤之情中的浙江民气推向顶点，也将浙江保路运动推向高潮。根据《申报》引用浙路公司致上海分公司的电文中称，邬纲是铁路学堂的年轻学生，听到清廷借款筑路的消息后，因感到浙路被卖，而大为悲愤，"连日不食，捶胸夜哭，十七日喷血以殉"⑤。据称邬纲的绝命书中有"此身将于浙路同尽"之言，浙江士民闻之，无不感动。汤绪是浙路公司的一名工程师，本来就有病在身，"忽闻有借款已签押之耗，指日铁路公司停办之说，遂一恸而绝"。在汪

① 汤寿潜：《浙路总副理董事会全体复北京浙路办事处外部某侍郎函》（1907年10月），参见汪林茂编：《中国近代思想家文库·汤寿潜卷》，中国人民大学出版社2015年版，第215页。
② 宓汝成编：《中国近代铁路史资料》第二册，中华书局1963年版，第866页。
③ 《浙路纪事》，载浙江社会科学院历史所编：《辛亥革命浙江史料选辑》，浙江人民出版社1981年版，第238页。
④ 宓汝成编：《中国近代铁路史资料》第二册，中华书局1963年版，第867页。
⑤ 《苏杭甬拒款电文》，《申报》1907年10月29日。

康年的记载中，邬、汤二人之死则另有蹊跷。汪康年听闻杭州市井谣传，邬纲仅是一名浙路工头，因为生病，"被业西医刘某药误死，方欲控刘，值路事起，蛰仙即遣人嘱其家人，改说是殉路，则名美而有利，其家亦欣然从之"。汤绪也是"以他病死，亦置诸殉路之列"。[①] 当代学者王方星等，也认为邬、汤二人因浙路风潮之死，很可能是汤寿潜等人为保路运动美化而成的故事。[②] 不论真相如何，在保路运动的关键时刻，邬、汤二人死于路事的形象，对凝聚起浙江士民的民气带来了显著的影响，特别是鼓动全省百姓对浙路进行认股。1907 年 11 月，在上海愚园召开的浙路公司股东特别大会上，汤寿潜致辞时说，"邬、汤之殉，妇孺咸戚，绍之饼师，杭之挑夫，沪之名伶，义愤所激，附股若竞"，正因为看到人心如出，"意者天其未亡东南欤"。在此激励之下，至愚园会议时，浙江各府认股达到了二千三百余万，至 11 月 28 日王文韶专折入京时，已达二千七百余万，远高于江苏的认股数额。[③] 汤寿潜向浙江全省发致谢电，表示"殉路已二人，杭且有挑夫二三个人求附股，人心如此，浙或不亡！潜惟死争以报！"[④]

汤寿潜征集认股，多采用到浙江、上海等东南各地向士绅民众演讲号召的模式，在听众选择上特别重视旅沪浙江绅商群体，并依托这些聚集在上海的有财力之工商业者，以近代中国兴起的各类同乡会为平台进行号召。1907 年 12 月 15 日，汤寿潜在旅沪宁波同乡大会上演讲，表示铁路建设首先是浙江人自己的事情，"铁路是地方的命脉，浙江早早办起来，不要骂怡和，骂汇丰，他们原是做生意的；更不可怪朝廷，怪

---

① 《汪康年文集》，浙江古籍出版社 2011 年版，第 635 页。

② 王方星：《应运而生的"殉路英雄"："邬纲"传说化的兴起、流变》，《西南交通大学学报（社会科学版）》2017 年第 3 期。

③ 浙江档案馆编：《浙江民国史料辑要》，2002 年，第 149 页。

④ 王遂今：《汤寿潜与浙江铁路风潮》，载政协浙江省萧山市委员会文史工作委员会编：《汤寿潜史料专辑》，1993 年，第 71 页。

外部，总怪浙江人自己晓得的迟"，"十年以内总要把我们浙江全省的干路、枝路一气造成。那是朝廷说我浙江人出色，就是外国人亦不来笑我们，欺侮我们了"。[①] 汤寿潜提倡浙江人的自强，既要在不尽力维护地方百姓的晚清政府面前显示出优秀品质，也要在列强面前显示出不可欺侮的力量。同时，也告诉浙江商民，投资浙路也有利于自己的发展。汤寿潜指出，宁波商人在中国既是富有财力的，也是敦尚气义的，应该为全省认股榜样，"全省如一家，宁波是大房，各府是以次房"，"外国人笑我们是'搭上富贵'，这个脸第一靠宁波人做的，但宁波人亦不能单靠着几个人，还须人人尽心尽力"，而且铁路认股并不亏本，"同买产业一样，这个钱永远在那里，不是那赈捐是一去不来的。不要说这回江浙人要争气、要救命，就是平常这宗靠得住的生意，亦不可错过机会，快附快附!"[②] 汤寿潜的号召办法，既以浙江乡土之情、士民爱国之情来感动浙人，也以商业的利润吸引来推动筑路进展。

江浙两省士民对借款方案的激烈抗争，使两江总督与江浙两省巡抚也致电清廷，认为"苏浙路事起后，两省人心嚣然不靖……上海、宁波帮人最多，工商劳役皆有，向称强悍。屡有路事决裂、全体罢工之谣，尤属堪虞"[③]。清廷面对东南的两难情势，提出了一个"部借部还"的方案，由清廷邮传部出面向英方借款，再把借款作为部款拨付给浙路公司。在洋人工程师的问题上，由邮传部令总办选派英籍总工程师，或由英方选择在中国铁路的工程师，在借款期内，总工程师必须是英国人。1908 年 3 月 6 日，清政府与英国签订了《沪杭甬铁路借款合同》，确定邮传部出面借款，这就将铁路公司的借款问题明确为国与国之间的外交事务。并由邮传部奏定《江浙铁路公司存款章程》，下达给两省铁路公

---

① 《旅沪宁波同乡大会纪事》，《申报》1907 年 12 月 16 日。
② 《旅沪宁波同乡大会纪事》，《申报》1907 年 12 月 16 日。
③ 浙江档案馆编：《浙江民国史料辑要》，2002 年，第 151 页。

司。不过在此章程中也有说明，其中第四条规定，邮传部存款"倘到期不能拨付或拨付不全者，此项存款章程即日作废"①。

清廷邮传部、外务部联合两江总督和江浙巡抚一齐给苏浙铁路公司致电，表明"一切耗亏均归部任之说，妥为筹定"，强迫苏浙两公司接受，导致第三次浙路风潮爆发。汤寿潜在给军机处的函件中说，接到电文时"万分骇愕"，对于浙路事件已成中英外交问题，"既累江浙人民呼号奔走，喘息不宁，复累大部左右两难，以种种之负担"，认为这一做法是"无疮而剜肉以补，未渴而饮鸩自毒"。②不过浙路已经成为外交事件，以汤寿潜为首的浙路公司考虑到清廷外交上的困难，决定接受这一"部借部还"的方案。汤寿潜在浙路保存大会上向民众解释，以前浙江士民反对借款方安，是因为"所恶于借之名者，以抵押耳、折扣耳、干涉耳"，现在借款已经由清政府接手，"部款、拨存、抵押、折扣，一切归于邮传部担任，订明年不干涉浙事"③，并未与浙路公司保卫国家主权的宗旨相违背，这是可以接受的。同时，汤寿潜认为列强、清廷改变借款议案，是浙江士民拒款运动带来的胜利，其他沪宁、九广、津浦等铁路公司"欲谋一邮传部章程之间接而不得也"，也没有像浙路公司那样在人事设置上有自己的决定权。汤寿潜在浙路公司股东大会上提出新的办法，邮传部的借款下拨之后，浙路公司可以不动用，而是存入邮传部设立的银行，满十年后再以所存者归还借款，这样既消除了列强的借口，也与不让清廷在外交上授人口实，"存款为国体，认而不用，江浙人自为，亦以为国体也"。④股东大会讨论后，决定了两方面的办法：一是如汤寿潜所提出的"免动存款"，不给列强以借款的口实，维护浙路

① 浙江档案馆编：《浙江民国史料辑要》，2002年，第168页。
② 《苏浙两公司致京外各处电》，《申报》1908年3月12日。
③ 《浙路保存会第一次开会纪事（附汤总理意见书）》，《申报》1908年4月8日。
④ 《浙路近事述闻（附录汤总理敬告浙路股东意见书）》，《时报》1908年4月11日。

的自办原则；二是赶集新股，动员浙江各地商民赶收认股，加快浙路建设工期。这是汤寿潜等人在权衡利弊之后，尽量在地方利益和国家外交两方面都顾及的情况下，找到保卫浙路利益和主权的出路。

由于清廷的政策转向，不少浙江士绅开始动摇，这段时期汤寿潜的压力非常大，在给友人的信中自认"潜术不足以御外人，诚不足以动中央，踵决肘见，积劳而病，恨不能死，稍盖吾罪"[1]。在浙路建设中，汤寿潜还要面对地方社会的压力。在 1909 年 5 月 23 日《民呼日报》的《告故乡父老文》中，针对地方民众，特别是年轻气盛者抗拒和袭击英籍工程师的事件，汤寿潜强调工程师是浙路公司所聘，"反对工程司是反对公司，是反对朝命矣"，"今以一二人与铁路反对，而累父老以全体反对之恶名，窃为痛之"。汤寿潜还谈到自己受到的威胁，"盛传尖山、朱家塔有密谋拆潜之住屋，掘潜之祖茔"，汤寿潜宣称"潜方住杭城候潮门内彩霞岭，尽请携械来毁，聊赎吾罪……愿父老分别告诫吾少年，浙路幸甚"。[2]

晚清政府虽然以"部借部还"的办法压制苏浙铁路，但是其自身违反了存款章程，没有如期向浙路公司付款。至 1910 年 3 月，按《江浙铁路公司存款章程》第四条规定，至订立章程的 24 个月后，清政府拨付不全，此项存款章程即可作废。根据汤寿潜给浙江巡抚增韫的信函中报告，当时清政府拨给浙路公司的路款尚不及全数的三成之一，因此浙路公司上呈浙江政府和邮传部，"请明示以章程应废，洋工程司可撤"，并表明"浙人请愿照合同赔耗三个月之薪水，将洋工程司一律撤退，一面急起直追，依大部所限，以竣杭甬之工"。[3] 清政

---

① 汤寿潜：《致上海甬属集股处周、樊》，载汪林茂编：《中国近代思想家文库·汤寿潜卷》，中国人民大学出版社 2015 年版，第 245 页。

② 《告故乡父老文》，《民呼日报》1909 年 5 月 23 日。

③ 汤寿潜：《咨呈邮传部》，载汪林茂编：《中国近代思想家文库·汤寿潜卷》，中国人民大学出版社 2015 年版，第 285 页。

府不顾浙路公司的请愿，邮传部接连下发催缴"借款亏耗银"的公文。汤寿潜和浙路公司拒绝承认这种"无款之耗"，给浙抚的函中指出"是即有款而认耗，浙人已如饮酖茹毒，强为所难……明明示浙人以章程应废，路局应撤，在邮传部安有自背章程之理？更安有无款而强令认耗之理？"①

汤寿潜对邮传部的无理举动甚为愤怒，接续咨呈邮传部，指责主管铁路的梁士诒为"卖路媚外、仇视商办者"，"用名片封送洋工程司，交与路局所拟作废之戒约，非公文亦非信函，无称谓亦无关防，论体裁则乖谬，论情节则离奇"。②8月间，城传闻盛宣怀将任邮传部右侍郎，汤寿潜认为其又会破坏浙路商办事业，因此上奏军机处称："盛宣怀既为借款之罪魁，又为拒款之祸首……苏浙方被借款所累，有如焚溺……朝廷垂念东南，苏浙已躬被盛宣怀所累，复使受其教令，忍乎不忍？内灾外患，人心固结之不暇，而解散之乎？"甚至认为盛宣怀在路事之外，也祸害国家，"轮、电、矿政，固无寸效，徒以便盛宣怀之损中益外，假公肥私。其在上海，甲第丽于宫殿，享用过于王公，岂尚有人臣之度者？朝廷不察而登用之，意以备外交一日之用，不知外交之失败，皆为此辈所酿成，以鬼治病，安有愈理"，希望将盛宣怀调离路事。同时，汤寿潜也严厉指责执政的袁世凯，在借款一事上偏袒盛宣怀，称其"号称暴戾，顾犹以苏浙人所执盛宣怀废议之言持之有效，而召盛以决之"。③

晚清政府为了不使汤寿潜阻挠其政策，多次以授江西提学使等官职，

---

① 汤寿潜：《咨呈浙抚院增》，载汪林茂编：《中国近代思想家文库·汤寿潜卷》，中国人民大学出版社2015年版，第290页。

② 汤寿潜：《咨呈浙抚院增》，载汪林茂编：《中国近代思想家文库·汤寿潜卷》，中国人民大学出版社2015年版，第292、293页。

③ 《汤寿潜攻讦盛宣怀电稿》，《申报》1910年8月26日。

希望将其调离浙江,汤寿潜均托辞不赴任。此次汤寿潜严厉指责朝廷大臣,并要求阻其就任,终于激怒清廷,于1910年8月23日下旨,革去汤寿潜浙路公司总理一职,"不准干预路事",训斥其"措词诸多荒谬,狂悖已极,朝廷用人,自有权衡,岂容率意妄陈,无非为藉此脱卸路事,自博美名,故作危词以耸听,其用心诡谲,尤不可问"。① 汤寿潜随即向浙路公司提出辞职,表示自己以言获罪,不能始终路事,辜负股东所托,但是盛宣怀为祸路权之事,"三尺童子皆能言之","无论他路,即沪宁一路亦盛所借款以造也,流弊若何?"汤寿潜向浙路公司股东说明,上奏指斥盛宣怀,是"恐借款之说易以惑人,故蝼蚁之忠,特揭其隐"。②

浙江士民听闻汤寿潜被革职,群情激愤。虽然清廷下令两江总督、浙江巡抚、江苏巡抚、上海道等官员,严禁民间为汤寿潜集会,但无法阻拦此起彼伏的士绅集会。8月28日,杭州商务总会集会声援汤寿潜,请求浙江政府留汤办路,并于9月5日再次集会。9月9日,浙江士绅全浙铁路维持会,在杭州、嘉兴等地纷纷开会,声援汤寿潜。其中以同日的上海集会规模最大,浙路公司一千二百人股东会在上海集议开会,议决请求浙江巡抚销去军机处"不准干预路事"字样,提出"汤总理办路,成效卓著,甬绍工程,正在吃紧,尤其不便遽易生手"。③ 会后,三千余名旅沪浙江同乡乘专车赴杭州,面求浙江巡抚向清廷代奏,请收回成命。浙路公司股东首先向清廷言明汤寿潜对浙江铁路的功绩,以及得到民众的拥护,"汤寿潜承朝庙特达之知,重两浙人民之托,受任以来,刻苦经营,不辞辛劳,不支薪水,至于今日,造成杭嘉铁路三百数十里,集股已达千万,上年奉邮传部考核成绩,许为全国商路之冠,不仅全体股东所信仰也"。其次,说明汤寿潜指责盛宣怀并非个人恩怨,

---

① 浙江档案馆编:《浙江民国史料辑要》,2002年,第197页。
② 《浙人对于汤总理遭谴之愤激》,《申报》1910年8月28日。
③ 浙江档案馆编:《浙江民国史料辑要》,2002年,第199页。

而是有着浙江的民意基础，且应尊重公司商律，"此次汤寿潜电达枢府，称盛宣怀为罪魁祸首，自系代表股东，在路言路……商律，公司律，公司总理规定，任期选举及开除，由股东全体同意之公决，朝廷绝无制现之明文。今商律公司律正在施行之中，未有废止全部或一部之命令，不应使浙路所享有法律上权利，独行剥夺"。[①] 经浙抚上呈之后，邮传部则认为浙路公司这样的实业企业，是国家特许商办，"惟其性质，既与国家有特别之关系，即应受国家特别之监督，决非寻常商业公司可比。所以商部前订公司律载总协理应由股董选派开出，独于各路公司之总协理……选举虽由股董，而任免仍操之国家……路政关系国权，何得妄为比附"[②]。在当时的时局下，汤寿潜事件也影响到晚清新政的立宪运动，江浙两省咨议局从立宪运动以法律为准绳的角度，也支持浙路公司的诉求。浙江咨议局请浙抚代奏，声称："盖现行之法律，最为神圣，不论治者与被治者，悉当受其拘束者也。"[③] 江苏咨议局向邮传部申明："保全商律之效力，乃可以兴实业，朝令暮更，则威信扫地，商民何所恃而苏息于国权之下。"[④]

在东南乃至全国士民的支持下，1911 年 2 月江浙两省的铁路公司商定，一致行动撤销沪杭甬铁路局，辞退英国总工程师。邮传部感到地方阻力过大，已威胁到地方统治和政局安定，遂与英国公使商议，同意废止《沪杭甬铁路借款合同》。随后，沪杭甬铁路局被撤销，英籍总工程师也停止职务，浙江保路运动至此获得全面胜利。

保路风潮中，汤寿潜领导的浙路公司以及浙江士民，与晚清中枢政府的矛盾，聚焦于两大问题：浙路公司是否应该为清廷外交而借款，清

---

① 浙江档案馆编:《浙江民国史料辑要》，2002 年，第 200 页。

② 浙江档案馆编:《浙江民国史料辑要》，2002 年，第 202 页。

③ 浙江档案馆编:《浙江民国史料辑要》，2002 年，第 202 页。

④ 浙江档案馆编:《浙江民国史料辑要》，2002 年，第 204 页。

廷是否有权革除汤寿潜浙路总理的职务。这两大问题背后，是晚清朝廷与浙江地方民众对近代商办企业性质的认识分歧。浙路公司认为，公司根据清政府新政所倡导的"自办"和"商办"精神，在颁布的《公司律》下组成，公司的引资必须由股东会和董事会决定，对于涉及浙江路权利益和国家主权的借款问题，浙路公司自然有权利拒绝。公司的总理人选也是股东和董事通过公开选举产生，其免职也必须由这两个会议决定，清政府的命令不能与法律相矛盾。清廷则认为，地方铁路公司也是由政府掌控和监督的企业，其必须与朝廷的外交政策相配合，在中英外交的背景下，必须根据邮、外两部的要求接受借款，不能与朝廷相抗衡。清廷还认为，铁路公司因其特殊的地位，与国家关系紧密，不是一般的商办公司，事关国权，浙路公司的借款问题必须配合朝廷的外交政策，人事任免必须由朝廷下令，也即铁路公司的自办权是有限的。

从双方所持立场可以看到，浙路风潮的背后，是传统中国向近代转型的艰难。首先，是清政府所颁布的法令含糊不清，导致朝廷与地方的矛盾。晚清新政所颁布的《公司律》，具有近代公司制度的导向，使一直秉持立宪理念的汤寿潜，在遵循《公司律》的前提下，得以根据三权分立的原则构建浙路公司。从浙路公司平时的运作，以及汤寿潜革职之后的行动来看，汤寿潜、刘锦藻所作的决定，基本都反映了浙江商民的民意。从《公司律》第七十七条条文看，阐明了公司的总理选举与撤职，权在股东，这也与浙路公司的权力结构相符。① 但是浙路公司总理、副总理的人事，又是通过清廷下令任命，这在法律上已经产生了自相矛盾之处。浙路公司坚持"邮部不应以命令变更法律"，清廷坚持浙路总理

---

① 清政府颁布的《公司律》第七十七条规定："公司总办或总司理人、司事人等，均由董事局选派，如有不胜任及舞弊者，亦由董事局开除，其薪水、酬劳等项均由董事局酌定。"载振撰：《钦定大清商律·公司律》，光绪三十年（1904年）铅印本，第14页。

为朝廷下令任命，自然也由朝廷下令免职，双方都各执一理，清廷新政
法律的不完善是其根源。从这不完善中，既可以看到因为新政法令的仓
促出台①，而导致其条款设置得不够精细，使双方都能找到各自所主张
的依据；同时也可以看到晚清政府对实业商办、自办的矛盾心理，既想
以向民间资本开放的方式，去除官督商办的弊病，来激发地方商民的热
情，推动实业快速发展，又不敢完全放权，使地方实业的发展脱离其控
制，更不能允许企业领导者直斥朝廷官员。

　　其次，自甲午以来兴盛的"商办"呼声，与清廷力图掌握铁路命脉
的政策相矛盾。清廷新政允许民间资本进入铁路领域，更给了浙江商民
极大的热情。特别是汤寿潜这样历来提倡"任商"理念的思想者，历来
痛恨官督商办企业的低效、贪腐，以及对商民的盘剥欺压。浙路公司
能够获得浙江民众资金上的极大支持、铁路学校和附设银行的顺利开
设，既有浙江地方商民财力充足的因素，又与汤寿潜坚持浙路公司"自
办""商办"的性质有关。"自办""商办"的原则，满足了浙江绅商造
福桑梓的愿望，也释放了浙路公司商业经营上的活力，更消除了官督商
办企业的各种弊病，成为东南地区商办企业的旗帜。晚清政府对铁路的
重新认识，一改之前抗拒铁路的态度，从国家财政、国防、外交等角度
开始重视铁路的价值，试图将其纳入政府主导的框架中来，对铁路公司
的监督和控制远远强于一般的工商企业。双方"自办"和"监督"的理
念，在借款、人事任免等问题上产生了激烈的冲突。在浙路公司的绅商
们看来，清政府又想恢复官督商办的本质，攫取地方民财，最终以不合
理的价格收缴商办企业；在清政府看来，浙路公司违抗朝廷指令，甚至
对朝廷中枢的人事任命进行指责。这一冲突在晚清立宪运动下，又延伸

①　清政府对商律的编订，受到其内部人事纠葛的影响，导致商律在短短数月间编成。
　　参见史洪智：《新政初期的商部创设与商律编订》，《中山大学学报（社会科学版）》
　　2008年第5期。

至政治层面，其背后是近代以来地方绅权与封建皇权的博弈。

再次，近代以来外交上的妥协退让，导致地方绅民对晚清政府的失望和不信任。汤寿潜这一代维新思想家改革思想的形成，清末边疆危机是为重要影响因素，清政府在对外交涉中步步妥协，无法保护地方商民，又不惜出卖地方利益，已经引起地方士绅的长期不满情绪。如上文所述，在汤寿潜在早期著作中，对清廷能够支持新兴行业抱有幻想，以"任商"与"匡民"为两大主题。浙路建设的时代背景，既是西方资本输出激增，也是庚子事变后中国外交的弱势。与日本明治政府对铁路利益的保护不同，晚清政府不仅不为地方民众考虑，以对内压制换取对外妥协，也违反了其规定的"商办"原则，这令汤寿潜等浙江商民极为失望，转为地方自保主义的倾向。浙路公司的成立，正是以地方自发保卫路权为目的。清政府的外交，往往通过盛宣怀等人与英方密谋的方式，其结果以中国妥协为多，以阻止地方影响大局、另生枝节为虑，导致地方民众对清廷及其办事大臣产生了极大的不信任感。汤寿潜初时对盛宣怀、汪大燮才具不足以外交的批评，后期对盛宣怀、袁世凯"损中益外""以鬼治病"的指责，都源于此。而清廷不顾地方民意的做法，则更加剧了地方民众的忧虑，并随之引发更强烈的抗议活动。

小 结

与陈亮、叶适、黄宗羲等浙东先辈学者较少参与重大经济活动不同，清末浙路风潮的爆发，给予了汤寿潜在万众瞩目之下，将经济思想付诸实践的机会。因其经世学问所积累的名望和对高官利禄淡薄的操守，以及在保路运动中维护国家主权的形象，汤寿潜被地方绅民选举为浙路公司的领导。新政之后，清政府颁布了《铁路简明章程》《公司律》

等法规，使铁路的修筑和运营向民间资本开放。受此鼓舞，并未有创办实业经验的汤寿潜，继承了浙东学派崇商的传统，依据其早期的"任商"设想和维新之后的立宪追求，将浙路公司建成为初具近代公司制度的企业，消除了官督商办机制的种种弊端。又以传统的地方乡情、士大夫精神和近代爱国主义凝聚浙江人心，获得了融资、技术等方面的成功，加快了浙江铁路的建设进程，同时提出了富有远见的学校、银行等建设，使浙路公司在晚清铁路举步维艰的大环境下成为成功典范。

晚清铁路问题非常复杂，交织着清政府、地方民众、列强官商之间的多重矛盾，也使汤寿潜的"任商"和开放理想面临着考验。在经历了列强官商资本逼侵、清政府对外妥协和对内压制等危机之后，汤寿潜修改了开放的设想，对列强的借款方案、人事安插进行了坚决抵制，以保证浙路主权的完整。同时，汤寿潜始终坚持了"商办"的原则，对清政府以浙路利益换取外交妥协的企图也展开了激烈的斗争，但也在顾及国家外交方面作出了一定的让步。汤寿潜在经济领域也坚持其经世理念中所注意的道德价值，对于向列强妥协、出卖国家利益的朝廷官员，他始终采取批判态度，试图阻止其进入国家实业、外交等部门，为此拒绝清廷给予的高官厚禄，也不惜辞去浙路公司总理职务。

汤寿潜与张謇、刘锦藻等绅商不同，他本人始终没有经营自家产业，对近代实业的运作更是知之甚少，但是却被推举为浙路公司的总理，将浙路公司建设成为晚清最成功、最具近代企业性质的商办公司，调动各方力量顺利推进了浙江铁路建设，并在浙路风潮中成功抵制了外商和清政府的施压，在纷繁复杂的晚清时局下取得了巨大的实业成就。究其成功的原因，笔者认为是汤寿潜较好地处理了三大关系。首先，是对外开放与抵制侵略的关系。汤寿潜在《危言》中曾强调中国改革的战略取向是对外开放，在实业建设中也注重引进外国的科学技术、企业体制和技术人员，这是带领浙路公司向近代企业成功转型的重要原因。面对甲午战争后列强对中国的侵略，汤寿潜意识到对外开放背后存在国家主权、百姓利权丧失的危险，修正了原来的经济思想，在浙路风潮中坚决抵制外国资本对铁路的控制、外籍人员对公司重要部门的渗透，使浙路建设保持了独立性。汤寿潜在这方面的意识，集中体现在对待外籍雇员的态度上，其对洋商通过清廷施压而要求外籍总务和工程师控制浙路公司的阴谋坚决抵制，但又要求浙路公司自行聘请外籍工程师，并在外籍工程师离任时对他们所作的贡献给予了高度评价。

其次，是传统精神感召与现代制度管理的关系。汤寿潜在《危言》中有"任商"设想，并未有详细的企业管理方案，在地方活动中越来越倾向于以建立近代企业制度，来遏制官督商办企业的弊病，将浙路公司建成最具近代性的商办企业，从制度上保证了经营的顺利。浙路公司毕竟根植于传统中国乡土文化，也离不开传统的管理方式。在儒家思想中，管理者须从个人的修身做起，才更有资格来管理集体。从推举过程可以看出，汤寿潜能够当选浙路公司总理，有两点重要因素，一是汤寿潜多次辞官而热心地方事业；二是汤寿潜本身没有产业，前者表明其没有功名心，后者表明其没有私利心，这就能达到中国传统管理中"安人"的目的，得到浙江广大商绅群体的拥护。在公司运营中，汤寿潜确实严格律己，在用人、用钱方面几乎无可指摘之处。在铁路建设中，汤寿潜也身体力行，长期顶风冒雨在一线工地查勘。这些都显示出汤寿潜以士大夫的经世精神领导近代企业的一面，使浙路公司形成了很强的凝聚力，避免了其他商办铁路公司的问题。在保路运动时期，汪大燮等不少洋务官员批评汤寿潜处事突然变得过于执拗，"干誉之心太重"，"捧名教二字作招牌"[①]，也从一个侧面反映了他对精神道德的坚持。

---

① 闵杰辑录：《时人论汤寿潜或与其之关系》，载政协浙江省萧山市委员会文史工作委员会编：《汤寿潜史料专辑》，1993年，第208页。

再次，是国家利益与地方民众利益的关系。在《危言》中，汤寿潜曾经论述了政府放权并扶植民间商业力量的必要性，以"任商"的办法解决百姓生计与增强国家力量，显示出以民生为前提的经济思维。在浙路运动中，清政府有其外交上向列强妥协的需要，向浙江地方施压要求承认借款筑路，汤寿潜等浙路绅商认为此举既危害浙江百姓利权，又损害国家主权，故而选择激烈抵制。汤寿潜坚持国家政府及其官员应秉持对内扶持民间商业、对外捍卫主权利权的经世思想，不能拿百姓利益与主权利益作为外交上的交换。这种国与民的观念，既继承了浙东学派的传统思想，也符合甲午战争后蓬勃壮大的民族资产阶级、近代国家观念萌发的地方士绅、民族主义情绪高涨的新生知识分子的要求，因此能够得到浙江百姓以及部分地方官员的拥护。

浙路运动使汤寿潜真正登上了全国政治舞台，为保卫路权，多次挺身而出。汤寿潜敢于为百姓利益而触怒清政府，虽然被革职，却在浙江以及全国都获得了广泛的尊敬，被各地看成是不畏强权、维护百姓的保护神。例如1909年河南籍官员杨少泉为阻止该省官员卖矿，奋起弹劾，被上海《民呼日报》称赞为"河南之汤蛰仙"，并欢呼"中国之汪大燮日多，吾为中国惧，中国之汤蛰仙日多，吾又为中国幸"。[1] 汤寿潜又被看成是维护国家主权、艰苦奋斗自强的榜样。例如1908年2月《云南杂志》中的《苏杭甬铁路与滇川铁路之比较》一文中，认为江浙两省的保路运动能够"尽秩序之能事，有坚固之实力"，惟因为"有汤、刘、张君等为之代表也"。[2] 这些国人的高度评价，也对后来汤寿潜在辛亥革命等政治运动中，走到政治舞台的中心产生了深远的影响。

---

① 天声人语：《河南之汤蛰仙》（1909年7月28日），载马鸿谟编：《民呼、民吁、民立报选辑》，河南人民出版社1982年版，第228页。

② 章开沅：《张汤交谊与辛亥革命》，《历史研究》2002年第1期。

第六章

政治革新：激进与稳健之间

汤寿潜年轻时曾对功名向往之，在家乡熟读四书五经，杭州游学时也曾接受训诂考据的训练，以应付科举考试。自游学时受到经世之学的影响，开始对经济、教育等领域产生了极大的兴趣。从高中进士之后，汤寿潜对仕途做官并不感兴趣，很快辞去青阳县令职务，[①] 将更多精力放在浙江地方的教育、实业等建设事务上，此后也多次拒绝清政府授予的官职。

不热衷于致仕的汤寿潜，对中国的政治改革却始终保持着热情。幼时在萧山家乡，汤寿潜既从父亲口中听到晚清官场贪腐、争斗的内幕，也对地方官吏欺压盘剥百姓的行径深恶痛绝。汤寿潜后来对政治改革的关注中，始终重视对官员培养和选拔机制的完善。在《危言》的《变法》篇中，汤寿潜提出改革的必要性和迫切性，其首要理由就是"典废而循吏无台曹之望，外官成污浊之途矣"。在接触到西学书籍之后，汤寿潜对以西方议院模式来改革中国官制充满了希望。在《危

---

① 汤寿潜虽然在青阳为官时间不长，但也为当地社会发展作出了一定贡献。袁昶的《于湖题襟集》中收录了汤寿潜在青阳知县任上颁布的《到青阳任观风示》、《劝捐积谷以备赈荒示》等文献显示出他在教育选材、民生建设方面所作出的努力。见袁昶编录：《于湖题襟集》，中华书局1985年版，第162—168页。

言》一书中，汤寿潜提出既需要加强官员经世之才的素质提升，也需要用议院模式来选拔有才干的各级官员，并设计出中国实行议院的理想模式。正因为汤寿潜在《危言》中涉及了议院问题，被戚其章归为早期维新思想家一类。

甲午战败之后，汤寿潜对晚清政治改革的期望日益迫切。在维新变法时，汤寿潜在东南地方积极参与，并进入创办《经世报》的文化精英圈子，利用新式媒体，为康、梁的改革进行宣传。维新变法失败后，汤寿潜极为愤恨，对政治改革的态度也愈加急迫。世纪之交，在得知清政府的新政开始采纳立宪体制后，汤寿潜立即著述《宪法古义》一书，为立宪释义，消除改革的障碍，大力推动议院体制进入中国。在浙路风潮的同时，汤寿潜从清政府对民众的欺压、对列强的妥协中，切身感受到专制制度的蛮横与落后，便积极投身于东南地方的立宪运动，与郑孝胥、张謇等人组织立宪公会。

同样从经世济民的角度出发，汤寿潜在政治改革态度愈发激进的同时，又希望地方在政治风潮中能够获得平静和安宁，反对社会动荡。在政治上要求改革的另一面，汤寿潜又对社会运动和革命采取稳健和保守的态度。在《危言》一书中，汤寿潜推崇对外开放的心态，主张与洋人、洋教和平相处，从中学习和推动现代化，并结成利益共同体，反对盲目的对外敌视。在庚子事变后，浙江地区教案频发，社会动荡不安，汤寿潜既通过东南精英圈层，推动南方督抚们进行东南互保，也带领地方士绅力劝地方保持平静，缓和华洋矛盾。辛亥革命爆发后，浙江地方士绅以安定桑梓为名，公推汤寿潜为浙江都督。汤寿潜也因旗营与革命党的矛盾，担心引起流血冲突，答应出任都督。汤寿潜在短期的浙江都督任上，和平解决了旗营问题，对旧的行政机构进行了改革，整顿和安定了地方秩序，并为南京临时政府的成立作出了贡献。

第一节　言路、议院与立宪

汤寿潜在《危言》一书中，从希望减轻官吏对百姓的欺压、加强官僚群体治国外交的能力出发，设计了一套完整的提高官员经世才能的制度，对书院、学校、科举考试、官员选拔等方面作了体制改革的设想。在提升官员素质的同时，汤寿潜也提出了其他辅助性的改革措施，开放言路就是其中的重要一项。

中国进入帝制王朝以后，言论渠道就被严格控制。秦朝李斯规定"偶语者弃市"，东汉则有打击太学生议论朝政的党锢之祸，唐律将"指斥乘舆，情理切害"的行为作为"十恶"之"大不敬"，宋明也都有言禁和报禁的规定。清朝初年规定："军民一切利病，不许生员上书陈言，如有一言建白以违旨论，黜革治罪"①，以通政司作为接受官僚群体内外奏本的渠道机构。雍正朝进行了改革，削弱了通政司的权力，以奏折和廷寄为主要方式，高级官员可将意见直达皇帝。② 然而封建帝制下的言论渠道弊病重重，冯桂芬就曾描述过其状态："今世部院大臣，习与京朝官处，绝不知外省情事；大吏与僚属处，绝不知民间情事；甚至州县习与幕吏丁役处，亦绝不知民间情事。蒙生平愚直，间为大吏及州县，纵言民间疾苦，多愕然闻所未闻者，此上下不通之弊也。"③ 如前文所述，冯桂芬的改革设想是用传统的诗歌方式上达中枢。长期在通商口

① 张仲礼：《中国绅士研究》，上海人民出版社 2019 年版，第 164 页。
② 根据当代学者茅海建的研究，拥有上奏权的高级官员人数相当固定，在中枢是各衙门的堂官、各军事单位的长官、谏台的言官和皇帝身边的词臣等，在地方为各省总督、巡抚、学政、提督、各八旗驻防长官。参见茅海建：《戊戌变法史事考初集》，生活·读书·新知三联书店 2018 年版，第 222 页。
③ 熊月之编：《中国近代思想家文库·冯桂芬卷》，中国人民大学出版社 2014 年版，第 304 页。

岸的王韬则看到了近代报刊的优越性，认为其能"广见闻、通上下、俾利弊灼然无或壅蔽，实有裨于国计民生者也"①。

至郑观应、汤寿潜这一代经世学者，接触了更多政治方面的西学知识后，更倾向开设议院的主张。汤寿潜在《危言》中提出，上下言路不畅，主要是官僚群体媚上欺下的恶习导致，揭露了中枢机构官员为上命是从，不敢提出自己意见的问题。与之相对应的，是下级或地方官员向朝廷甚少上报实际情况，"内自各堂官及科道，外自将军、都统、各督抚而下"，"鲜有以事陈者"。汤寿潜认为，之所以言路不畅，是由于清朝政治体制下的权力结构问题导致的。"藩、臬、提、镇"这些中层官员，在制度上是有言事的惯例，但是担心造成越职之嫌，使上一级的督抚以为其"侵官"，不敢直接向朝廷提交符合实情的意见，而必须由上级作为"代递者"，"查无不合而后行"。②整个官僚系统在此权力结构下"不敢尽情"，上级听不到指摘过失之言，下级更无法提供有经世见地的建议，其言路是"似广而实隘"的。汤寿潜认为，良性的政治体制，应该做到言论职责与办事职责分开，"能事者不必有言责，而有言责者不尽能事"③，去除权力结构上的束缚，才能更广泛地征集到来自各方的意见。

汤寿潜赞扬西方设立的议院制度，因其能做到"集国人之议以为议"，最大限度地获得意见来源，这也符合《礼记·王制》中的古义，能够实现下情上达的政治理想。仿照西方的议院制度，于中国而言有财政上的沉重负担，西方英、德、奥等较为发达的国家，也都很难承担大量议员的薪水。中国财政无法负担的前提下，汤寿潜提出可采用西法进行变通，组成三个级别的议院机构：在中枢，王公、各衙门堂官、翰林院四品以上官员组成上议院，由军机处主管；堂官以下、翰林院四品以

---

① 夏良才：《王韬的近代舆论意识和〈循环日报〉的创办》，《历史研究》1990 年第 2 期。
② 汤寿潜：《危言·卷一·议院》，光绪二十一年（1895 年）石印本，第 9 页。
③ 汤寿潜：《危言·卷一·议院》，光绪二十一年（1895 年）石印本，第 9 页。

下官员，不分专业正途，则组成下议院，由都察院主管；在各省的府州县，也组织巨绅至举贡生监的地方精英，以及在农工商等民生领域里有名望者，皆请来进行议事。①

朝廷的"上议院"和"下议院"之责任，在于讨论改革关键期的利弊方略，"每有大利之当兴，大害之当替，大制度之当沿革，先期请明谕，得与议者，殚思竭虑，斟酌古今，疏其利害之所以然，届期分集内阁及都察院，互陈己见，由宰相核其同异之多寡，上之天子，请如所议行"②。其讨论的内容，是从古今沿革之中，探讨改革的厉害取舍。汤寿潜将从西方传入的议院，看成一个可以容纳广大官员议政、并能直通决策层的平台，这个平台具有以下特点：从权力结构上，破除了上下等级结构，以及唯上是从的风气，没有"侵官"之忧，各级官员可以在议院中各抒己见，有利于朝廷集思广益；从议政思路上，破除了官场的高谈虚论，可以将经世致用的务实作风，引入对改革的讨论中，使议政讨论能够针对社会实际，而不是空虚的言论；从制度框架中，与宰相负责制相配合，能够影响到国家最高层的执政者，由宰相综合各种不同的意见，形成总结性结论，上呈给君主，奏请按结论施行。

在地方议院方面，汤寿潜设计的集议平台不仅包括了地方官员，也包括了士绅商民，已具有后来清政府为预备立宪而设立的地方咨议局的雏形。正是因为地方议院的集议者群体来源多元，经世才干不一，不具有从政经验，很可能会有"闻见仍未离乎帖括，众人啾之，或虑乱政"的问题，被反对议院改革者批评。汤寿潜认为对其集议应"宽于采纳，精于别择"，择取有利于经世的意见。③

汤寿潜对中国设立议院制度的改革期望很高，提出议院的出现，在

---

① 汤寿潜：《危言·卷一·议院》，光绪二十一年（1895年）石印本，第9页。
② 汤寿潜：《危言·卷一·议院》，光绪二十一年（1895年）石印本，第9页。
③ 汤寿潜：《危言·卷一·议院》，光绪二十一年（1895年）石印本，第9页。

实现下情上达的言路畅通的同时，对于政府执政有两大益处：一是消除了上文所述的因旧权力结构而导致的徇私和党争；二是以地方精英的议政而对胥吏的"舞弄不社"进行震慑，减轻了对老百姓的压榨。汤寿潜认为议院改革的成功，"始可言振作，始可望挽回"，是中国转弱为强之机会。① 中国近代的"君主立宪"之议，学界普遍认为是郑观应在1895年首先提出的。汤寿潜早在甲午战争之前，提出仿行西方议院体制以兴民权，并根据中国国情进行变通的设想，与其尊相权以削君权的议院方法相联系，当代学者熊月之认为这实际上就是西方的君主立宪制。② 以汤寿潜一生的政治思想而言，《危言》也是其立宪思想的起点。

汤寿潜的议院设想，也注重与中国国情相结合，有两点值得注意。一是君主仍然在体制中具有重大的决定权。在朝廷的"上议院"和"下议院"的集议，首先要请示皇帝，获得明谕，在集议之后的意见总结也需要上报皇帝，并由皇帝下旨施行。这种会议召开权、最终决策权仍归于君主的设计，自然与欧美议院有着本质上的区别，也被后世学者称为是仅具有咨询性质的机构③。作为一个从传统文化教育培养出来、尚未获得科举功名的年轻士子，当时的汤寿潜一方面具有为百姓造福、兴民权等观念，但因西学知识的局限，仍然抱有强烈的忠君观念。另一方面，汤寿潜此时所追求的民权，也主要是言论权，希望地方士绅的要求能够上达君主，以抵制错误的制度和政策，限制地方官吏对百姓的欺压。

二是对地方精英经世才能的重视和期待。汤寿潜所设计的"地方议院"模式，地方士绅、举子士人、经济界名士均成长于民间，虽然其观

---

① 汤寿潜：《危言·卷一·议院》，光绪二十一年（1895年）石印本，第9页。

② 熊月之：《中国近代民主思想史》，上海社会科学院出版社2002年版，第198页。

③ 戚其章：《中国近代早期维新思想发展论——兼论汤寿潜的早期维新思想》，《中州学刊》1995年第2期。

念仍然守旧而缺少"西学"等新的视野,但是具有知"稼穑之艰难"等实践经验,他们提出来的政策至少具有经世致用的可操作性。这些人并不来自官僚体系之内,也不必对上逢迎以致有"侵官"等官场顾忌和陋习,"上下分则不党,询谋同则不私",① 这也是他暗含于兴民权中的目标。对于地方绅民缺乏西学知识的弱点,汤寿潜也提出与议院制度相配套的措施,就是教育机构亟待兴西学,为朝廷培养熟知西学的人才,是为"议院之原本"。

同时代的浙东陈虬,在其 1893 年出版的《治平通议》一书中,也有过地方议院的设想:"县各设议院,大事集议商行。凡荐辟、刑杀人,皆先状其事实于议院,有不实不尽者改正。又设巡检一,秩视判官,巡视境内,检举利弊以达予县,县再下议院。"② 相比而言,与汤寿潜重视地方经济民生问题不同,陈虬设计的议院更重视地方刑狱方面的问题,在地方刑政上有了一定的审查权,而不仅仅是咨询作用。与汤寿潜相比,陈虬并未设想地方议院的组成情况,也没有提出以西学教育提高议院成员经世素养的相关设想。

汤寿潜的议院改革的言路设想,也冲击了中国传统社会以封建官职为标准的等级观念。从秦制起源的官僚体制,遵循着不得"侵官"的原则,不允许官员的言论越界。韩非在《韩非子》的《二柄》篇中,提出群臣的言论须与其职事相当,"侵官"是最为严重的危害,"故明主之畜臣,臣不得越官而有功,不得陈言而不当。越官则死,不当则罪"。③ 汤寿潜所期望的言路制度,使职位低微的下层官员也能讨论改革的利弊问题,地方士绅也能对朝廷政策的优劣进行评价,显然是明显的"侵官"

---

① 汤寿潜:《危言·卷一·议院》,光绪二十一年(1895 年)石印本,第 9 页。

② 胡珠生辑,温州市政协文史资料委员会编:《陈虬集》,浙江人民出版社 1992 年版,第 21 页。

③ 韩非著,高华平、王齐洲、张三夕译注:《韩非子》,中华书局 2015 年版,第 55 页。

之举，与封建专制产生了冲突。在后来浙路运动中，汤寿潜作为官职仅为候补四品京堂的浙路公司总理，敢于对清政府的外交政策、铁路制度、借款问题、人事变化提出严厉批评，而引起清廷与地方的冲突，被清廷斥责为"狂悖已极""率意妄陈"，也源于此分歧。

汤寿潜在获取功名之后，辞去官职，在金华等地书院担任山长。在书院教学中，汤寿潜不仅向学生传播西学知识，引导其阅读西学书籍，也倡导对士子救国救民之心的培养，鼓励他们对中外改革、地方经济、洋务得失等问题进行深入探讨。从汤寿潜早期的立宪理念而言，这种教育方法既是开地方教育之风气，也是为以后的中国开设议院培养人才储备。

甲午战争之后，改革思潮在全国兴起。汤寿潜因《危言》等提倡改革的著述，而获得经世革新、熟于利病的名声，在政界和学界都有了一定的名望。康有为等人"公车上书"，引发维新变法的风潮兴起，朝野力求有改革见识者。湖广总督张之洞、内阁学士张百熙、侍郎李端棻等都向光绪帝举荐过汤寿潜。1898年维新变法的高潮时期，光绪帝于5月、7月两次电诏汤寿潜进京参与变法，但汤寿潜因为母亲生病而请缓。9月，戊戌政变发生，汤寿潜进京之事也就作罢。

在轰轰烈烈的维新运动中没有走到政治风暴的中心，但倾向改革的汤寿潜对此积极响应，在地方上仍然作了很多宣传的工作。维新变法的领导人康有为、梁启超非常重视舆论的宣传作用，且对近代新式媒体报纸杂志情有独钟。1895年8月，康梁就组织强学会，在北京创办了《万国公报》，后来在上海又出现了《强学报》《时务报》，在其他各地又有《知新报》《湘学报》《国闻报》《国闻汇编》等。在此影响下，中国出现了"报馆之盛为四千年来未有之事"的蓬勃局面。维新变法中涌现的这些报刊杂志，与《申报》之类的综合性媒体不同，是具有鲜明的政治探讨和宣传的媒体，其成为官僚体系之外新兴的言路平台，对国家改革的建议和意见，纷纷通过这些媒体而成为朝野关注之信息。

在东南地方，主持维新运动的团体，主要通过组织学会，成立新式学堂、报馆等机构来宣传变法和议论时局。汤寿潜在维新变法期间参加了强学会、撰写《理财百策》、编辑《质学丛书初集》等书籍，其中最为主要的社会活动，是参与创办了《经世报》。变法时期，上海成为维新宣传中心，宣传变法的学会、报刊纷纷创办于上海。据统计，维新派在全国创办了近 40 种报刊，其中 27 种在上海发行，全国先后成立过 78 个学会，其中有 17 个在上海。① 与此相对应的，是上海成为维新志士的聚集之地，晚清的报刊这样评论："北京勿论矣，请言上海。自甲午后，有志之士咸集于上海一隅，披肝沥胆，慷慨激昂，一有举动，辄影响于全国，而政府亦为之震惊。"② 在丽正书院执教期间，积极寻求救国之道的汤寿潜，并不自闭于金华一隅，而是经常前往上海及杭州等地，既与汪康年、张元济、宋恕等浙江本土志士探讨浙江维新的办法，也与寓沪的张謇、郑孝胥等其他东南士绅交往甚密，共同交流对国家时局的意见。在这些人的影响下，对社会现状不满的汤寿潜也加入了当时维新派组织的强学会。在康有为的游说和两江总督张之洞的支持下，上海的强学会于 1895 年成立，张謇、汪康年、陈三立、屠仁守等人是首先加入者。汤寿潜则是被汪康年等人介绍入会。汤寿潜对于加入强学会一事非常高兴，据其与汪康年、梁启超的信中所述，甚至愿意将"所有月奉概捐入会，规模一定，即付代者"。③

据钱基博后来的记载，强学会当时集聚当世英才的盛况："当是时，有郑孝胥、陈三立之徒，以诗歌目录闻于世；而汤寿潜善持论，为吏有

① 熊月之：《戊戌维新与上海》，《史林》1998 年第 5 期。
② 田光：《上海之今昔》，《民立报》1911 年 2 月 12 日。
③ 上海图书馆编：《汪康年师友书札》（三），上海书店出版社 2017 年版，第 2022 页。

声，世比之陈仲弓；数子者，名为通达时事，并相和会。"① 以"持论"而言，可见在群英荟萃的强学会里，汤寿潜注重为维新改革发表自己的主张和意见。他将这个团体，看成是其设想中如"地方议会"般的言路平台，而其给东南地方精英们留下的印象，也被认为既如东汉陈仲弓一样具有地方上的名望，也具有经世之学的持论水平。

《经世报》作为维新时期浙江的著名报刊，是当地维新人士于 1897 年初筹办的。在上海、广东、湖南等地纷纷创办维新报刊之后，浙江士绅童学琦、胡道南向巡抚申请举办地方报刊《经世报》，并邀请寓居上海而以新学闻名的学者宋恕作为主笔。宋恕，原名存礼，浙江平阳人，也是晚清启蒙思想家，自幼被称为神童，早期接受永嘉学派的经世之学，立志社会改革，后长期定居于上海，努力学习西学。宋恕曾撰写《六斋卑议》呈给李鸿章，但不被重视，此后又博览诸子百家，撰写《六字课斋津谈》，从古文经学出发论证变法维新的正当性。不过由于个人的一些遭遇，宋恕偏于悲观性格，处事风格也比较隐晦，虽然答应了童、胡等人作为主笔，但是囿于"苟空炎凉，必府谤伤"的顾虑，对于《经世报》的前景看得较为悲观，也并不同意完全来主持《经世报》的整编事务。② 由此，宋恕也推荐了一些浙东经世名士来帮助，汤寿潜和陈虬等人即在其中。

《经世报》的栏目纲要最初由宋恕制定，分为皇言第一、政事第二、文史第三、新学第四、异闻第五、论说第六。童学琦、胡道南二人将纲目交予汤寿潜修改，汤寿潜认为宋恕的纲要过于偏重传统学术，而不能回应当下朝廷的变法需要和社会的经世致用需求，因此将宋恕的六纲改为十二纲：皇言、庶政、学政、农政、工政、商政、兵政、交涉、中外

---

① 钱基博著：《现代中国文学史》，上海书店出版社 2004 年版，第 63 页。

② 参见宋恕：《记应经世报撰著论之聘缘始》，《宋恕集》，中华书局 1993 年版，第 271 页。

近事、格致、通人著述、本馆论说。从汤寿潜的修改结果来看，一是试图让《经世报》摆脱传统中国学术的笼统性，更详细也更有针对性地解决当前遇到的问题，体现了其一贯反对空言浮夸而追求经世致用的精神；二是通过"通人著述""本馆论说"等纲给予学者更多自由阐发见解的政论空间。因此，宋恕在给章太炎的信中，解释汤寿潜修稿一事，认为虽然他与汤寿潜同样提倡变法维新，但是学派风格与其不同，所以对《经世报》的立例之旨也不尽合。① 宋恕是喜以学问水平高低而评价他人之人，曾以康有为的文章粗俗无理而鄙视之，其对汤寿潜的评价应为公允。在致童学琦、胡道南二人的信中，他评价当时浙东的学者，认为定海的黄以周，温州的孙诒让等人"治经甚精，而经世之理茫然无异常流"，而汤寿潜则"确是豪杰，其平日皆鄙薄治经家"②，是真正长于经世思想之人才。由于对汤寿潜经世之才的佩服，宋恕对于其所修改的纲目也极为认同，在给童学琦、胡道南二人的信中称赞"蛰公改润拙稿，诚益藻密"，同时也认为自己的纲目"拙稿亦不妥，且不切经世，宜一并搁置"。③ 因此，后来《经世报》的纲目、例言都采用了汤寿潜的版本，使这份报刊具有强烈的经世致用的精神。

在《经世报》的叙例中，汤寿潜论述了中国新式报刊对议论国家政策、宣传经世之学的作用。汤寿潜认为，西方的维新变革，正是凭借着"开利喉舌"，报馆纷纷开辟，林立于国。在西方世界，"政府视为从违，议院依为声援，学会恃为契勘，斯固富强之要删，官民之舌寄已"④，媒体在社会上发挥了重要的作用。而在中国，则缺少这样的媒体。中国

---

① 《宋恕集》，中华书局 1993 年版，第 573 页。
② 《宋恕集》，中华书局 1993 年版，第 578 页。
③ 《宋恕集》，中华书局 1993 年版，第 574—575 页。
④ 《经世报》叙例，参见汪林茂编：《中国近代思想家文库·汤寿潜卷》，中国人民大学出版社 2015 年版，第 504 页。

传统的邸报和辕抄，内容仅偏于"用人行政""部院所临"，并未起到议政平台的作用。在上海的租界，西方人则在利用媒体鼓吹自己的文化观，"树其赤帜，计嘘教焰"，同时还打着中国文化的旗号，"援儒入墨，借助十诫之波澜，诟夷誉跰，诳当九品之人表，体例糅杂，有识唾弃"。汤寿潜谈到了中国政治改革中言论平台的作用，改革需要朝野进行广泛的讨论和宣传，但是中国的传统报刊"无病断烂"，而西方人的议论则往往夹杂着自己的文化观念，不顾及中国的道德礼仪传统。办于"秘书藏阁、精舍诂经、人文之盛"之地杭州的《经世报》，汤寿潜给其定下的宗旨是"善甄彼长，亟补己短，赖以凿沌，保教护种"。"善甄彼长""亟补己短"，类似于汤寿潜在开设议院的设想中，赋予其对改革问题的"殚思竭虑，斟酌古今，疏其利害之所以然"的务实探讨，在比较中学习和总结历史上变革的得失。只是在甲午战争后，汤寿潜看到了中国传统经验无法应对新的危机，越来越倾向于中外改革的比较探讨。"赖以凿沌""保教护种"则体现了在甲午战争后，面对列强瓜分中国的危机，汤寿潜看到了中国传统之学在近代化面前的弱势，也注重探究应对西方侵略、维护中国文化的问题。

　　汤寿潜在《经世报》的叙例中表示，"愿与各新报翕效嘤鸣，自固气类，隐任《春秋》经世之责，无忘同舟共济之怀"[1]。其所称的"经世之责"，一是集议维新变法的得失利弊，向朝廷改革提供合理的对策；二是唤起"天下兴亡，匹夫之贱，与有责尔"的精神，承担中国"护教保种"的责任。从汤寿潜对近代报刊的态度而言，他在以前的议院设想之外，找到了另一种可以充当"开利喉舌"的政治集议平台。这种平台独立于官僚体系之外，没有行政体系种种弊端的束缚，发言者也不局限

---

[1]　《经世报》叙例，汪林茂编：《中国近代思想家文库·汤寿潜卷》，中国人民大学出版社 2015 年版，第 504 页。

于有功名之人，以"匹夫之贱"都可以发表自己的政治见解。同时，这个平台面向社会，能够引起更广大士民的注意和交流，而维新变法带来的政治形势，又让其可以更容易地直达政府最高层。郑观应在《盛世危言》中将报刊媒体和学校并列视为社会教育的路径之一，汤寿潜则更关注其政治功效。后来浙路运动、立宪运动、辛亥革命中，汤寿潜既利用体制内的官方奏折、半体制内的立宪会议等通道，也充分利用了报刊媒体这个体制外的言路平台，甚至以这个平台作为号召地方士民的主要政治空间，与专制的晚清政府形成抗衡局面。

在戊戌政变之后，维新变法归于失败。笔者所搜集的资料中，关于汤寿潜对于戊戌政变评价的记载不多，但有一件事可以看出汤寿潜对清政府此举的态度。戊戌变法之后，满人金梁、翰林院编修沈鹏上疏抨击慈禧太后和权臣荣禄等人，汤寿潜对其感佩之至，写下了《戊戌上书记书后》一文。汤寿潜描述戊戌政变后的黑暗局面："戊戌政变，党锢案兴，逻骑四出，禁会封报，道路以目，至不敢偶语，举世奄奄无生气矣。"① 由此看出，汤寿潜对于清廷镇压维新变法持反对态度，尤其是批评其封报而压制舆论，堵塞了一条优良的言路，而导致出现朝野了无生气的局面。汤寿潜对维新变法事件的支持，其重点在于清政府终于对向外学习的政治改革表示了认同。从汤寿潜的言论与著述中，尚未看到他对康、梁等人具体变法政策的评论。但他对新式报刊带来的朝野这种"雷在地中，风行水上"般的自由议论政治局面是非常赞赏的。维新时期的清政府允许民间自由办报，让汤寿潜为之一振，而戊戌政变后的封报，则令其批评不已。因此汤寿潜对敢于"冒死发言，大声疾呼，使人心为之一震"的金梁、沈鹏等人，则大加颂扬："君纯乎忠爱士也，以

---

① 汤寿潜：《戊戌上书记书后》，载汪林茂编：《中国近代思想家文库·汤寿潜卷》，中国人民大学出版社 2015 年版，第 589—590 页。

视世之病狂中热，姑发危论，以是为标榜之具者。"①对清廷关闭言路的失望和焦虑，使汤寿潜一时激愤，也更加欣赏金梁这种向朝廷"大声疾呼"的激烈手段，推崇作为震动天下人心的"标榜者"，这也是他自幼推崇为民请命者形象的延续，在后来的保路运动中也一再上演。

庚子事变后，清政府开始出现认同君主立宪的倾向，汤寿潜重新燃起政治改革的希望，在短时间内著成《宪法古义》一书。如前文所述，《宪法古义》以中国传统政治理念比附于西方的立宪体制，就其改革态度而言，相比汤寿潜《危言》中所主张的政体改革的大胆设想、其在维新变法前后激进的改革要求，要稳健许多。这反映了经历维新变法失败、庚子事变乱象后的汤寿潜，在政治问题上的考虑开始成熟起来，已经认识到在中国近代化中，传统政治文化对西学的抗拒和排斥带来的阻力，以及朝野缺乏变革方向共识的前提下，贸然进行政治改革所带来的危害性。但尽管困难重重，坚持立宪方向的政治改革，仍然是汤寿潜不放弃的追求。在《宪法古义》的"叙"中，汤寿潜既强调"使人民知宪法为沉渊之珠，汲而取之"②的合理步骤，也坚持西方、日本已经行之有效之后，中国学习立宪体制必须"急起直追"的紧迫性。

1904—1905年日俄战争中，日本的节节胜利，让中国思想界感到"立宪国无不胜，专制国无不败"的历史趋势，立宪的呼声渐渐高涨。根据张謇的记载，在日俄战争爆发之后，他就与沈曾植等人议论世界宪法问题。1904年的四五月间，经张謇与四五位志同道合之人"磨勘"，根据日本宪法的范本，七易其稿，为湖广总督张之洞、两江总督魏光焘起草《拟请立宪奏稿》，从张謇当时的经常接触的朋友来看，汤寿

---

① 金梁：《瓜圃丛刊叙录》，年代不详，第62—63页。

② 汤寿潜：《宪法古义·叙》，上海点石斋书局光绪三十一年（1905年）石印本，第2页。

潜、赵凤昌是两位最重要的斟酌拟稿之人。^① 当时这些东南士绅呼吁宪法的举动还较为谨慎，例如张謇不赞成激进派立即在报纸上公开议论立宪的做法^②，主要通过以信函的方式，向主持新政的清政府高层官员建议。

1904 年 9 月，汤寿潜两次致信浙江宁海籍京官章梫，请其向当政的瞿鸿禨建议尽快立宪。汤寿潜可能考虑到《宪法古义》所引起的社会影响不大，朝廷对立宪仍有犹疑，从立宪本身的解释出发较为困难，故试图从清政府因日俄战争而正犯愁的国际外交方面切入。当时正逢清朝宗亲溥伦率代表团访美，汤寿潜提出，清廷应以"考求宪法"为名与列强交往，因为追求立宪的态度，首先就能让中国被国际社会所接受，"凡立宪各国，侈然以文明自负，我若有所输入，星轺所莅，无不全国欢迎，入手得势，暗中与商及俄日之局，彼更易于水乳"^③。庚子事变后，中国知识界对于中西文化的话语体系发生了改变，"中国与世界""文明与落后"这些概念开始流行于朝野，冯自由在《开智录》中提出："世界文明之运，播于全球，独立之钟，锵锵然觉醒我国民大梦，诚生死存亡盛衰隆替之时代也。"^④ 汤寿潜将立宪看成是中国融入文明世界的标准，且对当时"为中国存亡之所系"的中外交往有着重要影响，认为对于俄国这样没有立宪的国家，在外交访问时甚至可以"弃之如遗"。当时知识界对中国落后于文明世界的焦虑，也深深影响了汤寿潜。

1906 年 9 月，清政府颁布预备仿行宪政的谕旨，开始准备立宪。

---

① 《张謇全集》，江苏古籍出版社 1994 年版，第 529、865 页。

② 张謇在 1904 年 4 月 8 日的日记中论及："见是日《中外日报》说南京议宪法，不知伊谁漏言，报即滥载，徒使政府疑沮，无益于事"。《张謇全集》，江苏古籍出版社 1994 年版，第 529、865 页。

③ 汤寿潜：《致章一山函》，汪林茂编：《中国近代思想家文库·汤寿潜卷》，中国人民大学出版社 2015 年版，中国人民大学出版社 2015 年版，第 120、121 页。

④ 刘学照：《庚子事变、话语转换与观念更新》，《历史教学问题》2010 年第 6 期。

此时浙江铁路风潮已起，也正是汤寿潜所领导的浙路公司，与英方、清廷在废约、立约上互相激烈斗争的时候。汤寿潜以浙路公司总理的身份，直接上书瞿鸿禨，一方面表达了地方士绅对朝廷预备立宪的积极支持："以五千年相沿相袭之政体，不待人民之请求，一跃而有立宪之希望，虽曰预备，亦极环球各国未有之美矣。"①另一方面，以浙江铁路问题为切入点，提出立宪所需要注意的问题。汤寿潜认为，中国的历代政治改革，都要经历人事上的新旧交替，"为人择地，中国习惯"，应当以维新变法为"痛诫"，预备立宪时期尤其应该重视官员的人事选择，"立宪必先分治，过渡尤重得人"。汤寿潜特别以在浙路风潮及其他外交问题上，表现拙劣的丁振铎、盛宣怀、梁士诒等几位地方官员为例，批评他们"大非人望"，因为他们的无能和贪婪，导致藏地失利、教案失策、"遂祸东南"、"不堪南洋"。②汤寿潜在经世思想上，此时正处于注重经世才干之外，而越来越重视个人道德的时期，不仅在龙门书院的教学中强调这方面，也在立宪改革中重视推广官员个人的操守。这与《危言》一书中，认为议院制度决定一切的想法，已经有了很大的区别。

1906年12月6日，汤寿潜、郑孝胥、张謇等东南江、浙、闽三省绅商200多人，在上海集会成立"预备立宪公会"，选举郑孝胥为会长，汤寿潜、张謇为副会长。1908年2月16日，预备立宪公会举行第一次会员常会，讨论了请愿开国会、创办法政大学、设置宣讲研习所等事。会上汤寿潜等人发起了速开国会的签名请愿活动，也拉开了全国性请愿活动的序幕。在汤寿潜等人设想的立宪制度中，国会就是在朝廷中央的议院。笔者认为，此次东南绅商们如此急切地要求开国会，既与晚清政府对立宪就拖不办有关，也与当时地方上浙江保路运动逐渐达到顶峰有

---

① 《汤寿潜致瞿鸿禨》，《瞿鸿禨朋僚书牍选》（下），《近代史资料》总109号，第56页。
② 《汤寿潜致瞿鸿禨》，《瞿鸿禨朋僚书牍选》（上），《近代史资料》总108号，第23页。

关。1907 年末外务部强压浙路公司借款，汤寿潜回电表示这是英方"名曰借款，实则夺路"①。汪大燮对浙路公司反对借款的理由逐条强辞批驳。汤寿潜等人愤怒地表示："如此现象，就使实行立宪，亦恐无纤豪之益于救国"②。汤寿潜原对立宪运动能够推动保路运动寄予厚望，但在清廷的傲慢与蛮横中，增加了对其的不信任，既对保路运动的阻碍极为激愤，也对立宪运动的前景感到担忧。1907 年底，邬纲、汤绪二人殉路事件爆发，更使东南民众处于群情激愤的状态下。汤寿潜以此民心凝聚之际，发起大规模的速开国会请愿活动，也是想以激进的姿态向清政府施压，希冀能够在两方面的运动中，尽快获得清政府的认可。

1908 年六七月间，汤寿潜与张謇、郑孝胥等多次联名致电宪政编查馆，呼吁速开国会。在电文中，汤寿潜认为中国的国会开设，必须符合中国的国情，外国政治家的学识也无法裁决中国立宪道路的走向，清廷集中学者、给予年限研究，本是正确的。但是以浙路运动的危机来看，中外情势已到了"时不可失，敌不我待"的关头，需要政府"决然为之"，"直以最捷之法，选举、召集，固非甚难"。③汤寿潜对立宪制度的理解，已经意识到各国国情不同，以及研究中国情况的重要性，不再如《危言》《宪法古义》中那样理想化，可见其思考的成熟。其次，在浙路运动中面对列强越来越紧迫的逼侵，汤寿潜对立宪要求的心态越来越急迫，认为中国的政治改革必须认识到外部的压力，已不仅是融入文明世界的问题，而是需要决然迅速推进，以维护国家主权。汤寿潜的政

---

① 汤寿潜、刘锦藻：《浙路公司致外务部电》（1907 年 10 月 5 日），汪林茂编：《中国近代思想家文库·汤寿潜卷》，中国人民大学出版社 2015 年版，中国人民大学出版社 2015 年版，第 212 页。

② 《浙路总副理董事会全体复北京浙江办事处外部某侍郎函》（1907 年 10 月），汪林茂编：《中国近代思想家文库·汤寿潜卷》，中国人民大学出版社 2015 年版，中国人民大学出版社 2015 年版，第 215 页。

③ 《预备立会为国会事再致宪政馆电》，《申报》1908 年 7 月 12 日。

治激进主义，也是近代中西交冲的时局下，经世学者的普遍心理反应。

1908 年 7 月，浙江全省的代表聚集杭州，召开国会请愿大会。汤寿潜代表浙江士民，公开向清政府上奏《代拟浙人国会请愿书》，力陈清廷"缓开国会之害"，浙江士民 8000 余人在请愿书上签字。在请愿书中，汤寿潜完整阐述了自己对迅速推进立宪制度的理由，认为"图存济变，系命于立宪"，而且因外部的逼侵而时间紧迫，"恐列强无容我设立国会之余地"。并提出了三大速开国会的理由：一、应对开放的文明时代。如果中国还能保持闭关锁国的状态，或者西方与中国仍处同样的政体，政治改革确实可以稍缓。当前已经面临西方列强的"鹰瞵虎视"，而西方国家达到富强者，东方国家已见崛起成效的，其政体无一不归于立宪，甚至有更进一层、授予人民参政权力的国家。二、培养和锻炼人民的参政能力。立宪是强国事半功倍的途径，清政府犹疑不决，每以"人民程度太低"为理由拖延，汤寿潜认为正需要速开国会，才能让人民"得以实地练习，得以增长智力"，国会一日不开，"人民之程度现象犹今日也"。三、假人民之力以御外侮。汤寿潜认为，晚清政府疑虑"人民权力太大"的顾忌是错误的，近代中国为列强所欺凌，就是因为"苦于人民未有权利"，"有事辄烦朝廷独当其冲"。人民拥有权力，列强就不敢欺凌中国，清廷如将权力假之人民，就可以使天下人共同承担责任。因此，即使中国由于尚未进入现代国家行列，没有准备好人口和财产的统计，仍然可以凭借传统的丁口册与钱漕薄为标准。[1]

汤寿潜还提出，在召开国会时，朝廷应注意处理好两个方面的问题：一是国家保护民间工商业的问题，汤寿潜指出，中国的工商业远没有西方发达，这是"有国会与无国会之别也"，权操晚清政府，人民观望不前，有国会则应由人民参订工商法律，工商业界才能对外竞争以卫

---

[1]　《汤京卿拟上浙江士民请开国会公呈》，《申报》1908 年 7 月 29 日。

主权，对内发展解决贫困。二是国会不应遵照各省咨议局的旧模式，即仅仅是地方行政的一部分，而要成为立法机关。汤寿潜认为，必须以国会"总全国立法之成"，待国会立法完成之后，地方各省就可以"依其法而自治"。①

经历过浙路危机的汤寿潜，此时的立宪思想已经有了很大的改变，更趋于丰富和完善，在"速开国会"的思考上，已经厘清了立宪与国家、人民、政府三者之间的关系。国家主权的危机，是加快立宪的必然要求，而立宪则必然需要政府向人民开放。解决国家主权危机、增强国力的根本，是让人民广泛地参与立宪，使政府能凝聚人民的力量，才能有效地维护国家主权。人民参与立宪的能力，是需要经过政治实践培养的，而也只有在立宪的国会、议会等平台上才能获得真正的锻炼。与之前追求"言路"通畅，使君主能够听从民意的观念相比，此时汤寿潜强调了人民必须获得实际的权力，而且是在作为执行机关的晚清政府体系之外，获得独立的立法权，以推动地方自治。

1909年8月，汤寿潜在晚清第一届咨议局议员选举中，被选为议员，但旋即向浙江巡抚请辞。9月，清廷授汤寿潜云南按察使一职，希望其远离路事，但汤寿潜也向朝廷请辞，并希望进京陛见，得到清廷的同意。在此事之前，在清廷前压下，邮传部以"部借部还"的方案，逼迫浙江绅民不得不屈辱性接受，东南民众对晚清政府已深感失望。汤寿潜这次进京，颇有点最后考察清廷中枢的执政者是否还能听取民声的意味。11月20日，摄政王载沣召见汤寿潜，汤寿潜在汇报了浙江铁路的建设情况后，仍请辞去云南按察使的职务。11月28日，汤寿潜向摄政王上名为"奏陈存亡大计"的奏折，提出了对国家改革的全面方案。这一奏折分为"治标四策"和"治本四策"，前者是清政府立即施行以解

① 《汤京卿拟上浙江士民请开国会公呈》，《申报》1908年7月29日。

救危机的办法，后者是从根本上解决中国发展的政策。"治标四策"分为：
一、提早国会，以集中朝廷之权；二、急筹公债以缩赔款之期；三、联
盟美国，以分日本之势；四、锐意断发，以易短便之服。汤寿潜将开国
会的政治设想放在第一位，认为立宪不是反对清政府，立宪是以统一为
主义，统一以集权为急务，而立宪国会正是有利于中央集权，可以为中
枢排除"权旁挠于督抚"的困局，改变政令逐层诿卸的问题。汤寿潜在
浙路运动中，对外务部、邮传部官员的作为深为不满，在立宪运动中，
与地方督抚的矛盾也逐渐上升，认为部员和疆吏对国家和民众极不负责
任，"欲集中央之权，惟有立担负责任制内阁总理"。而速开国会则是集
权的关键一步，可以使清廷与国民直接议事，全国人民赞成中央集权，
则总理所担之责任，四万万人民共担之，不必使督抚分担责任，督抚各
护其私之积习不攻而自破。①

　　"治本四策"分为：一、注重典学，以植经国之基础；二、事必独断，
以持用人之权；三、通筹财政，以济燃眉之急；四、议决币制，以定国
币之价。在第二条对策中，汤寿潜提醒载沣，所谓"兼听则聪"的政治
原则是有前提的，清廷中枢的亲贵们缺乏经世之才，应以国会的舆论为
准，同时国家元首不承担责任，由内阁代君主负责，"内阁之贤，舆论
戴之；其不贤也，舆论可请撤换之"，执行权仍在君主。因此国会才是
监察大臣、保障君主的制度，受到阻挠，是因为被大臣们所"隐忌"。②
汤寿潜对国会集权作用的认识，是建立在对晚清官僚体系不满的基础之
上，希望能通过立宪建立地方与中枢直通的言路通道，并以国会的立法
权保证中枢的政策与地方的自治形成统一，让地方上具有经世之才的士
绅商民能够直接影响清政府。

---

① 《汤寿潜奏陈存亡大计》，《申报》1910 年 3 月 17 日。
② 《汤寿潜奏陈存亡大计》，《申报》1910 年 3 月 17 日。

汤寿潜看到了晚清以降地方督抚权力的上升，以及清廷中枢权力的消解，希冀以集权的理由打动清廷尽快开国会并推进立宪。地方督抚虽与清廷有着权力上的分化，但毕竟是整个封建官僚体制之中的，在地方代表着皇权的意图。相比地方士绅的民权兴起，晚清政府当然更信赖疆吏。汤寿潜以此理由上奏，自然不会打动清廷高层，载沣也没有任何回复。自此之后，汤寿潜对清廷失望已极，不再有耐心向清廷解释尽快立宪的意义。

回浙之后，在 1909 年底，汤寿潜进言《代拟条陈疏》《为兴亡大计决在旦夕国势忧危亟应挽救沥陈管见伏祈圣明裁择折》，1910 年上《再请开缺附陈新政舛误奏》。在这些奏折中，汤寿潜已公开批评清廷，指责其所标榜的立宪政策是虚伪而无用的，并将之归结为清廷中枢和地方官员的无能与腐败："有次第豫备（立宪）之名，而无次第能行之实。考之国本，则国本未固也；考之外交，则外交之迭失也；考之财政，则财政绌；考之官制，则官制未能整齐；考之教育，则教育未能普及"①；"政体积惯，形格势禁，官吏腐败，尤为渊薮，致使学界藉口于专制，而逞处士横议"，"今任军机者，大都老成谨愿之人，绝少发扬蹈厉之气，欲与各国当轴之政治家比权量力，瞠乎后矣"②；"中国号行新政，不惟未核其实，皮傅东西，即其名亦未尽核"，"采听者以讹传讹，奉行者将错就错，此皆政府无以仰先帝维新之意旨"，"舛误之名多端，非万言一疏所能尽"③。1910 年在广东演说时，汤寿潜指责清政府在开国会一

---

① 汤寿潜：《代拟条陈疏》，载汪林茂编：《中国近代思想家文库·汤寿潜卷》，中国人民大学出版社 2015 年版，第 146 页。

② 汤寿潜：《为兴亡大计决在旦夕国势忧危亟应挽救沥陈管见伏祈圣明裁择折》，载汪林茂编：《中国近代思想家文库·汤寿潜卷》，中国人民大学出版社 2015 年版，第 149、151 页。

③ 汤寿潜：《再请开缺附陈新政舛误奏》，载汪林茂编：《中国近代思想家文库·汤寿潜卷》，中国人民大学出版社 2015 年版，第 159、164 页。

事上拖沓误事，存在着畏难、苟安、自利三大责任。①8 月 22 日，汤寿潜上奏严厉反对盛宣怀复任邮传部右侍郎职位。多次对中枢的批评与指责，让清廷无法再忍耐，下旨革除汤寿潜浙路公司职务，双方关系彻底破裂。1911 年，虽然在 6 月张謇等人反对清廷组织"皇族内阁"的联名上书中，汤寿潜仍然签名，但是对清廷的政治作为已经处于冷眼旁观的心态。10 月武昌起义爆发，汤寿潜亦无对清朝的留恋，至上海与张謇等组织临时政府预备会，彻底由立宪走向了共和。

庚子事变之后，清廷曾实施新政，在政治、军事、官制、法律、商业、教育和社会方面进行一系列的系统性改革，在五大臣出洋访问之后，开始了立宪的准备。正是在这样的政治环境下，东南士绅的政治理想才有实现的可能，也曾给力主立宪的汤寿潜带来了很大希望。然而，汤寿潜自身的经世思想中的很多因素，又与在新政过程中清政府的意图格格不入，这决定了他最后与清朝的分道扬镳。

汤寿潜对于晚清新政的制度设计，以及新政过程中的种种乱象，有过深入的思考，在 1909 年下半年对清廷失望至极，并决定与之决裂之际，汤寿潜曾经上奏《为宪政维新沥陈管见事》②一文，提出了四条批评意见：设置海军之不可以举，非其时也；加恩亲贵之不可，以用非所习也；舆论之不可以空言尊重，而以钳制之实状态，风示天下也；外交之不可以屏除后盾，而以秘密之范围笼统一切也。③此文表明了以汤寿

① 参见汤寿潜：《在广东演说国会》，载汪林茂编：《中国近代思想家文库·汤寿潜卷》，中国人民大学出版社 2015 年版，第 165—166 页。

② 此奏折原件在浙江省档案馆藏《汤寿潜全宗》，被收录于杭州师范大学浙江民国史研究中心出版的《辛亥革命杭州史料辑刊》。奏折原文并无日期，据当代学者汪林茂考证，应为 1909 年下半年。参见汪林茂编：《中国近代思想家文库·汤寿潜卷》，中国人民大学出版社 2015 年版，第 143 页。

③ 汤寿潜：《为宪政维新沥陈管见事》，载政协浙江省萧山市委员会文史工作委员会编：《汤寿潜史料专辑》，1993 年，第 517 页。

潜为代表的东南士绅最后与清廷分裂的政治原因。

汤寿潜坚持民生第一位，反对因海军而耽误民生的做法。他认为国家的振兴首先在于民生，在战争局势已经缓和的情势下，大量资金投入海军建设，是在消耗改善民生的财力，"不量财力之所能，为竭有限之脂膏，图无实之观美，外衅未生，内力先尽，则危亡从之"①。在汤寿潜看来，新政进程"上改官制，将分司法、行政为两途；下行自治，将筹地方经费为正款"，这些偏重于改革政制的措施，让民生"毫无增进"，与百姓生计相关的教育、实业领域"俱不足与外国争长"。汤寿潜认为"生计犹是中国人民之生计，遽责以他国人民之负担"，而海军的建设如果"实有建威销萌之效，犹可言也"，但仅仅为了"虚声威敌国"，则是"复欲以虎皮蒙马，欺彼学问、经验两俱富足之列强"。相比在《危言》中，对海军建设追求"更师船""编南军"等积极措施的设想，经历过长期地方事务的汤寿潜显得更为务实、更为坚持以民为本，希望国家和地方的有限资金能够尽量投入教育、实业等与民生直接相关的领域之中。这种强调百姓生计为首要地位的思想，与晚清政府保障自身统治为第一位的原则必然产生激烈矛盾。在浙路运动中是如此，在立宪运动中亦是如此。当其最后看到清廷对立宪久拖不决，已经对其产生了彻底的失望。

汤寿潜坚持以具经世之才者执政，反对朝廷命亲贵担任军事要职的做法。汤寿潜认为，朝廷亲贵是天下表率，此时让皇族子弟担任军事职务，不如让其以身作则来提倡学问而更为实际。汤寿潜举例日本对王族的做法，"如日本因鼓舞海上人材而倡海事协会，以亲王为会长，助以巨资，用是贵族争入会，助费振兴海事，教育品题海事人物，全国向风，此道大振"。在汤寿潜看来，朝廷亲贵应以"名誉之倡率"为先，"事任

---

① 汤寿潜:《为宪政维新沥陈管见事》，载政协浙江省萧山市委员会文史工作委员会编:《汤寿潜史料专辑》，1993年，第516页。

之责成"宜后，朝廷盲目地让两贝勒以修学之名而委以军事重任，使"天下疑军事巨任为糜巨费以厚其所亲"。① 在《危言》的《亲藩》篇中，汤寿潜寄望清朝亲贵重视时务学习，以便将来能够领袖衙门，此时的思想与之前是一脉相承的，始终反对清廷以不具能力的皇族掌握权力的做法，但仍对满清亲贵抱有改变的期望。相比汤寿潜在参与地方事务时对东南地方士绅的赞扬，此时对亲贵"未能操刀而使之割，所伤实多"的规劝及阻挠可以看出，经历了戊戌维新、庚子之变及浙路运动等众多事件之后，汤寿潜对于满清亲贵贪腐、祸国的表现已经极度失望。在立宪运动中，汤寿潜想方设法将满清亲贵排除在执政体系之外。这与试图通过新政、立宪，来维持满蒙亲贵特权地位的清廷又存在不可调和的矛盾。当晚清政府最后在立宪中，炮制出"皇族内阁"的时候，汤寿潜只能对其冷眼相看，不愿再在后来的辛亥革命中挽救已经病入膏肓的清朝。

汤寿潜反对朝廷仅"空言尊重"，而实际打压言路、舆论和民权的行为。汤寿潜认为，在中国传统文化中，亦有"诽谤之木，敢谏之旌，盛德之事"的说法，而立宪改革，更是以"决于公论"为本，认为保持言路、尊重舆论有"傲官"的监督作用，这也是宪法的职责，有维护报纸这一"舆论所托"的责任。朝廷在新政中特定报率，则是"以符宪政之名"，而行"摧抑报纸"之实。② 汤寿潜敏锐地感受到新政报律的险恶用心，认为这是"无端设标的以为之招，又纵官吏非法之行为以为之阱"，希望朝廷能够更定报律，重新树立国家倚重舆论的形象，而不至于成为官吏戕害舆论的阶梯。在《危言》等早期著作中，汤寿潜将推动舆论的职责寄希望于朝臣的上奏、士绅的请命，在其修著的《宪法古义》

---

① 汤寿潜：《为宪政维新沥陈管见事》，载政协浙江省萧山市委员会文史工作委员会编：《汤寿潜史料专辑》，1993年，第516页。

② 参见汤寿潜：《为宪政维新沥陈管见事》，载政协浙江省萧山市委员会文史工作委员会编：《汤寿潜史料专辑》，1993年，第516—517页。

之中，提到了言论自由的重要性，但更偏重于提倡出版著述的自由，并亲身参与了《经世报》《时务报》等新式媒体的创办和传播，让汤寿潜对于报刊舆论之于经世事业的影响非常重视，也开始习惯于通过在报刊上发声来阐述自己的观点。清廷对于舆论的自由则是顾虑重重的，特别是 1903 年苏报案之后，清廷已经意识到舆论对其统治的不利因素，对立宪议会同样是担心民权的兴起，会致其亲贵失去统治权力，这也是其与汤寿潜等地方士绅无法调和的矛盾。

汤寿潜反对清朝的外交事务脱离全国民众这一后盾，而成为外交官员"秘密之范围而笼统一切也"。汤寿潜认为，外交事务上能够维护本国利益而"与列强相对抗者"，并非兵力、学理，更不是一两名外交官的能力，而是广大民众众志成城的民心与民气，屏除国民的秘密外交是不可取的。"秘密"二字，具有"我将有以图彼，惧不密以害其成"的含义，而言这只是自以为的掩人耳目，列强各国对外交事务早已"万目昭彰，万耳倾听，万口评阅"，而反以独掩中国"国民之目，塞国民之耳，杜国民之口"，这是外交官不惜压制其民以损其国，而为自己省力的做法。汤寿潜认为，国与民同为一体，损国即损民，民众与国家的利益是一致的，与外交官存在"省事之私益"不同，而且"民心未尽死，民气未尽绝，权利所在，尚知争衡，争而不得，尚思抵制而已"，这种来自民间的抗衡力量，是国家在外交中最可以依靠的。① 从汤寿潜这一思想可以看出，与写作《危言》时极力强调民众相对于国家的利益和权力不同，这时更强调民众利益与国家利益的一致性，这应该是经历了世纪之交中国深重的民族危机，并在上海等口岸城市感受到现代民族主义兴起的结果。对清政府而言，《辛丑条约》之后其已成为列强的代理人，本质上与民众维

---

① 参见汤寿潜:《为宪政维新沥陈管见事》，载政协浙江省萧山市委员会文史工作委员会编:《汤寿潜史料专辑》，1993 年，第 517 页。

护自身利益就存在冲突，若在外交上完全与民众站在一起，则条约所规定之义务无法实行，又将激怒列强，因此也无法与地方士绅妥协。

从汤寿潜对新政的态度来看，此时其经世思想有如下几方面的特点。一是在经济和财政事务上，有强烈的以民为本的思想。二是对于无能、误国的满清高层亲贵的鄙视与不满，对于民间力量的支持和对地方士绅的尊重。三是在外交事务上，有对外交官僚阶层的厌恶和对地方民众的倚重。这些因素是导致其与清政府分裂的缘由，也是其在辛亥革命中虽不赞成共和，却选择拥护革命的原因。

第二节　开放、稳定与革命

汤寿潜在维新、立宪等政治活动中，态度是比较激进的，随着保路运动的发展，以及中外形势的变化，他越来越急迫地要求清廷实现立宪承诺，并不惜与之爆发激烈冲突。在地方的民众运动中，汤寿潜则显示出稳健，甚至保守的立场。他不希望地方陷入动荡，更反对采取暴力流血手段等激烈的对抗方式。汤寿潜幼时目睹过家乡在遭逢太平天国战火之后的场景。特别是其父辈口耳相传的战乱回忆，"乡井为墟""恒苦乏米""以水调之釜中焦粒咽之"的凄惨景象，给予汤寿潜对社会动荡的本能排斥。汤寿潜继承了浙东学派崇商的传统，并试图以扶植民间工商业的改革来推动中国的近代化转型。而工商业的发展，又极需要安定的社会环境，这也成为汤寿潜政治追求的一部分。

中国洋务运动开始后，浙江大地在战乱之后也渐渐恢复生气，随着西方科技、文化进入中国的同时，西方的基督教会也大量进入，与当地的士绅百姓产生了严重的社会冲突，这就是被后世学界所称的晚清教案。鸦片战争后，罗马教廷把浙江划为代牧区，派石伯铎为代牧主教，驻于宁波传教。基督教徒因强占中国的寺庙庵院，于 1851 年与

中国民众爆发定海教案，浙东地区随后又出现 1862 年宁波教案、1862
年海门教案、1884 年宁波教案，1895 年定海教案等事件。[①] 汤寿潜在
杭州游学期间，显然是关注过这些中外群体冲突，并对其原因有深入
的思考。在《危言》一书中，汤寿潜面对不断从西方涌来的基督教传
教士，以及在其影响下不断扩大的中国教民群体，于《教民》篇中提
出了中国人应该开放思想，将西方宗教变害为利的认识转变。晚清中
国民众，对来中国传教的教士群体"疾之已甚"，士大夫们纷纷"著论
以辟之，揭帖以诉之"对他们或视之"祸烈于洪水猛兽"，甚至认为"乃
泰西密布之间谍，为中国附骨之痈疽"。汤寿潜认为，士大夫们其心不
可为不苦，但害怕、仇视传教士的见识是极为浅陋的，"辟之诉之，是
唾沫而思拒猛虎"，对于希望劝退传教士的一厢情愿，则更是"与狐
谋皮"。[②]

汤寿潜认为，首先要树立开放的心态，理解西方传教士的传教心
理，不必在文化的层面上对他们过于抗拒。传教士并不是洪水猛兽，
不必担心他们排斥中国文化，也如中国以前遇到的佛教徒、回教徒一
样，西方并无中国的"五帝三王周孔相传之教"，因此其宗教文化自
然与中国不同。在中国的本土宗教如日中天之时，也并未遭到外来的
佛教徒、回教徒排斥，因此也不能浅陋地认为西方来的天主教、基督
教会排斥中国的本土宗教。汤寿潜在当时的教案问题上坚持反对暴
力抗教，认为正是民众的猜忌心导致了教案层见叠出，而教案的持

---

① 关于晚清浙江教案的研究，参见赵树好:《晚清教案分布特点新探》,《韶关学院学
报（社会科学版）》2004 年第 4 期；黎仁凯、王栋亮:《略论晚清教案的分期及其特
点》,《历史教学》2005 年第 10 期；张立胜:《从社会心理角度探究晚清教案发生的
原因》,《德州学院学报》2007 年第 5 期；刘家兴:《晚清浙江教案研究》，硕士毕业
论文，杭州师范大学，2013 年；张凯:《官绅分合与清末"教案内政化":以浙江为
中心的考察》,《世界宗教研究》2014 年第 2 期。
② 汤寿潜:《危言·卷三·教民》，光绪二十一年（1895 年）石印本，第 24 页。

续发展，则会更让中外关系"波澜腾沸"，于国于民都有害无利。其次，在反对暴力抗教的同时，也不能对容易引发教案的传教活动没有限制，任其在中国土地上蔓延。中国自明末以来的政府就开始对天主教进行限制，但是自中英战争战败之后，中西条约中规定了保护传教士的传教自由，中国官方不得查禁。因此中国所筑的防范堤坝已经溃败，内地各省即将面临传教士遍地的局面，而各级官吏也将为各种教案疲于奔命。

汤寿潜认为，晚清教案频发的原因，虽然源于传教士传习既久，导致民间猜忌日甚一日，但真正与广大民众产生冲突的不是传教士，而是中国的教民。教民"不安本分，倚势凌人，及至滋事，又每欺蔽教士及领事官，以致积怨成仇，往往激成巨案"。在汤寿潜看来，中国入教之人非奸民即无赖，"以同财同色诱人"，本是作奸犯科之徒。而传教士为了扩大传教，唯恐有不入教之人，因此兼收并蓄，导致民众将疑忌对象指向了传教士，认为其"诱污妇女，迷拐幼孩，符咒蛊惑，挖目剖心"。① 由此言之，民众指责传教士"授之刃以杀人"固然误解了基督教的初旨，但因其传教之时的失误，也不能怪中国民众引起普天共愤。汤寿潜显然详细调查了浙江等地教案的产生原因，能够在经济社会的层面，清楚地看到教民依仗条约保护的传教士，而引发各种社会矛盾的问题本质。但对西方宗教本身在文化上的侵略性，仍然认识不够，对于西方传教士抱有过高的幻想，将教案背后的中西冲突看得过于简单，这是当时对西学接触不多的汤寿潜所考虑欠缺的。

汤寿潜提出与传教士相处的两项办法。一是与传教士合作监控教民。习教者的种种恶行，既让中国官民深恶痛绝，也对传教士大为不

---

① 汤寿潜：《危言·卷三·教民》，光绪二十一年（1895年）石印本，第25页。

利，双方有合作的意愿。因此可以通过各国使节饬其教士，将所有中国教民"一一胪列姓名、籍贯、年貌、三代生业，随时造送各领事，就近转送各州县，以备无事时查考，以便有事时保护"①。这种名义上的保护，实际上也是官府的暗中稽查。而教士在编查之时，也可以对教民进行详细考察，如光绪初年的皖南教案、温州教案的，由传教士举祸首而白之于官，也使基督教郑重分明的态度家喻户晓，如此则民教相安。二是对传教士因持之以"羁而縻之，久而安焉"的态度。汤寿潜认为，对于传教士的态度，既要学习西方政府对其进行法律上的制约，让其谨守条约，朝廷应与他们"推诚接礼，与之相忘于江湖"。同时，朝廷也应该挑选传教士中"娴于富强之略者"，给予官职，引以为辅，楚材晋用，为中国的建设服务。②这种与传教士合作控制教民，将传教士引入官僚体系的设想，也与将洋商引入招商局的思路一致，属于当时汤寿潜对外开放思想的一部分，但同样存在着缺乏实际操作性的问题。

1900年夏，与华北教案相关的义和团运动爆发，引起八国联军干涉，京津地带陷入战火。据《张謇日记》的记载，5月义和团进入北京后，东南士绅们就时局展开讨论，汤寿潜"议追说李秉衡以安危大计，勿为刚、赵所误"，并谒见了两江总督刘坤一，商量应对义和团之事。后汤寿潜与张謇、何嗣焜、陈三立、沈瑜庆、施炳燮等商量，决定请求刘坤一、张之洞等疆吏抵制清廷宣战旨意，保卫东南地区的安全。③随后这些东南士绅分头找东南各地的督抚官吏进行劝说，最终征得两江总督刘坤一、湖广总督张之洞、两广总督李鸿章，以及闽浙总督许应骙、四川总督奎俊、铁路大臣盛宣怀、山东巡抚袁世凯等人的同意，与进入华北

---

① 汤寿潜：《危言·卷三·教民》，光绪二十一年（1895年）石印本，第25页。
② 汤寿潜：《危言·卷三·教民》，光绪二十一年（1895年）石印本，第26页。
③ 《张謇全集》，江苏古籍出版社1994年版，第438、861页。

的各参战国达成协议，商定了"保护东南章程九款"，不接受清廷的宣战诏书，在东南各省不支持义和团运动，也不允许外国军队登陆，即是著名的"东南互保"。

东南互保使得南方沿海地区免受战火，也保存了中国洋务运动以来所取得的成果。至于东南互保的首倡者，事件当事人和后世学者众说纷纭，有东南督抚说、外国列强说、东南精英说等，按人物又有汤寿潜、赵凤昌、何嗣焜、盛宣怀等人之说，当代学者也提出"首倡之功"是多方角力的结果①。张謇在《汤蛰先先生家传》一文中则明确提出首倡者是汤寿潜："及庚子拳乱，召八国之师，国之不亡者，仅君往说两江总督刘坤一、两湖总督张之洞，定东南互保之约，所全者甚大，实谋发于君。"②不过此文是张謇为汤氏家族修族谱所撰，有过度褒扬之词应可理解。支南珏一郎在《浙路风潮汤寿潜》一文中，专门有一章《追述拳匪祸起与刘张二公竭力保护东南之汤寿潜》，论述了汤寿潜在东南互保中奔走联络两位总督的事迹，"当时汤寿潜见识，虽不独高于南中他人，而其任奔走，为说客，较他人为烈"，"汤寿潜往返二公之间，力主不开衅。倘一开衅，必致南北受兵，而中原无一片干净土矣。二公深韪其言，坐待二次之朝命"，"虽大功在于刘张二公，设无汤寿潜为之怂恿其间，刘张二公转念与否未可知也"。③支南珏一郎认为，汤寿潜在东南互保中的主要功绩，在于多处奔走与劝说，甚至提出"保障东南之惠实不亚于浙路之功勋也"。笔者尚未找到汤寿潜首倡互保及赴鄂往说张之洞的材料，但汤寿潜参与东南互保，可能首先面见说服

---

① 戴海斌：《"上海中外官绅"与"东南互保"——〈庚子拳祸东南互保之纪实〉笺释及"互保"、"迎銮"之辨》，《中华文史论丛》2013年第2期。
② 张謇：《汤蛰先先生家传》，载政协浙江省萧山市委员会文史工作委员会编：《汤寿潜史料专辑》，1993年，第126页。
③ ［日］支南珏一郎：《浙路风潮汤寿潜》，载政协浙江省萧山市委员会文史工作委员会编：《汤寿潜史料专辑》，1993年版，第175页。

了刘坤一,[①] 维护东南社会的安定之贡献,应属无疑。

东南互保虽然保证了列强对东南不予干涉,但是东南地区受义和团运动影响,教案也频繁发生,浙东地区有 1900—1903 年两次宁海教案、1902 年宁波教案、1904 年绍兴教案、1905 年天台教案等。汤寿潜等东南士绅在成功组织了东南互保之后,则是赴各地平息教案纷争,以求东南地区的安宁,具有代表性的是王锡彤(又名王锡桐)领导的宁海教案。宁海紧邻宁波,在中法《北京条约》之后的 1870 年,宁海建造了第一个天主教堂,并招揽了大批信徒。1900 年清明,大里村教徒王品松夫妇与其叔父王定中就祭祖问题发生冲突,通过天主教神父向县官施压抓人,遭到当地秀才王锡彤的反对。王锡彤愤怒之下成立"伏虎会","立会召贤,以排外为宗旨"。清朝官府在外国传教士的要求下,缉拿王锡彤下狱。但被伏虎会教众打破县衙,救出王锡彤,焚烧教堂,杀死神父。1903 年 10 月,王锡彤领导伏虎会起义,挺进宁海。法国派遣军舰驶往甬江口,并恫吓清政府镇压。清政府镇压了起义民众,并在法方压力下四处搜寻不知所踪的王锡彤,导致宁海地区腥风血雨,不得安宁。[②]

---

① 俞印民在《俞氏泗水集》中透露了汤寿潜与刘坤一密谈的内容:"忠诚接矫诏,彷徨中夜,百思不得一筹,因延先生(汤寿潜)至密室,询问方略。先生略思索,谓忠诚曰:'此际西北大乱,所持惟东南半壁,某愚以为宜与外人订约,力任保护',忠诚意虽谓然,第恐各省疆吏未必一致,先生曰:'东南以两江为主,两江倡议,附和必多。况南皮亦贤达之士,所见未必不同。'忠诚即请属稿,先生伸纸疾书,顷刻草就,电发鄂都张香涛文襄公之洞,果首先赞同,各省亦无异议。自后东南安固,地方晏然,卒无兵燹流离之苦,先生之力也。"俞印民:《俞氏泗水集·笔记》,上海大华文化社 1924 年版,第 28 页。汤寿潜也提道:寿潜最顾外交,光绪二十六年五月下旬,东南互保,寿潜实为刘忠诚倡议"。汤寿潜:《汤蛰仙学使演说词》,中国人民大学出版社 2015 年版,第 287 页。
② 徐锡圭、钱弘毅、徐良骥:《王锡桐反教起义始末》,《宁波师范学院学报(社会科学版)》1985 年第 10 期;谢一彪:《光复会史稿》,人民出版社 2009 年版,第 57—61 页。

汤寿潜领衔，与宁波以及浙江士绅严信厚、周晋镳、张美翊等公开声明《致台州、宁海绅士公函》，规劝王锡彤以地方大局为重，能出来自首。汤寿潜首先强调教案的负面影响，带来了地方社会的动荡，导致百姓受苦："有自故乡来者，谓北乡人逃祸之四方，仓皇出走，初冬骤寒，不知带得拐衣裤否？地本瘠苦乏盖藏，老幼必有冻且饿者，啼号之声直触吾耳，深悯伤之，而愧无以救也。"然后汤寿潜指出，此事起始于王锡彤与王品松的私人恩怨，"小不忍则乱大谋"，以至于犯下烧教堂、杀神父的大罪。且王锡彤也是秀才出身，却因"积嫌有年"，为了泄愤而没有克制，被市井无赖挑拨，而闯大祸，导致列强军舰压境，中国主权受到威胁。汤寿潜认为，王锡彤为了地方乡里的安宁，应出来自首，"有知一身做事一身当，自首到官，尚不失为好汉"，而王锡彤的乡人也不应再包庇这类"自误误人之辈"，认为应"宜恨之、去之、反噬之"，"若再执迷而甘与同陷火坑而已，直冥顽不灵矣，冥顽者杀无赦"。汤寿潜接着指出，教案的屡次发生，其责任在于官府，"皆地方官措置不善之咎"，理解百姓的冤屈之处。但是王锡彤确实做错了，犯了"挟嫌杀人"之罪，"例亦应科杀人之罪"，而且被杀的教民也是本地百姓，教案其实是当地居民的自相残杀，地方有名望之士绅应多加劝导其归案。王锡彤即使不畏惧国法，也应畏惧王氏祖宗"将为馁鬼"的局面。汤寿潜也批评了这类以暴力和流血为手段的抗议方式，认为北方义和团的失败，及其给国家造成的危言，应引以为戒，"北乡人虽愚，观于义和拳之旋起旋灭，宜有大悔于厥心矣"。汤寿潜劝告当地民众，官府办理民教纠纷也许有失当之处，但是民众也可以通过地方绅耆的途径向上申诉，例如宁波的永宁轮局、上海的地方公所等，依靠乡情乡谊，自有人为其发声，悉力排解。①

---

① 《致台州、宁海绅士公函》，《申报》1903 年 12 月 26 日。

汤寿潜对地方社会动乱的认识，有以下主要观点：一、不能以个人利益影响导致地方动荡，危害国家主权，如导致动乱，个人应站出来承担责任。二、不能以暴力和流血的方式，作为抗议朝廷处置不公的手段，这对地方有害无利。三、地方士绅有责任维护地方安定，既要为地方百姓的冤情请命发声，也要维护地方的秩序和法律。汤寿潜强调读书士子的责任感，这一点在后来的浙路运动中显露无遗，他多次抗议清廷的决策，并敢于挺身出来承担责任。对于导致地方流血冲突的方式，他是极不赞成的，这也与他将百姓生计放在首位的思想相符，认为动乱会严重影响民生。辛亥革命爆发初期，汤寿潜对革命并不支持，也源于此。对地方士绅能够为民请命的使命感，则表明此时仍沉浸在立宪幻想中的汤寿潜，对专制的清政府还抱有一丝希望。

经历了浙路运动和立宪运动之后，汤寿潜对晚清政府彻底失望。1911 年 10 月 11 日，武昌起义爆发，当时汤寿潜正在武昌，看到起义情势后，立即离开武昌东下。至上海，汤寿潜与张謇等士绅会面，共同商讨组织临时会，为今后组织临时政府做准备。10 月 19 日，杭州的革命党人响应武昌起义，在城隍山开会讨论发动起义和组建新政权的事宜。议定杭州光复之后，推举汤寿潜为浙江都督。11 月 5 日，革命党人光复杭州，拘捕浙江巡抚增韫，正式公推汤寿潜为都督。汤寿潜在革命党陈时夏等人陪同下抵达杭州，杭州绅民立即在咨议局开会，正式选举任命汤寿潜为浙江军政府都督。

汤寿潜被选为浙江都督，也成为辛亥革命时期中国政坛的风云人物。如上文所述，汤寿潜本身对政治地位并不感兴趣，根据很多当代学者的研究，其成为浙江都督是当时多种政治因素合力促成的结果①。长

---

① 这方面的研究主要有：刘坚、丁贤勇：《第一任浙江都督汤寿潜》，《杭州师范学院学报》1989 年第 4 期；陶水木：《略论辛亥革命时期的浙江军政府》，《浙江社会科学》1998 年第 1 期；章开沅：《论汤寿潜现象——对辛亥革命的反思之一》，《浙江社会

期的地方活动和保路、立宪等运动，让汤寿潜积累了声望。保路运动中，汤寿潜的任事之勇、办事之勤、效率之高，以及为了广大民众利益与晚清政府和列强的激烈斗争，都使其在浙江民众中名声卓著。即使革命党人也以汤寿潜为社会活动的领导，并以汤寿潜"不顾生命危险，入京与邮传部斗法"来激励革命同志。武昌起义之后，革命党推举浙江都督人选，认为汤寿潜"众望所归，堪膺此选"。浙江革命党内部也充满着争斗，没有一人可以做到服众，在征求浙江旅沪同乡意见时，这些在浙路运动中曾为汤寿潜呼喊请愿的绅商们，仍然认为他最为适宜，需要他"维护桑梓"，要求革命党"邀同地方知名人士敦请蛰仙就职"。① 最为直接的原因，则是解决杭州旗营的问题。在辛亥革命中，各地革命党与旗营的流血冲突屡见不鲜，特别是西安、南京等地都有对旗营的屠杀出现。杭州旗营对革命党也准备武力抗拒，不过同意汤寿潜出面招抚，因其一向反对暴力流血，也遵守信用，且与旗营协领贵林之间有很深的交情。② 赵尊岳在《惜阴堂革命记》中指出，汤寿潜是在同革命党谈妥了旗营事宜，革命党答应了和平解决旗营问题，才答应出任浙江都督，并事先声明"革命不当囿于种族之成见，若轻杀满人，即日引去"，且"期以三月必退"。③ 这个说法得到了张謇的认同，张謇在《汤蛰先先生

科学》2001 年第 6 期；刘冰冰：《论汤寿潜的立宪思想及其社会实践》，《齐鲁学刊》2002 年第 6 期；张皓、董莹：《从"傀儡都督"到"军民总司"：辛亥革命时期浙江都督的地位与职权》2011 年第 4 期；张皓：《从汤寿潜到朱瑞：浙江辛亥革命的领导权问题与都督位置之争》，《史学月刊》2011 年第 9 期；等等。

① 刘坚、丁贤勇：《第一任浙江都督汤寿潜》，《杭州师范学院学报》1989 年第 4 期。
② 马叙伦在《回忆汤寿潜》一文中记载，当时革命党与旗营的谈判陷入僵局，双方准备以武力相抵，革命党将汤寿潜请到杭州之后，贵林一见汤寿潜，即表示："蛰老来了，蛰老怎样说，我无不依从。"参见政协浙江省萧山市委员会文史工作委员会编：《汤寿潜史料专辑》，1993 年，第 200—201 页。
③ 赵尊岳：《惜阴堂革命记》，《近代史资料》总第 53 期，中国社会科学出版社 1983 年版，第 77 页。

家传》中详细描述了事情的经过：

> 自武昌发难，沿江蜂动。九月，浙人亦谋驱逐巡抚增韫，拥君
> 为都督。始君未知，方避之社会，而文告四驰，已用君名。闻者相
> 庆曰："汤先生果出，吾无忧矣！"杭州故有驻防满人，惧遭攘灭，
> 声言愿受汤先生抚，否则力抗。时拥君者麇附，君曰："卿等欲革
> 命，径行之耳，奈何以强人？吾虽弗颛制，然与卿等异趣，以若所
> 为亦不与也！"说者谓君："杭民六十万户，使阖门而战，一朝可烬，
> 公独能不救之邪？"君不忍，乃卒徇众请莅杭。满人闻君至，咸曰：
> "汤先生仁人也，必全吾族。"遽委械请降，全境帖然以定，党人之
> 桀骜者，皆俯首听约束。①

汤寿潜本人虽然痛恨专制统治，但并不赞成以武力革命的激进方式进行社会变革，与革命党人有思想上的分歧，始终坚持地方社会的安定为第一位。无论是浙江的汉人还是旗人，都对其仁义之心、信用之誉深为敬服，相信汤寿潜能够在风雨之秋给浙江社会带来安定。汤寿潜后来在《诫子书》中，也说明了接受都督职位的理由："洎革政之初，人怀种族之见，衅猜未泯，将祸及无辜。吾以邦人驱迫，假号纾难，被发缨冠，亦犹初志。"②可见，其成为浙江革命领导者的原因，实是为了地方避免"无国之惨"的动荡，维持地方的安定和秩序，与革命的本质并不相符。

汤寿潜在浙江都督任上，为重建地方秩序，做了很多重要的工作。经济上，汤寿潜豁免本年和历年积欠的漕粮，并撤除了各地的厘卡，实

---

① 张謇：《汤蛰先先生家传》，载政协浙江省萧山市委员会文史工作委员会编：《汤寿潜史料专辑》，1993 年，第 126 页。

② 汤寿潜：《诫子书》，载汪林茂编：《中国近代思想家文库·汤寿潜卷》，中国人民大学出版社 2015 年版，第 587 页。

现了他在《危言》中改革厘金制度的理想。政治上，汤寿潜着手筹建省议会，要求各军政分府、各县长官召集地方团体开会，推举临时议员，其当年设想的议院体制，在共和的政体下建立起来。治安上，汤寿潜支持各地举办民团，打击强盗匪徒，要求军队严格约束士兵，维持地方安定。军事上，组织攻宁军队，与苏沪革命军一起克复南京，为辛亥革命的成功作出了巨大贡献。

汤寿潜虽然任职浙江都督仅仅两个多月，但对浙江地方的安定和发展作出了很多努力。虽然军政大权基本都掌握在同盟会手中，但是特殊时期给予汤寿潜的一些特殊权力，还是使他多年来的一些改革设想能够付诸实施。南京克复之后，汤寿潜提出辞职，功成身退。对于汤寿潜辞职的原因，学界也研究颇丰，总体而论有三大原因：一是旗营协领贵林被处决事件。革命党对旗营始终怀有戒心，以"私藏军火、阴谋反叛"之名寻机诱捕了旗营协领贵林，并将其立即枪决。汤寿潜当时对此事并不知情，得知之后异常愤怒，认为"堕我信用，精神之痛苦，胜于刲割"[1]，而且认为自己"对于环境自觉难以掌握"。不流血地解决政权更替，本是汤寿潜答应担任都督的前提，既然已经出现暴力事件，打破了他的政治底线，辞职也是自然而然的事情。二是革命党对汤寿潜的革命性薄弱的不满。据陈蘷枢、赵凤昌等人的回忆，浙江光复会王金发等人因秋瑾案时汤寿潜有参与之嫌，认为其是反对革命的，却成为地方革命领袖，而且光复会"强向都督府索兵索饷"，声称"予等拼生命，炸军库，而汤某坐火车来，为现成都督，奈何坐视不管？"[2]汤寿潜闻之，大有辞职之意。汤寿潜与秋瑾案的关系众说纷纭，学界有多次讨论。汤寿潜

---

[1]　上海社会科学院历史研究所编：《辛亥革命在上海史料选辑》，上海人民出版社2011年版，第949页。

[2]　汪林茂主编：《浙江辛亥革命史料集·第7卷·辛亥浙江光复》，杭州古籍出版社2013年版，第248页。

也曾专门撰文，表示与秋案无关，但是革命党指责汤寿潜缺乏革命性，确是事实。汤寿潜在就任前就表示，与革命党志趣相异，只为安定地方而来。三是革命党和地方实力派势大，都督府事权不一，无力调动。汤寿潜在给张元济等人的信中，也指出其都督之职，未必全体拥戴。这也源于汤寿潜本身对政治并不感兴趣，对于其所参与领导的政治团体，也没有进行革命党、实力派等那样紧密的整合。

小结

汤寿潜年轻时期对政治改革有过设想，得取功名之后，热心于教育、实业的建设，对学校改革、浙路建设投入了大量的精力。对政治方面，汤寿潜始终兴趣不大，也多次辞退清政府的官职任命。但因浙路建设的事情，汤寿潜感受到以政治改革保护地方实业建设成果的必要性。在浙路运动中，因对晚清政府对外妥协、对内压制的不满，力主尽快推行立宪体制，加入了东南士绅组成的预备立宪公会。因浙江保路问题的愈加凶险，汤寿潜对立宪的要求愈加激进，不仅公开批评中枢大臣的无能与卖国，甚至严词指责清廷的畏难与苟安，不惜与清廷决裂。其激进的立宪态度，虽然遭到清政府重罚，革去所有职务，但是因其背后为民请命、勇于担当的仁义和操守，在浙江以及东南士民那里得到了衷心拥护和尊敬。

与政治改革的激进态度相反，汤寿潜对于地方社会破坏性极大的民众暴力运动，则持反对态度。对于晚清教案，汤寿潜曾设想以开放的心态对待西方宗教，以与西方教派联手的办法平息教案。在庚子事变后的教案中，汤寿潜更是指责暴动民众不顾大局，给地方社会带来流血和动荡，希望士绅能够担负起平静地方的责任，并为民众的冤情上诉清廷。

然而立宪运动的失败，让汤寿潜在对清廷失望的同时，也对君主制不抱希望。在辛亥革命爆发后，汤寿潜以地方士绅的身份，在革命军与旗营即将兵刃相向时，以协调者的身份就任浙江都督。在浙江都督任上，汤寿潜以安定地方为宗旨，着手建立美式议院形式的共和政府，并在经济、治安等方面给民众以减负和保护。但毕竟汤寿潜不赞成激进、流血的革命形式，也因对政治的不感兴趣而没有打造自己的依靠力量，最后与革命政权分道扬镳也是大势所趋。

对体制改革的激进、对暴力革命的反对，是汤寿潜在政治思想上的两个显著标志。从汤寿潜对晚清政治的总体态度而言，他反对的是清政府的专制主义，其反对的理由，则是清廷中枢缺乏经世能力，这与革命派的追求很不一样。无论是提倡立宪以兴民权，还是保路以护民利和国权，他都是在抵制清廷高层被其认为"但有诒误，从无茂绩"的昏庸官员的祸国害民之举。也是从此认识出发，他希望能尽快推行立宪制度，通过言路的顺畅，以让具有经世才能的地方士绅能够直接影响到君主的决策。当其看到清廷最高掌权者摄政王载沣也庸碌无能，对全国局势无法掌控之时，才对清政府彻底失望。从这一点来说，汤寿潜明显继承了浙东黄宗羲对专制帝制的批判。但是与其不同之处，在于黄宗羲从儒家传统理想出发，批判了秦汉之后的专制帝制，却很难在制度上提出合乎时代的制约办法。汤寿潜并非强烈反对帝制制度本身，而是从地方民生的实际利益出发，试图以西式的立宪制度，排除官僚集团的影响，使民意影响君主决策，达到为国为民造福的目的。汤寿潜虽然在著述中有兴民权的意识，也笼统提出一些具有三权分立的主张，但其立宪思想中缺乏明确的权力划分标准。

对共和制度，汤寿潜抱有很深的怀疑，对其采用的革命手段更持反对态度。汤寿潜在浙江都督任上，在致各省组织国民大会的公函中，提到对共和的认识："海内苦专制久矣，自武汉义旗一麾，不一月全国响应，应天顺人，具有明证。侧闻各省之主旨，多以后此政体，专采共和，一洗苟且补苴之陋。"①汤寿潜基于对专制反感，对取而代之的共和政体认为是时代潮流所致，期望能够洗去专制制度的弊病。但其提出的终极政治理想，则是"臻人道之极致，跻治理于大同"的儒家大同思想，将共和制也仅看成为消除封建专制、达至大同的过渡期。汤寿潜认为儒家的大同社会，才是能够避免暴力流血，"不至革命之祸，有一再尝试之惨"。②在推动江浙沪都督府联合的信函中，汤寿潜提出了当时他最为认可的政治体制："美利坚合众之制度，当为吾国他日之模范。美之建国，其初各部颇起争端，外揭合众之帜，内伏涣散之机，其所以苦战八年，卒收最后之成功者，赖十州会议总机关有统一进行，维持秩序之力也。"③《宪法古义》一书中，汤寿潜列举了英、美、法三种体制，并未阐明中国应选择何种模式，且长期将议院当成直达君主的言路看待。至辛亥时期，汤寿潜已经认识到议院的政治内涵，且表明最为欣赏美国的形式，能符合他兴民权、制动荡的政治理念，是为最好的过渡形式。在后来南北和谈之后，汤寿潜与张謇致袁世凯的信中，又可以看到，汤寿潜对美国体制赞赏的同时，对华盛顿这样能够结束乱象，又不实行专制的政治强权人物，也推崇备至。从这一思想而言，汤寿潜最后隐退政坛的选择，也是其政治理想破灭的结果。革命党引发的流血、各派势力的混战、缺乏维持秩序的强大力量，使历来反对地方动荡的汤寿潜极为不满。攫取政权的袁世凯是实力派人物，但经历过维新变法、保路运动的汤寿潜，对袁世凯的道德品质非议颇多，曾力劝载沣勿用袁氏。中华

---

① 上海社会科学院历史研究所编：《辛亥革命在上海史料选辑》，上海人民出版社 2011 年版，第 954 页。

② 上海社会科学院历史研究所编：《辛亥革命在上海史料选辑》，上海人民出版社 2011 年版，第 954 页。

③ 上海社会科学院历史研究所编：《辛亥革命在上海史料选辑》，上海人民出版社 2011 年版，第 641 页。

民国成立后，汤寿潜反对接受袁世凯续请停战的要求，认为其"谲诈以为能，信义素非所尚，狡变以为奇"[1]，是又一个祸国害民的专制人物，并不是中国的华盛顿。这些乱象，都使汤寿潜对新的民国政治失望至极，最后选择了退出政坛、隐归故里、建设家乡的晚年生活。在袁世凯死后，汤寿潜在祝贺黎元洪继任总体的电文中，提出北洋政府应顺应民情，"在复约法，召国会，正名顺言"[2]。可见汤寿潜虽对民国政局失望，但为民请命、兴民权、反对专制的初衷仍然不改。

---

[1]　汤寿潜：《致总统、副总统等电》（1912 年 1 月 16 日），载汪林茂编：《中国近代思想家文库·汤寿潜卷》，中国人民大学出版社 2015 年版，第 397 页。

[2]　汤寿潜：《复大总统电》（1916 年 7 月 2 日），载汪林茂编：《中国近代思想家文库·汤寿潜卷》，中国人民大学出版社 2015 年版，第 586 页。

结　语

　　经世思想是中国思想史上源远流长的一大传统，也是在不同时代不断递嬗损益、各有时代特点的一条思想长河。进入近代以后，中国面临前所未有的世界变局，列强侵凌，割地赔款，经济侵略，文化渗透，也遇到诸多亘古未见的内在困难，战乱频仍，灾害丛生，政治腐败，民不聊生。鉴于这些遇所未遇、闻所未闻的外忧内患而产生的经世思想，便带有鲜明的近代特点。林则徐、魏源的师夷长技，冯桂芬、郑观应的广师西法，康有为、梁启超的托古改制，都是因应这些变局所产生的经世思想，它们各具特色，也都散发出近代特有的光彩。在丰富多彩的近代思想宝藏中，汤寿潜的经世思想，虽然没有上述诸人思想那么引人注目，但也内涵丰厚、自具特色。

　　汤寿潜的经世思想，是他所生活的那个时代的产物。他出生于第一次鸦片战争之后、第二次鸦片战争前夕，幼年时见证过太平天国战乱，青年时在同光中兴的一段平静岁月里为博取功名而苦学，听闻过中法战争，考中进士后又遇上甲午战争后的政治动荡。其后，他经历了维新变法、东南互保、清末新政等运动。他以主要人物的身份参与了浙路风潮、立宪运动、辛亥革命。这些社会实践，催生、影响了他的经世思想。他不断地摸索、思考，不断地调整、完善自己的想法①，一以贯之的便是经世致用。

汤寿潜的经世思想，与他生活的社会小环境有密切关系。他出身于中下层社会的耕读之家，汤氏家族淳厚的家风和浙东悠久的文化传统，影响了汤寿潜的经世思想，看重经商、重视乡情、痛恨特权、民生为本等，在他身上体现得非常明显。他深悉民间疾苦，务实而敏锐，没有一般儒生的酸腐习气。他在东南地方参与社会活动，从事地方教育，参与地方实业，也参加过具有明显地域特点的东南互保运动。他是浙路运动、浙江辛亥革命这样具有明显地域性风暴中的重要人物。浙东是自南宋以后经世思想最为浓郁的地方，是吕祖谦、陈亮、叶适、黄宗羲等人的思想广泛传播、影响深入的地方。汤寿潜出生、成长在这里，口耳相传，久受熏陶。他著《危言》《理财百策》，编《三通考辑要》，都与浙东经世思想传统有内在关联。《三通考辑要》的编纂，则让汤寿潜的经世思想更为切合中国社会的实际，与空谈改革者相区别，使其社会洞察力在很多方面高于维新运动中出尽风头的康、梁等人，清楚地认识到何事可为之，何事不可为之，何事亟待为之。在晚清的时代风云中，汤寿潜积极投身其中，努力将经世思想付诸实践，获得了事业上相当的成功和社会上很高的评价。

在近代经世思想宝藏中，汤寿潜的思想具有以下三个特点：

其一，处理好传统与近代的关系。近代中国所遭遇的困窘，相当部分是史无前例的。如何妥善地处理好近代与传统的关系，是每个经世思想者都会面临的问题。魏源等人走的是今文经学的路子，通过阐发先哲的微言大义，为变法经世寻找支撑。王韬、郑观应虽然也时常从古人经典中寻找变革的依据，但更多的是直接宣传西洋长技，主张直接拿

---

① 　用为汤寿潜的《危言》作跋的吴忠怀的话说，汤寿潜是"锐于学而善变"。参见吴忠怀：《危言·卷四·跋》，光绪二十一年（1895年）石印本，第38页。

来，为我所用。汤寿潜则两者兼顾。他在《危言》中，有大量采用近代西洋长技的意见，也有大量阐发古代经典为变革寻找依据的内容。他反对一味崇尚古方，也反对完全否定古方。在他看来，对待古今问题有如治病，应以实际效果为准，而不应看治病的方子是古是今。这是在古今之争中最为理性的意见，也最合乎实事求是的古训，最合乎经世致用思想的传统。如果将汤寿潜的《危言》《三通考辑要》等著述综合起来看，将他的变法议论与经世实践联系起来看，可以清楚地发现，追求妥善地处理好传统与近代的关系，不拘泥于文本与手段，注重实际效果，是他经世思想的精髓。然而，汤寿潜将中国近代化的变革，置于传统经世观念之下，虽在相当程度消解了士大夫在社会转型时期的文化阵痛，但也导致其在教育、实业、政治等方面的认识上，无法完全脱胎为新式的知识分子，更无法适应辛亥之后的新社会。

其二，处理好师法西方长技与反对西方列强侵略的关系。在汤寿潜生活的时代，西方是个矛盾的对象，既是侵略中国、造成中国贫弱现象的施加者，又是坚船利炮等中国所效法长技的代表者。敌人与老师集于一身。如何处理好既师法西方长技又认清西方列强本质的关系，是汤寿潜等经世思想家必须面对的问题。汤寿潜相当妥善地处理好了这对关系。在《危言》等书中，汤寿潜是效法西方长技的热情倡导者，认为中国应该认真地学习西方，不光学习西方的科学技术，诸如天算、地舆、制造、格物，也要了解西方的社会管理与法律知识，诸如西律、公法、约章等，还应实地考察、了解西方社会具体情况。他认为，中国王公贵族应接受西学教育，应让他们去京师同文馆或上海方言馆学习，以广见识而破除深宫保守之习，成人之后应将他们派往各国各省游历，采其风谣，观其隘塞，以便将来领导各衙门。另一方面，汤寿潜对于来自西方的侵略，一直高度警惕，坚决反对。他在倡导中国开矿的同时，鉴于列强对中国矿产已有觊觎之心，各国洋人在华私勘、私开矿产之事频频发生，便告诫人们要警惕来自西方的经济侵略，对于已经损失的利权，要设法收回。在担任丽正书院山长时，汤寿潜让学生研究中国何以收回利权、如何在开放通商口岸的同时使税厘两不相害等问题。清末关于浙路交涉中，汤寿潜大义凛然，思路清晰，联络绅商，坚决维护了民族利益。这是他追求妥善处理好既师法西方长技又认清西方列强本质、坚决反对西方经济侵略思想的生动体现。然而，汤寿潜的主权观念又存在着传统的天下意识，对近代国家与个人权利方面的认识相当模糊，故而出现希冀引入外商与外资进入国家企业，希望损害国家主权的租界成为中外共同体的载体，这导致其在政治和经济层面的改革见解存在偏颇之处。

其三，处理好建立事功与坚守道德的关系。近代中国处于大转型时代，社会的价值观念、伦理道德面临前所未有的挑战，也处在转型、嬗变之中。在事功与道德关系中，常有人在勇于事功的同时，道德有所缺损，上海轮船招商局、机器织布局等不少洋务企业，都曾发生洋务官员贪污公款的问题。也常有人在道德方面坚守甚严，但在事功方面又落入保守的窠臼。最典型的是大学士倭仁，其人道德方面，忠君爱国、律己甚严，但是思想守旧，反对大面积学习西方科学技术。在这方面，汤寿潜做出了表率。他力主学习西方，同时在坚守传统道德方面，也受到社会广泛的赞誉。他考中进士以后，对于当官并不热衷。他在青阳知县任上，只干了几个月就辞职了。他做浙江都督、交通总长，也都时间很短。他为东南互保奔走，为教育学生尽力，为浙江铁路竭尽全力。他的能干与廉洁，都很出名。这方面，清末民初有一些人也处理得很好，比如他的好友蔡元培、刘锦藻、张元济、张謇。这群人，正是那个过渡时代特殊的群体，他们之间虽然也有不少差别（例如张謇与政界来往更多，汤寿潜则相对更为超脱），但基本都接受过很好的传统教育，已有卓著的功名（都是进士），具有很好的道德修养，享有受人尊崇的社会地位，同时又有清醒的时代意识，能够与时俱进，接受新知识，学习新本领。于是，他们都能较为妥善地处理建立事功与坚守道德的关系。

以上三条，传统与近代的关系其实是古今关系，师法西方长技与反对西方列强侵略，实质是中西关系，建立事功与坚守道德，实质是义利关系，汤寿潜能够在古今、中西、义利这三对关系方面，大多能做到张弛有度，处理妥当，经得起历史检验，说明他确实非同凡响。当然，汤寿潜的思想也存在着很多局限性。首先，汤寿潜对西学的了解非常不足，在某些方面甚至不如早于他三十年的冯桂芬，因此在很多议论中存在牵强附会、过于理想化的问题，这一点他自己也承认是只学到了西学的皮毛，是为现代化的迷思者。其次，汤寿潜基于对浙东经世传统的推崇，也较多地以东南社会为考察范本，其思想有将浙东范式推广至全国改革的倾向，而较少考虑广大中国内地的不同情况。由此导致其在处事中，也有不少失误之处。

汤寿潜以及他那一代中国士绅，其底色仍是传统士大夫。在浙江及东南地区传统文化影响下，他们既有忧国忧民的爱国之心，又有海纳百川的开放思想，还有敢于站出来以自身权威来为民众担当的责任感，但又淡泊于个人的名利地位。汤寿潜在人生不同阶段，面对不同的问题，思想总在变化，但是信念总在坚持。辛亥以后，政治体制、周围环境变化太快，当他无法理解一个没有权威而各派热衷于个人的争权夺利之时，只能以退隐的姿态来告别这个他不能适应的时代。

附录一

《浙江全省铁路议略》（1905 年）[①]

铁路，地方命脉也。地方自办，公利莫大焉。即论私，视买田厚，视经商稳。一二十年前风气未大开，近则人人能买之，无待智者知其利矣。寿潜、锦藻学非所用，才行又庳下，适承其乏。理势无可辞，辞亦不获，暂作雇佣，非敢云理也。其成也，大吏所维护，父老所提倡，全体所赞成，吾浙之幸，亦寿潜、锦藻之幸也。本无基础，不择时可败，厝注不善，寿潜、锦藻诚无所逃罪。产于浙者，咸与有责，即吏于浙者，亦乌能漠然无概于怀乎？全浙干路枝路可数千里，费不赀，无论寿潜窭人，如蚊负山，即锦藻稍足自食，毁其家，亦无以纾此难，自非仗两浙十一府七十六厅州县人人营路事若家事，急起直追，私利有效，而公利亦得早日成立。凡我大夫、伯叔、兄弟垂谅愚悫，扶植如不及。念外界之掣刺，则水火争、府县界可不解而自平；怵来日之大难，则节朝衣缩夕食，亦众擎而易举。寿潜、锦藻任一日事，则殚一日之力，略参三权分立办法，镇海之诚、移山之愚，愧不自揣，分子义务，勉焉已尔。爰据京官拟章粗述管见，条列如左。

---

① 《汤寿潜、刘锦藻浙江全省铁路议略》，载汪林茂编：《中国近代思想家文库·汤寿潜卷》，中国人民大学出版社 2015 年版，第 170—174 页。

第一章　宗旨十八条

（一）路章虽有附搭洋股之文本，公司性质力主自办，以专招华股为主，群力群策，得寸得尺，不入洋股一文。若购票后，其人或注洋籍，或将所购之票转售抵押于洋人，本公司便不承认，听自向购票原人理说，拟用华、洋文载明此条于股票，并呈请商部转咨外部立案，以免后论。

（二）凡购执本公司股票者，须确守本公司奏定章程，否则本公司即将票根注销，股本罚充善举。

（三）股票止准转售华人。惟股东应先偕承受之人遵《商律》三十八条，赴本总公司报明姓名、籍贯，并循通例，邀同中证来本公司立据签字，方准核给股票。①

（四）股票息折如有遗失，应即报明地方官存案，并觅具妥保，登上海各报，十日方准换给。后有枝节，仍须失主自理，本公司不任其责，报费亦失主自任。

（五）本公司以屏去官场习气为要。京官原议请托、乾脯永远谢绝，有以此强者，期期不可，幸各鉴谅。

（六）拟确访中国铁路毕业之人分任勘路、包工、管车等事，如不得已用洋工程师，不过延作顾问，如令办工，留学诸君所陈勘路不包工，包工必分段，自无疑义。

（七）购料最为弊薮。路工开办以铁料木石为多，寿潜、锦藻概不经手，公举有被举之资格，而熟于中外商情市价，心细守洁者二人，以

---

① 晚清新政中颁布的《钦定大清商律》，实分为《商人通例》和《公司律》两个部分，这里的"商律三十八条"，是指《公司律》第三十八条："如无违背公司章程，股票可以任便转卖，惟承买之人应赴公司总号注册，方能作准。"载振撰：《钦定大清商律·公司律》，光绪三十年（1904年）铅印本，第9页。

投票法购之，寿潜、锦藻随同悉心考求，务臻实在。

（八）先为单轨，预备双轨，以便扩充轨道尺寸。以芦汉、宁沪为定。所经庐墓略可绕避无不绕避，以顺舆情；实在难于绕避，自应议给迁费，悉遵《商律》第四条办理。

（九）京官初拟集股约三千万两，本公司今拟集有三百万两，先开设一铁路银行，以期收存，经理得有归宿。银行未设，以先所收股银分存殷实庄号生息。

（十）附设铁路银行公举股分多者、次多者分任其事附股，若不及格，虽总理、副理亦惟居于监察地位。如任事者有不守银行章程之处，经寿潜、锦藻察出，小者商改，大者集议，另举银行，章程另订。寿潜、锦藻耳目有限，各股东如有所闻，亦祈函知，以匡不逮。

（十一）抚帅聂已允派相当学生数十人，往日本铁路学堂学正科、高等、速成三科，逐年归国，以备路工之用。俟正科毕业，除派管路工外，即于铁路旁近之地，自开学堂，期较省便。

（十二）本公司系遵商部《奏定有限章程》办理，以后倘有意外亏折、损失等事，照《商律》二十九条①办理，尽公司所有产业分抵，丝毫不涉附股者之事。

（十三）本公司仿通例，一年两结。六月底止为前半期，年底止为后半期，每期将账目总结一次，登报征信，凡一正股以上之股东均印送一份。

（十四）全浙之事固不能家到户晓，总则各府州县均得与闻。拟以现章请仲帅排递各府州县官，请会同各该属公正绅士、殷实商户迅即会议，约略能认股分若干，章程是否妥协，据实函覆本公司，远处统以九

---

① 《公司律》第二十九条规定，"股份有限公司如有亏蚀、倒闭、欠账等情，查无隐匿银两、讹骗诸弊，只可将其股份银两缴足，并该公司产业变售偿还，不得向股东追补"。载振撰：《钦定大清商律·公司律》，光绪三十年(1904年)铅印本，第8页。

月终为限，以便呈请商部核查，本公司杭沪住址登报声明。

（十五）不问股东、非股东，凡我浙人确有办工集股良法，尽请赐函条示，谨当择善而从。

（十六）京官、留学拟各劝其乡之人，藉破固陋，更拟议白话演说铁路之利、附股之益，风水之附会，分散各府州县，以开风气而免阻挠。

（十七）铁路例得附电报、德律风，俟援办时，另订详章。

（十八）本公司倘需护路兵勇，自当遵路章二十二办理，惟声明须受本公司约束。

第二章　名目四条

（一）遵钦定《商律》，命名曰"商办浙江全省铁路有限公司"。

（二）京官原议设总公司于上海，盖绅商荟萃、集股庀材等事，绾毂于此，银行成立即合并焉。然杭省为本部，路工吃重，自应设一公司，随时可以秉承大吏，就正诸绅。其余各府州县及商埠应否分设，俟再酌定。

（三）拟呈请商部奏颁关防，文曰："总理浙江全省铁路事宜"。

（四）京官原议先省城江干至湖墅一路，次杭州下至苏松一路，次杭州上至玉山一路，经集有成数，即行勘办一段，俾人人见有利可分，以后之不招自集。以上三者皆干路也。干路既竣，枝路从常山越江山至福建之浦城；从严州淳安至安徽之屯溪；从杭州越绍兴余姚至宁波，并分接于台温；越湖州长兴至安徽之广德，由本公司测勘定线，次第建筑，他公司不得干预。其与闽皖苏赣毗连处，事属两利，应俟接展时商订。

第三章　筹款十三条

（一）京官原议规元一百两为正股，十两为零股，冀劳动社会亦得附沾公益。

（二）挂号之日，先缴定银十两，余分两期缴纳，光绪三十二年二月终为第一期，缴五十两；三十二年八月终为第二期，缴四十两，合成一百两。分缴时，给予收条，至第二期缴完，带缴前次收条，换给股票息折。如只缴定银而后两期截限不缴，则按定银给予零股一票；或缴第一期而不缴第二期，则并挂号定银给予零股六票。有挂号后，于第一期以前一并将所任之股缴清，俾银行可以早日成立，拟银行所得红利予以特酬，详另订银行章程。

（三）缴银之日即行起息。川汉止周年四厘，本公司意在激劝，定周年七厘。未足周年时，照周年，不计闰，摊算截数以后，统按周年算息，于次年三月发给。现拟京外公启、抚藩酌筹官款，作为路工未成以前之保息，庶入股更形踊跃。西国补助金无拨还者，本公司俟路工有利可分，酌分若干年拨还。官所损者，数年之息耳，本款仍有，还时无毫厘之损。招股得此靠背，有邱山之益，抚藩瞻言百里，或当乐赞厥成。万一官力不及，或拨款不敷应保之息数，有银行所生之息足以济之，附股者可勿过虑。

（四）所缴股本决不轻用，一应开办经费，由寿潜、锦藻分筹垫用，俟银行成立，始行归款或划作附股；如其成立无期，亦由寿潜、锦藻认赔，不以累人。俟银行成立后，收付悉归担认，寿潜、锦藻等不再筹垫。

（五）所集股本专供铁路之用，即银行亦为铁路而设，应办之事另详银行章程。

（六）川汉谷捐，安徽米捐，所入颇巨，本公司为利民起见，不敢率尔仿行，惟盐斤、丝茶、烟酒、锡箔及各项大宗之货从长仿办，以裨路股，应得生息红利，仍充各该地方公举。彩票非良法，本公司拟变通日本储蓄彩票之例，照零票之价内提二成半，以二成二厘五作采，二厘五作费，余七成半作为附股，仍给予十两之零票。中国历借外债，明暗折扣，闻有不及七八折者，此项彩票中者可得大彩，否亦得原数之零票，何乐不为？利益虽似太厚，于本公司尚较外债为胜，自不得以寻常彩票病之。详章另订。

（七）股本与社债兼行。凡各府州县各乡各族必有生息公款，择其稍有成数者改存公司，以期财力较厚。全赖深明大义之绅董婉切劝导。此项存息轻重不一，拟变通泰西社债券法，凡公款改存由公司具券认借作债，而不作股，多寡概以周年七厘算结。

（八）有华人愿存银公司作债而不作股者，亦照社债法办理，其息亦准周年七厘，但非周年不得抽提。

（九）地股与现银并付。轨道，桥梁、货栈、机厂、车站一切应用地亩如系官产，即照各省章程合宜者办理；如系民地，无论平民、教民，均应让购，不得阻挠。查芦汉章程分上中下三则，及荒山荒地各等差，会同地方官绅议定划一价值，均用现银购买。其愿以地价作股本者，悉以九成作十足算，如地价不敷正股之价，准以零票给之，应□钱粮统照原定科则，由公司认纳，不再干原主之事。铁路所需铁石木料，不能不经旁近田地，如损其花息，本公司必公估相当之值酬之，如竟损及以之种植，则由本公司照时价购入，以示体恤。

（十）散处各府州县殷实绅商势难尽识，拟以简章请各府州县官遴选公正绅士、殷实商户多人，请代办招股事宜，以姓名函知本公司存册，为将来举作议董地步。

（十一）出洋华商未入洋籍者，无论外省本省，但有本国驻洋钦差或领事函，知准其一体入股，仍应恪守本公司定章。

（十二）第一段路工告成，即行开车。每年运费除各项开支及应付股息外，如有盈余，即为红利，分作二十成，仿江西例先提一成报效公家，再提四成作为公积备推广下段，又提三成作为在事人员酬劳，下余十二成按股俵派，以期利益均沾，来者益劝。

（十三）《路章》第九条，"华人请办铁路，如有独力资本至五十万以上，商部专折请旨，优奖一人。"招集华股至五十万两以上，俟路工告竣，即照商部委定十二等章程，呈部核奖，藉资鼓励。

第四章　任人三条

（一）用人不外京官所拟，公司、银行、路工三者，无论何项职员，寿潜、锦藻概不私署一人，必有五千两以上之股东保荐，其不称事或有过误者，保荐人担其责任，本公司惟有秉公辞退。寿潜、锦藻避进之嫌，任退之怨，无非慎重公事，幸谅无他。

（二）本公司不自订董事，须有股本五万两以上，或招股十万两以上，由一正股以上之股东投票公举，以示无私。照律自三名至十三名公举时，先行议决有自任十万两以上，或自任五万两以上，更为招股五万两以上者，其于本公司爱情助力已非寻常，拟即订为董事一年，满任仍应票举。

（三）京官原议谓"议董"，须各府均有。本公司拟请各府州县官请正绅、殷商分任招股之事，将来即以此招股最多之人订为议董。惟议董必自任十正股以上者。

以上系寿潜、锦藻二人私见，未敢便为定章，登报布告，并排递各关，截至九月终，先后因地因时或各省路章有可采择者，仍即增入，以期完善。山阴汤寿潜、乌程刘锦藻谨□。

附录二

汤寿潜年谱简编

1856 年（清咸丰六年），1 岁

7月3日（农历六月初二日），出生于浙江省绍兴府山阴县天乐乡（今杭州市萧山区进化镇）大汤坞村汤氏祖宅。名登赢，小名丙僧，字孝起，一字翼仙，更字蛰先、蛰仙，学名震，乡举后始名寿潜。祖籍河南汤阴。北宋末，其先祖汤鹏举（官至参知政事）随宋高宗南渡，卜居临安白马庙侧，被尊为汤氏始祖。父佩恩，字石泉，为大汤坞氏二十三代孙，国学生，曾游幕于陕西等地，因不满滥施刑狱辞归，以塾师为业。娶妻葛氏，生三子一女，汤寿潜为长子。

1857—1860 年（咸丰七年至十年），2—5 岁

太平天国战乱波及萧山，社会的动荡和生活的艰苦给幼年汤寿潜留下了深刻印象。

1861 年（咸丰十一年），6 岁

在村塾就读，被誉为聪敏颖悟，短时间内尽读《大学》《中庸》，继而读《论语》。

1862—1872 年（同治元年至十一年），7—17 岁

居家苦读，学业精进，颇受父亲和其他长辈关于经济、经商等方面想法的影响。

1873—1884 年（同治十二年至光绪十年），18—29 岁

至杭州游学，常到俞樾任教的诂经精舍拜谒问学，得俞樾誉赏。熟读乾嘉朴学之书。在研习语言文字之学之外，更究心于经世致用之学，精读并摘抄《通典》《通志》《通考》等。开始编撰《三通考辑要》。

1885 年（光绪十一年），30 岁

《三通考辑要》纲要编纂完成。参加乡试失败，对科举道路产生怀疑和动摇，"大悟五百年时文之毒，天下遂成虚病"。意欲放弃科举，从事经世事务。因家境困难与追求经世之道，准备出外游幕。

1886 年（光绪十二年），31 岁

入山东巡抚张曜幕，对国家政治和社会实践有了较深入的了解。辅助治理黄河，向张曜献"治河九策"，即"探源之策三、救急之策三"、持久之策三。强调"清除积弊，信赏必罚"，为山东、河南等地官府所器重。

1887—1888 年（光绪十三年至光绪十四年），32—33 岁

改革思想逐渐形成，始著《危言》。

赴戊子科乡试，得中第六名举人。

1889 年（光绪十五年），34 岁

考取内阁中书。始识南通张謇，并结为好友。

1890 年（光绪十六年），35 岁

《危言》四卷四十篇完成并刊行。该书提出注重实学与实业、注重培养经世人才、以任商取代任官、政府调节税收与推动实业发展、社会对西方人开放等经世思想，在政治、经济、财政、国防、外交等各个领域全面改革的主张。该书出版，赢得朝野赞誉，奠定了汤寿潜在中国近代思想史上的地位。

1892 年（光绪十八年），37 岁

赴壬辰科会试，中第十名贡生，殿试二甲，赐进士出身。朝考后，授翰林院庶吉士。会试朱卷得主考官翁同龢好评。

1893 年（光绪十九年），38 岁

任国史馆协修。

1894 年（光绪二十年），39 岁

在翰林院任职。

1895 年（光绪二十一年），40 岁

3 月，由翰林院庶吉士外放安徽青阳知县。行前得到翁同龢召见并长谈。翁同龢在日记上写道："汤生寿潜所著《危言》二卷，论时事极有识。今日招之来长谈，明日行矣，此人必为好官。"后翁同龢及孙家鼐向光绪帝推荐《危言》。

7 月，辞去青阳知县职。后受聘出任金华丽正书院山长，讲求时务之学，并极力提倡务实学风和传统义利观，编《婺学治事文编》。其时常往来于上海、杭州、金华间，与张謇、张元济等交往甚密，曾加入康有为发起的强学会。

1896 年（光绪二十二年），41 岁

7月，《理财百策》成稿，分上下两卷一百篇，围绕"理财"这一中心论题，以"节流、化私、开源"为宗旨，全面地从政治、经济、教育、和社会生活等方面提出改革建议。

1897 年（光绪二十三年），42 岁

与宋恕、童学琦、胡道南等共同筹办《经世报》，并修订《经世报》例言。应武昌质学会聘请，以"学习西学、经世致用"为宗旨，编成《质学丛书初集》三十种八十卷。

1898 年（光绪二十四年），43 岁

5月、7月，两次受光绪皇帝宣召进京，均因母病而未能成行。戊戌政变后，因对变法失败非常沮丧，从丽正书院诸生课艺中选出 68 篇，编成《治事文编》上下两卷。当年秋天，《三通考辑要》成稿，共 30 卷，200 余万字，以"宪古证今，咸务实用，人人能《春秋》决狱，《尚书》治河"为目的。

1899 年（光绪二十五年），44 岁

经刘锦藻引荐，应聘担任湖州南浔浔溪书院山长，先主讲经史、策论、时务等课，后又另外筹集经费，增开声、光、化、电、地理等科技课程，一洗空疏守旧之陋习，后委托蒋智由主讲。

1900 年（光绪二十六年），45 岁

辞去浔溪书院山长职。鉴于庚子战乱，汤寿潜联手张謇等人游说两江总督刘坤一、湖广总督张之洞，发起"东南互保"，日后因此被张謇称为"东南互保"的首倡者。

1901 年（光绪二十七年），46 岁

6 月，郑孝胥向盛宣怀推荐汤寿潜任南洋公学监督，汤寿潜辞未就。

9 月，撰成《宪法古义》，认为宪法是民权之护符，议院是立法机关，法院独立，国民有言论、出版、参政、集会之自由和议政权力。

1902 年（光绪二十八年），47 岁

2 月，协助张謇创办通州师范学堂。先后被两江总督刘坤一、陕西学政沈卫、吏部尚书张百熙保举为经济特科人员。

1903 年（光绪二十九年），48 岁

2 月，原任京师大学堂总教习吴汝伦病逝，管学大臣张百熙奏派汤寿潜继任，汤电复张百熙力辞。

1904 年（光绪三十年），49 岁

因好友张元济推荐，至上海就任龙门书院山长。接受从日本考察教育归来的张謇建议，仿效日本师范教育制度，改龙门书院为初级师范学校，旋又创办龙门师范附属小学。

1905 年（光绪三十一年），50 岁

与张謇创办上海大达轮步股份有限公司，主要从事航运业务，同时在十六铺客运码头附近修建成大达轮船码头。

3 月，美国商人倍次向清政府索求承筑浙赣铁路，清政府认为应与浙江省官绅商酌办理。之后倍次邀请驻沪浙江籍绅商聚集，共商浙赣铁路事宜，并试图骗取与会浙绅写下"赞成"二字，遭到汤寿潜的严词拒绝。汤寿潜致函浙江籍官绅，强调浙赣铁路自办。

7月24日，在上海的浙籍代表共160余人集会，商讨浙江铁路自办事宜，一致决议：拒绝外人承办浙路，集资自办全浙铁路。汤寿潜被推举为总理，刘锦藻为副理，并决议致电清政府，申明自办立场。

8月26日，商部奏请批准设立浙省铁路公司，并任命汤寿潜为总理，刘锦藻为副理。

10月，汤寿潜与刘锦藻拟定《浙江全省铁路议略》。

1906年（光绪三十二年），51岁

2月，苏杭甬路权风潮爆发，汤寿潜会同刘锦藻等人集议废弃草合同，连续三次致函浙抚，要求坚拒英商无理要求，力保全浙路权。16日，致电外务部，提出《中英苏杭甬铁路草约》应当废除，共列举五点理由。在《浙江全省铁路议略》基础上，《商办浙省铁路有限公司暂定章程》制定完成，并在《申报》上连载公布。章程对浙省铁路公司的性质、宗旨、规划修筑线路以及公司主要职能部门等均作了明确规定。

5月29日，英使催促更换关于苏杭甬铁路正约，汤寿潜和刘锦藻再次致电外务部："从速不速，限办不办，彼已自误。浙路浙办，钧部权衡理法，必能谢绝。"

9月下旬，得悉汪大燮将补授邮传部左侍郎，遂电军机处，指出汪大燮与盛宣怀同为出卖苏杭甬路之"祸首"，浙路"苦无面目秉承盛宣怀、汪大燮所任邮传部之教令"。因此请朝廷饬下，浙人另举总理。

10月20日，接学部照会，告知已被奏派为头等咨议官。

1907年（光绪三十三年），52岁

3月，苏杭甬铁路沪嘉段开工建设。

4月30日，汤寿潜召集浙路铁路局会议，决定将湖墅至江干段原拟的穿城填河方案，改为分支路入城。在清泰门附近另开便门入城，派

兵守卫，候火车进出，及时启闭。在上下城适中地点设置车站，定时行车，以揽全城客货。

5月27日，在杭州创设浙江兴业银行，用以保管、使用铁路股款，银行资本额为10万元，既负责铁路股款的保管与使用，又有银行本身之业务，开华商企业附设银行的先例。

6月，被推举为浙江旅沪学会会董。

7月，江干至湖墅段铁路完工通车。

9月，底外务部来电，令浙江铁路公司仿照津镇铁路办法，可以向英商借款造路。

10月5日，汤寿潜与刘锦藻复电外务部，指出苏杭甬路与津镇路有六不同，因此"断断不能仿办"。

10月22日，浙江铁路公司在杭州福圣庵口省教育总会召开股东大会，与会者数百人。会上议定奏稿："款本足，无待借；路已成，岂肯押？"抗议借款，并联请署浙抚代行电奏。浙江绅商学界发起的国民拒款公会同时成立，汤寿潜被公推为会长。

10月，函复外务部侍郎汪大燮，对其来函中动员浙路公司向英商借款的四条理由加以批驳，认为："如此现象，就使实行立宪，亦恐无纤毫之益于救国。"

11月11日，苏路、浙路两公司咨呈两江总督，再次申明苏杭甬草议系英方自误并默许作废。苏路不日将筑至浙境，浙路江干、湖墅段运营已三月，离全线告成已不远。苏浙铁路已集之股款，视外务部仿借之款额有过之而无不及。路工已成，路款已足，拒绝仿照津镇路向英商借款。致电粤、闽铁路公司，希望各地公司在保卫路权斗争中"互相提挈，得底于成"。

12月15日，浙路甬属集股处在上海四明公所召开旅沪宁波同乡大会，公议甬属各县认购路股事宜。汤寿潜并发表演说，号召全省如一家，全省如一手，积极认购路股。并且当场认购路股五百股，为动员全省人民认购路股作出表率。

1908 年（光绪三十四年），53 岁

2 月 16 日，预备立宪公会举行第一次会员常会，讨论创办私立法政大学、请愿开国会及设置宣讲研习所三事。会上汤寿潜与张謇、孟昭常等相继演说。会后，汤寿潜、张謇等发动了速开国会的签名请愿活动，拉开了全国性的请愿运动的序幕。

3 月，盛宣怀出任邮传部右侍郎，向苏浙两铁路公司提出"部借部还"方案，向英国借款 150 万英镑，强迫苏浙公司接受。汤寿潜致电军机处、外务部、邮传部、农工商部，反对盛宣怀的方案，斥责这个方案是"无疮而剜肉以补，未渴而饮酖自毒"。又致电两江总督和苏、浙两巡抚，表示对此方案"碍难承认，万乞主持"。一面与张謇等人商定，两公司不用部拨借款，将强行拨给的借款悉数存入银行，以便随时归还，不与英国工程司合作。英商闻知后不肯如期拨付借款，"部借部还"方案受阻。

4 月 11 日，针对部分股东主张动用部拨借款，原认股款则彼此观望，认而不缴的情况，汤寿潜与刘锦藻在《时报》发表《敬告股东意见书》，指出此款系邮传部强行拨给的英国借款，应存而不用，敦促已认未缴之股东缴款。

4 月，杭嘉线的艮山门至临平段竣工通车。

5 月，咨呈浙江巡抚，要求将地方旧有公款移附路股，变卖地方神会田产移购路股，得到准许。因英领事指责浙路公司造桥筑路时填塞水道，延误商务，6 月汤寿潜咨呈浙抚，指出英领事之指责是无中生有，无理干涉，"无论航路，无论水利，均关内政，亦非该署领所应越俎"。

6 月，《商办全浙铁路有限公司章程》奏准施行，汤寿潜为之作序。

1909 年（宣统元年），54 岁

1月至3月，致信上海、嘉兴等地集股处，认为动用部借存款之议是"贪小于目前，噬脐于他日""为今之计，将欲免政府之压抑，杜外人之侵权，绝股东之訾议，保浙人之价值，则仍不外'赶收认股，免动存款'八字"。

4月3日，在《申报》发表致《泰晤士报》访事莫里循的公开信，对莫里循在《泰晤士报》上发文，谓浙路公司"股票七折求售""工程司为总理之子婿""桥工皆不坚固""中国资本已尽，英款已糜费"等十三条谬说逐条批驳，指责莫里循及《泰晤士报》"议之太失实，似故意毁两公司，并毁浙总理个人之名誉"。

4月21日，咨呈邮传部，以英国公司及邮传部并未遵守按期拨清款项的约定，请邮传部查照章程，明示《江浙路公司存款章程》即日作废。

4月，沪杭铁路杭州至嘉兴段筑竣通车。

6月26日，与刘锦藻在《申报》发表《四年期满告退文》，宣布四年任期届满，将辞去总理、副总理职务。

7月2日，咨呈两江总督和江苏、浙江巡抚，以邮传部违背奏定章程不能如期拨款，存款章程遵章应即日作废，江浙两省认垫亏耗之款应请无庸照解，已解者并应咨明邮传部如数发还。

7月初，因邮传部拒不答复苏浙两公司请将存款章程作废的数次咨呈，遂再次咨呈邮传部，宣布"不答之答，意在默许"，将照会沪杭甬路局总办，预备刻期撤局，及辞退英工程司。

8月14日，清廷授汤寿潜为云南按察使。

8月，咨呈邮传部，以浙线必与赣接，请催令江西铁路公司从速筹办浙赣路线，以防外人染指。

9月10日，浙抚增韫将这一诏令以照会告知汤寿潜。

10 月 19 日，接浙抚增韫照会同意进京陛见。汤接此照会后连上三折陈述亲老乞养之情，要求收回授任滇臬之成命。

11 月 20 日，在京接受摄政王载沣召见，汤寿潜在汇报了浙路的情况后，仍请辞去云南按察使职。

11 月 28 日，上《为国势危迫敬陈存亡大计标本治法折》，提出治标之策四：提早国会、急筹公债、联盟美国、锐意断发易服；治本之策四：注重典学、独断用人、通筹财政、议决币制。

11 月 29 日，清廷改授汤寿潜为江西提学使，汤寿潜奏请收回江西提学使成命。

1910 年（宣统二年），55 岁

1 月，在《申报》上发表文章《末次辞浙路总理文》，再次向浙江铁路公司董事会提出辞去公司总理职务。同月，递上《再请开缺附陈新政舛误奏》，再次提出辞去江西提学使职。

3 月，为筹集资金赶办杭甬路工，启程前往广东招股，并宣传自办东南铁路。

4 月 17 日，在会上发表演说，批评政府在开国会问题上的拖沓、畏难、苟安、自私，号召民众"再接再厉"，继续向政府请愿速开国会。

4 月 22 日，广州各界举行欢迎会，汤寿潜在会上发表演说，呼吁广东省商民发起集资，支援杭广线，修筑东南铁路。5 月至汕头，向潮汕地区各界宣传自办东南铁路，在会上演说，力陈东南铁路纲维大局，主张广泛集资，联合粤闽浙，筑成东南铁路。6 月即接汕头商务会电，告知当地为修筑东南铁路集股进展顺利。

5 月，邮传部电催浙省，应垫宣统元年沪杭甬铁路亏耗银两，汤寿潜分别移复劝业道、咨呈巡抚增韫，申明邮传部违背章程没有按期拨付存款，符章程拨付不全即日作废之规定，浙人不能代认此无款之耗。

6月15日，浙路杭甬段破土动工。

8月22日，听闻盛宣怀即将再次担任邮传部右侍郎，于是致电军机处，称盛氏"既为借款之罪魁，又为拒款之祸首"。

8月23日，清廷严旨斥责汤寿潜并革职。

8月26日，在浙路公司董事会上宣布辞职。东南社会震动，舆论哗然，激起了新的一波、规模更大的抗议风潮。

8月28日和9月5日，杭州商务总会两次集会，呼吁请求留汤办路。

9月4日，浙路公司照会浙抚增韫，要求奏请朝廷销去"不准干预路事"字样。

1911年（宣统三年），56岁

2月，盛宣怀与英使朱尔典商议妥当，朱尔典同意废止《沪杭甬铁路借款合同》。

3月4日，照会沪杭甬路局总办濮兰德，告知《沪杭甬铁路借款合同》作废，撤销沪杭甬路局，并将雇用之英总工程司，准许总办完成撤局事宜后辞职。

6月，以清廷组织"皇族内阁"大失民心为由，与张謇等联名向载沣上书，劝他"危途知返"，改组内阁，"重用汉大臣之有学问阅历者"。武昌起义爆发，汤寿潜与张謇等各地同志会面，商讨组织临时会，计划于10月下旬成立，为今后组织临时政府之预备会。

11月5日晨，杭州光复。5日晨接杭城光复的电报，汤寿潜当日抵达杭州。各界在咨议局开会，正式选举汤寿潜为浙江军政府都督。当日晚，以都督身份与旗营谈判，与旗营达成协议，省城全部光复。

12月2日，赴沪参加各省代表会议，商议组织中央政府、定都、选举大元帅等事宜。

12月7日，致书程德全，为谋大局统一，建议以元帅（或临时政府）

名义，宣示政治大纲，并拟出纲要九条，以备采择。

12月10日，浙江省临时议会举行开会式，汤寿潜在会上宣读开会颂词，希望临时议会能尽快制定各项法规，并提出了辞职要求。

12月15日，汤寿潜亲莅南京，慰问参加攻宁的浙军将士。16日，汤寿潜发表演说，赞扬浙军以极短之时攻克南京。

12月24日，连续两次致电伍廷芳、程德全、陈其美，认为袁世凯首先违约，反对迁就和示弱，主张停止议和，继续北伐。

12月25日，与程德全、陈其美等同至南京，调和驻宁诸军，并会商组织临时政府事宜。

1912年（民国元年），57岁

1月6日和9日，两次致电省议会和军政、民政、财政三部长以及参议部、各府军政分府、各县民事长等，以中央已任命为交通总长，力小任重，难以兼顾为由，请辞都督。并提出：在杭三部长，在沪陈都督，以及章太炎、陶焕卿二先生，其才其望均能胜任。

1月15日，浙江省议会批准汤寿潜辞去浙江都督一职。

1月16日，汤寿潜被任命为中华民国临时政府交通总长。

2月2日，接受孙中山委任，担任南洋劝募公债总理。

4月，受命远赴南洋劝募公债。

6月回国，即电北京辞职。

6月19日，浙路公司股东会议决议，请汤寿潜复任公司总理。

7月7日，浙路公司股东临时会决议，改变公司领导机构，董事会改为理事会，汤寿潜由总理改称理事长。

8月，北洋政府提出"统一路政，干线国有"政策，欲将沪杭甬路收归国有。自9月后，汤寿潜多次致电、致函交通部、参议院等，要求：沪杭甬路收归国有，必先认浙路之恤偿，必以废除《沪杭甬铁路借款章程》为前提。

是年，按照新式学制，在故里天乐乡创办大汤坞、欢潭两所完全小学，帮助家乡子弟就近入学。

1913 年（民国二年），58 岁

8 月，在杭州建朱舜水祠，成立舜水学社，任社长，并授意马浮重新编《舜水遗书》。是年，继续与北洋政府收沪杭甬路为国有的企图抗争，一再强烈要求"刻日移款废约"（即移沪杭甬路借款于别路，废除《沪杭甬铁路借款章程》）。

8 月，为给查禁浙路公司制造口实，北洋政府交通部诬陷浙路公司向德国礼和洋行商借款 26 万两。汤寿潜愤而多次致电、致函北洋政府各部门，以及浙江都督等，谴责当局是"论功行谬、为敌报仇"，"无风而捕、无影而捉"，"仇视商办，倚势摧残"，要求追查"所闻谰语，明白赐复"。

1914 年（民国三年），59 岁

1 月，沪杭甬路宁波至曹娥江东岸铁路线筑成并通车营业。同月，江苏铁路公司转变态度，赞成袁世凯政府的"统一路政，干线国有"政策，沪杭甬路中的沪嘉段被交通部接收，交通部藉此进一步向汤寿潜及浙路公司施压。

3 月上旬，召开浙路公司股东大会讨论浙路国有问题。经过激烈辩论，决议浙路交归国有。

9 月 29 日，浙路公司与交通部签定《收回沪杭甬浙段铁路议订条款》。

1915—1916 年（民国四年至民国五年），60—61 岁

归隐萧山临浦镇牛场头汤宅，以诗文自娱。撰"诫子书"，总结一

生事迹，告诫家人："吾终之后，敛用野服，勿称故官，毋赴于在位，毋受赙赠。"

1917年（民国六年），62岁

6月6日，于浙江萧山县临浦镇牛场头汤宅逝世，葬于桐庐县质素乡阳山畈西村之原。

参考文献

一、档案资料类

罗家伦主编:《中华民国史料丛编·江浙铁路风潮》,台北出版社 1968 年版。

宓汝成编:《中国近代铁路史资料》,中华书局 1984 年版。

上海社会科学院历史研究所编:《辛亥革命在上海史料选辑》,上海人民出版社 1981 年版。

上海社会科学院历史研究所编:《辛亥革命在上海史料选辑》,上海人民出版社 2011 年版。

上海图书馆编:《上海图书馆藏盛宣怀档案萃编》,上海古籍出版社 2008 年版。

浙江档案馆编:《浙江民国史料辑要》,2002 年。

浙江省辛亥革命研究会、浙江省图书馆编:《辛亥革命浙江史料选辑》,浙江人民出版社 1981 年版。

政协浙江省萧山市委员会文史工作委员会编:《汤寿潜史料专辑》,1993 年。

中国人民政治协商会议全国委员会文史资料研究委员会编:《辛亥革命回忆录(1—3)》,文史资料出版社 1981 年版。

中国史学会主编:《中国近代史资料丛刊·辛亥革命》,上海人民出版社

1957 年版。

中国史学会主编：《中国近代史资料丛刊·辛亥革命》，上海人民出版社 1972 年版。

二、报纸期刊类

《大同报》。

《东方杂志》。

《民呼、民吁、民立报》。

《申报》。

《盛京时报》。

《时报》。

《万国公报》。

《新闻报》。

《学部官报》。

《预备立宪公会报》。

《越报》。

《浙江潮》。

《字林西报》。

三、文集日记类

《陈亮集（增订本）》，河北教育出版社 2003 年版。

《吕东莱文集》，中华书局 1985 年版。

《曾国藩全集》，岳麓书社 2011 年版。

《翁同龢日记》，中华书局 1989 年版。

陈元晖主编，璩鑫圭、童富勇、张守智编：《中国近代教育史资料汇编：实业教育·师范教育》，上海教育出版社 2007 年版。

《蔡元培全集》，浙江教育出版社 1997 年版。

邓钟玉纂：光绪《金华县志》，1915 年。

冯桂芬：《校邠庐抗议》，光绪十年（1884 年）豫章刻本。

国家图书馆善本部编：《赵凤昌藏札》，国家图书馆出版社 2007 年版。

《黄宗羲全集》，浙江古籍出版社 1985 年版。

《韩非子》，中华书局 2015 年版。

胡珠生辑，中国人民政治协商会议浙江省温州市委员会文史资料委员会编：《陈虬集》，浙江人民出版社 1992 年版。

胡珠生辑：《宋恕集》，中华书局 1993 年版。

刘锦藻：《清朝续文献通考》，浙江古籍出版社 1988 年版。

柳和城编著：《叶景葵年谱长编》，上海交通大学出版社 2017 年版。

缪荃孙：《艺风堂友朋书札》，上海古籍出版社 1980 版。

上海经世文社编：《民国经世文编》，台北文海出版社 1983 年版。

上海图书馆编：《汪康年师友书札》，上海书店出版社 2017 年版。

邵之棠辑：《清代经世文统编》，上海宝善斋 1901 年石印本。

邵作舟：《邵氏危言》，朝华出版社 2018 年版。

孙宝瑄：《忘山庐日记》，上海古籍出版社 1983 年版。

孙善根编著：《沈敦和年谱长编》，浙江大学出版社 2014 年版。

《谭嗣同全集》下册，中华书局 2007 年版。

汤寿潜：《三通考辑要》，通雅堂光绪二十五年（1899 年）。

汤寿潜：《危言》，光绪十六年（1890 年）刻本。

汤寿潜：《危言》，光绪二十一年（1895 年）石印本。

汤寿潜：《宪法古义·叙》，上海点石斋书局光绪三十一年（1905 年）石印本。

汤寿潜辑：《婺学治事文编》，光绪二十七年（1901 年）铅印本。

《汪康年师友书札》，上海古籍出版社 1986 年版。

《汪康年文集》，浙江古籍出版社 2011 年版。

王韬著，陈恒、方银儿评注：《弢园文录外编》，中州古籍出版社 1998 年版。

《魏源全集》第十三册，岳麓书社 2004 年版。

夏东元：《盛宣怀年谱长编》，上海交通大学出版社 2004 年版。

许全胜撰：《沈曾植年谱长编》，中华书局 2007 年版。

薛福成：《庸庵全集》，光绪十年（1884 年）刻本。

杨琥编：《夏曾佑集》，上海古籍出版社 2011 年版。

俞樾辑：《诂经精舍课艺七集》，光绪二十一年（1895 年）刻本。

俞樾辑：《诂经精舍课艺五集》，光绪九年（1883 年）刻本。

《张謇全集》，江苏古籍出版社 1994 年版。

张孝若：《南通张季直先生传记》，中华书局 1930 年版。

《张元济全集》，商务印书馆 2007 年版。

《张元济日记》，商务印书馆 1982 年版。

《郑孝胥日记》，中华书局 2006 年版。

《张謇日记》，上海辞书出版社 2017 年版。

张之洞：《劝学篇》，光绪二十四年（1898 年）船山书院刻本。

赵树贵、曾丽雅编：《陈炽集》，中华书局 1997 年版。

郑大华点校：《新政真诠——何启、胡礼垣集》，辽宁人民出版社 1994 年版。

郑观应著，王贻梁评注：《盛世危言》，中州古籍出版社 1998 年版。

周庆云：《南浔志》，1922 年刻本。

周延礽编：《吴兴周梦坡先生年谱》，大东书局 1934 年版。

朱寿朋编：《光绪朝东华录》，中华书局 1958 年版。

［日］工藤武重：《日本议会史》，汪有龄译，翰墨林书局 1904 年版。

［英］比几斯渴脱：《英国国会史》，［日］镰田节堂译，翰墨林书局 1905 年版。

四、学术专著类

仓修良编：《文史通义新编新注》，浙江古籍出版社 1993 年版。

陈旭麓：《近代中国社会的新陈代谢》，上海人民出版社 1998 年版。

陈志放：《布衣都督汤寿潜》，萧山市文联 1991 年版。

方同义、陈新来、李包庚：《浙东学术精神研究》，宁波出版社 2006 年版。

冯天瑜、黄长义：《晚清经世实学》，上海社会科学院出版社 2002 年版。

耿云志等：《西方民主在近代中国》，中国青年出版社 2003 年版。

顾炳权：《上海洋场竹枝词》，上海书店出版社 1996 年版。

郭正忠主编：《中国盐业史（古代编）》，人民出版社 1999 年版。

何炼成：《中国经济史》，陕西人民出版社 2004 年版。

黄嗣艾编著：《南雷学案》，中正书局 1947 年版。

黄濬著，李吉奎整理：《花随人圣庵摭忆》，中华书局 2008 年版。

《康有为政论集》，中华书局 1981 年版。

李永圻编：《吕思勉先生编年事辑》，上海书店出版社 1992 年版。

梁启超：《中国近三百年学术史》，江苏人民出版社 2015 年版。

梁启超著，朱维铮校订：《清代学术概论》，中华书局 2016 年版。

凌鸿勋：《中国铁路志》，世界书局 1963 年版。

刘厚生：《张謇传记》，上海书店 1985 年版。

罗雄飞：《俞樾的经学思想与经学研究风格》，电子科技大学出版社 2014 年版。

罗志田：《权势转移：近代中国思想、社会与学术》，湖北人民出版社 1999 年版。

马鸿谟编：《民呼、民吁、民立报选辑》，河南人民出版社 1982 年版。

马敏：《官商之间：社会剧变中的近代绅商》，社会科学文献出版社 2022 年版。

宓汝成编：《中国近代铁路史资料》，中华书局 1963 年版。

南开大学地方文献研究室，杭州市萧山区人民政府地方志办公室整理：《萧山县志稿》，南开大学出版社 2010 年版。

钱基博：《现代中国文学史》，上海书店出版社 2004 年版。

邱涛编：《中国近代思想家文库·宋恕卷》，中国人民大学出版社 2014

年版。

全祖望著，朱铸禹汇校集注：《全祖望集汇校集注》，上海古籍出版社 2000 年版。

桑兵：《庚子勤王与晚清政局》，北京大学出版社 2004 年版。

桑兵：《晚清学堂学生与社会变迁》，广西师范大学出版社 2007 年版。

孙毓棠编：《中国近代工业史资料》，中华书局 1962 年版。

谭嗣同：《揭乡愿与大盗：仁学》，崇文书局 2019 年版。

唐振常：《蔡元培传》，上海人民出版社 1985 年版。

陶士和：《民国浙江史研究》，陕西人民出版社 2006 年版。

汪林茂编：《中国近代思想家文库·汤寿潜卷》，中国人民大学出版社 2015 年版。

汪荣祖：《晚清变法思想论丛》，新星出版社 2008 年版。

《浙江历史文化研究（第四卷）》，浙江大学出版社 2012 年版。

卫春回：《张謇评传》，南京大学出版社 2001 年版。

乌程蛰园氏编：《浙路拒款始末记》，中合印书公司 1907 年版。

吴剑杰编：《中国近代思想家文库·张之洞卷》，中国人民大学出版社 2014 年版。

夏东元：《郑观应传》，华东师范大学出版社 1985 年版。

夏剑钦编：《中国近代思想家文库·魏源卷》，中国人民大学出版社 2014 年版。

谢俊美：《翁同龢传》，中华书局 2000 年版。

谢一彪：《光复会史稿》，人民出版社 2009 年版。

忻平：《王韬评传》，华东师范大学出版社 1990 年版。

熊月之：《冯桂芬评传》，南京大学出版社 2004 年版。

熊月之：《西学东渐与晚清社会》，中国人民大学出版社 2011 年版。

熊月之：《中国近代民主思想史》，上海社会科学院出版社 2002 年版。

熊月之编：《中国近代思想家文库·冯桂芬卷》，中国人民大学出版社 2014 年版。

许纪霖：《无穷的困惑》，上海三联书店 1988 年版。

许纪霖等：《近代中国知识分子的公共交往（1895—1949)》，上海人民出版社 2008 年版。

许顺富：《湖南绅士与晚清政治变迁》，湖南人民出版社 2004 年版。

薛玉琴、徐子超、陆烨编：《中国近代思想家文库·马建忠、邵作舟、陈虬卷》，中国人民大学出版社 2015 年版。

叶适：《习学记言序目》，中华书局 1977 年版。

《叶适集》，中华书局 2010 年版。

叶舟：《诗礼传家：江南家风家训的变迁》，上海书店出版社 2021 年版。

易惠莉：《易惠莉论招商局》，社会科学文献出版社 2012 年版。

尹铁：《晚清铁路与晚清社会变迁》，经济科学出版社 2005 年版。

张登德：《寻求近代富国之道的思想先驱——陈炽研究》，齐鲁书社 2005 年版。

张灏：《近代中国思想人物论晚清思想》，台湾时报出版公司 1982 年版。

张灏：《梁启超与中国思想的过渡》，新星出版社 2006 年版。

张怀恭、张铭：《清勤果公张曜年谱》，浙江古籍出版社 2009 年版。

张孝若：《南通张季直先生传记》，中华书局 1930 年版。

张玉法：《清季的立宪团体》，岳麓书社 2004 年版。

张枬、王忍之编：《辛亥革命前十年间时论选集》，生活·读书·新知三联书店 1960 年版。

张仲礼：《中国绅士》，上海社会科学院出版社 2006 年版。

张仲礼：《中国绅士研究》，上海人民出版社 2019 年版。

章开沅：《离异与回归：传统文化与近代化关系试析》，湖南人民出版社 1988 年版。

章学诚撰，叶瑛校注：《文史通义校注》，中华书局 2014 年版。

赵丰田撰：《晚清五十年经济思想史》，哈佛燕京学社 1939 年版。

政协萧山市委会文史工作委员会编：《汤寿潜研究》，团结出版社 1995 年版。

周建波：《洋务运动与中国早期现代化思想》，山东人民出版社 2001 年版。

周志初：《晚清财政经济研究》，齐鲁书社 2002 年版。

朱荫贵、戴鞍钢主编：《近代中国：经济与社会研究》，复旦大学出版社 2006 年版。

［美］田浩：《功利主义儒家—陈亮对朱熹的挑战》，姜长苏译，江苏人民出版社 1997 年版。

［德］花之安：《自西徂东》，上海书店出版社 2002 年版。

五、期刊论文类

蔡方鹿：《论吕祖谦的经世致用思想》，《中共宁波市委党校学报》2014 年第 3 期。

陈开勇：《唐仲友与东莱学派》，《浙江社会科学》2014 年第 10 期。

陈同：《在中学与西学之间——汤寿潜思想述论》，《史林》1995 年第 2 期。

陈镱文、姚远：《杜亚泉先生年谱 1873—1912》，《西北大学学报》2008 年第 10 期。

陈勇：《冯桂芬兴农思想析论》，《石家庄经济学院学报》2011 年第 3 期。

戴海斌：《"上海中外官绅"与"东南互保"——〈庚子拳祸东南互保之纪实〉笺释及"互保"、"迎銮"之辨》，《中华文史论丛》2013 年第 2 期。

丁贤勇：《汤寿潜奏议简论》，《民国档案》2006 年第 2 期。

都樾：《汤寿潜佚著〈宪法古义〉考证》，《江苏教育学院学报》2007 年第 2 期。

景林：《淡泊名利的汤寿潜》，《历史教学》1994 年第 2 期。

来新夏、焦静宜：《论汤寿潜的历史功绩》，《天津师范大学学报》1995 年第 2 期。

李伯重：《简论"江南地区"的界定》，《中国社会经济史研究》1991 年第 1 期。

李涛：《汤寿潜与中国教育近代化》，硕士学位论文，杭州大学历史系，1997 年。

李寅:《咸丰末年的迁都之争》,《紫禁城》1992 年第 5 期。

理明:《汤寿潜与浙江保路运动》,《档案与史学》2004 年第 4 期。

刘邦驰、廖常勇:《晚清国债及其中央集权财政体制的瓦解》,《中国财政》2007 年第 8 期。

刘冰冰:《论汤寿潜的立宪思想及其社会实践》,《齐鲁学刊》2002 年第 6 期。

刘坚、丁贤勇:《第一任浙江都督汤寿潜》,《杭州师范学院学报》1989 年第 4 期。

刘练军:《附会的立宪认知:汤寿潜〈宪法古义〉评述》,《百年共和与中国宪政发展——纪念辛亥革命 100 周年学术研讨会论文集》。

刘学照:《庚子事变、话语转换与观念更新》,《历史教学问题》2010 年第 6 期。

刘学照:《上海庚子时论中的东南意识述论》,《史林》2001 年第 1 期。

刘学照:《张謇庚子年间东南意识略议》,《华东师范大学学报》2007 年第 2 期。

刘长林:《晚清矿业开发的社会制约与矿局应对——以湖北开采煤铁总局为中心》,《湖北理工学院学报(人文社会科学版)》2021 年第 2 期。

罗雄飞:《论俞樾在晚清学术史上的地位》,《苏州大学学报(哲学社会科学版)》2007 年第 1 期。

罗雄飞:《试论俞樾学术思想的几点局限》,《首都师范大学学报(社会科学版)》2005 年第 4 期。

罗雄飞:《俞樾"通经致用"思想析论》,《首都师范大学学报(社会科学版)》2007 年第 3 期。

茅家琦、果春梅:《汤寿潜与晚清新政》,《历史教学》1995 年第 2 期。

闵杰:《浙路公司的集资与经营》,《近代史研究》1987 年第 3 期。

倪玉平:《晚清财政税收的近代化转型——以同治朝的关税财政为例》,《武汉大学学报》2018 年第 4 期。

潘起造:《浙东学派的经世之学和浙江区域文化中的务实精神》,《中共浙江省委党校学报》2005 年第 4 期。

戚其章：《中国近代早期维新思想发展论——兼论汤寿潜的早期维新思想》，《中州学刊》1995 年第 2 期。

邵勇、叶小青：《戊戌维新时期的汤寿潜》，《宁波大学学报（人文科学版）》2007 年第 6 期。

邵勇：《从〈危言〉看汤寿潜的早期宪政思想》，《浙江工业大学学报》2007 年第 1 期。

邵勇：《汤寿潜教育思想论略》，《贵州社会科学》2007 年第 9 期。

邵勇：《汤寿潜宪政思想论析——以〈宪法古义〉为中心的解读》，《中北大学学报（社会科学版）》2011 年第 4 期。

宋巧燕：《清末书院教育家俞樾》，《教育与考试》2009 年第 1 期。

孙祥伟：《东南精英群体的代表人物——汤寿潜研究（1890—1917)》，博士学位论文，上海大学历史系，2010 年。

陶士和：《汤寿潜近代经济思想评析》，《杭州师范学院学报》1998 年第 1 期。

陶水木：《辛亥革命时期汤寿潜几个问题的探讨》，《民国档案》2005 年第 1 期。

田琳琳：《浅论汤寿潜的宪政思想》，《理论界》2004 年第 4 期。

王方星：《汤寿潜的铁路思想研究》，硕士学位论文，苏州大学历史系，2013 年。

王道：《汤寿潜"晚以铁路见贤"评析》，《浙江师范大学学报》2004 年第 5 期。

王晓秋：《晚清中国人走向世界的一次盛举——1887 年海外游历使初探》，《北京大学学报（哲学社会科学版）》2001 年第 3 期。

吴新宇：《汤寿潜与保路运动》，《浙江档案》2001 年第 10 期。

吴玉伦：《清末实业教育制度研究》，博士学位论文，华中师范大学教育史与比较教育研究所，2006 年。

夏良才：《王韬的近代舆论意识和〈循环日报〉的创办》，《历史研究》1990 年第 2 期。

熊月之：《邵作舟思想探究》，《江淮文史》2016 年第 1 期。

熊月之：《汤寿潜与浙江人文传统》，《同济大学学报（人文·社会科学版）》1994 年第 2 期。

熊月之：《戊戌维新与上海》，《史林》1998 年第 2 期。

徐锡圭、钱弘毅、徐良骥：《王锡桐反教起义始末》，《宁波师范学院学报（社会科学版）》1985 年第 10 期。

杨抱朴：《刘熙载年谱（三）》，《辽东学院学报（社会科学版）》2008 年第 2 期。

杨菁、杨树标：《汤寿潜与中国最长的商办铁路》，《浙江学刊》1994 年第 5 期。

杨齐福：《科举制度在近代的全面危机》，《福建省社会主义学院学报》2003 年第 1 期。

杨宇勃：《"量入为出"财政观的打破与晚清国债体制初创》，《江西社会科学》2020 年第 9 期。

姚培锋：《略论汤寿潜与浙江收回路权运动》，《绍兴文理学院学报（哲学社会科学版）》2001 年第 2 期。

姚琦：《清末民初实业救国思潮及其影响》，《韶关学院学报（社会科学版）》2004 年第 1 期。

姚顺：《汤寿潜早期维新思想研究——以〈危言〉〈理财百策〉为中心》，硕士学位论文，湖南师范大学历史文化学院，2008 年。

叶世昌：《从〈危言〉看汤寿潜的市场经济思想》，《复旦大学学报》1995 年第 1 期。

余丽芬：《汤寿潜"危言"论西学》，《学习与思考》1997 年第 9 期。

余丽芬：《汤寿潜尚俭思想探析》，《浙江学刊》1994 年第 6 期。

张公浩、常石：《蒋抑厄与浙江兴业银行》，《金融博览》2012 年 9 月。

张灏著，苏鹏辉译，任锋校：《儒家经世理念的思想传统》，《政治思想史》2013 年第 3 期。

张利文：《"经世致用"与"通经致用"观念再议——以晚清湖南今古文经学论争为考察》，《湖南城市学院学报》2013 年第 6 期。

张徐芳：《〈訄书〉与章太炎的文体探索——六朝"精辨"文的新系列》，《古典文献研究》2007 年第 8 期。

张岩：《包世臣盐法改革思想及其近代性》，《江海学刊》2000 年第 4 期。

张勇：《"中国通史"计划与〈訄书〉重订——章太炎经史观述论之一》，《北大史学》2015 年第 5 期。

张元隆：《"西学中源"说探析》，《学术月刊》1990 年第 1 期。

章开沅：《论汤寿潜现象——对辛亥革命的反思之一》，《浙江社会科学》2001 年第 6 期。

章开沅：《张汤交谊与辛亥革命》，《历史研究》2002 年第 1 期

章可：《论晚清经世文编中"学术"的边缘化》，《史林》2009 年第 3 期。

郑云山：《汤寿潜与"秋案"关系析》，《近代史研究》1991 年第 1 期。

钟祥财：《汤寿潜的经济思想》，《江淮论坛》1995 年第 1 期。

周育民：《试论汤寿潜的〈危言〉》，《上海师范大学学报》1984 年第 2 期。

朱馥生：《孙中山〈实业计划〉的铁道建设部分与汤寿潜〈东南铁道大计划〉的比较》，《民国档案》1995 年第 1 期。

朱荫贵：《近代中国的第一批股份制企业》，《历史研究》2001 年第 5 期。

竺柏松：《作为历史学家的汤寿潜及其〈三通考辑要〉》，《近代史研究》1995 年第 5 期。